〈生きる意味〉の教育

スピリチュアリティを育むカトリック学校

Kato　Miki
加藤 美紀

教友社

目　次

序　章

主なる神は、土の塵で人を形づくり、その鼻に命の息を吹き入れられた。
人はこうして生きる者となった。　　　　　旧約聖書「創世記」2章7節

第1節　本書の目的と研究課題

本書の目的は、カトリック学校およびカトリック大学におけるスピリチュアリティの育成に焦点を当て、青年期[1]の生徒・学生の生きる意味の探求過程を支える宗教教育の在り方と実践方法について検討することである。

本書のテーマを設定した問題意識は、次の三つである。第一に、わが国の精神状況に関わる課題意識である。現今の日本社会の風潮として、生命尊重の精神が必ずしも十分に浸透しているとは言い難い。こうした世相を反映して、「人はなぜ生きるのか」という人間の根源的問いは、今日ではその切実さを増しているようにみえる。それにもかかわらず、伝統的な価値基盤が揺らぎ、絶対的確実性への信頼が失われるとともに、価値の多元化、相対主義化が進むポストモダンの時代にあって、現代人は、生きる意味への問いに対する答えを見出し難い精神状況にあると考えられる。こうした意味喪失ともいえる時代において、学校教育の場で、生徒が自分なりの生きる意味を見出せるよう支援することは、教師[2]の重要な責務ではないだろうか。

第二に、カトリック学校およびカトリック大学に教員として勤務しながら、生徒・学生と関わる経験を通して生じた疑問である。人生や自己についての実存的な問いに直面することの多い青年期の高校生・大学生は、「何のために私は生まれてきたのか」と自らの生きる意味を求めて本格的に格闘する時期にいると考えられる。じっさい生徒・学生は、学校・大学での学習や将来

の進路について、あるいは、クラスや部活動での交友関係、家族のことで葛藤し、この世にある人間の制約的状況を痛感しながら、心の奥では自分の存在価値や生きる意味を探っているようにもみえる。一方、教師は、生徒・学生の学習や進路の指導を中心としながらも、表層的な問題行動への対応に追われる傾向にあり、青年期の生きる意味への問いに十分応えきれているのかどうか疑問が残る。

第三に、日本のカトリック学校の宗教教育に対する危機意識である。非キリスト教国である日本のカトリック学校では、そこに勤務する教員も在籍する生徒も大半はキリスト教の信徒ではない。このため、キリスト教国からの輸入型ではない独自の宗教教育の在り方を模索しなければならないという大きな課題を抱えている。しかも、そうした日本固有の状況を踏まえた上で、「カトリックの信仰・精神に基づいて創立され、運営される学校」[3]であるカトリック学校の教師には、生徒の生きる意味の探求過程に配慮することが一層求められよう。なぜなら、カトリックの信仰は、人間の罪と死、人生の不条理と世界の悪など、生きる意味を喪失させる限界的な状況を認識しつつ、それでもなお生きることには意味があると表明する。そうしたスピリチュアリティを中核に据えている点で、カトリック学校の宗教教育は、青年期の生徒の生きる意味への問いに応える可能性をもつと考えられるからである。

しかしながら、現今のカトリック学校の宗教教育では、聖書の学習、宗教行事への参加、および奉仕活動などに重点が置かれる傾向があり、スピリチュアリティの育成に焦点が当てられることは稀といってもよい。キリスト教国ではない日本においては、このように宗教教育が知的理解の水準にとどまったり、あるいは、分かりやすく目に見える活動が優先されたりする半面、全人格を変容させる力をもつスピリチュアリティの側面には十分な注意が払われていないようにみえる。だがそれでは、カトリック学校の宗教教育の本質を保持し、カトリック学校の使命を十全に果たすことができるのだろうかという危機感を覚える。

以上の問題意識は次の研究の問いに集約される。「カトリック学校で教師は、どのような宗教教育を実践することによって、生徒の生きる意味の探求過程を支えることができるのだろうか」という問いである。自らの生きる意味を見出し難い青年期の生徒に対して、宗教教育が生徒の生きる意味の探求過程を支える役割を担うことは、非常に重要な理論的・実践的課題であろう。

生きる意味に関する研究は、近年、従来の哲学的主題から範囲を広げて関心が払われるようになっている。その中でも主要なものとして、フランクル思想、物語論、スピリチュアリティ概念に関する研究を挙げることができる。本書では、この三つの理論を手がかりとして論じるが、それは次の理由からである。

まず、哲学・思想領域の意味研究の端緒とされるヴィクトル・フランクル（Viktor E. Frankl, 1905-1997）は、近年、日本においても再評価がなされている。だが、後述するように、教育学の分野では十分に議論されてきたとは言い難い。その理由は、フランクルが体系的な教育論を展開していないこともあろうが、生きる意味の探求に関わる良心の教育は不可能であると彼自身が結論したことにもよると思われる。しかし一方で、人間を生きる意味を求める存在として捉えたフランクルは、現代の教育の使命とは、各人が独自の生きる意味を見出す人間的能力を養うことであると明言している[4]。そうしたフランクル思想は、超越からの呼びかけに応答する自己超越性を人間の本質と捉える人間観に基づいて展開されている。このため、生徒が生きる意味を探求する過程で、自己を超越しながら超越との関わりを深める可能性を教師がどのように支援できるのかを考える上で、非常に重要な示唆を含んでいるといえる。

他方、生徒の日常的次元と超越的次元とをつなぐための方法論が必要であろう。そこで、個人の経験に接近するための代表的手法である物語論に着目する。物語論については、従来の法則定立的な科学の枠組みを補完する別様の認識枠組みとして、学際的に着目されて久しい。物語論は教育学においても活発に議論されるようになっており、後段で述べるように、人間形成における物語の重要性が指摘されてもいる。しかしながら、多くの議論は、教育方法や学校カウンセリングに対するナラティヴ・アプローチなどが主題とされ、有益なこれらの研究も、生徒の生きる意味の探求との関連で十分に展開されてきたとは言い難い。だが、物語論の方法論を教育に援用することの最大の意義は、人生の経験を一つの筋立てのもとに意味づける機能をもつ自己物語を各人固有の生きる意味の枠組みと捉えることによって、物語形成による生徒の意味形成を促進することができる点にあるといえる。この点に着目するならば、物語論による意味形成支援の可能性を探ることによって、生徒の日常的経験の意味づけを生きる意味の形成へとつなぐ具体的な方途を見出すことができると考えられる。

カトリック学校の宗教教育には、さらにその先に、イエス・キリストとの関わりにおいて生きる意味を見出せるよう生徒を導く可能性が開かれている。そうした可能性を考える上で、重要な概念と考えられるのがスピリチュアリティである。スピリチュアリティ概念は、近年、学際的に関心が高まる中で、教育学の分野でも主題とされるようになった。これらの議論は、全人教育の重要性を示すものとして意義深い研究であるが、他方で課題も多く残されている。

例えば、人間形成におけるスピリチュアリティの役割は十分に解明されていない。また、青年期のスピリチュアリティの実態については必ずしも知見が集積されていない。さらに、スピリチュアリティに関連した教育実践についての報告は限られている。しかも、前述のとおり、カトリック学校の現場では、スピリチュアリティの育成に対して十分な関心が払われていないのが現状である。しかしながら、スピリチュアリティの中核的要素は、生きる意味の探求における自己超越にあると指摘されており[5]、特に超越との関わりを志向する宗教教育においては、看過できない概念であると考えられる。元来、スピリチュアリティという言葉は、本論で言及するようにカトリック教会の用語である。それゆえ、スピリチュアリティを鍵概念として、カトリック学校の宗教教育の在り方を検討することは大変重要な研究課題であろう。

以上をまとめると、従来の研究では、生徒の生きる意味の探求の営みを支える上でカトリック学校の宗教教育がどのような可能性をもつのか、理論的に明らかにされてきたとは言い難い。また、青年期の生きる意味の探求の実態に関する知見も十分には蓄積されていない。さらに、生徒の生きる意味の探求の営みを支えるという側面に焦点を当てて、スピリチュアリティ育成の在り方を具体的に提案する研究は、管見の限り見当たらない。

そこで本研究では、カトリック学校のスピリチュアリティ育成に着目し、青年期の生徒の生きる意味の探求を支える宗教教育の在り方を検討することを目的として、次の三つの課題を設定した。第一に、生きる意味に関する理論を手がかりとして、生徒の生きる意味の探求を支える宗教教育の可能性について検討すること。第二に、女子青年の生きる意味の探求過程について、その実態の一端を事例研究から明らかにすること。第三に、生徒の生きる意味の探求を支えるスピリチュアリティ育成の具体的な在り方を提示することである。

これらの研究課題を解明するため、筆者は三つの課題に対して、理論研究、事例研究、実践研究からアプローチする博士論文を執筆した。このうち本書では、理論研究と実践研究に加筆修正を施すとともに、限られた紙数の範囲内に収めるため、事例研究で得られた知見についてはその本質を損なわない範囲で一般化した内容に改変して要約し、これらを各々第Ⅰ部、第Ⅱ部に割り当てた。第Ⅲ部には、博士論文のテーマをさらに発展させた論考、およびカトリック大学での高等教育も視野に入れた研究論文を収めた。これら全体の議論は、生徒の意味探求を支援する教育観と教育実践の哲学的基盤を固め、スピリチュアリティ育成の方向性を定める指針を見出そうとするものである。こうして本書では、理論・実証・応用の各側面を融合させて、宗教教育の新たな可能性を立体的に提示することを目指した。

なお、本書の背景と関わる筆者の立場についても述べておく。シスターである筆者は、これまでに修道会から派遣されてカトリックの小学校・中学校・高等学校に宗教科教員として勤めた経験があり、特に、女子高等学校には8年間勤務した。また、2011年4月から現在に至るまで、カトリックの女子大学で専任教員としてキリスト教学を中心に教職課程科目などを担当し、学務分掌上も宗教教育に全面的に従事している。本書の研究は、こうした筆者の20年近くの教員経験に基づいて進めたものである。

日本のカトリック学校・大学に在籍する生徒・学生は、その大半が特定の宗教の信徒ではない。しかも、彼らの日常を取り巻く文化的文脈は、一般的な日本社会のそれと変わりなく、今日の物質主義的風潮および意味喪失ともいえる精神状況を共有している。それゆえ、本書では、事例考察の対象をカトリック学校の女子高校生に限定した章もあるが、生徒・学生の生活世界にも関心を払いながら、本書の内容が、現代を生きる青年全般に通じる普遍性を帯びたものとなることを念頭に置いて論じる。

最終的に本書では、上記の課題に取り組むことにより、カトリック学校の宗教教育に関する提言を試みるが、それはカトリック大学においても妥当する内容となるよう留意したい。併せて、本書が理論的に依拠するフランクル思想が特定の宗教の信仰に限定されない、普遍的な人間存在に対する洞察を基盤としていることから、本書で導き出す知見が、国公立学校の教育も含めて広く日本の教育全般にも適用できる示唆を含んだものとなるよう試みる。こうして本書は、個別具体の事例を掘り下げて検討した結果を通して、考察の対象範囲を超えた何らかの普遍的な意義をもつ研究となることを願うものである。

第２節　先行研究と本書の位置づけ

２−１．フランクル思想

生きる意味に関する研究の中で、実存哲学の分野における遡源となっているのは、フランクル思想である。近年、日本国内でもフランクルの著作が相次いで邦訳されており、これに連動してフランクルに関する論文および著作も発表されている。こうしたフランクル再評価の動向はフランクル・ルネサンスとも呼ばれる[6]。

フランクルが最初に日本で紹介されたのは、第2次世界大戦中の彼自身のユダヤ人強制収容所体験を綴った『夜と霧』(1956)[7]の出版を通してである。同書は、わが国の臨床心理学人間学派の第一人者、霜山徳爾（1919-2009）が西ドイツ留学中に入手した *Ein Psychologe erlebt das Konzentrationslager* (1946) を邦訳したものである。戦後70余年を経た現在では、世界各国語に翻訳され、20 世紀最大級のベストセラーに数えられる。日本国内でも約半世紀にわたって版が重ねられ、広く読み継がれてきたが、2002 年に新訳[8]が改めて出版されるなど、ここ数年、再びフランクルとその思想への関心が高まる状況が生まれているといってよい。

こうした昨今のフランクル再評価の背景には、1998 ～ 2012 年の 14 年連続で年間 3 万人以上の自殺者を数えたことに象徴される、日本社会の危機的ともいえる精神状況があろう。さらに、2011 年の東日本大震災以降、逆境の中でこれまでの生き方や価値観を見直そうとする機運の高まりを受けて、一般社会でもフランクル思想に対する注目は、増していく傾向にある。

従来、フランクルに関する先行研究は、精神医学・精神療法、心理学、哲学、宗教思想の各分野でなされてきた。これらはそれぞれフランクルという人物と思想がもつ多面性に対応している。これを精神医学・精神療法の分野から簡単にみていこう。フランクルの本来の職業は精神神経科医である。ウィーンで個人開業の精神科・神経科クリニックを営み、のちに市立総合病院で精神医療に携わった臨床医であるとともに、ウィーン大学医学部神経科で精神医学と神経学の教鞭を執る医学者であった。しかも、フランクルは「ロゴセラピー（Logotherapie）」ないしは「実存分析（Existenzanalyze）」と呼ばれる独自の精神療法を創始しており、精神医学領域では、精神分析学のフロイト派、個人心理学のアドラー派とは一線を画する系譜のウィーン第三学派として位置づけられている。

事実、フランクルは青年期にフロイト（Sigmund Freud, 1856-1939）に師事するも、フロイトが人間を生理的欲求である「快楽への意志」に衝き動かされるのものとみなす点で決別した。次に師事したアドラー（Alfred Adler, 1870-1937）とは、社会的欲求という「権力への意志」を原動力と捉える彼の人間観に疑問を呈して袂を分かっている。その後、実存的欲求という「意味への意志」こそが人間の根源的憧憬であると主張する理論を確立した。同理論に基づくフランクルの精神分析は、各人の意味への意志を喚起することを目指した独自のスタイルであった。

従来とは異なる新しい精神療法であるこのロゴセラピーを実践し普及させ

る立場としては、フランクルの高弟に数えられ、ロゴセラピーに立脚した心理検査のロゴテスト（Logo Test）を作成したルーカス（Elisabeth Lukas）[9]の研究が代表的なものであろう。続いて、ロゴセラピーに基づく心理査定のPIL テスト（Purpose in Life Test）に関するクランボウ（James Crumbaugh）とマホリック（Leonard Maholick）[10]の実証的研究、ロゴセラピーの技法である逆説志向を用いた治療に関するゲルツ（Hans Gerz）[11]の事例研究が挙げられる。日本国内では、ロゴセラピーの臨床適用について検討した永田勝太郎[12]、ロゴセラピーを実践する勝田芽生[13]、実存哲学思想からフランクルの精神療法を論じた林貴啓[14]などの研究がある。

他方、フランクルの精神療法をキリスト教的観点から論じた研究も存在する。米国の神学校でカウンセリングを務めたレスリー（Robert Leslie）[15]は、新約聖書を題材としてロゴセラピーをキリスト教的に解釈し、フランクルの精神療法と宗教の関係を論じた。同様に、米国の神学校でカウンセリングに従事したトウィディ（Donald Tweedie）[16]は、フランクルの神経症の診断方法については批判的検討を加えているものの、フランクルの思想を聖書的人間学と捉えて評価し、ロゴセラピーのキリスト教的側面を認めている。

フランクルはまた、『夜と霧』の原著の題目に「ある心理学者の収容所体験」と名づけたように、精神科医としてばかりでなく、自らを心理学者と規定してもいる。心理学研究においてフランクルは、第一勢力の行動主義心理学、第二勢力の精神分析学とは立場を異にしており、人間の自由意志と尊厳を強調する人間性心理学を標榜する第三勢力に位置づけられている。このためフランクルは、心理学領域でも取り上げられてきた。その中で主要なものは、諸富祥彦[17]の研究であろう。諸富は、先述したように日本国内で近年活発化している、フランクル再評価の動向を牽引する先導役としてフランクル研究に貢献した。

さらにフランクルは、哲学者としても哲学思想史に重要な足跡を遺している。フランクルの思想的背景には、フッサール（Edmund Husserl, 1859-1938）の影響を受けたマックス・シェーラー（Max Scheler, 1874-1928）、ハイデガー（Martin Heidegger, 1889-1976）などの現象学的方法論に則った実存主義哲学があり、その代表的論者の一人であるヤスパース（Karl Jasper, 1883-1969）とも親交をもっていた。また、現存在分析を創始したビンスワンガー（Ludwig Binswanger, 1881-1966）の思想とも親和性がある。

哲学・思想領域でフランクル思想に焦点を当てた国内の研究では、山田邦男[18]が筆頭に挙げられる。山田は人間形成論の立場からフランクル思想を日本に紹介し、現代の精神状況におけるフランクル思想の意義を明らかにしながら、さきの諸富とともに国内のいわゆるフランクル・ルネサンスを牽引している。その他、雨宮徹[19]、菅井保[20]などがフランクルの実存哲学の諸側面について論じている。

ユダヤ人であるフランクルは、宗教的にはユダヤ教徒であった。フランクルの宗教に対する立場、およびその思想との関連については検討を要する点があるので、それは本論で行うが、フランクルがユダヤ・キリスト教的世界観に立脚していたことは明らかである。このため、宗教思想ならびに神学の立場からフランクル思想を主題とした研究も行われている。その中では、滝沢克己[21]によるフランクル批判が代表的なものである。滝沢による批判は、フランクル思想の重要な側面を浮き彫りにすると考えられるため、これを本論でも取り上げる。この他、フランクル思想をユダヤ教のハシディズムとの関連で考察した松田美佳[22]の研究もある。

以上みてきたように、フランクルについては精神医学・精神療法、心理学、哲学、宗教思想の各分野で既に一定の研究の蓄積がある。だが、教育学領域ではフランクルは十分に取り上げられてこなかったといえる。これは、フランクルが教育論を体系的に論じていないからでもあろう。フランクルが教育を主題に自説を展開しているのは、まとまったものでは “The Task of Education in an Age of Meaninglessness”（邦訳：「意味喪失の時代における教育の使命」）のみであり、その他、*Der Wille zum Sinn*（邦訳：『意味への意志』）[23]と *Das Leiden am sinnlosen Leben*（邦訳：『生きがい喪失の悩み』）[24]のわずかな部分で教育への言及が挿入されている程度である。見方によっては、フランクルの人間観および人間形成論が体系的に示された *Der Unbedingte Mensch*（邦訳：『制約されざる人間』）[25]と *Homo Patiens*（邦訳：『苦悩する人間』）[26]からフランクルの教育観を推論することもできようが、これらの著書でフランクル自身が教育について直接述べているわけではない。

そのためかフランクル思想を教育学的に検討した研究は限られている。その中ではロゴセラピーと教育の関係を主題として論じた岡本哲雄[27]、フランクル思想をキリスト教の立場による人間形成論、ないしは宗教教育論として捉え直した広岡義之[28]の研究が特筆されよう。

ここに挙げた非常に有益な研究群から本書は多くの示唆を得た。その上で、フランクルに関する日本国内の先行研究を吟味すると、次の4点が指摘できると思われる。ｉ）精神医療および心理学の観点からロゴセラピーとの関連で論じたものが多く、教育学的主題の研究は限られている、ⅱ）学校教育を対象とした研究も学校カウンセリングの観点に重点が置かれ、一般教員による教育の観点からは十分に議論されていない、ⅲ）普通科高等学校に通う高校生の意味の探求を支援する観点からの論考はみられないし、しかも、教育を受ける人間に備わる宗教性についてはほとんど顧みられていない、ⅳ）キリスト教に基づく一般的な宗教教育論は存在しても、青年期の実態に基づいた宗教教育への適用可能性に関する論考は見当たらない。

そこで本書は、従来の研究が十分に注意を払ってこなかった青年期の生きる意味の探求を支える宗教教育という観点から、フランクルの思想について検討を加える。

なお、フランクルがどのような人物であったか、その人柄や生涯については、フランクル自身による回想録[29]と、フランクルの弟子であるクリングバーグ（Haddon Klingberg, Jr.）によって執筆された評伝[30]に詳しい。

２−２．物語論

物語論には種々の潮流があるが、いずれも法則定立的な近代科学の合理性、客観性に疑義を呈するポストモダンの思潮とあいまって、旧弊な既存の理論および実践に対するアンチテーゼとして、歴史哲学、心理学、社会学、医学および看護学、福祉関係など広範囲にわたる学問および臨床諸領域で興隆してきたといえる。また、研究方法論としても注目されており、特に個人の内的経験の意味づけに接近するための代表的手法と位置づけられている。

物語論の源流は、人文諸科学のパラダイム転換とされる1970年代半ばの物語論的転回（narrative turn）にまで遡るが、心理学・教育学領域における物語論の本格的な展開の端緒は、1986年にブルーナー（Jerome Bruner, 1915-2016）が物語モード（narrative mode）を提示したことにある[31]。ブルーナーの研究の功績は、人生を物語ることが、種々の出来事を一つの筋立てのもとに結び合わせることによって、経験を組織化する意味の行為であることを明らかにした点にあるといえよう[32]。この点に関して、本書はブルーナーの見解に基づいている。

物語論の先行研究に関しては、ブルーナー以外にも数多くの研究を挙げなければならないであろうが、現代の物語論の理論的骨格の形成には、哲学や科学論における認識枠組みの転回が連動しており、種々の対立的見解を含む学問横断的な大きな潮流が関与している[33]。このため、ここで各方面の先行研究を網羅的に概括することはできない。ただし、物語論は本論の主題である意味形成支援の在り方の考察と関わるため、第2章で別の視点から先行研究を検討することとし、ここでは日本国内に範囲を限定して本書と関わる研究を例示しながら、本書の立場を明らかにする。

国内で独自の物語論を本格的に展開したのは、河合隼雄（1928-2007）である。河合は、臨床心理学ユング派の立場から、物語の重要性について先駆的に論じてきた[34]。河合の論考は、カウンセリングのみならず、学校教育臨床までも視野に含んでいるため、本書は、人間形成および教育における物語の意義についての認識など、研究の視角を河合の研究に依拠している。

教育学領域では、さまざまな立場から物語に関心が払われるようになっている。矢野智司[35]は、教育に関わる物語を三つの異なる水準に分類している。教材や教科教育によって伝承される「教育における物語」、教育言説などの「教育についての物語」、近代国家の象徴としての「教育という物語」である。本書の主題は、この中では「教育における物語」に近接しているが、物語の形態による文化的伝承への関心からではなく、生徒が物語形成の主体であり、教師は生徒の物語形成の支援者であるという教師観に立ち、物語形成による意味形成支援の観点から検討する点で、矢野のいう教育に関わる物語のいずれにも該当しないと思われる。

物語論への関心は、教育哲学の分野でも高まっている。その主なものとして、学校教育が社会の既定の物語を組み替える能力を涵養する可能性を指摘した鷲田清一[36]、自己形成における物語の役割を論じた西平直[37]、教育を一つの意味のネットワークとして捉え、意味世界である物語と教育との関係について言及した皇紀夫[38]、物語の視点から教育を捉えた毛利猛[39]、「物語る存在」という視点から人間と教育の問題について論じた鳶野克己[40]、の研究が挙げられる。ただし、学校教育における物語を考える上で大変示唆的なこれらの研究は、生徒の意味形成支援の観点から展開されたものではない。

その他、教育学の分野での多くの議論は、教育学研究の方法論、学校カウンセリング、道徳教育、生徒理解、教育評価、教育実践、保健室における養護、および教育方法などに対するナラティヴ・アプローチ[41]が主題とされながらも、生徒の意味形成には関心が払われてこなかったといえる。

他方、教育学領域ではないが、本書は、発達心理学の立場でナラティヴ研究およびライフストーリー研究を牽引しているやまだようこ[42]から、調査方法とライフストーリーの解釈の仕方、人間の意味づける行為に対する視点など非常に多くの示唆を得た。やまだのナラティヴ研究は、量的研究から質的研究への研究手法の転換の中核に位置づけられるが、人文系諸科学における質的研究の興隆を背景として、物語およびナラティヴに着目する研究は、近年、増加傾向にある。

例えば、心理学領域の大倉得史[43]、能智正博[44]、松嶋秀明[45]の研究は、個人のナラティヴを分析することによって、対象者の経験世界や経験の意味づけを解釈する質的研究法を用いている。生徒の自己物語に着目することによって、青年期の意味形成の過程を捉えようとする本研究は、これらの論考の視点や方法論、あるいは研究結果の記述の仕方に学んだ。また、臨床心理学領域では、自己物語と生きる意味の関係に論及した榎本博明[46]、物語論の視点から心理カウンセリングを捉え直した森岡正芳[47]の研究が示唆に富む知見を提供している。

他領域の研究にも示唆を与えている社会学領域の研究として、社会構成主義に基づいたナラィヴ・アプローチを日本に紹介した小森康永[48]、野口裕二[49]、野村直樹[50]、自己論を物語論から検討した浅野智彦[51]、自己物語の質的分析の可能性を示した伊藤智樹[52]の研究が挙げられる。

この他、本書と直接関連するものではないが、哲学領域で、ナラトロジーの方法論を歴史哲学から科学哲学に拡張することを目指した野家啓一[53]の研究は、国内の物語論研究で重要な位置を占めている。医学の分野においては、医療人類学の視点からの江口重幸[54]の研究、医療におけるナラティヴ・アプローチの可能性を模索した斎藤清二・岸本寛史[55]の研究、精神療法の場で患者が語る物語に着目する北山修[56]の研究などが特筆されよう。

以上、国内の物語論研究について概観した。そこからも確認されるとおり、物語は語り手と聴き手の共同産物であるというブルーナーの指摘[57]を継承して、〈わたし〉を物語ることは、経験の共有者としての〈わたしたち〉を生み出すこと[58]、および対人関係性における意味形成過程に着目した研究は、決して新しいものではない[59]。しかしながら、上述した多様な先行研究の成果を吟味すると、以下の5点が指摘できるようである。

ⅰ）個人の生きる意味の生成に他者がどのように関与するのか、意味形成過程における他者との関係性を実証的に明らかにした報告は少ない、ⅱ）高齢者による過去回想型自分史の研究はみられるが、女子青年期の未来展望型自分史については研究が未開拓である、ⅲ）生きる意味のテーマは、人生の危機的状況において際立つとされるため、死別体験や障碍受容など特殊な経験を対象とした研究が主流であり、普通科高等学校に通う高校生が、日常的経験をどう意味づけているのかという実態を捉えた研究は限られている、ⅳ）日常的次元での意味づけと実存的次元での生きる意味という、異なる次元での意味生成を区別し、その連関を検討した研究は稀である、ⅴ）心理療法における物語については理論および実践面での知見の蓄積があるが、学校教育におけるスクールカウンセラーではない一般教員による物語論的実践については知見が集積されていない、の五つである。

それゆえ、学校教育における物語論的支援の可能性を探り、生徒の意味形成への有効性を考究することは、意義の面でも必要性の面でも重要な研究課題であろう。本書は、以上の五つの点に対応しながら進めたい。

なお、障碍者ライフストーリー研究者の田垣正普[60]は、研究の位置づけを明確にするために、社会文化的文脈重視と個人重視、援助貢献型と脱援助型の四つの指向を組み合わせた分類の中に配置することを提案している。これに従えば、本書は、個人重視・援助貢献型に位置づけられよう。現代人が生きる意味を探求する社会的文脈や今日のわが国の文化的背景にも関心を払うが、そうした背景の中で個々の生徒がどのように生きる意味を見出そうとするのか、という側面に重点を置くものだからである。また、高校および大学での教員経験を背景とした本書は、高校生および大学生の意味形成に対する支援を目指している。従って、教育援助の視点から生きる意味の形成過程を考察することになる。

2－3．スピリチュアリティ概念

スピリチュアリティ概念を扱う研究にはさまざまな立場が存在するが、本書が対象とするキリスト教信仰に基づくスピリチュアリティ概念を主題とした研究は、宗教教育論としてみられる[61]。その中でも「魂の教育」の在り方を考える長島世津子[62]は、終末期医療を参照して大学生の生きる意味への問いを支えるスピリチュアルケアの視点を提示した。また、片山はるひ[63]は、「霊性」への関心が高まる現代において「意味の探求としての宗教教育」が重要であることを指摘している。

もっとも、スピリチュアリティ概念については、キリスト教文化圏では既に広く主題とされてきた。だが、国内でスピリチュアリティが学術的主題とされる場合には、キリスト教的文脈とは異なる立場で研究されているのが現状である。こうした研究群の筆頭には、宗教学領域で現代人の宗教性の新現象を包括的に捉える島薗進[64]の研究が挙げられよう。島薗は、「新霊性文化」という概念で現代人のスピリチュアリティを捉えた。本書でも、若者のスピリチュアリティに関連する宗教的事象および実践を理解する上で、島薗の研究を参照した。

この他、鎌田東二[65]は、神道を対象として日本人のスピリチュアリティを浮き彫りにしようと試みている。また、プロテスタントのキリスト教哲学の立場から稲垣久和は、「スピリチュアルな世界が人間にとって根源的なものであるがゆえに、これとの関わりなくしては人格形成ができない」[66]として、公教育における宗教教育の必要性を主張している。

スピリチュアリティ概念が学術的に広く取り上げられるようになった背景の一つに、本書でも紹介するように、1998年のWHO（世界保健機関）の健康定義の改正案提出がある。そのため、医療看護学領域でもスピリチュアリティは活発に議論されている。その中で、終末期医療におけるスピリチュアルケアの観点からの窪寺俊之[67]の研究は、キリスト教的立場から、現代人のスピリチュアリティへの関心を「生きる意味や将来の希望を見失った叫び」[68]と捉え、イエスの誕生・十字架・復活の三つの出来事がこの「スピリチュアル・ニーズ（霊的必要）」を満たすものであるとの解釈を示している。

社会学領域では、ニューエイジやスピリチュアルブームをめぐる社会事象としてスピリチュアリティが主題とされている。この中でも樫尾直樹[69]、伊藤雅之[70]、櫻井義秀ら[71]の研究は現今の日本人の宗教的事象を総括的に捉えようとしている。

心理学領域では、個を超えたものや超越性に関する研究を中心に据えたトランスパーソナル心理学、および精神医学の系譜において、スピリチュアリティが鍵概念とも位置づけられ、湯浅泰雄、安藤治をはじめ、スピリチュアリティ研究が活況を呈している[72]。

こうした人文系諸科学におけるスピリチュアリティ概念への着目の中で、教育学領域でもスピリチュアリティが主題とされるようになっている。その主要なものとして、プロテスタントのキリスト教信仰を背景としてスピリチュアリティの育成について提言した伊藤隆二[73]、教育におけるスピリチュアリティの重要性を先駆的に指摘した西平直[74]、教育思想の底流にスピリチュアリティへの関心が共有されていることを明らかにした菱刈晃夫[75]の研究が挙げられる。これらの研究からは、人間形成におけるスピリチュアリティの役割、およびスピリチュアリティ育成の視点と方法論について検討する上で多くの示唆を得た。

スピリチュアリティはホリスティック教育の立場でも主題とされている[76]。スピリチュアリティを鍵概念としてホリスティック教育の一つのモデルを提示した中川吉晴[77]の研究は、東洋哲学および心理療法との統合を志向している。ホリスティック教育の試みとしてのスピリチュアル教育プログラムを構想した尾崎真奈美[78]の研究も看過できない。この他、心の教育ならびに命の教育との関連で、公教育でのスピリチュアリティの問題について検討したカール・ベッカー[79]、弓山達也[80]の研究を挙げておく。

なお、青年期のスピリチュアリティの実態を調査したものに、大学生のスピリチュアリティに関する安野舞子・亀田多江[81]の量的研究がある。同じく安野[82]は、米国の大学生を対象に面接調査と参与観察に基づく質的調査も行っており、筆者の研究でも質問紙作成および半構造化面接調査実施の際に参照した。

さらに、スピリチュアリティ概念は、多様な領域と接合しており、研究の裾野は非常に広い。例えば、人間の身体性への着目の中で心身の統合を目指すボディワークや修行を主題として[83]、心の平和ないしは世界平和との関連で[84]、フェミニズム理論の観点から[85]、あるいはエコロジーへの関心と結び合わせて[86]、スピリチュアリティ研究は多様な展開をみせている。

以上に挙げた先行研究は、次の５種類に大きく分類できそうである。①終末期医療を中心とするスピリチュアルケアを主題としたもの、②スピリチュアリティを現代的な宗教的事象と捉え、カルト問題も含めてその社会学的背景を分析するもの、③スピリチュアリティを人間の心理的事象として捉え、主に心理査定に基づいて検討するもの、④ニューエイジ的世界観に基づいてスピリチュアリティの重要性を主張するもの、⑤スピリチュアリティ概念を援用した各種の横断的研究、である。これらの研究の成果を吟味すると、次の五つの点に気づかされる。

ⅰ）終末期医療やカルト集団における特殊な経験に焦点が当てられがちであり、日常的経験としてのスピリチュアリティには十分な関心が払われていない、ⅱ）女子青年のスピリチュアリティの実態については知見が十分に集積されていない、iii）人間形成におけるスピリチュアリティの役割について十分には解明されていない、iv）スピリチュアリティに関連した教育実践についての報告は限られている、v）総じて人間のスピリチュアリティを覚醒する超越からの働きかけには十分言及されていない、これら5点である。

本書は、上述した研究群に多くを学んだ。その上で超越との応答を射程に入れながら、カトリック学校における宗教教育との関連に限定してキリスト教に基づいたスピリチュアリティの育成を問題とする点で、拠って立つ世界観や人間存在の捉え方など、研究の立場や視点および対象に先行研究とは異なる独自性が加えられている。

第3節　本書の用語解説

ここでは、本書で用いる用語について概念規定をしておく。本論では、「物語」「ストーリー」「ナラティヴ」「スピリチュアリティ」「超越」「意味」「意味形成」「宗教教育」「カトリック学校」などの言葉を用いるが、それぞれをどのような意味合いで使用するのか。先行研究を踏まえた上で、以下、本書における定義を述べる。

（1）「物語」「ストーリー」「ナラティヴ」という用語

物語論の要となる「物語」という言葉については、概念自体が非常に多義的であり、論者によって多様な文脈において異なる意味合いで用いられているのが現状である。物語論の研究者に参照される最古の物語の定義は、アリストテレスの『詩学』に記されているものである。ここでアリストテレスは、悲劇を「一定の大きさをそなえ完結した一つの全体としての行為の再現」[87]と定義し、行為の再現（ミメーシス）とは筋（ミュートス）、つまり出来事の組み立てであり、その全体は、「始めと中間と終わりをもつものである」[88]と説明する。つまり、それが物語と呼ばれるための構造上の特徴は、始まりと中間と終わりがある一つのまとまりをもったお話であるということである。

このアリストテレスの定義をはじめとして、諸々の物語論における物語の定義を総括した上で浅野（2003）[89]は、物語を①視点の二重性、②出来事の時間的構造化、③他者への志向という三つの主な特徴を備えている語りとして定義している。森岡（2002）[90]もこれと同様に、1）語り手と登場人物の視点の二重化を可能にし、2）始めと終わりと中間部からなり、結末を納得させる一つの筋に即して出来事を選択的に配列された、3）必ず語り手がいて聴き手がいる語りを物語と規定している。

物語論研究では「ストーリー（story）」という語も頻出する。ライフヒストリーとライフストーリーという学術用語が混同されることもあるが、ライフヒストリーは人生の歴史的事実を、ライフストーリーは生きられた人生の経験的真実を示すという見解が一般的である。例えば、桜井（2005）[91]は、ライフヒストリーを「人々の個人的体験の具体的記録」と規定して「生活史」と訳している。これに対してライフストーリーは、「個人が歩んできた自分の人生についての物語」を指す。

他方、物語論に関連する議論では、「物語」の原語に当たる「ナラティヴ（narrative）」がそのまま用いられることも多い。一般の辞書的意味は「物語、話、語ること」[92]であり、話し言葉と書かれたテクストの両方を対象とした語である。こうした「ナラティヴ」の語を運用面からみると、「ストーリー」としばしば互換的に使用される状況にある[93]。

本書では、これらの議論を踏まえて「物語」を広義に捉え、ストーリーとナラティヴの概念も含めて、「人生で経験した出来事を意味のつながりに即して一つの筋立てのもとに結び合わせて他者に向かって創出したもの」を指すことにする。ここには外的に語ったもの、書いたものだけでなく、自分の内的世界に形を結んだストーリーも含まれる。なお、第2章では、物語概念を学校教育に援用することの意義を捉え直すために、改めて物語論に関連する用語について検討する。

（2）「スピリチュアリティ」「超越」という用語

スピリチュアリティ概念については、WHOの健康定義改正案（1998）[94]をめぐる議論を発端として学際的関心が高まり、先述したとおり、近年では教育学の主題ともされるようになってきた。これについては第3章で詳しく検討するが、元来「霊性」を意味するカトリック教会の用語である[95]。英語の「スピリチュアリティ（spirituality）」の語根であるラテン語の「スピリトゥス（spiritus）」は、「息・風・霊」などの意味領域を包括的に表す旧約聖書ヘブライ語の 'ruah' をギリシア語に翻訳した 'pneūma' に由来する[96]。新約聖書にイエスの言葉として記される「神は霊（pneūma）である」[97]という見解に従えば、スピリチュアリティは神である霊を源として生じる働きであると捉えることができる。

日本では、英語の 'spirituality' という単語は、複数の英和辞典で「精神性・霊性」と訳されており[98]、鈴木大拙が「霊性」と訳出して以来、一般的には霊性の訳語が当てられている[99]。しかし、西平（2007）[100]がスピリチュアリティを四つの位相に分類し、従来の霊性とは意味領域にずれがあることを指摘するなど、霊性の訳語では言い尽くせない多義性を有した概念であるとの見解もみられる。

そこで本書では、スピリチュアリティの多様な意味内容の中でも、その中核的要素は自己超越であること[101]、かつ、生きる意味と関わりが深い概念であること[102]に着目し、「超越との関わり、ないしは、自己を超越することを通して、生きる意味を見出す働き」としてスピリチュアリティという語を用いることとする。

「超越」とは、「日常という現状を越えて真の現実を探し求めようとする人間の普遍的経験に由来する」[103]概念であり、「世界や自己を包摂し、それらの存在根拠となる存在論的意味」[104]で捉える。また、「自己を超越する」とは、「自分ではない何かや誰かに向かって自分自身を超え出ること」[105]を指すものとする。

なお、「超越」という言葉については、面の次元における突破または包含を伴う水平軸（横軸）での超越と、層の次元における上昇または下降を伴う垂直軸（縦軸）での超越という、異なるベクトルをもつ超越について議論することが可能である。本書では、日常的次元における水平軸での超越も視野に入れるが、垂直軸での超越的実在とのつながりを重視する。その上で、水平軸と垂直軸が交差する地平での超越の経験に着目する。具体的には、生徒の人間関係や学習・部活動などにおける日常の営みと、超越的実在（神）との関わりの二つの方向性での超越の経験に関心を払う。

つまり、本書においてスピリチュアリティとは、自分ではない何かや誰かに向かって自分自身を超えようとする人間の幅広い経験をも含めることとし、必ずしも超越的実在を直接的に志向する経験に限定しないが、究極的には神との関わりを指す。こうした意味で、スピリチュアリティを、生きる意味の探求を支える宗教教育の在り方を検討するための鍵概念と位置づけて論を進めたい。

（3）「意味」「意味形成」という用語

本書で用いる「意味」という言葉についても明確にしておく必要がある。「意味」を主題とした議論には、言語学的・記号論的または概念論的に意味内容を追究するもの、解釈学的に意味を思量するもの、精神分析的に深層心理的な意味を洞察するもの、外部に投影された表象から解される内面心理の意味を探るもの、存在論的な意味を問うものなどの諸立場がある。人間の意味形成過程を考究するという場合にも、言語化されない意味の共有を情動レベルからみたり、認知的評価の枠組みなど認知レベルに焦点を当てたり、シンボルの共有化も含めた心的現実の変容を存在論的レベルから解釈したり、さまざまな立場がありうる。

心理学者の岡本夏木（2000）[106]は、これらの議論を簡明にするために、意味体系を記号的意味と存在的意味の二つに大別している。前者は、ことば・概念による記号体系と、記号が指し示す対象との整合関係の中で問われる意味であり、後者は、行為や存在として体験・実感される意味である。

また、さきのやまだ（2000）[107]は、人生を物語るとき二つ以上の出来事を「むすびあわせる行為」に着目し、このような物語行為の中で生まれる「意味」を、文脈（コンテクスト）とシークエンス（前後関係）から見出される「2つ以上の事項の結びつけ方」と規定している。例えば、何かの出来事の意味を問う場合、その前後の文脈と物語シークエンスと、その中に挿入される言葉との相互の結びつきから生成されるものが「意味」であるとしている。つまり、個々の要素は同じでも、それをどう関連づけ、どう結び合わせるかによって「意味」は異なるのである。こうした場合の「意味」は、'meaning' であり、記号コードの解読などに用いられる 'signification' とは区別される。

本書では、上記の存在的意味の中でも特に、物語行為の中で生まれる意味に注目する。また、人間を生きる意味を求める存在として捉えるフランクル思想に依拠して議論する。その前提には、自己の捉え直しが迫られるような状況の変化や個人を取り巻く世界の様相の変化に際して、自己を支える意味世界の再構築が必要となるという理解がある。自己を再構成しながら新たな自己変容を遂げるプロセスは、人間が自己と周囲を絶えず「意味づけ」、意味世界を形成していく過程と考えられるからである。

こうしてみると、人間の生涯は意味の構成と解体、再構成と再解体の過程でもある。人生は意味世界を創造する過程として展開されているのである。本書では、このような立場から、人間の生の営みを自己と世界の意味をめぐって織り成される「意味形成」の過程と位置づけてみる。「意味形成」とは、日常的な個々の出来事の「意味づけ」を通して、存在のより深い次元に関わる生きる意味を形づくる道程であると考えるのである。

そこで本書では、生きる意味の探求の過程において、自己と周囲の世界に対する「意味づけ」を軸として、自分なりの意味の世界を形づくることを「意味形成」という用語で表す。こうした「意味形成」の枠組みとなるのが「自己物語」である。第 2 章で掘り下げて検討するが、本書では、日常の個々の出来事を「意味づける」ための固有の文脈である「自己物語」によって生きる意味が生成するという立場から考察を進める。

これに関して、心理学者の浦田悠（2010, 2013）[108] は、生きる意味に関する先行研究を包括的に整理した上で、地上的・具体的な次元における「生活の意味」と、普遍的・一般的な次元における「人生の意味」とを区別し、有益な視点を提供しているので、該当の章で取り上げる。

なお、「生きる意味の探求」という場合の表記については、「探究」という表記もふさわしいと考えられる。生徒が究極の意味をつかみとるための支援を目標とすべきだという考えに立てば、物事の本質を探し究めるという意味合いから「探究」の表記が相当するだろう。だが、筆者は青年期の生徒・学生との関わりを通して、自分でも何を求めているか分からないが、漠然と何かを求めてやまない気持ちも研究の射程に含めなければ不十分であると考えるに至った。その結果、ある時点で少なくとも当座、自分にとって意味があると思えるものを探し求めるという意味合いを取り込んで、ここでは「探求」の表記を採ることにした。

(4)「宗教教育」「カトリック学校」という用語

宗教教育とは、信仰心を養い、宗教的知識や情操を高めることを目的とする教育活動として、従来、「宗派教育」「宗教知識教育」「宗教的情操教育」の三つのカテゴリーに分けて考えられてきた[109]。だが、河合（1995）[110]は、このような枠をはめられた宗教教育を問い直し、生死に関する問いにおいて「私にとっての意味」が問題となるとき、科学的説明ではなく宗教が必要になることを理由に挙げ、主体としての私が関わる死生観を養うための宗教教育の重要性を指摘した。

本書ではこうした考え方に従い、宗教教育の本質を、超越との関わりにおいて「私にとっての生きる意味」の探求を支える教育として位置づける。ただし、河合の議論は、特定の宗教の信仰に基づかない宗教教育を想定しており、そこにはわが国の憲法および教育基本法に定められた信教の自由および国公立学校における宗教教育の中立性を保障するための配慮があると考えられる。この点に関して、本書では、カトリック学校およびカトリック大学を対象とし、生きる意味への問いが切実さを増すと考えられる後期中等教育段階、および高等教育段階の生徒・学生各人の「私にとっての生きる意味」の探求を支えるものとしての宗教教育に焦点を当てて論じる。

また、「カトリック学校」とは、1983年公布の新教会法で「権限ある教会権威者または教会法上の公的法人が運営する学校、もしくは、教会権威者が書類をもってカトリック学校と認めるもの」（803条1項）を指し、「我が国の場合…（中略）…学校教育法の第1条に規定されたいわゆる一条校…（中略）…のうち、上掲の教会法第803条第1項の規定を満たすものをいう」[111]。この意味でのカトリック学校は、2017年時点で、日本全国に幼稚園から大学まで併せて810校を数え、20万6,325人の園児・児童・生徒・学生を擁している[112]。本書では「カトリック学校」とは、以上の教会法と学校教育法の規定を満たした上で、カトリックの教理を教える狭義の信仰者養成学校ではなく、広義に解されることが多い「カトリックの信仰・精神に基づいて創立され、運営される学校」[113]を指すものとする。

なお、本書では、カトリック学校の使命は、カトリック教会内部に限られるのではなく、全人類への奉仕にまで及んでいるという理解に立ち、カトリック学校が置かれた現代世界と日本の文化的文脈にも関心を払いながら議論を進める。

第４節　本書の構成

本書は三つの部から成る。第Ⅰ部では、スピリチュアリティ育成について理論的に検討する。具体的には、生きる意味に関する理論、すなわち、フランクル思想、物語論、スピリチュアリティ概念を手がかりとして、生徒の生きる意味の探求を支える宗教教育とはどのようなものかを検討し、道徳教育との比較を通して、その可能性を浮き彫りにする。

第1章では、フランクル思想の主要概念を手がかりとして、カトリック学校でのスピリチュアリティの育成に求められる視点について考察する。まず、フランクルの実存思想の基礎をなす人間観のうち、中核的概念である良心の「自己超越性」が生きる意味の探求の源であることを明示する。次に、各人が意味を実現するように呼びかける「無意識の神」の概念が宗教教育を実践する際の理論的根拠となりうる点に着目する。続いて、代表的なフランクル批判を取り上げて検討することによって、普遍的価値である「超意味」と固有の生における唯一無二の「意味」の区別を考察する。最後に、「実存的空虚」とされる現代の精神状況において、生徒が「精神の抵抗力」をもって意味の実現に対する「応答責任」を果たせるように導く宗教教育の可能性をフランクル思想から導出する。

第2章では、学校教育において生徒の意味の探求を支えるための視点と方法論について物語論から検討する。ここでは、生きる意味に関する研究の系譜の中で物語論がどう位置づけられるのか、各種の先行研究を概観することによって、物語論が生きる意味へのアプローチであることを明らかにする。続いて、物語概念を教育学的に捉え直し、物語としての自己概念を用いることによって、自分の歩んできた人生を他者に向かって語る自己物語が、各人固有の生きる意味の枠組みであること、さらには、その自己物語が生徒固有の意味世界を他者と共に生きる普遍的な意味世界につなぐ媒体ともなりえることを指摘する。最後に、以上の意味形成に関連する主要な物語論の議論を踏まえた上で、学校教育において物語論の視点および方法論がどのような限界と有効性を有するのか、物語論による実践の可能性を考察する。

第3章では、カトリック学校がその宗教教育において育成の対象とするスピリチュアリティとは何かを明らかにする。まず、先行するスピリチュアリティの概念規定を検討し、多様な意味内容をもつスピリチュアリティ概念の中でも、「生きる意味の探求における超越との関わり」がその中核的要素である点に着目する。次に、現代人の宗教性の一大潮流をなすとされるニューエイジを比較対象として取り上げて検討を加える。ニューエイジの思想・表現・実践は先進諸国を中心に世界的な影響力をもち、日本国内でも若者層を中心に消費文化の中に広く浸透しているとみられるため、カトリック学校の宗教教育にとって重大な挑戦であると考えられる。そこで、生きる意味の探求過程におけるニューエイジとキリストの福音に基づくスピリチュアリティとの異同について、教会公文書の見解を基に考察する。

第4章では、国公立学校の道徳教育として施行されてきた「心の教育」との比較において、カトリック学校独自のスピリチュアリティ育成の可能性について検討する。日本では国公立学校の道徳教育が宗教教育の代替的役割を果たしているとも指摘され、カトリック学校での宗教教育との相違が必ずしも自明ではないからである。まず、スピリチュアリティは人間形成においてどのような役割を果たすのかを考察する。次に、道徳教材『心のノート』

（全面改訂版では『私たちの道徳』に改称）を、超越との関わりの観点から検討することによって、スピリチュアリティの育成との相違点を明らかにする。最後に、生徒の生きる意味の探求を支える視点からみた場合、心の教育ではなぜ不十分といえるのかを論じ、スピリチュアリティの育成が心の教育を超える可能性をもつことを指摘する。

第Ⅱ部では、スピリチュアリティ育成の実践に向けて、より具体的に議論する。すなわち、女子高校生の生きる意味の探求過程に関する事例研究から得られた知見を、カトリック学校の宗教教育の現場でどのように生かすことができるのか、意味形成の主要な要素の役割とその生かし方、宗教科の授業実践、教師の在り方、の各側面から具体的に検討する。

第5章では、女子青年の生きる意味の探求とスピリチュアリティに関する実態調査の結果を考察する。まず、半構造化面接調査の結果を一般化して紹介し、考察を加えることによって、青年期のスピリチュアリティの経験の実態に迫ることを目指す。併せて、女子高校生の生きる意味の探求に関する実態を把握するために、女子カトリック学校で実施した質問紙調査の結果から、スピリチュアリティ育成に向けての検討課題を導出する。

第6章では、意味形成の主要要素と考えられる「重要な他者」「時間的展望」「内的ファンタジー」が、高校生の内面に自己物語が生じる過程でどのような役割を果たしているのか、を明らかにする。具体的には、ⅰ）重要な他者との関係性を基盤として経験の意味づけが変容し、意味形成が促進されること、ⅱ）安定した対人関係性を基盤として時間的展望が形成されること、ⅲ）各人固有の内的ファンタジーが自己物語生成の重要な触媒として機能すること、ⅳ）日常的経験の意味づけと生きる意味への問いが往還する中で多層的な自己物語が生成すること、について詳述する。

第7章では、日常的次元における意味形成の主要な三要素を超越的次元へと接合する可能性について検討する。まず、意味形成を支える重要な他者との関わりを祈りの実践などにより、超越者との出会いへと導く可能性、生徒の時間的展望をキリスト教の時間意識にみられる永遠性の観念につなぐ方途、生徒の内的世界で育まれる内的ファンタジーをスピリチュアリティに発展させる道筋について論じる。こうして生徒の日常的経験を超越的次元の価値に結びつける視点と方法論についての考察を深める。

第 8 章では、生徒の日常と超越をつなぐ宗教科の授業の可能性について検討する。まず、スピリチュアリティを育む授業に必要な要素について指摘する。また、宗教科の授業では通常聖書を用いるが、聖書は物語の宝庫であるとともに、聖書全体として一つの壮大な救いの物語であるといえる。そこで、聖書を教義を教える教典として読むのではなく、救いの物語として読むことによって、生徒の自己物語を聖書の物語につなぐ方途について検討する。

第 9 章では、スピリチュアリティを育成する教師に求められる態度とは何か、フランクル思想を手がかりとして検討する。フランクルが意味喪失の時代に不可欠な教育として掲げたのは、「良心を洗練する教育」であったが、そうした教育を行う教師の在り方については、ただ「教師の生きた実例」の重要性を指摘するのみであった。だが、フランクル思想をたどると、教師の生きた実例の内実を探ることは可能である。そこで、スピリチュアリティを育む教師の態度について、「生徒の成長を方向づける」「生徒の精神性に配慮する」「生徒を世界との関わりに導く」の三種類の観点に分けて考察する。

第Ⅲ部では、生きる意味の探求を支えるスピリチュアリティ育成の展開について議論する。具体的には、ヒルティの宗教教育批判、カトリック大学の巡礼旅行、キャリア教育、イエスの復活を取り上げ、従来の宗教教育を多角的に捉え直し、カトリック教育固有の可能性を導出する。

第 10 章では、カトリック学校の宗教教育において、日常生活を超越的次元につなぐ方途について、K. ヒルティのキリスト教思想を手がかりとして考察する。神の霊に導かれて福音を実践する生き方を示したヒルティによる宗教教育批判の核心は、日常的価値と超越的価値との関係を宗教教師が対立的に捉えている点にあると捉えられる。そこで、新約聖書の「命」の概念に着目し、プシュケーとゾーエーとの関係を検討する。これにより、非キリスト教国に適したスピリチュアリティ育成の具体的な指針を導き出す。

第 11 章では、カトリック大学における宗教教育の一環として、キリスト教の聖地を対象とした巡礼旅行を導入することによって、どのような効果を期待できるのか、その意義と可能性について、スピリチュアリティ育成の観点から検討する。まず、キリスト教における巡礼の本質と歴史的変遷について確認し、次に、スピリチュアリティを育む巡礼体験の構成要素として、「聖なる空間」「聖なる時間」「聖なる物語」「巡礼仲間」の四つを取り上げて考察する。これにより、引率教員に求められる教育的配慮と教育上の検討課題を浮き彫りにする。

第12章では、職業を天職と捉えるコーリング意識に注目して、カトリック大学のキャリア教育において、いかにして学生のコーリング意識を育むことができるか、スピリチュアリティ育成の観点から検討する。まず、職業とコーリングの関係について明らかにするために、プロテスタンティズムの職業観とキリスト教の労働観を検討する。次に、コーリングに関する先行研究を検討し、カトリック大学が育成の対象とするコーリング意識に固有の特徴を浮き彫りにする。最後に、現行のキャリア教育の課題を特定した上で、職業選択に際してコーリング意識を育成する点にカトリック大学固有のキャリア教育の可能性があることを提示する。

第13章では、カトリック学校での宗教教育を実践する上で、キリスト教信仰の根幹に位置づくイエス・キリストの復活からどのような示唆を得ることができるのか、を明らかにする。まず、教会が復活をいかに理解してきたのかを確認するために、旧約聖書と新約聖書を含めて聖書思想における復活理解の変遷を俯瞰し、併せて神学領域の代表的な見解についても概観する。次に、新約聖書の福音書ではイエスの復活について何が描かれているのか、復活したイエスの出現の特徴と、復活したイエスと出会った弟子たちに生じた変化の共通点を検討する。最後に、福音書のイエスの復活物語に基づいてカトリック教育の枠組みについての考察を深める。

結章では本書全体の議論の総括として、生徒の生きる意味の探求を支えるスピリチュアリティを育む宗教教育の在り方をカトリック学校に提案する。そうして、現代におけるカトリック学校の本質的な使命は何であるのかを明示する。併せて、非キリスト教国である日本における宗教教育を構想するに当たり、本書では論じることのできなかった課題と展望について述べる。

註

1 「青年期は人間の発達段階のうえで児童期と成人期の間に位置する、子どもから大人への移行期である」（高木秀明「青年期」中島義明他編『心理学辞典』有斐閣、1999 年、501-502 頁）。自我の発見やアイデンティティの統合を課題とする青年期は、一般的には 15 〜 25 歳頃の年齢に当たるとされるため、本書の主題である高校生と大学生を対象とした宗教教育については、青年期を念頭に置いて論じる。なお、学校教育法では高校生を「生徒」、大学生を「学生」と区別しているが、本書では煩雑さを避けるために「生徒・学生」と併記せず、単に「生徒」と表記する場合がある。その他、文脈に即して「大学生」「高校生」「学生」「生徒」の表記も併用する。

2 本書では、「教師」「教員」「教諭」の表記を併用する。その際、「教師教育」「教員研修」「司書教諭」など一般的な用語法に従う。その他、生徒に対して教える立場の専門職であることを強調する場合は「教師」、学校組織の中で教育を担当する職務に就く者を指す場合は「教員」、学校教育法に基づく正式な職名を指す場合は「教諭」と記すなど、文脈に応じて使い分けることにする。

3 高祖敏明「カトリック学校」上智学院新カトリック大事典編纂委員会編『新カトリック大事典』第 1 巻、研究社、1996 年、1121-1127 頁。

4 フランクル, V. E.「意味喪失の時代における教育の使命」工藤澄子訳、國學院大學編『日本文化研究所紀要』第 24 輯、1969 年、61-75 頁。（Frankl,V. E., “The Task of Education in an Age of Meaninglessness”, 1969.）

5 Elkins, D. N., Hedstrom, L. J., Hughes, L. L., Leaf, J. A. and Saunders, C., “Toward a humanistic phenomenological spirituality: Definition,description,and measurement”, *Journal of Humanistic Psychology*, Vol. 28 (4), 1988, pp. 5-18.

6 広岡義之『フランクル教育学への招待――人間としての在り方、生き方の探究――』風間書房、2008 年、246 頁。

7 フランクル, V. E.『夜と霧』霜山徳爾訳、みすず書房、1956 年。

8 フランクル, V. E.『夜と霧』池田香代子訳、みすず書房、2002 年。

9 Lukas, E. S., “Zur Validierung der Logotherapie”, Frankl, V. E., *Der Wille zum Sinn*, 5. Auflage, Verlag Hans Huber, Bern, 2005, S. 225-254. 邦訳は、ルーカス, E. S.「ロゴセラピーの有効性」フランクル, V. E.『意味による癒し――ロゴセラピー入門――』山田邦男訳、春秋社、2004 年、175-231 頁。

10 Crumbaugh, J. C. and Maholick, L. T., “An Experimental Study in Existentialism: The Psychometric Approach to Frankl’s Concept of Noögenic Neurosis”, *Journal of Clinical Psychology*, Vol. 20, No. 2,1964, pp. 200-207. 邦訳は、クランボウ, J. C.、マホリック, L. T.「実存主義の実験的研究――フランクルの《精神因的ノイローゼ》概念への心理測定学的アプローチ――」フランクル, V. E.『現代人の病――心理療法と実存哲学――』高島博・長澤順治訳、丸善、1972 年、221-242 頁。

11 Gerz, H. O., “The Treatment of the Phobic and the Obsessive-Compulsive Patient Using Paradoxical Intention sec. Viktor E. Frankl”, *Journal of Neuropsychiatry*, Vol. 3, No. 6, 1962, pp. 375-387. 邦訳は、ゲルツ, H. O.「ヴィクトール・E・フランクルによる逆

説志向を用いての、不安神経症および強迫神経症患者の治療」同上書、243-273 頁。

12　永田勝太郎『ロゴセラピーの臨床』医師薬出版、1994 年、永田勝太郎『実存カウンセリング』駿河台出版社、2002 年など。

13　勝田茅生『ロゴセラピー入門シリーズ』全 9 冊、システムパブリカ、2008 ～ 2010 年。

14　林貴啓「ポストモダンの実存―― V. E. フランクルの実存分析への新たな展望――」日本トランスパーソナル心理学／精神医学会編『トランスパーソナル心理学／精神医学』第 5 巻 1 号、2004 年、59-65 頁。

15　Leslie, R. C., *Jesus and Logotherapy*, Abingdon Press Nashiville N.Y, 1965. 邦訳は、レスリー, R. C.『イエスとロゴセラピー――実存分析入門――』萬代慎逸訳、ルガール社、1978 年。

16　Tweedie, D. F., *Logotherapy and the Christian Faith*, Baker Book House, 1961. 邦訳は、トウィディ, D. F.『フランクルの心理学』武田建訳、みくに書店、1965 年。

17　諸富祥彦『フランクル心理学入門』コスモス・ライブラリー、1997 年、諸富祥彦『知の教科書 フランクル』講談社、2016 年など。

18　山田邦男『生きる意味への問い―― V・E・フランクルをめぐって――』佼成出版社、1999 年、山田邦男編『フランクルを学ぶ人のために』世界思想社、2002 年など。

19　雨宮徹「フランクルの人間観」『フランクルを学ぶ人のために』138-167 頁。

20　菅井保『シェーラーからフランクルへ――哲学的人間学と生命の教育学――』春風社、2012 年。

21　滝沢克己「フランクルのロゴテラピーとキリスト教の福音」『仏教とキリスト教の根本問題』滝沢克己著作集第 7 巻、法蔵館、1973 年、432-444 頁。

22　松田美佳「フランクルの宗教観」『フランクルを学ぶ人のために』198-224 頁、松田美佳「フランクルの態度価値をめぐる考察」宗教と社会学会編『宗教と社会』第 12 号、2006 年、238-242 頁など。

23　Frankl, V. E., *Der Wille zum Sinn*, 5. Auflage, Verlag Hans Huber, Bern, [1964] 2005, S. 24-26. 邦訳は、フランクル, V. E.『意味への意志』山田邦男訳、春秋社、2002 年、26-31 頁。

24　Frankl, V. E., *Das Leiden am sinnlosen Leben: Psychotherapie für heute*, 5. Auflage, Herder Verlag, Freiburg, [1977] 1991, S. 29-30. 邦訳は、フランクル, V. E.『生きがい喪失の悩み――現代の精神療法――』中村友太郎訳、エンデルレ書店、1982 年、35-37 頁。

25　Frankl, V. E., “Der Unbedingte Mensch: Metaklinische Vorlesungen”, *Der leidende Mensch*, 3. Auflage, Verlag Hans Huber, Bern, [1949] 2005. 邦訳は、フランクル, V. E.『制約されざる人間』山田邦男監訳、春秋社、2000 年。

26　Frankl, V. E., “Homo Patiens: Versuch einer Pathodizee”, *Der leidende Mensch*, 3. Auflage, Verlag Hans Huber, Bern, [1950] 2005. 邦訳は、フランクル, V. E.『苦悩する人間』山田邦男・松田美佳訳、春秋社、2004 年。

27　岡本哲雄「フランクルの教育観――教育の実存分析――」『フランクルを学ぶ人のために』252-289 頁。

28　広岡前掲書。

29　Frankl, V. E., *Was nicht in meinen Büchern steht: Lebenserinnerungen*, 4. Auflage, Beltz Taschenbuch, München, [1995] 2011. 邦訳は、フランクル, V. E.『フランクル回想録――20世紀を生きて――』山田邦男訳、春秋社、1998年。

30　Klingberg, H. Jr., *When Life Calls Out to Us: The Love and Lifework of Viktor and Elly Frankl*, The Doubleday Publishing Group, New York, 2001. 邦訳は、クリングバーグ, H. Jr.『人生があなたを待っている1・2――〈夜と霧〉を越えて――』赤坂桃子訳、みすず書房、2006年。

31　Bruner, J. S., *Actual Minds, Possible Worlds*, Harvard University Press, 1986, pp. 11-14. 邦訳は、ブルーナー, J. S.『可能世界の心理』田中一彦訳、みすず書房、1998年、18-22頁。

32　Bruner, J. S., *Acts of Meaning,* Harvard University Press, 1993, pp. 55-59. 邦訳は、ブルーナー, J. S.『意味の復権――フォークサイコロジーに向けて――』岡本夏木・仲渡一美・吉村啓子訳、ミネルヴァ書房、1999年、79-84頁。

33　やまだようこ「ナラティヴ研究」やまだようこ編『質的心理学の方法――語りをきく――』新曜社、2007年、54-71頁。

34　河合隼雄『物語と人間の科学』岩波書店、1993年、河合隼雄編『心理療法と物語』心理療法講座第2巻、岩波書店、2001年、河合隼雄『物語と現実』河合隼雄著作集第8巻、岩波書店、2003年など。

35　矢野智司「あとがき」矢野智司・鳶野克己編『物語の臨界――「物語ること」の教育学――』世織書房、2003年、310頁。この他、矢野智司『自己変容という物語――生成・贈与・教育――』金子書房、2000年参照。

36　鷲田清一「物語と同一性」日本教育学会編『教育学研究』第66巻第1号、1999年、1-3頁。

37　西平直「『物語る』ことと『弔う』こと――グリーフワークとしての〈自己を物語る〉こと――」『発達』第23巻91号、ミネルヴァ書房、2002年、66-79頁。

38　皇紀夫「物語としての教育」『物語の臨界』4-6頁。

39　毛利猛「教師のための物語論――教育へのナラティヴ・アプローチ――」同上書、29-54頁。

40　鳶野克己「生の冒険としての語り――物語のもう一つの扉――」同上書、183-212頁。

41　例えば、保坂裕子「多声的時空間におけるアイデンティティ構築――アイデンティティ研究におけるナラティヴ・アプローチの可能性について――」京都大学大学院教育学研究科編『京都大学大学院教育学研究科紀要』第46号、2000年、425-437頁、ウィンスレイド, J.、モンク, G.『新しいスクールカウンセリング――学校におけるナラティヴ・アプローチ――』小森康永訳、金剛出版、2001年（Winslade, J. and Monk, G., *Narrative Counseling in Schools: Powerful & Brief*, Corwin Press, 1999）、斉藤浩一「道徳教育への心理療法からのアプローチ――ナラティブセラピーの視点を中心として――」東京情報大学情報サービスセンター／東京情報大学学術雑誌編纂委員会編『東京情報大学研究論集』第14巻、2002年、29-38頁、ビアルケ千咲「ドイツにおける質的学校・青少年研究の動向と『生徒のライフストーリー研究』――ポストモダンにおける青少年の学校体験の解明に向けて――」国際基督教大学研究所編『教育研究』第46号、2004年、153-161頁、中野和光・甲斐純子「ナラティヴにもとづいた教育評価に関する一考察」広島大学大学院教育学研究科編『学校教育実践学研究』第12巻、2006年、283-290頁、安田順「教育実践記録をナラティヴの観点から読む――生きることの教育としてのキャリア教育の教育観と子ども観――」日本特別活動学会編『日本特別活動学会紀要』第15号、2007年、51-59頁、安林奈緒美「保健室におけるナラティヴの意味と教育的効果――質問紙の自由記述欄の質的分析から――」名古屋市立大学大学院人間文化研究科編『人間文化研究』第7号、2007年、111-123頁、添田祥史「識字教育方法としての自分史学習に関する研究――ナラティヴ・アプローチからのモデル構築の試み――」日本社会教育学会編『日本社会教育学会紀要』第44号、2008年、41-50頁など。

42　やまだようこ編『人生を物語る――生成のライフストーリー――』ミネルヴァ書房、2000年、やまだようこ『喪失の語り――生成のライフストーリー――』やまだようこ著作集第8巻、新曜社など。

43　大倉得史『拡散――「アイデンティティ」をめぐり、僕達は今――』ミネルヴァ書房、2002年。

44　能智正博「『適応的』とされる失語症者の構築する失語の意味――その語りに見られる重層的構造――」日本質的心理学会編『質的心理学研究』第2号、2003年、89-107頁。

45　松嶋秀明「教師は生徒指導をいかに体験するか？――中学校教師の生徒指導をめぐる物語――」日本質的心理学会編『質的心理学研究』第4号、2005年、165-185頁。

46　榎本博明『〈私〉の心理学的探求――物語としての自己の視点から――』有斐閣、1999年、榎本博明『〈ほんとうの自分〉のつくり方――自己物語の心理学――』講談社、2002年など。

47　森岡正芳『物語としての面接――ミメーシスと自己の変容――』新曜社、2002年、森岡正芳編『ナラティヴと心理療法』金剛出版、2008年など。

48　小森康永・野口裕二・野村直樹編『ナラティヴ・セラピーの世界』日本評論社、1999年、小森康永・野口裕二・野村直樹編『セラピストの物語／物語のセラピスト』日本評論社、2003年など。

49　野口裕二『物語としてのケア――ナラティヴ・アプローチの世界へ――』医学書院、2002年、野口裕二『ナラティヴの臨床社会学』勁草書房、2004年など。

50　野村直樹『ナラティヴ・時間・コミュニケーション』遠見書房、2010年。

51　浅野智彦『自己への物語論的接近――家族療法から社会学へ――』勁草書房、2003年。

52　伊藤智樹『セルフヘルプ・グループの自己物語論――アルコホリズムと死別体験を例に――』ハーベスト社、2009年。

53　野家啓一『物語の哲学』岩波書店、2005年。

54　江口重幸「病の語りと人生の変容――慢性分裂病への臨床民族誌的アプローチ――」『発達』第20巻79号、ミネルヴァ書房、1999年、40-48頁。

55　斎藤清二・岸本寛史『ナラティブ・ベイスト・メディスンの実践』金剛出版、2003年。
56　北山修・黒木俊秀編『語り・物語・精神療法』日本評論社、2004年。
57　Bruner, *Acts of Meaning*, p. 124. 邦訳、175頁。
58　やまだ『人生を物語る』30頁。
59　岡本は「対人関係性と意味化過程の連関にいち早くからもっとも重視してきたのは、発達上の障害をかかえた子どもの療育や教育にかかわってきた人たちでした」と指摘している（岡本夏木「はじめに」岡本夏木編『意味の形成と発達――生涯発達心理学序説――』ミネルヴァ書房、2000年、i頁）。
60　田垣正晋「障害の意味の長期的変化と短期的変化の比較研究――脊髄損傷者のライフストーリーより――」日本質的心理学会編『質的心理学研究』第5号、2006年、70-98頁。
61　例えば、McGrath, A. E., *Religious Education in Great Britain: The Role of the Church of England in forming British Spirituality*, 2008. 邦訳は、マクグラス, A. E.『アリスター・E・マクグラス 宗教教育を語る――イギリスの神学校はいま――』高橋義文訳、キリスト新聞社、2010年、英隆一朗「ポストモダン時代におけるスピリチュアル・ブームとキリスト教――その背景と今後の展望――」森一弘・田畑邦治・M.マタタ編『教会と学校での宗教教育再考』オリエンス宗教研究所、2009年、272-289頁など。
62　長島世津子「スピリチュアル・ケアと魂の教育について」白百合女子大学編『白百合女子大学研究紀要』第42号、2006年、21-42頁。
63　片山はるひ「宗教教育における『物語』の役割」日本カトリック教育学会編『カトリック教育研究』第26号、2009年、1-13頁。
64　島薗進『精神世界のゆくえ――現代世界と新霊性運動――』東京堂出版、1996年、島薗進『スピリチュアリティの興隆――新霊性文化とその周辺――』岩波書店、2007年、島薗進・永見勇監修『スピリチュアリティといのちの未来――危機の時代における科学と宗教――』人文書院、2007年など。
65　鎌田東二『神道のスピリチュアリティ』作品社、2003年。
66　稲垣久和『宗教と公共哲学――生活世界のスピリチュアリティ――』東京大学出版会、2004年、209頁。
67　窪寺俊之「スピリチュアリティとキリスト教」窪寺俊之・大村英昭・浜野研三・藤井美和編『生命倫理における宗教とスピリチュアリティ』晃洋書房、2010年、143-172頁。
68　同上書、156頁。
69　樫尾直樹編『スピリチュアリティを生きる――新しい絆を求めて――』せりか書房、2002年、樫尾直樹『スピリチュアリティ革命――現代霊性文化と開かれた宗教の可能性――』春秋社、2010年など。
70　伊藤雅之『現代社会とスピリチュアリティ――現代人の宗教意識の社会学的探究――』渓水社、2003年、伊藤雅之・弓山達也編『スピリチュアリティの社会学』世界思想社、2004年。
71　櫻井義秀編『カルトとスピリチュアリティ――現代日本における「救い」と「癒

し」のゆくえ──』ミネルヴァ書房、2009年。

72　例えば、湯浅泰雄監修『スピリチュアリティの現在──宗教・倫理・心理の観点──』人文書院、2003年、安藤治・湯浅泰雄編『スピリチュアリティの心理学──心の時代の学問を求めて──』せせらぎ出版、2007年、石川勇一編『スピリチュアリティ研究の到達点と展開──日本トランスパーソナル心理学／精神医学会二十周年記念論文集──』コスモス・ライブラリー、2019年など。

73　伊藤隆二「人間形成とスピリチュアリティ教育の問題」『人間形成の臨床教育心理学研究──「臨床の知」と事例研究を主題として──』風間書房、1999年、77-97頁、伊藤隆二「子ども・生命・スピリチュアリティ──道徳教育の根幹をなすものとは──」『児童心理』金子書房、第61巻第16号、No.868、2007年、1474-1479頁など。

74　西平直「スピリチュアリティの位相──教育におけるスピリチュアリティ問題のために──」皇紀夫編『臨床教育学の生成』玉川大学出版部、2003年、206-232頁。

75　菱刈晃夫『近代教育思想の源流──スピリチュアリティと教育──』成文堂、2005年。

76　ホリスティック教育に関連したスピリチュアリティ研究の動向は、中川吉晴・村上祐介・小畑タバサ「教育におけるスピリチュアリティ研究をめぐる最近の展開」日本ホリスティック教育協会編『ホリスティック教育研究』第13号、2010年、78-86頁に詳しい。

77　中川吉晴『ホリスティック臨床教育学──教育・心理療法・スピリチュアリティ──』せせらぎ出版、2005年。

78　尾崎真奈美「大学教育課程におけるスピリチュアル教育プログラム──統合的な試みを通して──」日本学校メンタルヘルス学会編『学校メンタルヘルス』第8巻、2005年、79-85頁、尾崎真奈美・奥健夫編『スピリチュアリティーとは何か──哲学・心理学・宗教学・舞踊学・医学・物理学それぞれの視点から──』ナカニシア出版、2007年など。

79　カール・ベッカー「SOCの現状とスピリチュアル教育の意味」カール・ベッカー、弓山達也編『いのち・教育・スピリチュアリティ』大正大学出版会、2009年、101-138頁。

80　弓山達也「いのちの教育と宗教教育」同上書、235-248頁、弓山達也「日本におけるスピリチュアル教育の可能性」日本宗教学会編『宗教研究』第84巻第2号、2010年、553-577頁。

81　安野舞子・亀田多江「高等教育におけるスピリチュアリティ調査──本学での予備調査から──」創価女子短期大学編『創価女子短期大学紀要』第36号、2006年、23-59頁、安野舞子・亀田多江「高等教育におけるスピリチュアリティ調査（2）フォローアップ調査の評価」創価女子短期大学編『創価女子短期大学紀要』第37号、2008年、37-55頁。

82　安野舞子「米国の大学生に見るリーダーシップとスピリチュアリティ──高等教育における“新しいリーダー”育成の探究──」日本比較教育学会編『比較教育学研究』第36号、2008年、107-125頁。

83　湯浅泰雄・春木豊・田中朱美監修『科学とスピリチュアリティの時代――身体・気・スピリチュアリティ――』ビイング・ネット・プレス、2005年。

84　日本平和学会編『スピリチュアリティと平和』平和研究第32号、早稲田大学出版部、2007年。

85　恒松直美「スピリチュアリティ研究と高等教育――フェミニズム理論と近代に関する諸理論からの示唆――」広島大学留学生センター編『広島大学留学生教育』第12号、2008年、25-41頁。

86　国際宗教研究所編『エコロジーとスピリチュアリティ』現代宗教2010、秋山書店、2010年。

87　アリストテレース『詩学』松本仁助訳、岩波書店、1997年、39頁。(Kassel, R., *Aristotelis De Arte Poetica Liber*, Oxford, 1965.)

88　同上。

89　浅野前掲書、7-13頁。

90　森岡『物語としての面接』193頁。

91　桜井厚「ライフストーリーから見た社会」山田富秋編『ライフストーリーの社会学』北樹出版、2005年、10頁。

92　『ジーニアス英和辞典第3版』小西友七・南出康世編集主幹、大修館書店、2001年、1239頁。

93　やまだようこ「展望:人生を物語ることの意味――なぜライフストーリー研究か?――」日本教育心理学会編『教育心理学研究年報』第39集、2000年、146-161頁。

94　WHO（世界保健機関）は、1998年にWHO憲章の健康定義の改正案を提出し、従来の定義に‘spiritual’の語を新たに加えることを検討した。結局、この言葉を加えることは見送られたが、「スピリチュアリティ」が学術的研究の主題として認められる契機となったとされる（湯浅泰雄「霊性問題の歴史と現在」『スピリチュアリティの現在』11頁参照)。

95　‘spirituality’が世界で初めて霊性の意味で用いられたのは、‘spiritualité’として17世紀フランスのカトリック教会とされる（島薗『スピリチュアリティの興隆』69頁参照)。

96　ギエ, J.「霊」デュフール, X. L. 編『聖書思想事典』イェール, Z. 訳、三省堂、1999年、874-875頁。

97　『日本語対訳 ギリシア語新約聖書〈4〉ヨハネによる福音書』4章24節、川端由喜男訳、教文館、1995年、20頁。

98　例えば、『リーダーズ英和辞典』松田徳一郎監修、研究社、1984年、『ランダムハウス英和大辞典第2版』フレクスナー, S. B. 編集主幹、小学館、1994年、『ジーニアス英和辞典第3版』では共通して「精神性（精神的であること）・霊性（霊的であること)」と同じ語順で同じ訳語を載せている。

99　「霊性」という語は、後期の神道学者の平田篤胤も使用していたが、鈴木大拙（1870-1966）が‘spirituality’の訳語にあて、『日本的霊性』（1944）を代表作とする諸著作に頻繁に使用したことで知られる（鎌田東二『宗教と霊性』角川書店、1998年、362-367頁参照)。

100　西平直「スピリチュアリティ再考――ルビとしての『スピリチュアリティ』――」『スピリチュアリティの心理学』71-90 頁。
101　中村雅彦「スピリチュアリティの心理学的研究の意義」同上書、96-102 頁。
102　安藤治「現代のスピリチュアリティ――その定義をめぐって――」同上書、14-17 頁。
103　アルムブルスター, L.「超越」廣松渉他編『哲学・思想事典』岩波書店、1998 年、1083 頁。
104　棚次正和「『スピリチュアリティ』考――人間の存在構造を問う視点より――」日本基督教学会編『日本の神学』第 47 号、2008 年、238-243 頁。
105　Frankl, V. E., *The Unheard Cry for Meaning: Psychotherapy and Humanism*, Touchstone, New York, 1979, p. 35.　邦訳は、フランクル, V. E.『〈生きる意味〉を求めて』諸富祥彦監訳、春秋社、1999 年、44 頁など参照。
106　岡本「記号的意味と存在的意味」『意味の形成と発達』8-9 頁。
107　やまだ『人生を物語る』8-11 頁。
108　浦田悠「人生の意味の心理学モデルの構成――人生観への統合的アプローチにむけて――」日本質的心理学会編『質的心理学研究』第 9 号、2010 年、88-114 頁、浦田悠『人生の意味の心理学――実存的な問いを生むこころ――』京都大学学術出版会、2013 年。
109　岩田文昭「道徳教育における〈宗教性〉」井上順孝・山折哲雄編『宗教教育の地平』現代宗教 2007、国際宗教研究所、2007 年、86 頁。
110　河合隼雄『臨床教育学入門』岩波書店、1995 年、234-238 頁。
111　高祖「カトリック学校」1121-1127 頁。
112　日本カトリック学校連合会「加盟学校・加盟園・学校法人名簿 日本カトリック大学連盟／日本カトリック短期大学連盟／日本カトリック小中高連盟／日本カトリック幼児教育連盟」2017 年。
113　高祖「カトリック学校」1121 頁。

第Ⅰ部

スピリチュアリティ育成に関する理論的検討

フラ・アンジェリコ《受胎告知》サン・マルコ美術館蔵

第１章
フランクル思想に基づくスピリチュアリティ育成の視点

初めに言（ロゴス）があった。言の内に命があった。命は人間を照らす光であった。
新約聖書「ヨハネによる福音書」1章1節、4節

本章の目的と課題

本章の目的は、ヴィクトル・フランクル思想の主要概念を手がかりとして、青年期の生きる意味の探求を支える宗教教育の在り方を探るという観点から、カトリック学校でのスピリチュアリティ育成に求められる視点について考察することである。

生きる意味に関する研究の興隆を背景として、それらの研究の端緒を開いたフランクル（Viktor E. Frankl, 1905-1997）は、序章でみたように、ここ数年間、国内で再評価が試みられている。だが、既に一定の蓄積のあるフランクル研究においても、教育に関する議論は十分になされていない[1]。それは、フランクルの著作の大半が、精神科医として精神医学の立場から著されたものであることにも起因するだろう。確かにフランクルは教育についてあまり多くを述べていない[2]。また、後段で検討するように、フランクルは各人の生きる意味の探求に関して教育ができることの可能性を低く見積もるかのような見解を示しているため、教育論の主題としてフランクル思想を取り上げることをはばからせてもいよう。

しかしながら、フランクル思想の中には、広義での教育論ともいえる人間形成論として読み取れる内容が含まれている[3]。しかも、何よりも看過できないのは、フランクルが教育の指針を明確に述べていることである。人間を

生きる意味を求める存在として捉えたフランクルは、教育の役割とは、各人が独自の生きる意味を見出す人間的能力を養うことであると明言している[4]。特に、物質主義的風潮の中で生きる意味を見失いがちな現代人の精神状況においては、各人が生きる意味を見出せるように援助することに教育の使命があると提言しているのである。それゆえ、意味喪失の時代ともいえる現代にあって、生徒の生きる意味の探求を支える教育の在り方を検討するための手がかりを、フランクル思想に求めることは妥当であると考えられる。

さらに、フランクル思想を理解する上での鍵ともいえる自己超越性の概念は、超越との関わりについての示唆を与えるものである。この概念は、人間に本来的に備わる自己超越性を出発点として、人は誰でも生きる意味を探求する過程で超越との関わりを深める可能性があることを示しているとも考えられる。このため、教員および生徒の大半がキリスト教の信徒ではない日本のカトリック学校において、スピリチュアリティ育成に求められる視点はどのようなものかについて、フランクル思想を参照しながら検討することは、少なからぬ意義をもつと思われる。

そこで本章では、まず、フランクルの「自己超越性」概念が生きる意味の探求とどう関わるのかを考察し、次に、フランクル思想の宗教教育への適用可能性を「無意識の神」および「意味と超意味」の概念から検討し、最後に、現代のカトリック学校におけるスピリチュアリティ育成の意義について、「精神の抵抗力」と「責任への教育」の観点から考察する。これらにより、スピリチュアリティ育成のために必要な視点を浮き彫りにしたい。

第１節　生きる意味の探求の源としての自己超越性

フランクルの洞察によれば、物質主義的風潮の強い先進諸国に生きる現代人は、「自分の存在が何の意味をも持っていないという感情」、すなわち「実存的空虚（Existentielles Vakuum）」(1955)[5]に蝕まれているという。このような存在の意味喪失の時代における教育の使命は、各人が独自の生きる意味を見出せるようになる人間的能力の涵養にあると彼は考え、「良心を洗練する教育」[6]の重要性を指摘した。ここでいう「良心（Gewissen）」[7]とは「超越の声」であり、それはとりもなおさず「超越者なる汝からの言葉」である。というのは、「超越者からの呼びかけが鳴り響き渡る（personare）限りにおいて人間は人格（Person）である」と考えるフランクルは、超越者から呼びかけられる存在である点に、人間存在の根本的な本質を見出したからである。この本質を成しているものが良心に他ならない。

ここから、人間は自らに呼びかける超越を本来的に志向することによって自らを超越していく「自己超越性（Selbsttranszendenz）」(1949)[8]が重要となる。この概念こそは、フランクル思想の核心であるといえる。自己超越性の概念を説明する際、フランクルは独自の人間観を示す「次元的存在論（Dimensionalontologie）」(1953)[9]を唱える。次元的存在論とは、人間を身体（Soma）・心理（Psyche）・精神（Noos）の三つの質的に異なる次元から成り立つ存在と考える立場である。この三つの次元を一つの統合体にして、分割できない全体として形づくるものが人格であり、人格は精神的次元の中核に実存する。良心は、この精神的次元と関わる作用であり、超越を志向する働きをもつと同時に、その志向自体が超越に源を発するものとして、それ自体超越的である。従って、人間の自己超越性の由来はこの良心にあるといえる。良心を有しているがゆえに「人間存在は、既にいつも自分自身を超越して、自分ではない何かや誰かに絶えず向かっている」[10]のである。

ここで重要なのは、どこへ向かって超越を試みるかという自己超越性と生きる意味の探求との関係である。フランクルは、人間の最も根源にある実存的欲求を「意味への意志（Wille zum Sinn）」(1949)[11]と捉えている。これは、生きる意味を実現するよう超越から呼びかけられる声に、良心において応答しようとする意志である。つまり、意味への意志とは自己超越性の一側面なのである。従って、人間が生きる意味を見出しうるのは、自分以外の何かや誰かに向かって自己を超越していくことによってである。こうして意味への意志は、自己超越性において充足されることになる。このように生きる意味の探求の収束点を自己超越性に見出している点が、フランクルの意味論の要諦といえる。

こうしたフランクルの見解に従って自己超越性を人間の本質と捉えるならば、生徒が自分以外の何かに向かって自己超越することを通して、生きる意味を見出せるようスピリチュアリティを育成することは、今日の教育の中心的課題となるはずである。なぜなら、それは人間の本質に即した教育であり、生徒が自己超越性の働きを出発点として、超越からの呼びかけに覚醒しながら、超越との関わりを深める可能性が開かれるからである。ただし、フランクルの自己超越性概念では、自己を超越する先が必ずしも超越的実在に限定されているわけではなく、そこには「献身する神」のみならず「没頭する仕事や愛する人間」も含まれている。従って、スピリチュアリティの育成においても、自己を超越するという現象それ自体を広く捉えておく視点が重要である。

第２節　フランクル思想の宗教教育への適用可能性

２−１．フランクル思想と宗教──「無意識の神」の概念──

本節では、代表的なフランクル批判を取り上げ、その批判の妥当性を検討することを通して、日本のカトリック学校の宗教教育にフランクル思想を援用する可能性について考察する。

フランクル自筆の英語論文では、精神的次元という場合の「精神的」には、ノエティック（noëtic）という言葉が当てられている。実はこの精神的次元というのは、フランクルにとって、‘spiritual’ な次元のことであった。彼は ‘spiritual’ な次元こそが人間特有の領域であり、存在の意味に接近するためには、是非とも心理的次元を超えた精神的次元を追究する必要があると考えていた[12]。また、死によって心理−身体的自我（psychophysical ego）は失われるが、スピリチュアルな自己（spiritual self）はそのまま残るとも述べており[13]、つまり、人間は本来的にスピリチュアルな存在だとフランクルは主張しているのである。人間がこうした精神的次元を普遍的に備えているという人間観は、宗教教育を実践するための哲学的根拠となりえる。

ところが、フランクルは、「英語で spiritual というと、一般に宗教的意味合いを含むので…（中略）…混同を避けるため」[14] 自らの理論にはスピリチュアルという語を用いなかった。このようにフランクルが自らの論考を宗教と分けて考えようとしたのはなぜだろうか。

フランクルは、無宗教の立場からは宗教の心理療法版と批判され、キリスト教の立場からは、宗教に対する態度が曖昧だと非難されることがある。フランクル自身はユダヤ教徒であるがカトリック教徒である夫人の信仰には理解を示しており、その思想は、明らかにユダヤ・キリスト教的精神に基づいたものと解されている。例えば、「超越的な根源に遡ることなくして人間に関するすべてのことを理解し尽くすことはできない」[15] という考え方は、単に超越性という点のみならず、超越した実在がフランクルの人間観の前提にあることを示す言明ととれる。また、神の似姿としての被造性からのみ人間の本来性が理解されるとしており[16]、これはフランクルが、人間を神との関わりにおいて捉えていたことを示している。

より直接的な表現としては、「私たちの最も親密な自己対話の相手として神を定義するなら、おそらく最も的を射ているであろう」[17] と述べ、それを 14 歳の頃に自ら体験し、『夜と霧』（1946）の中で表明し、晩年にはますます神との対話に回帰するようになったと告白している。さらに、フランクルによる回想録からは、彼が生涯にわたり信仰に生きていたことがうかがえる。例えば、強制収容所抑留を免れて米国に出国できる合法的機会があったにもかかわらず、両親と共にウィーンに留まる決意をしたのは、ユダヤ教の信仰ゆえであった[18]。加えて、フランクルについての評伝では、ホロコースト後 50 年以上に及び、毎朝必ず聖句箱を身に着け熱心に祈る習慣を貫いたこと、ユダヤ教の金曜礼拝を他の何よりも優先させていたことなどのエピソードが紹介されている[19]。

しかし、それにもかかわらず、実存思想およびロゴセラピー[20] による精神医療に関してフランクルは、宗教と一定の距離を置いていた。「啓示信仰の手前で」、すなわち、有神論的世界観と無神論的世界観の「分岐点の手前のところで意味の問題に答えなければならない」[21] という立場を取るのである。著作においては、「神」という言葉を直接使用した初期論文（1940 年代）に比べて、中期論文（50年代）では徐々に頻度が減り、後期論文（60年代）ではほぼみられなくなる[22]。そして、初期論文の「神の似姿」という語を後期論文では削除し、「神」を「超越」に修正するなど、人格神について言明することを避けるようになっている[23]。

こうした点のみを取り上げれば、あたかもフランクルが自らの信仰と研究を切り離す方向へ向かったかのようにみえる。じっさい、心理学者の諸富祥彦（1997）はこれを「自分の理論・方法の普及のために理論としての一貫性や突き詰めを放棄して」、「一応既存宗教から切り離しておいたほうが得策だとする政治的判断」[24]と解釈している。だが、神という呼称については、信仰表現の変化とみることもできる。というのは、中期論文では、神は人間の人格をはるかに凌駕する超人格であらねばならないとし、神の擬人化を批判するようになっているからである[25]。神を人間と同列視することへの畏れが、神を安易に人格化する表現を控えさせたのではないか。結局、自らの信仰と研究および医療の間に一線を引いたのは、自己保身のためというよりはむしろ、意識的な信仰の有無を問わず、意味の実現は万人に可能であることを主張したかったためではなかろうか。

この問題について検討するには、哲学者の滝沢克己（1909-1984）のフランクル批判[26]を取り上げるのが適切であろう。滝沢の批判の中心は、フランクルが宗教とロゴセラピーを峻別するのみならず、人間的次元と超人間的次元が「分離」しているという指摘にある。例えば、フランクルは「精神療法の目標は心の治療、宗教の目標は魂の救済」とそれぞれの領域を区別する。しかし、滝沢によれば内在即超越であり、人間の次元と神の次元は、不可同の区別があり不可逆な秩序がありながら不可分に一つである。それにもかかわらずフランクルは、その見極めが不十分だという。フランクルは、「宗教や宗派にかかわらず患者を扱わねばならない」とか、宗教に関して「中立的である」と述べるが、滝沢によれば、「真のキリスト教の福音は」「いわゆる宗教を超えており…（中略）…すべての人のために働くのである」と「はっきり言うべきである」。

それでは、フランクルの真意はどこにあったのだろうか。ここでは、宗教教育に適用可能な視点を導入するために関連が深いと思われる主張、すなわち、フランクル自身が医学的精神指導と宗教的精神指導の関係を論じている箇所に注目してみよう[27]。ここでフランクルは、「心理的健康の価値段階は魂の救済のそれと異なったもの」であり、「宗教の意図は心理療法のそれよりもより高い平面に存している」として、それぞれが直接の目標とするものを区別すべきだと述べている。もっとも、心理療法によって「幸いにも」患者の信仰がよみがえることはあるであろうし、逆に、宗教によって心理的癒しがもたらされることもあろうが、それらは「意図によってではなく、結果によって」生じたことである。

このように、なぜ彼が医療と宗教の目標の相違を強調するのかといえば、次元的存在論では、心身と精神の間には超え難い次元の相違があるからである。精神はその根底にまで超越的な良心が根ざしているために、たとえ心理的な病に罹患しても精神は侵され得ず、いかなる条件にも制約を受けずに自由である。人間は精神に不可侵の自由を有する存在であり、精神に基づく信仰は、誰からも強制されず操作されないことを彼は確信していた。心理療法の結果、「患者にその信仰能力を再び見出すという恩寵が生じるのは、摂理によってそうなったのである」。それゆえ、「恩寵」としての信仰を前提とした啓示の知識は、信徒でない者には何の役にも立たないと断じる。

この考え方に基づけば、信仰に関する教育は本来不可能ということになろう。じっさい、フランクルは、教育可能な領域は心理的次元に限られると述べている[28]。そうだとすれば、精神的次元に関連が深いと考えられるスピリチュアリティは教育できないことになる。

それでは、スピリチュアリティの育成を支える人間観をどこに求めればよいのだろうか。フランクルは、精神的次元に潜む良心の働きは誰にでも備わっているという人間観に基づいて、実存思想と精神医療を展開していく。それを裏付けるのは、ロゴセラピーと宗教との関係について論じている箇所である[29]。これに先立ってフランクルは、心理療法は信仰心の有無によらず、個人的な世界観とは無関係にどのような病人に対しても、どの医師によっても適用可能なものとして提供されるべきであると主張している。「生きることに意味を見出す可能性は…（中略）…性格や環境世界から独立している」[30]からである。すなわち意味の実現は、性別、知能指数、教育水準、特定の宗教の信仰などの条件に制約されることなく、各人に備わる「意味器官（Sinn-Organ)」[31]である良心に由来していることを根拠として挙げているのである。このことから、いわば意味の感覚器官である良心にこそ、生徒の意味の探求を支える教育の基礎づけを見出せることになる。

良心に基づく教育は、「無意識の神（Unbewußter Gott)」(1948)[32]の概念によって宗教教育へと発展させる可能性が開かれる。フランクルは、「私たちは神に対して無意識にではあれ志向的な関係を常に既に有している」と考えた。人間は無意識において神との隠された関係の中にある。この無意識の概念は、フロイトの「衝動性の抑圧の貯水池」や、ユングの「太古の集合的無意識」の概念とは異なり、宿命論的傾向からは自由な性質をもち、精神的、超越的で宗教性を秘めたものである。だが、それは決して神が無意識に内在しているということではない。この点、フランクルは汎神論や神秘学など、無意識を神と同一視する錯誤には警戒を示した。無意識の神とは、詩編の「隠された神」や古代ギリシアの「知られざる神」の概念に連なり、「超越者への関係としての神との無意識の連繋」を指している。

フランクルによれば、このように人間は本来、無意識のうちに神との関わりを秘めた存在であり、生きる意味への問いに対する答えを見出すことによって無意識の神との関わりを結び直し、その関わりを深めることができるという[33]。しかも、これこそフランクル思想の独自性が際立つ箇所として看過できない点であるが、彼は単に無意識の神を意識化するようにと勧めているのではない。そうではなく、むしろ、意識した神との関わりが常態となるように無意識の自明性の中に再び戻すこと、そうして良心が目覚めている無意識の常態（habitus）を形成することが目的なのである[34]。それほどまでにフランクルは、神と絶対的に結ばれた無意識の働きを信頼していたのだといってよい。

こうした「無意識の神」の概念は、良心の概念とともに宗教教育を行う前提となりえよう。特定の宗教への帰依や意識的な信仰の有無を問わず、あらゆる教師と生徒が共に無意識の神との関わりのうちに既にあることを基盤とした教育の営みは、意味の探求を支えるスピリチュアリティの育成へと開かれるからである。すなわち、良心に基づいて意味を探求する教師の生き方が、生徒の良心に意味への意志を喚起することによって、無意識の神とのつながりも呼び覚まされ、神との関わりを意識的に結び直すよう促されるところに、意味の探求を支えるスピリチュアリティ育成の道筋が見出されるのではないだろうか。

以上の考察から、滝沢が批判するフランクルの宗教に対する立場は、曖昧というわけではなく、かえって各人に働く意味器官である良心に対する尊重と、無意識の神への信頼に基づく寛容の表れとみることができる。それゆえにフランクルの思想は、大部分が特定の宗教の信徒ではない生徒を対象とする宗教教育を考える上で有益な手がかりを与えているといえる。

2－2．スピリチュアリティ育成における「意味」と「超意味」の区別

もう一つ、フランクル思想を宗教教育に援用する上で欠かせないと考えられるのが、「意味（Sinn）」と「超意味（Über-Sinn）」[35]の概念である。フランクルのいう「意味」とは、個々の人生に固有の具体的状況の中で、その都度またとない仕方で選び取って実現する全く独自の意味であり、創造価値、体験価値、態度価値という三つの価値領域において実現される。これに対して「超意味」とは、人生の意味を人間が問う以前から厳として在る、永遠からの意味とでもいうべき究極の意味のことである。彼はこれを「世界は捉えきれないほどの意味に満ちている」[36]と表現している。超意味は、人間の有限な知的能力を凌駕しており、いわば、証明不可能な限界概念として捉えられるだけであるが、人間の側の認識のありようの如何にかかわらず、いささかもその価値が減じることはない。

宗教教育においては、意味と超意味の区別は大変重要と考えられる。というのも、フランクルによれば、意味は、どのような状況においても誰もが実現可能であるのに対し、超意味は、各人の信仰による決断にかかっているからである[37]。意味の実現は、理論的には、宇宙や世界や個々の人生の意味の

根源をなす絶対的意味である超意味を根拠としなければ成立し得ないはずである。だが、超意味については、自然科学による論証が不可能であるため、誰も論理的強制のもとに置かれてはいない。しかし、超意味に対する認識の如何にかかわらず、各人が独自の具体的な状況に応じて唯一無二の意味を実現することは可能であるとフランクルは考えた。この見解に基づけば、宗教教育を成り立たせる根拠は超意味にあるが、教育実践場面では、生徒独自の人生の意味の実現を目指した指導が可能であり、そうした指導が望まれることになろう。

これに関して、さきの滝沢の論考によれば、フランクルは意味と超意味の関係の見極めが不十分であるという点も批判の対象となっていた。この批判は妥当だろうか。滝沢はいう。「人間生命の成立と同時に生命の意味は与えられているし、与えられてくるので、こちらの体験にはよらないのである」[38]と。滝沢の解釈によれば、「人生に本来与えられている大いなる意味」は個々の生命に先立つものなので、個人の主観的な感情や意見や状態など、人間の業とは無関係に原理的に与えられている。それなのにフランクルは、各人の生の意味が超意味によって自動的にもたらされるとは言っていない。フランクルは、「超意味は私が行うか行わないかに依存せず貫徹する」[39]と述べており、この点では、滝沢の主張と同じにみえながら、別の箇所では、意味の実現は各人の行為次第という見解を示した。

ここで意味と超意味の関係を詳しく捉えるために、フランクルが「意味を求めての闘い（Kampf）」[40]と表現し、意味は与えられるものではなく「見出す（finden）」[41]ものであると強調し、ときには「奪い取る（abringen）」[42]ものでさえあると考えていた点に注目したい。意味の実現に関して、フランクルは人間のなす行為を重視している。初期論文の時点から、人生の意味への問いに対しては「詮索や口先ではなくて、正しい行為（Verhalten）によって応答しなければならない」[43]と彼は主張している。

このように行為に重きを置くフランクルの考え方には批判もある。例えば、もはや行為の可能性のない植物状態の人間の生命に価値はないという拡大解釈を招きかねない[44]、行為に先立つ存在の価値をフランクルは明言すべきであった[45]、などである。他方、フランクルが行為を強調したのは、彼が生きた当時の時代状況に由来するという見方もある[46]。つまり、ナチズムが政治的行為と個人の心の自由を分ける社会風潮を背景に生まれたのだとすれば、歴史への責任から行為を重視しないわけにはいかなかったという解釈である。

しかし、フランクルのいう行為にはもっと別の意味が込められていると思われる。その真意に迫る鍵を秘めていると思われるのが、フランクルが「強制収容所で得た、恐らく最も深いと思われる経験」として挙げているエピソードである[47]。それはフランクルが「精神的子供」とも呼んだ、ライフワークである最初の自著の分厚い草稿を隠して縫い込んでいた服がナチの手によって奪われ、絶望的な喪失感と格闘していたときのことである。代わりに新しく受け取った上衣のポケットに、ユダヤ教最大の掟[48]が記された祈祷書の紙片が入っているのに気づいて、「私の思想を単なる机上のこととするのではなく、それを実践せよという要求として解釈する他はなかった」と述懐している。このことから、彼のいう行為とは、原語の ‘Verhalten’ に含意されているように、ある状況においてとる態度のこと、つまり「生き方で示す」[49] ことだと捉えられよう。

この推論の有力な裏付けとなりうるのが、「心構えの価値（Einstellungswerte）」[50] とも呼ばれる態度価値の考え方である。態度価値とは、「もはや運命を形成することができるような、いかなる行動[51] も不可能であるところで」「まことの運命を正しく誠実に受苦すること」によって実現する意味であるが、フランクルにとっては、このような「苦悩は、それ自体がひとつの行為」なのである。しかも、こうした心構えの価値が創造価値や体験価値よりも次元的に勝っており、「人間の最高の行為でさえある」との見解を示した。つまり、フランクルのいう行為には、苦悩を耐える内的態度も含まれているのであり、それを存在との対比語と考えるには難がある。

このように解釈する根拠として、フランクルの人格概念が集約された「人格についての十題」[52] が挙げられよう。ここで彼は、人間の尊厳が神の似姿としての人格に由来していることを述べている。こうした確信に基づいて、一見「非生産的」にみえる老人が孫たちの愛の中ではかけがえのない存在であること、障碍をもった赤子が母親の愛情の中で無限の価値があることなどの例を用い、人間は社会的な利用価値によっては測定できない「価値それ自体」であることを説く[53]。このような見解から、生活能力と業績能力によって測られる有用性を人格の尊厳と混同することのないよう医師たちに戒めてもいる[54]。

以上のことを踏まえて意味と超意味の関係について検討すると、行為の如何にかかわらず、生命には無条件に絶対的な価値があるのだが、他の誰も代わることのできないその人固有の意味は、行為によって初めて実現されることになる。そうした行為の唯一性と一回性にこそ、無限の価値があるといえる。たとえ、生命そのものには既に無限の価値が存しており、普遍的な意味が世界に満ちているとしても、各人が日々自らの行為によって意味を闘い取らなければ、世界が捉えきれない意味に満ちたものとして体験されたり、人生が独自の意味あるものとして実現されたりはしない、とフランクルは言いたいのである。

それゆえ、自分が何をしようとその行為の結果に超意味が貫徹しているに違いないと、超意味を当てにして自らの責任を放棄するような態度をフランクルは批判している[55]。その都度見出される目の前の意味の成就は、「ただ私の行為だけにかかっているかのように」行わなければならないという。これは、行為の瞬間には超意味への信仰に覆いをかけるということでもある。なぜなら、超意味は意図においてではなく、結果において初めて与えられるからである。このように、超意味に満ちた世界から意味を闘い取る過程で自己超越性を実現することは、自由で責任ある人間存在の本質に即しているといえる。だからこそフランクルは、「意味と超意味の区別は、理論において重要であるだけでなく、実践においても重要」[56]と考えたのである。

従って、さきの滝沢批判は、非常に意義深い問題提起でありながら、フランクルがあえて超人間的次元には超意味という概念を用いて、人間的次元の意味と明確に区別することによって、神の業と人間の業の精妙な協働関係を捉えようとしたことが少なからず看過されているのではないかと思われる。フランクルにとって、神の似姿である人格の自由と責任は、人間の尊厳を示すとともに神の偉大さをも示しているとみることができよう。

以上のことから、フランクル思想の概念を宗教教育の視点に援用すると、生徒の内に超意味への意識的な信仰が芽生えていない段階であっても、日常の意味を闘い取るように導くことによって自己超越性を促進し、スピリチュアリティを育む可能性があると考えられる。こうして、良心と無意識の神に基づいた宗教教育は、キリスト教の信徒でない生徒にとっても、生きる意味の探求を支えるスピリチュアリティの育成につながることが示唆される。

第３節　現代の精神状況におけるスピリチュアリティ育成の意義

３－１．意味の実現に向かう「精神の抵抗力」の役割

それでは、現代日本のカトリック学校の宗教教育において、スピリチュアリティを育成することにはどのような意義があるのだろうか。

今日のカトリック学校を取り巻く日本社会の精神状況について、先行き不透明で未来に希望がもてず、方向性を喪失した混沌の様相を呈しているとの一般的な見方に従うならば、それは、フランクルが伝統的価値規範の崩壊とみなした状況に通底すると思われる。フランクルの分析によれば、現代人を蝕む実存的空虚という意味喪失感の原因は、ニヒリズム、マテリアリズム、テクノロジーの支配下で現代人が本能と伝統を喪失したことにある[57]。その基底には、人間が神の位置を占めて一切となる人間中心主義があるという。機械論的な還元主義の温床でもあるこの人間中心主義は、超越との関わりを見失った時代精神の象徴ともいえる。フランクルの思想は、結局、人間中心主義との闘いから生まれたものとみることもできよう。

こうした精神状況にあって、キリスト教的ヒューマニズムに基づくカトリック学校の宗教教育は、生徒が人間中心主義に起因する意味喪失感に支配されないように、生徒の生きる意味の探求を根底から支える可能性をもっているのではないか。カトリック学校でスピリチュアリティを育成することの今日的意義はまさにこの点にあろう。人間を偶像化した、いわば神なき現代世界の中にあって、生徒が、自分の生活圏を取り巻く価値の相対化や虚無主

義に埋没せずに、自己を超越しながら自分なりの生きる意味を見出せるよう支えることができる点に、今日のカトリック学校でスピリチュアリティを育成することの根本的な意義があるのではなかろうか。

このように、今日の時代精神を超克して生きる意味を見出せるようなスピリチュアリティを育む上で重要なものとして、「精神の抵抗力（Trotzmacht des Geistes）」(1949)[58] というフランクルの概念が挙げられよう。精神の抵抗力について理解するためには、フランクルの実存概念が明らかにされねばならない。フランクルは「実存」という言葉を、サルトルの実存主義の立場ではなく、ハイデガーやヤスパースらの実存哲学を背景にして用いている。実存（Existenz）とは字義どおりには「外に出て立つ（ex-sistieren)」を意味するが、フランクルの場合は、人間の基本的特質が責任存在であることを強調する言葉となっている。

つまり、人間が精神的な存在であるがゆえに自由を有すること、その自由性ゆえに責任性が生じることを含意する概念である。人間実存は、常に自らある態度をとることができる自由な存在であり、「〜からの自由」ばかりでなく、「〜への自由」をもっているため責任をもって決断する存在でもある。人間がこのような責任存在であることは、人間が良心を所有することの超越性にまで遡って解明される[59]。要するに、フランクルの実存概念は、自己超越性を備えた人間の本質的な在り方を指している。

フランクルが意味の実現のために重視した精神の抵抗力とは、こうした実存に備わる「心身に対する精神の拮抗作用」である。人間がいかなる状況にも埋没せずに状況から離れて立ち、状況を超越しさえして、外面的にも内面的にもどのような境遇にも抵抗できるという、人間の人格に特有の性質を指している。この精神の抵抗力は、人間が精神性、自由性、責任性を有する実存であるがゆえに可能となる。

フランクルの論考に従えば、実存的空虚が支配的な現代の精神状況に埋没せずに、精神の抵抗力をもって意味を実現していくことが、実存には要請されているといえる。それでは、宗教教育において、生徒の精神の抵抗力はどのようにして養われるのだろうか。

3－2．自己超越性の契機としての「コペルニクス的転回」

学校教育の現場では、生徒から生きる意味への問いが直接的に表出されることは稀といってよい。そうではあるが、勉強することの意味、規則を守ることの意味、クラスや部活動での交友関係で生じるつまずきの意味、どうにもならない家庭環境の意味を問うことを通して、青年期の生徒たちは、この世にある人間としての制約的状況を痛感しながら、根源的な存在の意味を探求しているようにみえる。

超越の視座を見失いがちで、伝統的価値基盤が揺らいでいる現代では、こうした青年期の意味への問いに対する答えを見出し難い状況にあるといえる。しかし、フランクルが主張するように、この世界には捉えきれないほどの意味が既に満ちていることを感知し、「この私」という代替不可能な唯一無二の存在に向かって「今・ここ」の個別具体的な状況で、意味を実現するように呼びかける超越に応答することを決断できれば、当座の意味の分からなさに耐えることができるかもしれない。

これがフランクルのいう意味への問いの立て方についての「コペルニクス的転回（Kopernikanische Wende）」[60]である。生きる意味への問いの観点の根本的な転回、つまり、自分を中心として人生の意味を問うのではなく、人生から問われている者として意味を実現し、応答する責任性に目覚めることである。意味の実現は、結局、意味への問いの観点を転回できるか否かにかかっているといえる。それでは、どうすればこの転回は可能になるのか。

フランクルによれば、それは、避けられない苦悩に耐える中で、他の誰でもないこの私に向かって意味を実現するよう呼びかける超越からの声を聴くことによって、である。意味を見出し難い制約的状況の中で、超越の呼び声に応えて自己を超越することによって、精神の抵抗力は養われ、意味を実現することができる。自己超越性を本質とする人間実存にはこうしたコペルニクス的転回が可能だという。しかも、それは何か特別なことではなく、自分に課せられた勉強や義務に専心したり、関わる人を思い遣ったり、変えられない苦しみを引き受けることによって実現される。この三つの価値領域のいずれにおいても意味の実現が不可能という状況は存在しない、というのがフランクルの考え方である。

フランクルは良心を洗練する教育の重要性を指摘しながらも、それを十分に説明していないが、おそらく、意味への問いの観点のコペルニクス的転回を契機として生徒の自己超越性が促進するとともに、精神の抵抗力も高まり、各人固有の意味を実現できるよう導くことをその具体的内容としている。意味への問いの観点のコペルニクス的転回は、この良心を洗練する教育のいわば成否を握る鍵ともいえるが、これはあくまでも恩寵として生じるという。

しかし同時に、意味の探求の適切な方法としてフランクルは、他者との「一種のソクラテス的な対話」[61]を挙げてもいる。彼は自らの医療行為においては、患者の世界観に介入しないように努めていた。だが、キリスト教的ヒューマニズムに基づく宗教教育には、生徒の価値観の形成や生き方に関わる主題についての教師対生徒、および生徒相互の対話が含まれていると考えてよいであろう。こうした宗教教育を通して、教師が生徒の意味の探求過程に特に配慮するならば、自己超越性の契機としての意味への問いの観点のコペルニクス的転回が、生徒の内に生じる可能性があるのではなかろうか。

３－３．意味の実現に対する「応答責任」への教育

最後に、フランクルが良心を洗練する教育に関連して強調した「責任への教育」[62]について検討することによって、スピリチュアリティ育成の方向性について考えたい。

フランクルの見解に従えば、独自の意味を見出す人間的能力は、意味器官である良心に備わっている。また、意味を実現するためにも、良心に基づいた高度な選択力が必要であるが、それは責任性を伴うため、生徒の意味の探求を支える教育には責任性を喚起することが不可欠となる。責任存在である実存は、意味の実現に対する「応答責任（Verantwortung）」[63]を負っている。ただし、誰に向かって応答するのかという責任の対象については、各人の決断に委ねられねばならない。フランクルはそれが人間であれ、神であれ、応答する対象を問題としていない。大切なのは責任への教育が、精神の自由に基づいていることである。人間実存の精神性、自由性、責任性に基づいた教

育である限り、生徒は信仰を強制されることなく、スピリチュアリティを育む可能性のもとに置かれているといえる。なぜなら、人生から意味を問われている者としての責任性が喚起されることによって、生徒は意味の実現に向けて自己を超越するよう促されるからである。

こうした人間実存の責任性は、良心に個体性が備わっているために撤回不可能なものである[64]。フランクルのいう良心は、誰にでも妥当な普遍的意味を感知するセンサーとして働くのではなく、代替不可能な「今・ここ・この私」に向かって呼びかけられた、唯一性と一回性の中に絶対的固有の意味を実現させる原動力として機能する。代替不可能な人格の唯一性と反復不可能な人生の一回性に基づく良心の個体性は、生徒が全く独自の人生の意味を実現するための淵源といえる。このように一人ひとり異なる個体性をもつ良心に基づく教育の意義は、生徒が自らの良心を神からの呼びかけと感じなくてもスピリチュアリティを育み、意味を実現するように導くことができる点にあろう。

こうした意味の実現に対する責任への教育において、直面することを避けられないのが悪と不条理の問題である。フランクル思想自体がユダヤ人強制収容所という、人類史が経験した究極の不条理において実証されたがゆえに不朽の価値を有しているのだといえる。青年期の生徒は程度の差こそあれ、既に自分自身が種々の理不尽な出来事に遭遇し、人生の不条理ともいえる限界状況を体験するとともに、世界を見渡せば無数に見出せる悲劇に、人間の力では解決も操作も了解も不可能な領域があることを認識しているようにみえる。こうした悪や不条理を内包する世界の中で、生徒が各人固有の意味を実現する責任を引き受けるように促すことは、カトリック学校の宗教教育における重要な課題であろう。

以上のことから、意味の実現は個人の問題にとどまらないことが了解される。じっさい、フランクルは意味の実現に関して、個人の人生の意味と世界の意味の問題を常に考え合わせていた。その上で彼は、伝統的共同体が崩壊した現代にあって、人類が一つであることに目覚め、世界的な連帯意識をもって、共同責任の感覚をもつように励ましている[65]。その点、超意味の世界観を共有しているといえるカトリック学校の宗教教育では、看過できないこの世の悪と不条理にもかかわらず、個人の意味の実現とともに世界の意味の実現に対しても、生徒の応答責任の意識を喚起することができるはずである。

こうしたスピリチュアリティを育成するためには、何よりもまず、教師自身が良心に目覚めて生きることが要諦となるだろう。フランクルが良心を洗練する教育の唯一の方法として挙げた「教師の生きた実例」[66]とは、単に教師が生徒の鏡になるという意味ではない。教師自身が超越からの呼びかけに応答して、意味を実現する自由と責任のうちに生きること自体が、生徒の意味への意志を呼び覚ますということである。教師は生徒個々人の人生の意味について告げることはできないが、このようにして人生に意味があることを示すことはできる。精神的次元に対する教育が先述したとおり不可能だとすれば、生きた実例としての教師自身のスピリチュアリティの育成は、何よりも重要な位置を占めることになろう。

本章のまとめ

本章では、フランクルが提示した生きる意味に関する主要概念を用いて、青年期の意味の探求を支えるスピリチュアリティ育成に求められる視点について検討してきた。

その結果、生きる意味は、人間の本質である自己超越性において実現されること、生徒固有の意味器官である良心への尊重と無意識の神への信頼に基づいて、自己超越性の契機となる意味への問いのコペルニクス的転回が生じるよう教師が配慮することによって、生徒は、自らの精神の自由性と責任性を呼び覚まされ、精神の抵抗力をもって超意味から意味を闘い取るよう導かれる可能性があることが導出された。

フランクルによれば、人間はたとえ自らの信仰心を意識していなくても常に既に神との関わりのうちにいる存在であり、生きる意味を探求する過程で、本来的に志向している神との関わりを結び直しているのである。その点で、生徒の精神の自由を損なうことなく、意味の実現に対する責任性を喚起し、世界の不条理に直面してさえも生きる意味を見出せるようなスピリチュアリティを育成することは、まさにカトリック学校の宗教教育の中心的課題といえるであろう。

本章では、フランクル思想を手がかりとして、日本のカトリック学校においても、生徒がキリスト教の信徒であるか否かを問わずに、各人に備わる自己超越性と無意識の神に基づいて、生きる意味の探求を支えるスピリチュアリティを育成できることを明らかにした。最も親密な対話の相手としての神を識っていたフランクルにとっては、有神論的世界観と無神論的世界観との区分はなかった。同様に、生徒の生きる意味の探求を支える宗教教育は、生徒の意識的な信仰の有無を問わず実践できるとともに、そうしたスピリチュアリティの育成を通して超越との関わりが深められる可能性があることが、フランクル思想から示唆されたといえよう。

この上さらに、キリストへの信仰に基づいて創立されたカトリック学校では、スピリチュアリティ育成の方向性が、信仰する者にとっては究極の意味そのものともいえるキリストとの出会いに開かれている。だからこそ、意味喪失感が支配的な現代において、カトリック学校の宗教教育は、生徒が生きる意味を見出せるようなスピリチュアリティを育成する点に、その本質的使命があるのではないだろうか。

他方、本章で検討してきたフランクルの思想は、超越からの呼びかけに応答する存在としての人間観が根底に据えられているが、生徒の生きる意味の探求を支える視点および方法論として、人間の内的経験を考察の対象とするアプローチも有効であろう。近年興隆している物語論は、フランクルのいう超意味からの呼びかけと固有の生における意味の実現との応答関係、すなわち超越的次元と日常的次元との接点における営みを丁寧に考察する上で適切な手法であると考えられる。そこで、次章では、物語論を手がかりとして、生徒の意味形成を支援するための視点と方法論について検討したい。

註

1　フランクル思想を教育学的に検討した国内の研究は、岡本哲雄「フランクルの教育観――教育の実存分析――」山田邦男編『フランクルを学ぶ人のために』世界思想社、2002 年、広岡義之『フランクル教育学への招待――人間としての在り方、生き方の探究――』風間書房、2008 年などにとどまっている。

2　フランクルが教育を主題に自説を展開しているのは、フランクル, V. E.「意味喪失の時代における教育の使命」工藤澄子訳、國學院大學編『日本文化研究所紀要』第 24 輯、1969 年、61-75 頁（Frankl, V. E., “The Task of Education in an Age of Meaninglessness”, 1969）のみである。この他、次の 2 冊に教育に関するフランクルの考え方がみられる。Frankl, V. E., *Das Leiden am sinnlosen Leben: Psychotherapie für heute*, 2. Auflage, Herder Verlag, Freiburg, [1977] 1991, S. 29-30.（以下、LSL）。邦訳は、フランクル, V. E.『生きがい喪失の悩み――現代の精神療法――』中村友太郎訳、エンデルレ書店、1982 年、35-37 頁、Frankl, V. E., *Der Wille zum Sinn*, 5. Auflage, Verlag Hans Huber, Bern, [1964] 2005, S. 24-26.（以下、WS）。邦訳は、フランクル, V. E.『意味への意志』山田邦男訳、春秋社、2002 年、26-31 頁。

3　例えば、Frankl, V. E., “Der Unbedingte Mensch: Metaklinische Vorlesungen”, *Der leidende Mensch*, 3. Auflage, Verlag Hans Huber, Bern, [1949] 2005.（以下、UM）。邦訳は、フランクル, V. E.『制約されざる人間』山田邦男監訳、春秋社、2000 年、Frankl, V. E., “Homo Patiens: Versuch einer Pathodizee”, Der leidende Mensch, 3. Auflage, Verlag Hans Huber, Bern, [1950] 2005.（以下、HP）。邦訳は、フランクル, V. E.『苦悩する人間』山田邦男・松田美佳訳、春秋社、2004 年など。

4　WS, S. 25. 邦訳、28 頁。

5　本文中の（　）内の数字は、同概念の初出年である。本註には以下、同概念について詳しく説明されている箇所を挙げる。LSL, S. 75. 邦訳、105 頁。

6　LSL, S. 30. 邦訳、36-37 頁。

7　Frankl, V. E., *Der unbewußte Gott: Psychotherapie und Religion*, 9. Auflage, Deutscher Taschenbuch, München, [1948] 2009, S. 39-45.（以下、UG）。邦訳は、フランクル, V. E.『識られざる神』佐藤利勝・木村敏訳、みすず書房、2002 年、61-77 頁。

8　WS, S. 17. 邦訳、14 頁。

9　Frankl, V. E., *Theorie und Therapie der Neurosen: Einführung in die Logotherapie und Existenzanalyse*, 4. Auflage, Ernst Reinhardt, München, [1956] 1975, S. 199-200.（以下、TTN）。邦訳は、フランクル, V. E.『神経症 II――その理論と治療――』霜山徳爾訳、みすず書房、2002 年、81-85 頁。フランクルの次元的存在論は、人間を「身体的なもの・心理的なもの・精神的なもの」の三つに区分して捉える点では、ニコライ・ハルトマンとマックス・シェーラーの哲学の影響を受けている。ただし、これら三つの領域を前者が「段階構造」、後者が「層構造」と捉えたのに対して、フランクルは「次元」として提示したところに独自性がある。というのは、彼はあえて「次元」と捉え直すことによって、三つの契機が根本的に異なると同時に、分離し得ない関連があることを強調しているからである。すなわち、身体・心理・精神の三つの次元が一体となって、全体として一つの立体的な構造物のように空間を備えた統一体であるところに人間存在の本質があるとフランクルは主張しているわけである。

10　Frankl, V. E., *The Unheard Cry for Meaning: Psychotherapy and Humanism*, Touchstone, New York, [1978] 1979, p. 35.（以下、UCM）。邦訳は、フランクル, V. E.『〈生きる意味〉を求めて』諸富祥彦監訳、春秋社、1999年、44頁。

11　WS, S. 17. 邦訳、15頁。

12　Frankl, V. E., *Psychotherapy and Existentialism: Selected Papers on Logotherapy*, Washington square press, New York, 1967, pp. 73-74.（以下、PE）。邦訳は、フランクル, V. E.『現代人の病――心理療法と実存哲学――』高島博・長澤順治訳、丸善、1972年、89頁。

13　UCM, p. 112. 邦訳、184頁。

14　PE., pp. 73-74. 邦訳、89頁。ただし、フランクル自筆の英語論文の中に、「精神的」に当たる語として 'spiritual' を用いているものもある。また、フランクルの独語論文において、邦書で「精神」と訳されている単語は、英語の 'spirit' に当たる 'Geist'、「精神性」は 'spirituality' に相当する 'Geistigkeit' が用いられている。

15　UG, S. 40. 邦訳、65頁。

16　UG, S. 41. 邦訳、65頁。

17　HP, S. 219. 邦訳、166頁。

18　Frankl, V. E., *Was nicht in meinen Büchern steht: Lebenserinnerungen*, 4. Auflage, Beltz Taschenbuch, München, [1995] 2011, S. 61-63. 邦訳は、フランクル, V. E.『フランクル回想録――20世紀を生きて――』山田邦男訳、春秋社、1998年、106-107頁。

19　Klingberg, H. Jr., *When Life Calls Out to Us: The Love and Lifework of Viktor and Elly Frankl*, The Doubleday Publishing Group, New York, 2001, pp. 319-328. 邦訳は、ハドン・クリングバーグ、H. Jr.『人生があなたを待っている2――〈夜と霧〉を越えて――』赤坂桃子訳、みすず書房、2006年、486-498頁。

20　ロゴセラピー（Logotherapie）は、フランクルが創始した精神療法で、「意味療法」とも訳される。ギリシア語のロゴス（Logos）には、「精神」と「意味」の二つの意味があり、意味を求める人間の「精神」と、人間存在そのものの「意味」の両方に焦点を当てるのが特徴である（Frankl, V. E., *Man's Search for Meaning*, Sixth Printing, Beacon Press, Boston, [1964] 2006, pp. 98-99. 以下、MSM。邦訳は、フランクル, V. E.『意味による癒し――ロゴセラピー入門――』山田邦男訳、春秋社、2004年、5頁）。

21　LSL, S. 94. 邦訳、134頁。

22　諸富祥彦『フランクル心理学入門』コスモス・ライブラリー、1997年、67頁、185頁、山田『フランクルを学ぶ人のために』325頁など参照。

23　例えば、「人格についての十題」は、初期の Frankl, V. E., *Logos und Existenz: Drei Vorträge*, Amandus Verlag, Wien, 1951, S. 49-64.（以下、LE）。邦訳は、『識られざる神』161-177頁を後期の Frankl, V. E., *Ärztliche Seelsorge: Grundlagen der Logotherapie und Existenzanalyse*, 9. Auflage, Deutscher Taschenbuch, München, 2007, S. 330-341.（以下、AS）。邦訳は、フランクル, V. E.『人間とは何か』山田邦男監訳、春秋社、2011

年、437-456 頁で修正している。

24　諸富前掲書、301 頁。

25　HP, S. 232-241. 邦訳、198-225 頁。

26　滝沢克己「フランクルのロゴテラピーとキリスト教の福音」『仏教とキリスト教の根本問題』滝沢克己著作集第 7 巻、法蔵館、1973 年、432-444 頁。

27　TTN, S. 189-190. 邦訳、44-47 頁。この他、心理療法と宗教の境界領域の問題について、フランクルは次の箇所でも述べている。AS, S. 293-296. 邦訳、384-389 頁、UG, S. 55-59. 邦訳、96-106 頁、WS, S. 53-61. 邦訳、108-122 頁、LSL, S. 91-97. 邦訳、129-140 頁。

28　UM, S. 119. 邦訳、139-140 頁。

29　LSL, S. 91-97. 邦訳、129-140 頁。

30　LSL, S. 31. 邦訳、38 頁。

31　LSL, S. 29. 邦訳、35 頁。

32　UG, S. 46-55. 邦訳、78-95 頁。

33　LSL, S. 94. 邦訳、134 頁。

34　UG, S. 27-28. 邦訳、42 頁。

35　MSM, pp. 118-120. 邦訳、37-40 頁。

36　Frankl, V. E., *...trotzdem Ja zum Leben sagen: drei Vorträge gehalten an der Volkshochschule*, Wien-Ottakring, Deuticke, Wien, 1947, S. 63.（以下、TJLS）。邦訳は、フランクル, V. E.『それでも人生にイエスと言う』山田邦男・松田美佳訳、春秋社、1993 年、112 頁。

37　UM, S. 124. 邦訳、152-154 頁。

38　滝沢前掲書、434 頁。

39　HP, S. 202. 邦訳、118 頁。

40　HP, S. 175. 邦訳、39 頁。

41　WS, S. 25. 邦訳、29 頁。

42　WS, S. 28. 邦訳、34 頁 。

43　Frankl,V. E., *Ein Psychologe erlebt das Konzentrationslager: ...trotzdem Ja zum Leben sagen*, 9. Auflage, Kösel-Verlag, München, [1946] 2009, S. 117.（以下、PEK）。邦訳は、フランクル, V. E.『夜と霧』霜山徳爾訳、みすず書房、2009 年第 38 刷、183 頁。

44　中川憲次「エックハルトのドイツ語説教第 5 番 b における臨床の価値観――フランクルのロゴセラピーとの比較において――」福岡女学院大学大学院人文科学研究科『臨床心理学』第 3 巻、2006 年、61-66 頁。

45　山田邦男『生きる意味への問い―― V・E・フランクルをめぐって――』佼成出版社、1999 年、264-277 頁。

46　雨宮徹「フランクルにおける実存思想の研究」博士論文、大阪府立大学、2003 年、10 頁。

47　MSM, pp. 114-115. 邦訳、31-32 頁。

48　「シェマー・イスラエル」で始まるユダヤ教徒が毎日唱える信仰告白の祈りであった。内容は「聞け、イスラエルよ。我らの神、主は唯一の主である。あなたは心を尽くし、魂を尽くし、力を尽くして、あなたの神、主を愛しなさい」(「申命記」6章4-5節。以下、本書で引用する聖書の訳語は、共同訳聖書実行委員会『聖書 新共同訳』日本聖書協会、1988年を用いる)。約束の地を前にしたモーセの遺言説教の一部で、旧約聖書の中心箇所とされる。

49　TJLS, S. 87. 邦訳、157頁。

50　LSL, S. 80-84. 邦訳、112-119頁。

51　原語は、英語の 'act' に相当する 'Handeln'（LSL, S. 82）であり、いずれも邦訳では「行為」と訳されている「Verhalten 態度」(PEK, S. 117)、「Haltung 姿勢」(LSL, S. 31, S. 80)、「Leistung 業績」(LSL, S. 81）とは単語が異なる。

52　LE, S. 49-64. 邦訳、161-177頁。

53　HP, S. 175. 邦訳、40頁。

54　UM, S. 109. 邦訳、112-113頁。

55　HP, S. 202. 邦訳、117-118頁。

56　HP, S. 202. 邦訳、117頁。

57　UCM, pp. 23-26. 邦訳、21-26頁。

58　UM, S. 110. 邦訳、116頁。

59　UG, S. 40. 邦訳、65頁。

60　PEK, S. 117. 邦訳、183頁。フランクルは、カントがコペルニクスの地動説がもつ画期的な意義になぞらえた言葉を用いて、人生の意味に対する見解および態度が根本的に変わることを説明した。

61　UCM, p. 32. 邦訳、40頁。

62　LSL, S. 30. 邦訳、37頁。

63　HP, S. 200. 邦訳、112頁。

64　UG, S. 24-26. 邦訳、35-39頁。

65　AS, S. 124-129. 邦訳、153-159頁。

66　フランクル「意味喪失の時代における教育の使命」68頁。

第2章
物語論による生徒の意味形成支援

万事は相働きて益となる。
新約聖書「ローマの信徒への手紙」8章28節

本章の目的と課題

前章では、生徒の生きる意味の探求を支えることを宗教教育の中心的課題に据えることを提案した。続く本章の目的は、物語論が生きる意味へのアプローチであることを吟味し、生徒の生きる意味の探求を支える宗教教育を構想する上で、物語論の視点と方法論を援用する場合の有効性を明らかにすることである。

近年、人文系諸科学の臨床領域において、生きる意味や個人の経験の意味づけをめぐる研究に関心が払われるようになっている。これらの研究は主に、理論的枠組みを物語論に依拠したアプローチのもとで展開されているといってよい。物語論によれば、自己は物語によって構成され、物語を書き換えることによって自己も再構成される。そうして、自己形成は物語の解体と再編成の過程として把握される。つまり人は、人生の出来事をストーリーとして他者に語ることで、自己の経験をある筋立てに即して一つのまとまりとして意味づけ、組織化する。物語ることによって自己が形成されると考えるのである。そればかりでなく、物語ることは、自分なりの意味の世界を形成する意味の行為でもあることが指摘されてきた[1]。このように考えれば、物語ることを自己固有の意味形成の営みと捉えることによって、自己形成の営みが本格化する青年期の生徒を対象とした学校教育における意味形成支援に物語論を援用することが期待できよう。

物語論は教育学領域でも主題として取り上げられるようになっており、日本国内では、鷲田清一（1999）、矢野智司（2000）、鳶野克己（2003）などによって、教育における物語論の重要性が指摘されてもいる[2]。しかしながら、序章でみたように、先行研究全般では、主に心理面でのケアやナラティヴ・アプローチに関する議論が中心であり、物語論を援用した教育実践の報告は限られている。しかも、物語論の視点および方法論を学校教育に導入することの意義が十分議論されてきたとは言い難い。だが、人間研究における物語論の功績が、意味研究としての意義をもっていたことに着目するならば、物語論を援用した学校教育における生徒の意味形成支援の可能性を探ることは、非常に重要な研究課題であると考えられる。学校教育の主な目的を知識学習、社会化、文化化を含めた総合的な人間形成と位置づけた場合、人間形成を自分が生まれてきたことの意味を問いながら、自己と周囲の世界をめぐる意味づけを軸として展開する営みであると捉えるならば、意味形成への視座を学校教育の中心に据えることの意義が了解されよう。

そこで本章では、生きる意味に関する研究の系譜の中で物語論がどのような位置づけにあるのか、先行研究を概観した上で、物語論の中でも学校教育および意味形成に関連する主要な議論を取り上げる。続いて、物語概念を教育の視点から捉え直し、物語としての自己概念を援用することによって、自己物語が各人固有の生きる意味の枠組みとなりえるとともに、その意味世界を他者と共に生きる普遍的な意味世界につなぐ役割を果たすことを指摘する。以上の議論を踏まえて最後に、学校教育における物語論の限界と有効性について検討する。

第１節　生きる意味に関する研究の系譜

生きる意味をめぐる営みは、人間を主題とする学問領域において、どのような仕方で研究されてきたのだろうか。生きる意味は、従来、哲学以外の領域では研究主題として顧みられない傾向にあったが、近年、研究と臨床の往還を模索した人間理解や方法論の新展開の中で、研究上の関心が払われるようになっている[3]。

こうした新しい人間理解の試みとして、例えば、岡本夏木（2000）[4]は、意味形成を生涯発達の中核的機能と位置づけた心理学の再構築を目指している。この立場では、人間の生の営みを、解体と再統合を繰り返す意味づけの過程として捉える。他者と共有する体験を意味づけの基盤として重視し、意味化の過程における対人関係性の在り方に着目している。さらに、自己の体験を意味あるものとして他者と共有するための中心的要因として、ことばの重要性を指摘する。その上で、意味体系をことば・概念による記号論的意味と体験・実感による存在論的意味に大別して考え、この二つの意味世界の乖離をいかに埋め、統合できるかを課題とする。このため、岡本の論考は、学校教育における教科学習と生徒の生活世界との接合を模索する上で、重要な視点を提供するものである。

同じく心理学領域で、浦田悠（2007, 2013）[5]が提示した人生の意味のモデル構成は、意味に関する種々の先行研究を包括的に整理して、実証的知見と理論的概念の位置づけを図示し、現場と理論を対話的に往還することを目指すものとして注目される。浦田の仮説では、生活の意味と人生の意味を水準の異なるものとして精緻に区分して扱っているため、日常的行為としての出来事に対する意味づけと、実存的問いとしての人生の意味との連関を統合的に把握することに適している。それゆえ、生徒の日常的経験に対する意味づけを存在の意味へとつなぐ教育を構想する上でも、高い有効性が期待できるアプローチである。

生きる意味に関する研究は、この他にも種々の立場からなされてきた。徳田治子（2000）[6]はこれらを、ⅰ）実存的意味アプローチ、ⅱ）意味システムアプローチ、ⅲ）ライフストーリー・アプローチの三つの系譜に分類している。実存的意味アプローチは、伝統的心理学の手法に実存哲学の概念を導入することで、生きる意味に接近する方法論である。意味の構成要素を一般化して実存的意味を概念化し、研究可能なものとすることに重要な貢献を果たした一方で、生きる意味を実証的枠組みの中で操作可能な数量的尺度によって測定することについては疑問が呈されている。次の意味システムアプローチは、生きる意味の構築を人間存在にとって本質的な認知プロセスとして位置づけ、その構造や意味生成システムを直接的に捉えようとするところに特徴があるが、これは本書の関心とは異なる。

これらに対して、ライフストーリー・アプローチは、他者に向かって自分自身の人生について語る物語に焦点を当て、物語る行為を通して、語り手と聴き手の間で生成される意味に着目する立場を取るため、生徒の意味形成支援を考究する上で有効な方法論であると考えられる。同アプローチの開拓者は、心理学者のマクアダムス（Dan McAdams）である。もっとも個人の人生の物語に関連する研究は、これ以前にも、自伝、手記、回顧録、手紙、映像記録等のパーソナルドキュメントを用いたオルポート（Gordon Allport, 1897-1967）の研究[7]や、日記を重要な資料としたビューラー（Charlotte Bühler, 1893-1974）の研究[8]が存在した。だが、これらは青年期心理の解明を射程に据えた心理学研究であり、個人が生成する意味に着目したものではなかったのである。

これに対してマクアダムス（1985, 1997）[9]は、アイデンティティとはライフストーリーであるという立場から、人生の各発達段階における自身の人生物語の語り方に関心を払い、物語の構造や様式を分析した。この研究は、ストーリーを記述したり分類したりするにとどまらず、ライフストーリーが組み立てられたり、意味が生成されるプロセスを捉えようとする試みであった。マクアダムスの理論は、人生の物語は、意識的・無意識的な筋書きによって個々の伝記的事実を統合的に解釈し、意味づけたものであることに着目し、人生を物語ることは、人生にまとまりと意味をもたらす機能があることを主張する点で、後述のナラティヴ・アプローチと立場を共有する。

ただし、ライフストーリー・アプローチでは、研究者による恣意的解釈を免れて語り手にとってのリアリティに接近し、研究の客観性を保証することが大きな課題とされてきた。このことは個人の主観的な意味づけを研究対象とすることの困難を示してもいる。そこで、個人が経験した現実やリアリティに接近するための作業仮説として、桜井厚（2005）[10]は、ライフストーリーを「物語世界」と「ストーリー領域」の二つの位相に分けて考えることを提案している。前者は出来事が筋によって構成されている語りを指しており、後者はメタ・コミュニケーションの次元における語り手と聴き手の社会関係を表している。例えば、語り手の情報内容のみに注意を払うのは、物語世界への注視に当たる。確かにこの物語世界こそ、語り手主導によるプロット化を示し、聴き手との相互作用の影響から一定の自律性を保った物語であり、過去のリアルさをもって成立している。

だが、ライフストーリーの意味体系は、インタヴューの場における語り手と聴き手の相互行為によって、〈いま–ここ〉で構築されたものであることにも目を向ける必要があることを桜井は指摘する[11]。このことは、後段で検討するように、人の物語る行為と物語による意味形成とが、各人単独の営みではなく他者との相互関係性の中でなされることに注意を向けさせる。

以上のような生きる意味へのアプローチの中でも、ライフストーリーへの関心は、人生の意味や人間の意味づける行為に向けられており、物語論に収斂される形で展開する。そこで、特に学校教育に関わる物語論の研究を次節で概観してみる。

第２節　物語論による生きる意味へのアプローチ

物語論は、ポストモダンの学際的潮流の中で大きな位置を占めている。その端緒は、1970年代半ばの「物語論的転回（narrative turn）」と総称される認識枠組みの根本的転換にある。物語論的転回とは、哲学、歴史学、社会学、心理学などの人文社会科学領域において、世界で同時並行的に生じた物語概念の興隆のことである。

こうした思潮のうねりは、法則定立的な知識の産出を規範とした従来の科学モデルに代わる、新たな思考様式の急先鋒として登場したとみられる。すなわち、物語論は、二項対立的な因果説明律による近代の合理的理性が排斥してきた現象を、研究上どのようにすくい上げ実践に適用するのか、という人間研究における切実な課題に対する有力な答えとして機能しているのである。事象の客観性や整合性よりも、個々人の主観的な内的世界の真実にいかに接近できるかが重視され、人間の生きている時間におけるその都度の経験の意味づけがクローズアップされてきたことの証左であろう。物語論は、こうして「羅生門的現実」[12]と称されるような多元的かつ重層的な現実や、個別的なありように接近する代表的視点となっている。

本来、物語は「人間の物語る行為およびその産物としての物語を研究する学問分野」[13]であるナラトロジー（narratologie）の主題とされ、レヴィ・ストロース（Claude Lévi-Strauss, 1908-2009）による神話の構造分析を経由した解釈学を背景とした文学理論におけるテーマであった。こうした物語への関心が他領域においても生じた背景には、①個人のアイデンティティ形成における語りの重要性、②認知研究における語りの役割、③生涯発達過程における語りの貢献に対する着目という、三つの理論的契機が指摘されている[14]。

近年、物語論は、非常に学際的で多様な展開をみせており、臨床への適用においても裾野が広く、その全貌を鳥瞰することは困難であるが、森岡正芳(2009)[15]は、物語論の潮流を七つの系譜に分類して概観している。1）サイコヒストリーの方法、2）精神分析におけるナラティヴ学派、3）医療人類学におけるエスノグラフィーとしての精神医療、4）分析心理学の日本における展開、5）家族療法の展開からのナラティヴ・セラピー、6）NBM（Narrative Based Medicine）の導入、7）質的研究法としてのライフストーリーのアプローチである。これらの中でも 4）の創始者である河合隼雄と 7）の代表格であるやまだようこの論考は、後述するように、学校教育における生徒の意味形成支援の在り方を考える上で非常に示唆に富んでいると考えられる。

こうした種々の系譜において物語論が盛んに論じられるようになったのは、1990 年代以降である。浅野智彦（2003）[16]は、物語論を「物語を鍵概念として自己の生成と変容を理解するアプローチ」と規定し、その諸潮流を歴史哲学、心理学、イデオロギー批判、臨床心理学の四つの領域において総括整理している。これによれば、解釈によって出来事の意味を探求する観点から、物語による歴史認識を強調するバルト（Roland Barthes, 1915-1980）、ダント（Artheur Danto, 1924-2013）、ホワイト（Hayden White, 1928-2018）などの議論が、リクール（Paul Ricoeur, 1913-2005）の『時間と物語』（1984）によって収斂されたという。

浅野の指摘によれば、物語論が学際的に議論されていく過程で、「時間軸に沿った出来事の構造化」という物語の特徴や、物語が一方では別様に語りうる可能性を、他方では物語中の矛盾をそれぞれ隠蔽することによって成り立つという、物語のもつイデオロギー機能が明らかにされてきた。そして、これらの成果は、1. 登場人物の視点の創出、2. 語りの相互行為性、3. 経験の構成、という物語の特徴への着目に向かっているという。ここにみられる物語の特徴や役割は、本章第 5 節で検討する学校教育における物語論の有効性に深く関わってくる。

こうした背景のもと、領域を超えて物語論が本格的に展開してゆく遡源になったのは、ブルーナー（Jerome Bruner, 1915-2016）の研究である。彼の功績は、人間の認識枠組みを論理実証モード（paradigmatic mode）と物語モード（narrative mode）という、二つの思考様式に区別したことにある[17]。論理実証モードとは、原因と結果の因果律で事象を理解し、操作する従来の科学的な認識の仕方である。これに対して、物語モードとは人間の日常的な認識様式、すなわち、人生をストーリーとして了解する仕方であり、人間が生きた時間を記述するのに適した形式であるという。人が自分の人生を他者に物語るとき、生起した事実を羅列するのではなく、一つの筋立てのもとに種々の出来事を自分なりに意味づけることによって、自己の経験を組織化していることをブルーナーは指摘した。

このような物語モードへの着目は、「人間研究の中心概念は意味にあり、意味の構築に関わる過程と交渉作用にある」[18]という考え方に基づいたものであった。物語ることを「意味の行為（Acts of Meaning）」[19]として発見したところに、ブルーナーが意味研究の復権者として位置づけられるゆえんがあろう。学校教育の意味形成支援に物語論の視点や方法論を導入するという構想も、物語が意味の行為であるという認識に立って初めて可能になる。

臨床心理学の分野では、物語論を導入した時期が最も遅いために、主要な議論が全て十分に展開された上で援用されたとみられる。しかも、心理療法においては研究枠組みのパラダイム転換としてのみならず、臨床実践面においても対人援助の新たな統合的枠組みを物語論が提供している。家族療法では1980年代後半に、システム論に代わる新しい社会認識の枠組みとして、言語や意味を重視するアプローチへの転換があり、それが1990年代にはナラティヴ・アプローチとして確立された。ナラティヴ・アプローチとは、個人が生成する意味を物語様式から把握しようとする立場で、ナラティヴを意味生成の枠組みとして位置づける。その手法として、象徴的語彙やナラティヴの構造を分析することも含むが、重要なのは、物語そのものの文化的意味や、ナラティヴを通して生成される意味に関心を払っている点である。

ナラティヴにおける意味の生成に着目するナラティヴ・アプローチの代表的な学派[20]は、現実は客観的に実在するのではなく、社会的・言語的に構成されるという社会構成主義の視点を共有している。すなわち、問題の染み込んだ物語を書き換えることによって現実も変わると考えるのである。この立場が目指しているのは、いかにナラティヴの中に実際に生きられた経験を回収できるかである。具体的には、物語の語り手を生きづらくさせている問題のある物語を新しい版に改訂し、自らの人生を新しく語り直すこと、こうした物語の解体と再構成の過程を他者と共有していくことが治療の目標となる。このような視点は、学校カウンセリングにはもちろんのこと、生徒を問題ある物語から解放し、新たな物語の生成へと促す同伴者としての役割を教師が担うためにも大きな示唆を与えてくれるものである。

こうした心理学領域の中でも、古典ユング派の立場から物語の意義を提唱した河合隼雄の論考[21]は、わが国の物語論研究の先駆ともいえるもので、教育および人間形成における物語の役割を考える上で非常に有効であると考えられる。河合が、近代の科学的思考法を補完するものとしての物語論を提唱した背景には、現代人の心の悩みの中核には関係の喪失があるとして、関係性の科学を創生しようとする試みがあった。関係性の科学とは、近代科学が合理的な二分法思考によって切断、分離してきたものを結び合わせる認識体系である。河合によれば、物語は、近代科学が切断してきた種々のもの、例えば、過去と現在と未来、生と死、自と他、心と体などを「つなぐ」機能をもつ[22]。近代人が喪失した関係性は、物語によって取り戻すことができると河合は考えるのである。こうして物語は、生きることそのものに関わるものとみなされる。

各人は自分の物語を生き、生きることによって自分の物語をつくりあげる。そうであれば、人間を対象とする学問では、物語について考えざるを得ない。こうして河合は、人間存在の全体性を問題にするなら、近代科学の枠を打破して物語による新しい科学を打ち立てる必要があるという提言を重ねてきた。河合が着目した「つなぐ」という物語の本質的機能こそは、各々の出来事を同じ脈絡の中に関連づける意味の行為であるといえよう。人は、物語ることによって、一本の筋立てのもとに種々の出来事を関連づけ、自己固有の意味を生み出しているのである。

物語によって生成されるこのような意味については、ナラティヴ研究の代表格であるやまだようこの論考に詳しい。やまだ (2000)[23] は、人生を物語るとき二つ以上の出来事を「むすびあわせる行為」を「意味」と呼び、意味づける行為には、種々の異なる要素を結びつけ、ストーリー化する力があることに着目している。やまだの論考は、物語化と意味化の密接な連関を強調している点で、物語形成による意味形成支援に対しても重要な示唆を含むものであろう。

以上概観してきたように、物語論の研究は多岐にわたり、顕著な成果を挙げている。鈴木智之 (2002)[24] は、物語論のパラダイムの全体的傾向を次の五つの事項への着目に向かうものとして整理している。第一に普遍的・一般的な法則に従わない個別の物語によって構成される自己概念、つまり個別性。第二に現実は過去・現在・未来とつながる時間的な継起関係の中で構造化されること、つまり時間性。第三にどのような物語が構成されるかは、歴史的状況や社会的関係に依存する、つまり社会性。第四に物語的現実は絶えず解体と再構成を繰り返す可能性を含む、つまり再帰性。第五に時間的変化、偶発的状況に直面しつつ、その都度、自己の現実を再構成する人間の能動的能力、つまり主体性。これらに対置されるものが何であるかを考えるとき、物語論の有効性が理解される。

すなわち、物語論に依拠したアプローチによって、時間や社会の中に埋め込まれたものとして人間存在を理解し、従来の固定的で硬直した人間理解がとりこぼしてきたもの、客観的データによる一般化が捨象してきた事象を研究の俎上に載せることが可能になったのである。こうした物語論の傾向は、生きる意味へのアプローチとして有効な特性であると考えられよう。歴史的社会的状況に埋め込まれた固有の生において、人は物語を通して、独自の意味を絶えず解体し再構成していくのだといえる。

以上のことから、物語論によって個人の生きる意味に接近しうることが明らかにされたが、学校教育では物語論の視点や方法論をどのように援用することが可能なのだろうか。次節では、学校教育に物語概念を取り入れることによって、どのような効果が期待されるのかを理解するために、物語概念を教育の視点から捉え直してみる。

第３節　教育の視点からみる物語概念

ここまでみてきたように、近年、研究の主題として活発に取り上げられる物語概念については、その多義性に注意を払う必要がある。序章では本書における物語という用語について概念規定したが、そこで示した先行研究での定義は、主に物語の構造や形態に着目したものであった。

これに対して、物語る行為がもつ機能に重点を置いたやまだの定義は注目に値する。なぜなら、やまだは、西欧文化における物語研究が固定した完結する物語概念を前提としてきたことに異議を唱え、物語を「2つ以上の出来事を結びつけて筋立てる行為」[25]と規定し、「生成する物語」という新たな物語観を提示しているからである。特に、動詞形の「物語る行為」を「語りが絶えずつくられ組み替えられる生きた生成プロセスとしての筋立てる行為」と捉えて、人生を変化させる物語の生成力を強調している。

このいわば開かれた物語概念は、日常生活で人々がライフ（人生、生活、生）を生きていく過程、その経験プロセスを物語る行為と、語られた物語について、ライフを変化させる物語に焦点を当てたものだと説明されている。

生成する物語の概念は、自己生成および自己変容の営みが活発になる青年期の生徒の人間形成の力動的なプロセスを捉えるために、不可欠な視点であるといえよう。物語が絶えざる生成に開かれていることを視野に入れながら、物語る時点をさしあたりの結末とする緩やかな枠組みで物語を語るところに、青年期の物語形成の重要性があると考えられるからである。

科学哲学の立場から野家啓一（1996）[26] は、名詞的・静態的な実体概念である「物語」と区別して、動詞的・動態的な機能概念としての「物語り」を「多様で複雑な経験を整序し、それを他者に伝達することによって共有するための最も原初的な言語行為の一つ」と定義している。ここには、物語が経験を組織化する機能を有しているとともに、物語ることが個人的な行為ではなく、他者との関わりにおいて成り立つ、人間にとって本来的な行為であるという理解がある。この物語概念は、生徒の自己形成と社会化に「物語り」が根本的な役割を果たすことを示してもいる。

物語概念を一般的な適用面からみると、対話による相互行為とその産物を示すだけでなく、人生や文化（ブルーナー、1987)、自己（ガーゲン、1999）のメタファーとして適用対象を広げていったとされる[27]。人生もしくは自己を物語として捉える仕方は、自己確立期にある生徒の人間形成を考える上で、非常に有用な視点を与えるものである。物語概念はまた、事実性・歴史性のみならず、理論が目指すところの普遍性や一般性とも対置されて適用されてきた。その際、物語概念には時間を分節し経験を体制化することによって、①経験に意味を見出すための原理を表すメタファー、②意味を構築するための媒介物、③人々が出来事を組織化するために用いる形式としての効用があったとみられる[28]。物語による経験の意味づけと組織化こそは、物語概念を教育に援用することの中心的意義であろう。

このように幅広く用いられてきた物語概念は、もとより物語論の母体であるライフストーリー研究の主題であったため、「物語」の代わりに「ライフストーリー（life story)」という用語も使用される。この場合、ライフストーリーとは経験の語り手と聴き手の対話という相互行為を通して構成される共同産物であるというブルーナーの指摘[29] を背景にしていると考えられる。さらに、ライフストーリー生成の担い手は、語り手と聴き手の二者関係に限定されてはおらず、生態的・歴史的・文化的・社会的・状況的といった非常に広範な文脈も含まれている[30]。

つまり、ライフストーリーという用語は、こうした他者との相互的な営みの中に、経験された人生の真実があるという観点を強調しているといえる。それゆえ、ともすれば外面的に表出される行動のみを手がかりに、生徒を単体として評価しがちな学校教育においては、生徒が生きている独自のライフストーリーを注視することによって、生徒の背後にある多様な人間関係の中で育まれつつある内的世界の真実に目を向ける可能性が生まれよう。

物語論においては、「物語」の原語にあたる「ナラティヴ（narrative）」の語も併用されている。これは話し言葉と書かれたテクストの両方を対象とした語であるが、野口裕二（2005）[31]は、具体性や個別性を抹消した一般的言明であるセオリーがナラティヴの反対語にあたることを指摘し、談話にせよ著述にせよ、「具体的な出来事や経験を順序立てて物語ったもの」がナラティヴであることを強調している。このようなナラティヴの視点は、一般化し得ない唯一無二の物語を生きている主体として生徒を理解することを可能にする。

また、さきの岡本（2004）[32]は、ナラティヴを「個々の事象を一つのストーリー的構造の中に位置づけることによって意味づけ、そのストーリーによって自己の世界と経験を代表し表現する営み（またはその創出物）」と捉えている。つまり、ナラティヴが自分の経験を解釈する枠組みを構成しているのである。このことから、生徒は自己を表すナラティヴを見出すことによって、出来事に対する自己固有の意味づけを行い、自己そのものを表出することができると考えられる。

以上のことから、物語、ストーリー、ナラティヴの概念にはいずれも、青年期の生徒を対象とした意味形成支援の在り方を検討し、構想する上で、非常に有益な視点が多く含まれているといえる。こうした視点は、主に自己概念に物語メタファーを用いることによって獲得されると考えられる。そこで次節では、物語論が従来の自己論にはない視点を枠組みとして成立していることを確認し、個人の生きる意味が他者の意味、世界の意味とどう関わっているのか、物語としての自己概念から検討してみる。

第４節　生きる意味の枠組みとしての自己物語

自己とは何か、自己をどう捉えるか、という自己観および自己論の分水嶺とみなされているのは、前述のリクールが解釈学的現象学の文脈から提出した「物語的自己同一性（identité narrative）」[33]の概念である。この概念の背景には、自己とは誰かという問いに対して、誕生から死までの生涯にわたって同一人物であることを正当化する答えは、人生の物語を語ることでしかありえないという理解がある。従来の自己論と大きく異なるのは、自己を固定した何かではなく、生き方として捉える点にある[34]。

それまでの自己論は、他者と区別される独自性の確立や自立がテーマであり、それは個体内での自然発生的在り方であった。例えば、心理学における自己論の古典と目されているジェームズ（William James, 1842-1910）は、自己をそれ自体で完結した一つの実体とみなした。自己研究の代表格とされるエリクソン（Erik Erikson, 1902-1994）が提起したアイデンティティ概念は、自己と他者との関係の在り方であり、「連続性」と「斉一性」の同一性を課題として、社会的自己と個人的自己を一つの全体的な構成体に統合したものだといえる。しかし、エリクソンに続くアイデンティティ研究は、アイデンティティ形成における社会的文脈や、身近な他者との関係性へと関心が向かうことはなく、1990 年代に自己論が転換期を迎えるまで、自己研究は自己を世界から切り離して、単独の個として対象化する「実体としての自己論」が主流であった。それが次第に、二分法の思考の枠組みに揺らぎが生じる中、近代的な主体概念にとどまるのではなく、人と人との関係性に着目する「関係としての自己論」が台頭することとなった。

このように自己論は、「実体としての自己」から「関係としての自己」へと移行してきた。自己というものを、それを記述する以前から存在する実体として捉える、本質主義に起因した自己実在論に基づけば、自己の性質を念入りに調べて本来の自己を発見するという仕方に固執せざるを得なくなる。しかし、自己を関係へと還元させる自己論は、近代的自己論の行き詰まりを打開したといえる。こうした関係としての自己論は、社会構成主義に依拠した物語論に収斂していく。社会構成主義は、現実は言語を媒介とした他者との相互行為によって構成されるため、言説が変われば現実も変わるという思考枠組みである。これに従えば、自己すらも客観的実在ではなく、言説に媒介された社会的関係による構成物である。それゆえ、社会構成主義に依拠した物語論による自己概念によれば、自己とは物語であり、物語を書き換えることによって自己も変化すると考えるのである。

社会構成主義と物語論を接合させる牽引役を担った心理学者のガーゲン（Kenneth Gergen, 1935-）によれば、「自己物語」とは「個人が自分にとって有意味な事象の関係を時間軸に沿って説明すること」[35]である。ガーゲンは、自己物語が自己を環境からの反応としてではなく、能動的に絶えず再形成するものとみなし、ある時間の流れの中に自分自身を位置づけ、意味づけるものと捉えている。これをさきの浅野は、ガーゲンの自己物語論では物語における他者との関係性について、a）「聞き手・読み手」である他者の存在が自己物語の成立には不可欠であること、b）自己物語が選択・配列する人生の出来事には主人公のみならず助演者が必要であること、c）他者の自己物語に「私」が登場人物となる可能性があることを指摘している[36]。

こうした関係としての自己論をガーゲン（2004）[37]は、象徴的相互作用論、文化心理学、現象学の三つの思潮の系譜の中に位置づけている。

象徴的相互作用論については、対自関係・対他関係によって自己の成り立ちを説明したミード（George Mead, 1863-1931）がその礎を築き、自己の誕生に先立つ社会関係を主張し、社会的役割を重視した。これに続くゴフマン（Erving Goffman, 1922-1982）も自己は相互行為の維持によって保持されるとして、自己をそれ自体として存在する実体ではなく、相互の役割演技の過程において捉えた。これらの社会学的自己論は、自己とは固定的本質をもつ閉ざされた実体と捉える通念から解き放ったと指摘されている[38]。

文化心理学は、前述のブルーナーがその提唱者であるが、その源流には、社会歴史的・文化的文脈から個人を切り離して分析することは不可能であり、高次の心的機能は他者との関係性の中にあるとするヴィゴツキー（Lev Vygotsky, 1896-1934）の理論がある。これを発展させてブルーナーは、自己を「一人の話者とある一人の他者、それもある一人の一般化された他者との間の対人交渉的な関係」もしくは「他人に対する関与の仕方を枠付ける様式」と捉え、自己は話し相手に応じてつくられる「対話次第」なものであるとさえ述べている[39]。こうした考え方から、ブルーナーは、意味を検討するときにはコミュニケーションの文脈を復活させなければならないと指摘し、語りテクストを文脈から切り離された、提唱者なき語法として扱うことを批判した[40]。

現象学に関してガーゲンは、「あらゆる経験は志向的である」というフッサール（Edmund Husserl, 1859-1938）の思想を「自己は他者に関わる経験をしている限りにおいて、自己にとっての他者が存在する」と簡潔に紹介している[41]。

これらの思潮が、自己と他者を一体的に捉えた関係としての自己論を形づくっているとみられるが、ガーゲンによれば、これではまだ自己と他者、内部（心）と外部（世界）、個人と社会の二分法が乗り越えられていない。そこで、この限界を解消する論者として哲学者のバフチン（Mikhail Bakhtin, 1895-1975）を登場させる[42]。じっさい、バフチンの対話理論は物語論に大きな影響を与えている。ガーゲンはバフチンの研究を「解釈の自明性に対する挑戦」と要約し、他人が誰かの行為の意味を確定することの不可能性についての議論とみなしている。バフチンに特徴的なのは、たった一つの正しい解釈としてのモノローグを権威による抑圧と断じ、これに対抗する「対話主義」を唱え、人々は対話を通して意味の中に生まれてくることを強調した点であるという。自己と他者は、二分されない関係性の中に織り成されて、共に意味を生成するというのがその中心的主張である。

自己の声は単一ではなく、そこに他者の声が含まれているという「多声性」の概念[43]は、その代表的なものであろう。語りとは本来、意味を独占する一人語りではなく、聴き手の応答、つまり他者の意味世界を先取りしたものであり、複数の意味の解釈を含み込んでいることが、多声性の概念によって示されている。例えば、バフチンは「内的説得力のある言葉の意味構造は完結したものではなく、開かれたもの」であり、「自己を対話化する新しいコンテキストの中に置かれるたびに、新しい意味の可能性を余すところなく開示することができる」[44]と述べている。

さらに、ガーゲンによれば、バフチンが物語論に重要な示唆を与えている点がある[45]。それは、パフォーマンスは関係性の中に埋め込まれているということ、つまり、発話は明示的であれ暗示的であれ、ある関係の中で特定の誰かに向けられているという「宛名性」の概念[46]である。発話は特定の関係の中だけで力をもつのである。バフチンのこのような対話理論は、「単一で同一性をもつ独立した個人」という古典的見方から、「自己は他者を媒介にし、他者との関係性に深く根ざす社会的存在」であるという自己論への変革であった[47]。

こうした関係性の中で生まれる自己概念の有効性について、浅野は、「自己を変える」という実践的課題に即して指摘している[48]。従来の自己論においては、対自関係を変えるためには対他関係を変えなければならないが、対他関係を変えるためには対自関係を変えなければならない、という奇妙な循環に陥らざるを得なかったが、この宿命を解消すべく新たな自己生成および自己変容の足場を提供するのが物語論による自己概念だという。このように浅野は、物語を書き換えることによって、対自関係と対他関係が一挙に変えられることに着目し、ここに自己論の画期的な変革をみている。まさにそうした物語としての自己概念こそ、他者との関係性における自己確立が課題となる生徒の教育に援用するのにふさわしいものであるといえよう。

というのも、物語としての自己概念が対自関係と対他関係を包含する機能をもつということは、それが意味形成にも重要な役割を果たすと予想されるからである。すなわち、自己物語によって見出される意味も、孤絶した単独者の所有物ではなく、社会的文化的文脈をも含む多声的な意味をはらんだ相互的な関係性の中で生成され、身近な周囲の人々と共有され、その先にある広範な社会に開かれたものであることが了解される。ひいては、ガーゲンが指摘するように、非社会的なるもの、自然環境をも包含する極めて広範な領域の豊饒な意味世界と関連づけられることになろう[49]。

諸事象を把握するための独自の意味連関を生み出す自己物語は、個々の出来事の意味を解釈する固有の文脈となるので、生きる意味を見出すために人は独自の物語を必要とする[50]。しかしそればかりでなく、自己物語が社会的アイデンティティを保証するためには、聴き手から承認されることが不可欠である[51]。他者に承認され社会に位置づけられる自己物語を創造することによって、自己の意味把握の文脈を他者の解釈の枠組みに適合させ、個別的な意味を普遍的な意味世界に接合させることが可能になるのである。

以上みてきたように、物語としての自己概念が他者との関係性なしに成立し得ないことに着目するならば、自己物語は、各人固有の意味の枠組みであると同時に、他者と共に生きる意味世界へとつながる媒体であることが明らかになったといえよう。

第５節　学校教育における物語論の限界と有効性

ここまで検討してきたことから、物語とは独自の経験を意味づける固有の文脈であり、自己の人生を他者に物語として語る自己物語は生きる意味の枠組みであると捉えられた。これを踏まえて、物語論の視点および方法論を学校教育に援用することの意義について検討してみよう。

まず、青年期の物語の意義について考えるとき、アイデンティティの確立という発達課題との関連が重要になる[52]。既述したマクアダムスのライフストーリー・モデルでは、アイデンティティを人生の物語および個人の神話として捉えた上で、青年期を、思春期までのプレ神話期とも、老年期のポスト神話期とも異なる神話期と位置づけている。神話期には、核となるエピソードを中心に過去を再構成した、統合的な固有の自己物語が本格的に形づくられるからである[53]。

同様の見解として、青年期は、誕生から乳児期・幼児期・児童期・学童期・思春期まで生きる基盤をなしてきた家族の物語から脱却して、自己固有の物語を独自につくりはじめる物語形成期だという指摘もある[54]。人間の生涯発達の見地からみても、青年期は物語ることの重要性が増す時期であるといえよう。それゆえ、青年期の自己形成を物語ることとして捉え、生徒の物語形成を支援することは、生きる意味の生成を促進することになると考えられる。

それでは、学校教育に物語論を援用することの有効性はどの点にあるのだろうか。やまだ（2000）[55]によれば、ブルーナーのいう物語モードによる人間研究には次のような利点がある。①普通の人々が日常生活で常識的にやっていることを解明できる、②記憶など認知情報処理に優れている、③出来事の筋立てや配列を変えることによって新たな意味生成を行う、④個別の具体性を複雑なまま丸ごと一般化し、同一化と模擬を促し、人の生き方のモデルになりやすい、⑤自発的な模擬の循環を生むような伝達に適し、コミュニケーションに威力を発揮する、⑥論理的知よりも感性的知に関わっている、⑦人間の生態的リズムと合っていることである。

さらに、やまだ（2000）[56]は、リクールが提示した物語的自己同一性の概念の有効性を次のように指摘している。同概念は、自己を個で定義せず他者を媒介として生成される関係概念とみなし、自己の構成が文化・社会・歴史的文脈に媒介されることを明らかにし、過去・現在・未来を有機的に結びつけることによって自己を可能性においてみることを可能にし、自己の語り直しを促し自己生成を促進する機能をもつ。こうして自己を物語として捉えることは自己研究に転換をもたらしたという。

前節で検討したように、自己概念に物語メタファーを用いることは、意味形成との関連で特に注目に値すると考えられる。そこで、ここでも浅野の論考[57]を用いて、物語論が理論的に依拠しているとされる社会構成主義に基づく自己概念と、物語論に基づく自己概念との異同を考察することによって、自己生成における物語論の有効性を検討してみよう。

社会構成主義（social constructionism）は、1）現実は社会的に構成される、2）現実は言語によって構成される、3）言語はナラティヴによって組織化される、という主張を骨子として、「言語を用いた相互行為によって現実が構成される」という認識基盤に立つ[58]。従って、社会構成主義的自己概念においては、自己という存在があらかじめ在るのではなく、自己を語ることによって初めて自己が構成されると考える。しかし、こうなると「語る自己→語り→自己構成」という順序を踏むことになり、それでは語り出す以前、すなわち自己構成に先立って存在する「語る自己」とは誰なのか、という矛盾が生じることになる。既に自己構成したこの語り手は、どこまで遡っても自己構成の根拠をもち得ない未決着の循環に陥ってしまう。ところが、「語る自己」を存立させる主体的で能動的な自己を想定することは、構成主義の枠組みに反することである。それゆえに、自己が自己を語る自己言及についてまわるこのパラドックスは、いわばあえて不問のまま棚上げされた盲点になっている、と浅野はいうのである。

これに対して、物語論は、自己言及の宿命である「語り得ないもの」への着目にこそ固有の貢献がある、と浅野は指摘する。「語り得ないもの」は物語の外部ではなく内部にあって、物語の確かさを絶えず内側から阻むことによって、閉じた不動の物語として完結することを防いでいる。ということは、物語の生成基盤は常に過去のものとなりつつある古い版の物語であり、これが、それ自体で完結した実体として自己を捉える従来の自己概念にはなかった、独自の前提となっている。自己生成の足場として「語り得ないもの」をはらんだ物語を据えることによって、構成される自己の無根拠性に支点を与えていることになるわけである。

浅野とは異なる文脈で、「語られる物語」と「生きられた経験」[59]との間に生じる間隙、物語の筋立てに埋まらない穴、ストーリーの一貫性を揺るがすほころびとしての「語り得ないもの」については、主に家族療法の領域で着目されてきた。先述したように、その実践方法には相違があるものの、「今語られている物語」と「未だ語られていない物語」を対比させながら、「語られる物語」と「生きられた経験」との間に生じる齟齬に、治療的に働きかけるという共通の立場を取っている。この立場が目標とするのは、今、語っている自己物語を解体して、生きられた経験をできる限り組み込んだ新しい物語を語り直すことである。

人が自らの生きられた経験を自己物語の中に回収することができないのは、出来事相互の意味連関が見出せないために、物語の筋立てには不要とみなすからだと考えられる。だが、物語への回収から疎外された経験に意味を見出したときには、自己物語が再構成されるばかりでなく、経験の再組織化が遂行され、新たな自己生成への契機となりうる。そうだとすれば、語られる物語と生きられた経験との間隙は、新しい物語の生成をもたらす鍵であるといえよう。それゆえ、このような「語り得ないもの」へとアプローチすれば、それが新しい自己生成を可能にすると期待できる。

こうした新たな自己生成に要請されるのは、先述したやまだの「生成する物語」の概念であろう。生きる意味の枠組みとしての物語概念は、生成する物語の概念を用いて初めて成立するといえる。というのは、生成する物語という視点は、長い時間幅をもつ人生のプロセスを含み込むことによって、個々の具体的文脈を損なうことなく、青年期の意味生成のダイナミックスを捉えるのに適しているからである。自己変革期である青年期の自己物語を考察する際にはとりわけ、完結する物語ではなく、生成する物語という視点が不可欠になると考えられる。

以上の議論を踏まえて、物語論を教育実践に援用する上で、意味形成支援の観点から、特に有効と考えられる側面をここに挙げてみると、次のようである。

（ｉ）物語論は、第一に、自己とは物語であり、自己構成は物語の解体と再構成によって成立する、第二に、物語の構成は意味連関の生成である、という主張を骨子とする。このため物語論においては、「自己」「物語」「意味」が相互に連関し合うことから、自己形成と物語形成と意味形成という異なる営みも一体的に捉えられるので、特に力動的な青年期の人間形成にアプローチするときに威力を発揮すると考えられる。こうした物語的人間形成観はとりもなおさず、教科学習や生徒指導など認知レベルと情動レベルを含めた学校教育の諸活動を統合する軸となりうる。

（ⅱ）物語論は、法則定立（nomothetic）[60]と個性記述（idiographic）[61]ではいずれもとりこぼされてきた「生きた人間」を全体的に捉える画期的なアプローチであり、複雑な生の実相に迫り、重層的な経験を生きた形で丸ごとつかみ、生きることそのものに接近するのに最適な手法である。こうした物語論の視点を教育に援用するとは、具体的には、教師が生徒を固有の物語を形成する主体として捉えることを出発点とする。こうした視点は、教師自身を硬直化した成長モデルから解放し、個別的でしかも多層的な生徒理解を可能にする。

（iii）物語論は個別の経験世界を尊重する立場を取るため、物語的理解を採用することによって教師は、それが事実か否かを問わず、個々の生徒にとっての物語的真実を承認し、かつ、複数の物語の並存を認め、絶えず新しい物語の生成に開かれた姿勢で関わることができる。このことは、因果的説明モデルの呪縛や社会において支配的な定型的物語の圧力から生徒を解き放つことにつながり、ひいては文化再創造の役割を担っていると考えられる。つまり、物語によって現実を解釈するのみならず、異なる現実を創出する力を獲得することにも発展する。

（iv）物語は、日常的な思考様式であるとともに、同一化と模擬による再現を促す魅力があることから、教育場面で生徒が他者の人生の物語に触れることによって、個々の生徒の自己物語の生成が促進され、将来の人生物語の筋立ての選択肢が多様になる可能性がある。こうした物語の生成力は、学校教育においては、異なる世代間の文化継承の意義をも生む。

（v）物語のもつ「つなぐ」機能によって、非因果律で連関する出来事相互のつながりなど、異なる事象間の関係性が把握され、人生の全体的な布置結構のありようが了解されやすくなるため、新しい多角的な視野から生徒の人間形成をめぐる問題に対処することが可能となる。この「つなぐ」機能によって、生徒の自己内統合を促進すると同時に、生徒の個別世界を他者と共に生きる普遍的世界につなぐ道筋を開くことが期待される。

以上のような有効性が見出せる半面、物語論から派生する問題として次の点が指摘できよう。

第一に、物語論を採用することによって隠蔽されてしまう現実があるという点である。物語がある現実を浮き彫りにすることによって、不可避的に見えなくしてしまう側面があることを忘れてはならない。これは、人間の意味づける行為を軽々しく扱う危険性とも関わる。経験の意味は、当事者にとってただちに了解されるようなものではなく、意味が分からないながらも複雑な現実に対処していかねばならないのが人生である。しかも、自分がつくり上げたシナリオ通りに人生を展開させられるはずもない。それにもかかわらず、あたかも綺麗に物語をつくりさえすれば、人生の問題が全て解決するかのような錯覚を生徒に与えかねない点がある。

第二に、自己物語は、自分だけの物語で完結しないはずなのに、昨今の自分探しムーヴメントによって、インターネットを駆使した過剰な自己語りや物語嗜癖を生み出している点である。かつての地域社会の共同体性が失われて、異世代間の伝承や人間関係が希薄になった世界で浮遊する根無し草の自己物語は、自己創造の機能を果たすどころか、かえって自己閉塞をもたらす危険性がある。横（共同体）のつながりとも縦（伝統・超越）のつながりとも切れた近代的な自己物語の主人公は、自己語りに耽溺するという指摘[62]も看過できない。この点、特に自己形成の途上にある生徒にとっては、物語による安易な自己同定をはかることによって、物語がもつインパクトの強さにのみ込まれ、青年期の自己形成を妨げる物語に固着してしまう危険性があろう。

第三に、自分のことを他人に語るという行為が日本文化に適合し難い面もある点である。日本でも種々の自助共同体で、自分についての語り合いを中心としたミーティングが実践され、自己語りが治療的に機能していることが報告されている[63]。しかし、日本社会の一般的傾向として、人前で自分について語ることに対する抵抗感は依然として強いであろう。自己意識が揺れ動きがちな青年期の女子生徒にとっては、なおさら配慮が必要となる。確かに、経験を言葉に置き換えることによって、初めて意味が了解されることもあるが、体験的に意味が了解される場合の「腑に落ちる」という分かり方は、必ずしも言語化や言葉による解釈を必要としない。それにもかかわらず、物語論は、言葉のもつ力に依存しすぎている面があると考えられる。

学校教育の場で物語論を援用する教師には、以上のような物語論の限界、および危険性について十分認識している必要があろう。その上で、物語る行為は、自己を客観化してあたかも他人のようにみることで、混沌とした現実に秩序を与える効果をもっている点に注目したい。つまり、物語は、語り手の視点と登場人物の視点、語りの時点と登場人物の時点、という二つの異なる場所に自己を配置することによって、「語る自己」と「語られる自己」を同じでありながら異なるものとすることに成功し、自己言及に必然的に伴う逆説を脱していると指摘されている[64]。こうした物語の構造こそが、自己の生成と変容を可能にするのである。この点の有効性は、上述したような限界を凌駕して評価されてよいと思われる。特に、生徒にとっては物語モードを用いることによって、茫漠とした自己イメージに輪郭を与え、相対するべき自己像の形成に益すると考えられるからである。

従って、物語論に伴う危険性や限界を十分わきまえた上で物語論的視点や方法論を用いることは、生徒の意味形成を軸とする人間形成への支援に非常に役立つと結論づけられる。

第６節　物語論による意味形成支援の可能性

最後に、生徒の意味形成支援として物語論の視点と方法論を学校教育に適用する場合の具体的な可能性を指摘しておく。学校教育で生徒の自己物語について考える場合、個人の物語の生成ばかりでなく、社会の物語と個人の物語の関係についても視野に含める必要がある。学校教育は、社会の物語が伝承される意味の共同体とも考えられるからである。じっさい、学校は、ある共同体で共有される意味体系が体現された場である。そうだとすれば、学校教育は所属集団が依拠する意味基盤に即した自己物語をつくる文脈を提示しているといえる。物語のもつミメーシス（再現・模擬）の機能によって、教育は人生の物語を異世代間に伝える役割を果たしてもいるのである[65]。

他方、学校では、物語を継承するだけではなく、社会に既定された物語を組み替える能力を涵養しなければならないという問題提起もある[66]。所属する社会の現状において支配的な物語をより創造的に書き換えることは、学校教育の重要な役割でもあろう。それにもかかわらず、教師が一般的に想定する標準的な成長物語は、所属社会が基準とする規範的な物語に縛られがちであり、それが生徒固有の物語の生成を阻む土壌だともいえる。それゆえ、教師は、社会の定型版の物語からいかに個々の生徒固有の自己物語を解放するかも配慮しなければならない。また、一人の生徒が複数の物語を並存させて生きることが許容される環境を用意する必要もあろう。

その意味で、学校教育では一人の生徒に対して、複数の大人が関わる態勢にあるのは望ましい。種々多様な物語を生きているさまざまな大人に接することは、生徒にとって異なる筋立てで自己を物語る可能性を切り開くであろう。また、集団教育も異なる聴き手となりうる仲間が数多くいるという点で、寄与するところがあるといえそうだ。というのは、自分が何者であるかを語る自己物語は、他者との間で不協和音を奏でるとき、社会の中に自己を位置づけるための道具としては機能しなくなる。そこで自己物語はときには聴き手を変えながら、絶えず別の仕方で語り直すように試みられるからである。もちろん、集団の圧力によって人生についての一様な語られ方が支配的となれば、これは逆に弊害となることは言うまでもない。この点に関しては、学校固有の文化が暗黙裡に規範となる物語の型を共有していないかを教師は自問する必要があろう。それでは、学校教育の中に物語論の視点をどのように取り入れることができるだろうか。

これに関して、先述したように、教科学習とはことばや概念に基づく抽象的な記号論的意味と、生徒の現実的な生活や体験に基づいた存在論的意味の間に横たわる乖離を埋め、この二つの意味を統合するものだと岡本が指摘している[67]。例えば、存在のありように密着している家庭環境に問題が生じると存在論的意味の世界が根本的に揺らぐため、記号論的意味が支配的な学校教育は実存的な問いに応えるものではなくなり、学校に通う意味が感じられなくなるかもしれない。存在論的意味の世界に被る裂け目は、ことばや概念では縫合する術をもたないからである。そこで自分がこの世界に存在する意味を確かに定めてくれる自己物語が必要になる。

生きる意味の枠組みとなる自己物語の形成を支援するには、社会に支配的な物語の完成版から生徒を解き放つ、上述の「生成する物語」の視点が欠かせない。同じ人生を別様に語り直す可能性は常にある。自己物語を他者に語るとき、語り手の内部で既に固定した物語が語られるのではなく、聴き手との相互的な語りの場で、新たな自己物語が生成していく。自己物語は、解体と再構築に開かれた絶えざる生成の営みの中でこそ、生きる意味を生み出す固有の文脈となるのである。

とはいえ、現実の人生においては、不測の事態に翻弄され、紆余曲折する出来事が交差し合い、整合性のある物語的筋などみえないほうが普通であろう。むしろ不可解な出来事群を理解し得ないまま収めるのが物語なのである。物語ることで、それらは人生の不可思議さに対するある感興を損なうことなく腑に落ちるものとなる。仮に物語が、生きる意味を明快に捉えるために、捉え難い事態も首尾一貫した筋立てに回収するのであれば、物語ることが本来有している、自他の生を生成変容へと促す力を奪うことになる[68]。もとより、ままならぬ人生の矛盾に満ちた事象が排除されることなく、逸脱をも許容しながらうまく収まる容器として、実人生のモードに即した物語様式が強調されてきたはずであった。そうした物語の本来性が十全に機能するのは、完結する決定版の物語ではなく、不断に生成する物語だということになろう。

また、日常次元での単層的な物語ではなく、重層的な物語が生成している可能性を常に考える必要がある。日常的経験の意味づけと生きる意味への問いが往還する中で、次元の異なる複数の自己物語が多重的に生成し、並存している可能性については第Ⅱ部で検討するが、例えば、日常レベルでの不登校物語は、存在の次元では生きる意味を求める物語であるかもしれない。ともすれば、学校教育では、表層的な行動観察に基づく定型化された生徒理解が、一様な教育言説を介して操作的な力をもつことがある。だが、個々の生徒の実存に関わる物語の多層性は、見落とされてはならないものである。

さらに、自己物語を強調することは、決して社会から隔絶された個人的な物語の内に自己閉塞することを志向するものではない。むしろ、自己物語は他者と共に生きるための足場となり、他者との関係性の結び目として機能する[69]。青年期の物語は、家族の物語から脱却して自己固有の物語に移行する絶えざる更新版でもあるが、それは同時に、新たに出現した重要な他者と共に生きる物語の生成でもあろう。元来、個人の物語への言及は、進歩・啓蒙・解放など、近代社会が信奉する形骸化した理念としての「大きな物語」に埋没してきた個々人の「小さな物語」の復権を意図したものであった。それが一方では、伝統や超越という垂直軸、共同体や対人関係という水平軸から切り離され現代人にあって、孤絶し宙に浮いた無数の自己語り、宛名性を喪失した私的なモノローグの氾濫を招いたことも事実であろう[70]。だが、自己物語が価値をもつのは、世界の物語に位置づけられたときのみである。人生の拠り所と方向性を見失い、あてどない自分探しムーヴメントに翻弄される現代の青年にとって、世界の物語につながる自己物語を創造すべきなのである。

本書は、重層的に織り成される多義的な物語の生成に対して、教育のモデルを定式化することを意図しない。だが、物語論的支援は、自分史学習、生徒のナラティヴが呼応する授業実践、ライフストーリーを用いた授業展開、進路指導、生徒指導および生徒理解など、学校教育において多様に構想できよう。

例えば、自分史学習においては、自分史作成を自己完結的な営みにとどめず、対教師、対生徒との相互的な語りの場で再生させることによって、特定の物語への固着から自由にし、過去の経験を自己の中に位置づけ直し、新しい自己の再創造に開く学習にまで深めることができる。これにより、生徒の人格内部の諸要素をつなぎ、自己統合を促進するとともに、個別の世界から他者と共に生きる普遍的世界への転換が期待できる。具体的には、自分を生かした社会貢献の道を発見する手がかりとして自分史を用いた進路指導を行うことが考えられる。

また、自分史学習に限らず、教室内に生徒のナラティヴが対話的に響き合うように、授業の中に生徒のスピーチやグループでの語り合いの時間を設けることができる。たとえ小さなエピソードであっても自分の体験を物語化して他者に向かって語るという経験を積むことによって、自己物語の形成が相互に促進されるであろう。他者の物語を聴くことによって、物語の生成機能が活性化し、自己が体験した出来事群が組織化されやすくなるからである。

さらに、宗教の授業をはじめとする教科学習では、偉人物語や社会的弱者の物語、障碍者の自助共同体の語りなどライフストーリー学習を取り入れることができる。生徒は、標準型に限らない多様な人生の物語に触発されて、自らの人生の物語にも幾通りかの筋立ての仕方がありうることに挑戦と励ましを受けるかもしれない。それは、他者の人生の物語に生徒個々の自己物語をつなぎながら、生き方の選択肢を広げる多様な人生モデルを次世代に継承することでもあろう。その原理と方策を明確にし、カリキュラムを体系化するためには、研究と実践を積み重ねる必要があるが、物語論はその試行錯誤の営みを支える理論的土台となりえよう。

加えて、学習、校則、交友関係など、学校生活で遭遇する種々の出来事を、自己の中にどう意味づけるかによって、生徒の学校適応の様相も異なると考えられる。それゆえ、教師対生徒関係において、教師は生徒の自己物語の形成過程を承認する他者として関わること、生徒が問題のある物語に固着しようとするとき、教師は問いを投げかけ揺さぶりをかけること、生徒が自らの受け入れ難い矛盾した人生のエピソードに意味を見出せるよう対話すること、それが何であるかは分からなくても、人生には意味があると生徒が有意味感をもてるように支えることである。

こうした生きる意味の枠組みとなる自己物語の創造を支える教育実践は、教師自身を硬直化した成長モデルや因果的説明モデルから解放し、生徒の個性と独自の経験世界を尊重した多層的な生徒理解に導くであろう。

ただし、学校教育に物語論を援用する際の難しさについても十分認識している必要がある。例えば、学校の保健室やカウンセリングルームで成立した自己物語が、果たしてクラスメートの中でも適切に機能するのか、社会に出たときにも有効であるかなど、重要な他者との二者関係で構築される物語が社会的な三者関係に開かれているか否かは識別を要する。また、既述のとおり、学校教育は、その時代その社会に求められる人間像に適合する物語を再生産する側面を免れることはできない。そこで、物語の妥当性の基準をどこに置くかが問題となるが、社会的に調和しつつも世間一般に支配的な価値観を超克しようとする挑戦が、カトリック学校の宗教教育には不可欠であろう。

それは、家族の物語と青年期の自己物語との関係についてもいえる。この両者は全く無縁の別々のものではなく、むしろ、その家族が代々背負ってきた負の遺産、影の歴史をまずは受け継いで、そこから新しい価値を再創造する営みであり、家族の物語が抱えもつ罪の連鎖を素材として創造的価値に転換させること、つまり、イエスの十字架と復活秘儀、過ぎ越しの福音にあずかることであるといえる。家族の物語を断絶するのではなくて、より高い次元の物語への変容を志向する生徒の内発的な兆しに、教師が適切に働きかけ導くことが重要である。

本章のまとめ

本章では、主要な先行研究から物語論が生きる意味へのアプローチであることを示し、学校教育における意味形成支援に物語論を援用することの妥当性を検討してきた。

物語概念によって人間の根本的な在り方に接近する物語論の研究は、物語が意味の行為として発見される以前からあり、本章でみただけでも非常に多岐にわたる。それらは、啓蒙や進歩などの「大きな物語」の終焉と個々人の「小さな物語」の復権というポストモダニズム的な主張によるものであれ、意味構築の認知プロセスや物語体制化の心理的機構の解明を目指すものであれ、その根底にあるのは、現代人の存在を根拠づける意味基盤の崩壊と人生の意味をめぐる格闘であるといえる。物語論が興隆した背景をこのように捉えると、生徒の意味形成を支援する目的のために、物語論の視点や方法論を援用することは時宜にかない、高い妥当性を有していると結論づけられよう。

特に本章の考察では、物語としての自己概念を学校教育に援用することによって、生徒の生きる意味の形成を支援できるとともに、生徒の個別的な意味世界を他者と共に生きる普遍的な意味世界へとつなぐ道筋を開くものにもなりうることが示唆された。なぜなら、自己物語を創造するとは、とりもなおさず意味形成の営みを他者と共有し、社会の中で他者と共に生きる意味を創造することだからである。それゆえ、物語としての自己概念は、個人が単独で保持する固定的で硬直化した、いわば閉じた意味世界から、他者との関係性において絶えず共同生成される開かれた意味世界への転換を可能にする。以上のことから、生徒の意味形成を軸とした自己物語の形成は、学校教育が目指す知識学習、社会化、異世代間の文化伝承および刷新を含めた総合的な人間形成のために、非常に役立つことが明らかであろう。

ただし、どのような物語でも社会に適合するわけではないことに注意が必要である。ともすれば、青年期の自己物語は、社会に支配的な物語の再生産であったり、逆に、社会が望ましいものとして提供する定型版の物語を突き崩す破壊力を有していたりする場合もあろう。また、他者に承認される物語であっても、それが極めて閉鎖的な関係性の中に閉じこもり、社会の大方の基準から逸脱したものであれば、偏狭な意味世界への固執を強化しているにすぎなくなる。誰がそれを問題ある物語とみなすのか物語の妥当性の基準が問われようが、学校が社会の教育機関である以上、所属する社会で理想とされる定型的物語によってある程度枠づけされることは免れ得ない。

だが、あらかじめ学校が推奨する物語があるとすれば、それは生徒の生きる意味を生成するどころか、生命力そのものを奪うことにもなりかねない。社会が規定する標準的な生き方を揺るがす力を内包する物語が生成されるところに、学校教育による文化の革新という社会貢献があるという考えも成り立つであろう。学校教育が社会化と個性化を併せて追求する中で、真に生徒固有のものでありながら普遍的意味にもつながる自己物語の形成を支援するには、生徒が意識的に産出する物語と無意識の水準で生成される物語との関連も含めて検討する必要がある。そのため、この点に関しては第Ⅱ部で詳しく考察したい。

また、カトリック学校の宗教教育で物語論による意味形成支援を実践する場合、生徒各人の自己物語を、人類と世界の意味を物語る聖書につなぐ可能性について検討する必要性があろう。なぜなら、個別の自己物語を世界の中に位置づけるための大きな文脈を獲得できる可能性があるからである。これについても、第Ⅱ部の該当の章で論じる。

本章で検討した物語論による意味形成支援は、カトリック学校においては、その存立基盤でもあるイエス・キリストとの出会いに方向づけられたスピリチュアリティの育成の中で統合される可能性があろう。そこで次章では、生きる意味に関する理論的研究の中でもスピリチュアリティ概念に焦点を当て、カトリック学校が育成の対象とするスピリチュアリティとはどのようなものか、その特徴について吟味する。

註

1　Bruner, J. S., *Acts of Meaning*, Harvard University Press, 1993, pp. 55-59.（以下、AM）。邦訳は、ブルーナー, J. S.『意味の復権――フォークサイコロジーに向けて――』岡本夏木・仲渡一美・吉村啓子訳、ミネルヴァ書房、1999年、79-84頁。

2　鷲田清一・皇紀夫・森重雄・西平直・毛利猛「教育という『物語』――人間形成への物語論的アプローチ――」日本教育学会編『教育学研究』第66巻第1号、1999年、1-13頁、矢野智司『自己変容という物語――生成・贈与・教育――』金子書房、2000年、鳶野克己「生の冒険としての語り」矢野智司・鳶野克己編『物語の臨界――「物語ること」の教育学――』世織書房、2003年、183-211頁。この他、香川大学教育学研究室編『教育という「物語」』世織書房、1999年など。

3　徳田治子「『生きる意味』の心理学――ナラティヴ・アプローチの成果と課題――」お茶の水女子大学大学院人間文化研究科編『人間文化論叢』第3巻、2000年、123-131頁。

4　岡本夏木編『意味の形成と発達――生涯発達心理学序説――』ミネルヴァ書房、2000年。

5　浦田悠「人生の意味の心理学」日本人間性心理学会編『人間性心理学研究』第25巻第2号、2007年、129-136頁、浦田悠『人生の意味の心理学――実存的な問いを生むこころ――』京都大学学術出版会、2013年。

6　徳田前掲論文。

7　Allport, G. W., *The use of personal documents in psychologicalscience*, New York, Social Science Research Council, 1942. 邦訳は、オルポート, G. W.『心理科学における個人的記録の利用法』大場安則訳、培風館、1970年。

8　Bühler, C., *Das Seelenleben des Jugendlichen*, 6. erwiterte Auflage, Gustav Fischer Verlag, Stuttgart-Hohenheim,1967. 邦訳は、ビューラー, C.『青年の精神生活』原田茂訳、協同出版、1969年。

9 McAdams, D. P., *Power, Intimacy, and the Life Story: Personological Inquries into Identity*, The Guilford Press, 1985, McAdams, D. P., *The Stories We Live by: Personal Myths and the Making of the Self*, The Guilford Press, 1997.

10 桜井厚「ライフストーリーから見た社会」山田富秋編『ライフストーリーの社会学』北樹出版、2005 年、16-17 頁。

11 桜井は、「聴き手が異なれば、語りには別の意味構造が生み出されたことにも気づく。語られたことは聴き方に伴って生み出されたものである」（同上書、11 頁）と述べている。このように、語られた内容は、語り手の経験や意味づけを表しているばかりでなく、インタヴューの場において、「語り手と聴き手の両方の関心から構築された、対話的な構築物にほかならない」（同上書、12 頁）。

12 芥川龍之介の小説『藪の中』に題材をとった黒澤明監督の映画『羅生門』（1950）に着想を得て、アトキン, J. M.（1974）が使用した語で、社会学や教育工学などの領域で多用されている。同一事件に対する複数の目撃証言の食い違いが、当事者の立場による認識の相違を示すことから、現実のもつ多層性・多元性を指す（有末賢「羅生門式手法」森岡清美他編『新社会学辞典』有斐閣、1993 年、1459 頁など参照）。

13 富山太佳夫「ナラトロジー」廣松渉他編『岩波哲学・思想事典』岩波書店、1998 年、1199-1200 頁。

14 Polkinghorn, D. E., *Narrative knowing and the Human Sciences*, State University of New York, 1988, pp. 101-123.

15 森岡正芳「narrative 概念のコアとは何か」日本質的心理学会第 6 回大会配布資料、2009 年。

16 浅野智彦『自己への物語論的接近――家族療法から社会学へ――』勁草書房、2003 年、3 頁、37-61 頁。

17 Bruner, J. S., *Actual Minds, Possible Worlds*, Harvard University Press, 1986, pp. 11-14. 邦訳は、ブルーナー, J. S.『可能世界の心理』田中一彦訳、みすず書房、1998 年、18-22 頁。

18 AM, p.vii, p. 33. 邦訳、序 v 頁、47 頁。

19 AM, p.vii. 邦訳、序 v 頁。

20 「問題の外在化」によって社会に支配的な「ドミナント・ストーリー」を「脱構築」し、「ユニークな結果」に注目して「オールタナティヴ・ストーリー」を分厚くするホワイトとエプストンのナラティヴ・モデル、専門家であることをいったん脇に置いて、クライアントと対等な「無知の姿勢」で臨むグーリシャンとアンダーソンの会話モデル、当事者でありながら第三者の視点を導入するトム・アンデルセンのリフレクティング・チームなど（小森康永・野口裕二「ナラティヴ・プラクティスに向けて」小森康永・野口裕二編『ナラティヴ・プラクティス』現代のエスプリ No. 433、至文堂、2003 年、5-11 頁）。

21 河合隼雄『物語と人間の科学』岩波書店、1993 年、河合隼雄編『心理療法と物語』心理療法講座第 2 巻、岩波書店、2001 年、河合隼雄『物語と現実』河合隼雄著作集第 8 巻、岩波書店、2003 年など。

22 河合隼雄『心理療法入門』岩波書店、2002 年、93-97 頁。

23　やまだようこ編『人生を物語る――生成のライフストーリー――』ミネルヴァ書房、2000年、8-11頁。
24　鈴木智之「訳者あとがき」フランク, A. W.『傷ついた物語の語り手――身体・病い・倫理――』鈴木智之訳、ゆるみ出版、2002年、268-269頁。
25　やまだ前掲書、3頁。
26　野家啓一『物語の哲学』岩波書店、2005年、324頁。
27　野村晴夫「心理療法における物語的アプローチの批判的吟味――物語概念の適用と運用の観点から――」東京大学大学院教育学研究科編『東京大学大学院教育学研究科紀要』第42巻、2002年、245-253頁。
28　同上。
29　AM, p. 124. 邦訳、175頁。
30　やまだ前掲書、24頁。
31　野口裕二『ナラティヴの臨床社会学』勁草書房、2005年、5-7頁。
32　岡本夏木「解題」ブルーナー, J. S.『教育という文化』岡本夏木・池上貴美子・岡村佳子訳、岩波書店、2004年、311頁。
33　Ricoeur, P., *Temps et recit III*, Editions du Seuil, 1985, pp. 442-443. 邦訳は、リクール, P.『時間と物語Ⅲ』久米博訳、新曜社、1990年、448頁。
34　以下の記述は、浅野前掲書、131-180頁、ガーゲン, K. J.『あなたへの社会構成主義』東村知子訳、ナカニシヤ出版、2004年、173-210頁（Gergen, K. J., *An Invitation to Social Construction*, Sage Publications of London, 1999）、溝上慎一「形成としての青年期発達論――自己形成とアイデンティティ形成との差異――」梶田叡一編『自己意識研究の現在』第2巻、ナカニシヤ出版、2005年、9-34頁、杉村和美「関係性の観点から見たアイデンティティ形成における移行の問題」同書、77-118頁などを参照した。
35　Gergen, K. J. and Gergen, M. M., “Narratives of the Self”, Sabin, T. R. and Scheibe, K. E. eds., *Studies in Social Identity*, Praeger, 1983, p. 255.
36　浅野前掲書、241-245頁。
37　ガーゲン前掲書、183-192頁。
38　浅野前掲書、255頁。
39　AM, p. 101. 邦訳、142頁。
40　AM, pp. 62-63. 邦訳、89-90頁。
41　ガーゲン前掲書、191頁。
42　同上書、193-199頁。
43　バフチン, M. M.『ことば 対話 テキスト』ミハイル・バフチン著作集第8巻、新谷敬三郎・伊東一郎・佐々木寛訳、新時代社、1988年、193-239頁。
44　バフチン, M. M.『小説の言葉』伊東一郎訳、平凡社、1996年、165頁。
45　ガーゲン前掲書、198頁。
46　バフチン『ことば 対話 テキスト』173-180頁。
47　やまだようこ「多声テクスト間の生成的対話とネットワークモデル――『対話的モデル生成法』の理論的基礎――」日本質的心理学会編『質的心理学研究』第7号、

2008年、21-42頁。

48 浅野前掲書、150-166頁。

49 ガーゲン前掲書、206頁。

50 山口素子「心理療法における自分の物語の発見」『心理療法と物語』118頁。

51 榎本博明『〈私〉の心理学的探求――物語としての自己の視点から――』有斐閣、1999年、187-189頁。

52 エリクソン(1959)は、フロイトの心理－性的発達理論に社会・歴史的発達観を統合した包括的な理論である漸成発達論(epigenesist)を展開し、生涯にわたる人格の発達、すなわちライフサイクルを理論化した。八つの各段階にはアイデンティティ、モラトリアムなどの概念を含む発達課題が明示されている(宮下一博「アイデンティティ」中島義明他編『心理学辞典』有斐閣、1999年、4-5頁)。

53 McAdams, *The Stories We Live by*, pp. 91-113.

54 下山晴彦「物語論からみた青年期境界例」『意味の形成と発達』151-152頁。

55 やまだようこ「展望:人生を物語ることの意味――なぜライフストーリー研究か――」日本教育心理学会編『教育心理学研究年報』第39集、2000年、146-161頁。

56 やまだ前掲書、27-30頁。

57 浅野前掲書、194-216頁。

58 野口裕二「社会学とナラティヴ・プラクティス」『ナラティヴ・プラクティス』13-14頁。

59 ホワイト, M.、エプストン, D.『物語としての家族』小森康永訳、金剛出版、1992年、34 頁。(White, M. and Epston, D., *Narrative Means to Therapeutic Ends*, W. W. Norton & Company, 1990.)

60 客観的な普遍性を求めて、日常の生活空間とは異なる人工的に操作した実験状況の中で収集した大量データを統計数値的に処理する方法。現実の複雑な諸要因が捨象されることなど批判も多い(田島信元「個性記述的方法」『心理学辞典』271-272頁参照)。

61 特定の個人や少人数の対象を、人工的な条件操作を加えない自然的な場面で詳しく観察し、時間経過に沿って変化する個々人の行動の特性を記述していく方法。事例研究として主に心理学領域で古くから用いられてきた。しかし、記述の妥当性や事例の普遍化については注意を要するとされる(同上参照)。

62 毛利猛「教師のための物語学」『物語の臨界』35-40頁。

63 例えば、浦河べてるの家『べてるの家の「当事者研究」』医学書院、2005年など。

64 浅野前掲書、210頁。

65 やまだ前掲書、31頁。ミメーシスとはギリシア哲学以来の芸術理論の基本概念である。アリストテレスの詩学によれば、ミメーシスとは、自己の外にある対象の模倣としての再現(representation)であり、これが物語を生成するメカニズムであるという(森岡前掲書、33-36頁)。

66 鷲田前掲論文。

67 岡本前掲書、8-9頁、26-28頁。

68 鳶野「生の冒険としての語り」186-198頁。

69　湧井幸子「『望む性』を生きる自己の語られ方――ある性同一性障害者の場合――」日本質的心理学会編『質的心理学研究』第５号、2006年、27-47頁。
70　毛利「教師のための物語学」35-40頁。

第3章
カトリック学校で育むスピリチュアリティの特性

あなたがたは、人を恐れに陥れる霊ではなく、神の子とする霊を受けたのです。
新約聖書「ローマの信徒への手紙」8章15節

本章の目的と課題

本章の目的は、今日スピリチュアリティ[1]を標榜する一大勢力と目されるニューエイジを、カトリック教会がどう評価しているかを検討し、それを基にカトリック学校が育成の対象とするスピリチュアリティの特性を明らかにすることである。

近年、スピリチュアリティ概念は、生きる意味に関する研究の中でも学際的に関心を集め、特に、医学や看護学、社会学および心理学などの臨床領域で注目されている。序章で述べたように、教育学領域においてもスピリチュアリティ概念が主題として取り上げられるようになった。その背景には、近代の物質至上文明の繁栄を可能にした合理主義や科学的思考の追求が、必ずしも人類全体の幸福と結びついていないという認識があろう。こうした認識に基づいて、善と悪、生と死などの二分法で事象を把握しようとする二項対立的な思考の枠組みを補完する機能が求められるようになった。その中で直感や感性を重視する傾向とあいまって、精神性や霊性などの人間存在の深層の次元への関心が高まっていると考えられる。このような現代の精神的潮流の一つが、スピリチュアリティへのニーズに集約されているといえよう。

そうしたスピリチュアリティへのニーズが、現代人の宗教性の一大潮流をなすニューエイジを興隆させてもいる。ニューエイジの思想・表現・実践は、先進諸国を中心に世界的な影響力をもち、日本国内でも若者層を中心に消費文化の中に広く浸透しているとみられる。

それでは、スピリチュアリティへのニーズの中核をなすと考えられる生きる意味への問いは、ニューエイジによって充足されるのだろうか。むしろ、ニューエイジは生きる意味の探求を支えるスピリチュアリティに至る意識の作用を阻害することになるのではないか。そもそもニューエイジは、宗教団体に代わる緩やかなコミュニティの中で新たな霊性を模索する現象であることから、洋の東西を問わず古来より、それぞれに独自の霊性を育んできた伝統宗教に対する看過できない挑戦ともみなせる。本書が考察の対象とするカトリック学校においても、それは例外ではない。それゆえ、カトリック学校の宗教教育にとって、ニューエイジとの相違点を検証し、スピリチュアリティの本質を明らかにすることは重要な課題といえる。だが、こうした問題に関して、教育学の分野でこれまで十分議論されてきたとは言い難い。

そこで本章では、生きる意味の探求過程におけるスピリチュアリティとニューエイジとの異同について検討することによって、カトリック学校が育成の対象とするスピリチュアリティの本質的特徴を浮かび上がらせたい。以下ではまず、先行研究におけるスピリチュアリティの概念規定を整理して、スピリチュアリティと生きる意味の探求との関わりについて考察する。次に、これまでに教皇庁から公布された文書に依拠して、カトリック教会の公式見解を検討することによって、カトリック学校において育成しようとするスピリチュアリティの特性を明らかにする。これによりカトリック学校でスピリチュアリティを育成する意義も示唆されよう。

第１節　生きる意味の探求とスピリチュアリティ

１－１．ＷＨＯの健康定義改正案とスピリチュアリティの構成要素

「spirituality スピリチュアリティ」という言葉は、現代人の精神世界を読み解くキーワードの一つとされ、近年、ニューエイジなどの社会現象も含めて、多様な文脈で多義的に用いられている。先進諸国の一般社会でこの語が盛ん

に使用されるようになったのは1990年代の後半からであり[2]、日本国内では特に2000年以降であるとされる[3]。医療看護学系の欧米文献では1982年以降急増していたスピリチュアリティの語が、学問的主題としてより学際的に取り上げられるようになったのは、WHO（世界保健機関）が1998年にWHO憲章の健康の定義改正を検討してからである[4]。

従来の定義では、健康とは ‘physical, mental and social’ な福祉の状態であるとしていた。そこに新たに ‘spiritual’ の語を加えることが提案されたのである。結局、緊急性が乏しいなどの理由で改正案は見送られた。しかし、健康の定義を見直そうとしたこの議案は、人間存在の在り方を世に問いかけるものであり、人間とは身体的・心理的・社会的因子から構成されるばかりでなく、スピリチュアルな存在としても捉えられることを提起した点で功績があった。このWHOの健康の定義改正案の提出は、それまでも医学、看護学においては終末期医療の観点から、社会学や宗教学においてはニューエイジなどの社会現象の観点から関心を集めていたスピリチュアリティという概念が、一般社会にも市民権を得るようになる象徴的出来事だったのである[5]。

それでは、スピリチュアリティとは、どのような概念として捉えられているのだろうか。心理学領域においては、スピリチュアリティを査定するための心理尺度が開発されてきた。その中でも代表的なスピリチュアリティの尺度として、エルキンズら（1988）[6]は、①超越的な次元、②人生の意味と目的、③人生における使命、④命の神聖さ、⑤精神的渇きの代用ではない物質的価値の理解、⑥利他主義、⑦理想主義、⑧人間存在の悲劇性の認識、⑨自己・他者・自然・命・超越者との関係性における結実、以上9点を挙げている。

また、WHO改正案に伴う世界各国のスピリチュアリティに関する調査に沿って、日本でもスピリチュアリティに関する調査が実施された。WHO改正案でのスピリチュアリティは、他者性・規範性・超越性・宗教性という四つの領域から構成されているが、国内を対象とした調査結果では、これらの領域には当てはまらない内容もみられる。例えば、田崎美弥子・松田正己・中根允文（2001）[7]は、日本人のスピリチュアリティの特徴として、「自然との対比による人の小ささ」「自然への畏敬の念」「祖先との関わり」「個人の内的強さ」「絶対的な力の存在を感じること」の五つの因子を挙げている。

看護学領域でも、日本人を対象としたスピリチュアルケアのための評定尺度が検討されている。例えば、比嘉勇（2002）[8]は、スピリチュアリティの評定尺度として、「心の平穏」「内的な強さ」「他者への愛着」「人生の意味」「生きていく上での規範」を挙げた。その他、中村雅彦・長瀬雅子（2004）[9]は、文化に依拠した日本人特有のスピリチュアリティ概念を再構築することを意図して実施した量的調査の結果、「命の永続性・超越性」「無償の愛」「実存性」「身近な他者との一体感」「自然との一体感」の五つの因子を特定している。

ここに挙げた研究がほぼ共通に指摘しているスピリチュアリティの主な特徴は、他者とのつながりや自然との一体感、命や神秘に対する畏敬の念、超越的次元や存在の永続性を感知すること、それらの作用の結果として、内的強さや心の平安、受容性が高まることなどである。

とはいえ、この中には人間の多様な経験に含まれる種々の心理的要素が混在しているため、スピリチュアリティを特定の構成要素に還元することは困難な作業であると言わねばならない。このようにスピリチュアリティは非常に捉え難い概念であるとともに、その使用範囲も広域に及んでいる。こうした状況を踏まえて、教育学者の西平直（2003）[10]は、スピリチュアリティを宗教性・全人格性・実存性・絶対受動性の四つの位相に分類して用語法の整理を試みている。これらの位相はそれぞれ、宗教組織に依存しない宗教的意識、身体・心理・社会を含んだひとまとまりとしての個人全体の意識、感動を伴って理解される魂に触れるような主体の転換、何らかの聖なるものに触れて生かされていると実感すること、をその内容としている。こうした分類をみてもスピリチュアリティ概念の多様性、多面性を知ることができる。

以上のように、スピリチュアリティは多様な意味内容をもつ用語であるが、WHOは緩和ケアに関する報告書（1990）で、形容詞形のスピリチュアルという語が、「生きている意味や目的についての関心や懸念に関わっていることが多い」[11]と説明している。これと同様に、名詞形のスピリチュアリティについても、本質的に生きる意味と非常に関わりが深い概念であることが指摘されている。

例えば、スピリチュアルケアを実践する窪寺俊之（2000）[12]は、スピリチュアリティとは、心理的危機に直面した人間が、それまでの人生観や世界観など価値規範が揺らぐ中で、新たな心の拠り所を求めて生きる意味を見出そうとする機能であると説明している。また、精神医学の立場から安藤治（2007）は、スピリチュアリティという用語の使用状況を概観した上で、「現代のスピリチュアリティという言葉の使用は、生（死）の意味や目的に関する問題すべてについてかなり幅広く含み入れる役割を担わされ」[13]ていると分析している。このように、スピリチュアリティは生きる意味の探求に関わる概念として捉えられているのである。

他方、スピリチュアリティ概念の中核的要素を自己超越にみる見解もある。例えば、先行するスピリチュアリティの定義を総合的に考察した上で、社会学者の樫尾直樹（2010）[14]は、身体性・超越性・実存性・利他性・全体性というスピリチュアリティの五つの構成要素を特定しているが、これらは全体的に相関しているものの、その根本的な特徴は超越性にあるとしている。こうした理解に連なるものとして、スピリチュアリティを「自己を超えた何ものかとつながっており、その何ものかが自分の中、および自分と他者との間で働いている感覚」[15]、「超越的次元の認識を通して生じてくる体験や存在の仕方」[16]、「見えないつながり（超越的なもの、他者、自然、世界とのつながり）への気づきに関わるもの」[17]などと規定する定義もみられる。

これらの概念規定が、超越的な実在との関わりを想定しているのか、単に自分を超えるという水準を指しているのかは区別されねばならないが、ここまでみてきた各方面の特徴づけでは、スピリチュアリティの本質的特徴として、生きる意味を探求する過程において何らかの超越と関わりをもつことが挙げられていることに注目したい。

1－2．教会用語としてのスピリチュアリティ

それでは、スピリチュアリティという言葉の原義はどのようなものだろうか。スピリチュアリティを語義的にみていくと、複数の英和辞典[18]で「精神性（精神的であること）・霊性（霊的であること）」と訳されている。後者の

「霊性」という訳語を英語のスピリチュアリティに最初に当てた人物は、鈴木大拙（1870-1966）だとされる[19]。霊性という言葉自体は彼のオリジナルというわけではない[20]。だが、19 世紀末の当時はまだ一般的ではなかったこの語を、『日本的霊性』（1944）を代表作とする多くの著作を通して普及させたのが大拙であることには異論がないようである。ただし、昨今のスピリチュアリティを霊性と訳す文脈は、大拙が霊性という語を使用した仏教哲学の系譜とは異なっている[21]。その上、霊性よりも多義的で広範な意味領域を含むことが指摘されている[22]。結果的に、スピリチュアリティに霊性という訳語を当てることは、日本では必ずしも定着していないといってよいだろう。

元来、霊性という意味でのスピリチュアリティという言葉は、カトリック教会の用語である[23]。この言葉は、成立年代が 1 ～ 2 世紀と推定されるパウロの書簡（新約聖書に収録）での使用法を背景として、5 世紀には神学用語となり、中世に次第に定着したとみられる。やがて 17 世紀フランスのカトリックの信心的著作において、近代の用語法での霊性を指す言葉としてフランス語の ‘spiritualité’ が用いられるようになった。このフランス語の翻訳として英語圏で ‘spirituality’ が使用されたのは近年になってからのことで、一般社会の用語としての歴史は欧文圏でも決して古くはないとされる。

このようにスピリチュアリティがカトリック教会の用語であったのは、この言葉の起源が聖書にさかのぼるからである。現在の英語の語根である ‘spirit’ は、西方教会の公用語であったラテン語の名詞 ‘spiritus’ に語源をもち、‘spirituality’ は同じくラテン語の形容詞 ‘spiritualis’ に基づく名詞 ‘spiritualitas’ に由来する。名詞形の「spiritus スピリトゥス」とは、旧約聖書では原語ヘブライ語「ruah ルアッハ」に相当する、新約聖書の原語ギリシア語「pneūma プネウマ」のラテン語への翻訳語であり、その意味領域は「息・風・霊」などを包括的に表す言葉である。新約聖書では「神は霊（pneūma）である」[24] とイエスが語る場面があり、これに基づけば、スピリチュアリティは神である霊を源として生じる働きであると捉えることができる。

聖書での使用法をみると、最初に ‘pneūma’ に類する語が現れるのは、旧約聖書の天地創造の場面である。「神は、土の塵で人を形造り、命の息をその鼻に吹き入れられた。こうして人は生きる者となった」(「創世記」2章7節）と人間の創造が語られる。この箇所はギリシア語版では「息を吹き入れる」にプネウマの動詞形 ‘pnoēn’ が使用されている[25]。元々ギリシア語で書かれた新約聖書では、福音書に記されるイエスの生涯の最も重要な場面で、「霊」「聖霊」「息」などと邦訳されている以下の箇所に、‘pneūma’ という語が用いられている。

まず、イエスの誕生の次第は、「聖霊」によって宿ったと説明され、イエスにこの世での生命を与えたのは聖霊であり、イエスの存在自体が、聖霊の働きによることが強調される[26]。成人したイエスが宣教活動を開始する契機となる洗礼の場面では、神の「霊」がイエスに降っている[27]。その後、宣教活動の実りを目の当たりにして、イエスは「聖霊」によって喜びにあふれている[28]。やがて十字架上で生涯を終えるに当たり、イエスは自分の「霊」を神に委ね[29]、「息」を引き取っている[30]。

イエス以外の人間に ‘pneūma’ の働きが現れるのは、福音書ではイエスの復活後のことである。復活したイエスは、弟子たちに「息」を吹きかけ、「聖霊」を与えて全世界に向けて派遣し、自らの宣教の使命を弟子たちに委ねている[31]。このことから、弟子たちへの ‘pneūma’ の働きは、イエスの十字架の死と復活によって獲得されたものであることが示される。このように福音書におけるプネウマは、イエスをこの世に誕生させ、イエスに使命を与え、イエスの生涯を導き、イエスを生かす源であるとともに、イエスがその生涯を賭して弟子たちに授け、その使命を弟子たちが果たすための原動力となっている。

他方、現代の「霊性」に直接つながるプネウマの使用例としては、イエスの使命を受け継いだパウロの書簡が代表的なものである。プネウマという語が頻出する「ローマの信徒への手紙」[32]では、人は「霊」を受けることによって神の子とされるとして、プネウマが神とのつながりの根拠として示される。同じくプネウマという語が数多く使用される「コリントの信徒への手紙」[33]では、「霊」は一切のこと、神の深みさえも究め、人の内にある「霊」以外に人のことを知るものはなく、神の「霊」以外に神のことを知るものはいないと記され、プネウマが神と人間に関わる真理を司る実体と位置づけられている。

以上の用例から分かるのは、スピリチュアリティの語源であるスピリトゥス「霊」が、人間を存在たらしめる生命と密接に関わる言葉であり、生命の根源である神につながることによって人間は生かされているという、人間存在の本質的なありようを示す概念だということである。これをカトリック教会では「人間の内に働き」「人格と個性を豊かにして」「人間を生かし」「人間の息や命と不可分なある力」であると説明している[34]。

このような働きをもたらす「霊」は、「物質に依存せず、時間と空間に左右されず」「精神（nous）に通じる」「生命の原理」と解される[35]。特に聖書では、「一つの存在の中にある本質的なもの、その存在を生かすもの」を意味する[36]。それゆえ、聖書の中では「霊」は「肉」と対比されることが多い。神から切り離され、滅びゆくものとしての人間の状態を示す「肉」に対して、「霊」は、人を生かす根源としての神とのつながりであるという理解がここにある。

このようにスピリチュアリティとは、カトリック教会の伝統では元来、生命の根源である神とのつながりとみなされてきた非常に重要な概念なのである。そうした理解は、人間が生まれてきたこと、生きていることの意味を問う中で、生命を生み出した根源的な存在に自らの存在の拠り所を見出そうとし、自分を超えた存在との関わりにおいて生きる意味の根拠を確認してきたことを物語ってもいよう。

これまでみてきたことから、本書では、多義性をもつスピリチュアリティ概念の中でも、特に「超越との関わりにおいて生きる意味を見出す働き」をスピリチュアリティの中核的作用として位置づけて考察を進める。

第２節　教会公文書にみるスピリチュアリティの本質的特徴

２－１．宗教教育におけるスピリチュアリティの位置づけ

前節でみたとおり、スピリチュアリティは本来キリスト教用語であるが、

スピリチュアリティに関する昨今の議論は、特定の宗教の信仰とは区別される傾向にある[37]。こうした区別は、スピリチュアリティが、教祖、教団、教義などによって維持・伝播される伝統宗教とは異なり、より組織性の緩やかな個人的な実践として捉えられていることを示すものといえる[38]。

さきの WHO も、健康の定義改正案をめぐる議論では一貫して、スピリチュアルな因子を宗教から分離させるよう明白に意図してきた[39]。これは、スピリチュアリティという用語に、従来の健康の定義が規定していた社会的因子と対照させ、内面的で個人的な側面を込めるために、特定の宗教団体への外面的で形式的な依存を連想させるのを避けたかったこと、また、多文化圏に共通する健康定義を設けるに当たり、異なる宗教間での摩擦を懸念したためと解される[40]。

これに対して日本の教育界の場合、スピリチュアリティを宗教から切り離して語ることの利点は、信教の自由と国公立学校における宗教教育の中立性を保障する憲法および教育基本法に抵触せずに、公教育において特定の宗教と関わりなく一般的な宗教心を育む方途を模索できる点が挙げられよう。

だが、スピリチュアリティと宗教との分離が意図するものは、議論上の便宜性ばかりではない。むしろ、伝統宗教が教団組織や教義にとらわれて硬直化し、生命のこもらない形骸と化し、霊性の枯渇化、ないしは空洞化を招いていることの証左とみなすこともできよう。スピリチュアリティの語は、先述したように、従来の伝統宗教の枠組みに代わる緩やかなコミュニティで新たな霊性を求める動きを指して用いられる傾向が強く、それは、現代社会において伝統宗教の役割が希薄になったことを皮肉にも示しているといえる。さらにいえば、既存宗教の信徒や宗教者の間で、多くの人が潜在的に求めているスピリチュアリティが、求めに対応する形で顕在化していないという危機的事態の現れかもしれない。

しかしながら、スピリチュアリティという語の語源に当たる言葉は、ユダヤ教とキリスト教の成立当初、すなわち、聖典である旧約・新約聖書が編まれる時点で既に存在していた。その意味では、伝統宗教が誕生する原点にあって、その存立を維持する中核にあるのがスピリチュアリティであると考えられる。

これについて、ウィリアム・ジェイムズ（William James, 1842-1910）は、宗教心理学研究の古典と目される『宗教的経験の諸相』（1902）の中で次のように指摘している[41]。彼は、「宗教の本質をなすものは何か」という問いに対して「神との直接の個人的な交わり」を根源的なものとみなしている。その上で、「宗教とは、個々の人間が孤独の状態にあって、いかなるものであれ神的な存在と考えられるものと自分が関係していることを悟る場合だけに生ずる感情、行為、経験である」と述べ、そうした宗教的経験から「神学や哲学や教会組織などが第二次的に育ってくる」としている。

日本国内では、さきの樫尾が、鈴木大拙の霊性という言葉の用語法を確かめた上で、宗教とはスピリチュアリティの経験であり、スピリチュアリティこそが宗教体験それ自体であることを明確にした[42]。このようにスピリチュアリティは、伝統宗教のいわば生命力であり、教団組織および教義によって維持・継承するところの根幹にある宗教体験そのものと捉えることができる。そうであれば、カトリックのような伝統宗教は、教団組織や教義によって護るべき本質であるところのスピリチュアリティ、すなわち、超越との関わりにおいて生きる意味を見出す作用としてのスピリチュアリティを活性化させるよう求められているともいえよう。

それは、宗教教育においても同様である。特に宗教教育を「私にとっての生きる意味の探求を支える教育」と捉えた場合、カトリック学校においては、キリスト教の教義や聖書の解釈を伝えること以上に、スピリチュアリティの育成こそが中心的課題とされるはずではないか。つまり、生きる意味の探求を支える宗教教育の中核には、生徒のスピリチュアリティを育むまなざしが求められるのである。それゆえ、伝統宗教の枠組みの外にスピリチュアリティを探そうとする昨今の傾向は、カトリック学校の従来の宗教教育に対する重大な挑戦だといえる。

それでは、今日のカトリック学校の宗教教育において、生徒の生きる意味の探求を支えるために具体的にはどのようなスピリチュアリティの育成が望まれるのだろうか。

2－2．宗教教育への挑戦としてのニューエイジ

本項では、カトリック学校の宗教教育が育成の対象とするスピリチュアリティを逆照射するために、似て非なるもの、すなわち、ニューエイジという社会現象について検討してみよう。「New Age ニューエイジ」は、組織性の緩やかな新宗教を含む現代的な宗教運動群で、1960 年代に米国を中心に広まった対抗文化の流れを汲む先進資本主義諸国共通の文化的潮流である[43]。宗教学の立場からスピリチュアリティ研究を牽引する島薗進（1996）は、ニューエイジとその周辺や、日本の「精神世界」と呼ばれる領域と「新宗教」の一部を含み込む、世界各地の類似の現象を包括する極めて広い範囲の現象を「new spirituality movements 新霊性文化」[44] と命名して詳しく考察している。

島薗によると、新霊性文化は、個人の「意識変容」や「本来の自己」をキーワードとすることが指標であり、実践形態は拘束力をもたないネットワークを重視し、教祖や教義を信奉せず、個人主義的であるのを特徴とする[45]。従来の伝統宗教に対する代替的な役割が期待され、日本においては 70 年代後半以降、「本当の自分」を求めた「自分探し」ムーブメント、自己啓発セミナーなど自己実現を称揚する風潮、アロマやヒーリングミュージックなど「癒し系」がもてはやされるセラピー文化などの底流に潜み、消費活動を含めて広範囲にわたり看過できない影響があるとみられる。その中核には、「自己変容」「意識と文明の進化」「科学と宗教の合致」「個々人の自由な自己実現による精神運動」という共通の観念要素があると島薗は指摘している[46]。さらに、これに付随する特徴として、エコロジーや女性原理、感性、神秘性の尊重、死後生への関心などを挙げている。

注目されるのは、これらの中には、キリスト教の教えの中心的要素である「神の国の実現」「古い人から新しい人への変容」「死後の復活と永遠の命」などのメッセージと類似する観念が含まれていることである。その影響を受けているかのようにもみえる事例として、カトリック教会でも、近年の心理学的知見を援用した霊的指導の導入とともに、ニューエイジを含む新霊性文化との折衷ないしは混合とも思える思想や表現が、無自覚的に用いられる場合がある。最近ではカトリック学校の宗教教育においても、こうした

新霊性文化に同調する実践が見受けられるようになった[47]。これとは反対に、ニューエイジの支持者の多くは、権威体系が明確に組織化されたキリスト教や仏教などの伝統宗教に対しては、概して否定的であるという[48]。

このようなニューエイジに対して、カトリック教会はどのような公式見解を示しているのだろうか。教皇庁が発表したニューエイジに関する報告書(2003)[49]では、ニューエイジは西洋の秘教主義の現代版であり、その起源は、教会史上さまざまな異端の温床となってきた古代グノーシス主義にまで遡及すると指摘し、「教会が異端とみなした諸見解をある意味で要約したもの」(NA1.4) と断じている[50]。その上で、「ニューエイジの土壌となった諸運動の多くは、明らかに反キリスト教的なもの」であり、「キリスト教に対する立場は中立的ではなく、破壊的」(NA6.1) であることを種々の研究から明らかにしている。それにもかかわらず、多元主義的な文化状況の中で、ニューエイジをキリスト教信仰と同列に置こうとする試みが教会内部にもあることに対して警戒を呼びかけ、諸宗教間対話の名のもとで誤った寛容に陥らないように勧告している。このように、少なくとも現時点では、ニューエイジを隠蔽されたキリスト教への敵対勢力と位置づける論考がカトリック教会内の趨勢を占めているといえる[51]。

そうであれば、正統な教会の信仰が常に退けてきた倒錯的形態・表現・実践をイエス・キリストの福音[52]に基づくスピリチュアリティと折衷および融合させることは不可能ということになろう。だが、こうした認識を欠いたままニューエイジに影響された思想や実践を無節操に濫用することが、カトリック学校の教育現場でも起こりうる。そこで両者の本質的な相違を識別することが必要となる。その際、伝統的に教会が識別の基準としてきたのは、イエスとその福音であり、ある営みが神と人とに開かれたものであるか否かにあったといえる (NA2.4)。

それでは、イエス・キリストの福音に基づくスピリチュアリティとニューエイジとの根本的な相違はどこにあるのだろうか。

2－3．意味の探求におけるスピリチュアリティとニューエイジとの異同

宗教学の研究では、伝統宗教とニューエイジとの明確な相違点が幾つか指摘されている。島薗（2007）[53]によれば、ニューエイジに影響された文化になじむ若者たちは、集団組織や指導者への依存を退け、教義や儀礼に恭順する支配構造を嫌う傾向にあり、個々人の自発的な実践を重んじる。彼らが望むのは「自己変容」や「癒し」であり、「霊性の覚醒」など強烈な神秘体験への憧れがある。こうした心性が生じる根底には、「超越的他者」の否認と超越による「救い」の否定があるとされる。つまり、ニューエイジによる実践は、「これまでの自己を超えていこうとする点では超越に関わっているということもできる」が、「超越的他者」という人格的エージェントとの関わりを欠いている点で、伝統的な救済宗教とは明白に区別される[54]。

これを島薗は、強い超越性と弱い超越性の概念を用いて説明している[55]。例えば、自己を超えることを志向するとともに、所与の現実を超えた世界を想定もするのだが、超越的人格が超越の契機の源にあると考えるわけではない場合は、弱い超越性に分類され、ニューエイジとみなされる。超越性の強弱についての決定的な識別のポイントは、伝統宗教を特徴づける「人間の苦難についての自覚」と「人間を遥かに超えた超越的他者についての観念」がニューエイジを含む新霊性文化には備わっていないこととされる。

これを換言すれば、超越的他者についての観念が欠ける結果、人間の苦難についての自覚が失われるのだと考えられる。それでは、なぜ超越的他者の観念の欠如が人間の苦難についての自覚を喪失させるのだろうか。それは、超越的他者からの視点、すなわち超越の視座から人間の現実を捉え直すときに、人間の営みのもつ価値づけが初めて明らかになるものだからである。有限性を免れ得ない人間の次元においては価値づけの絶対的根拠がないため、諸価値は同列にしか位置づけられない。しかし、そこに人間の次元を超越する立場から価値の枠組みがもたらされることによって、善悪の区別が生じ、価値の序列化がはかられる。

別言すれば、人間の営みという水平軸を超越との関わりという垂直軸から眺めることによって、ようやく水平軸の次元での行為や事物の価値を認識す

ることが可能となる。つまり、超越の視座という垂直軸は、水平軸での人間の営みを相対化することを防ぐ絶対的な価値基準として機能するといえる。このような絶対的価値基準である超越との関わりにおいて、人間は初めて何が悪であるかを明白に認識できるようになり、それに伴い、悪から生じる人間の苦難についても鋭敏に自覚され、ひいては苦しむ人間同士の連帯や他者に対する慈悲の観念が芽生えてくると考えられる。それゆえ、超越的他者との関わりを等閑視するニューエイジにおいては、人間の苦難についての十分な認識が育まれないと思量される。

伝統宗教とニューエイジとが識別される以上のポイントは、福音に基づくスピリチュアリティとニューエイジとの相違点についても当てはまる。教皇庁はさきの報告書でキリスト教の啓示とは相いれないニューエイジの諸要素を明示している。教皇庁が特に警告しているのは、ニューエイジが、その基本的な特徴であるホーリズム[56]によって神と人とを同列視し、人間の自己完成のために神を道具として利用する点にある。ここには自己をはるかに超える実在についての超越性概念が欠如している。

つまり、ニューエイジの目的は、神に向かうことではなく自己探求にすぎない。神の恵みや啓示によらず、古今東西の異なる宗教や雑多な思想を混交させた瞑想やセラピーやボディワークなど、種々の霊的技法によって自己救済できると考えている。その点、ニューエイジが目指すのは、神による救済ではなく意識変容や心理的癒しなのである。しかも、その神概念には人格的要素が欠如しており、それゆえ悪や苦しみの認識、罪の概念や自己否定も欠けていて、あらゆる点で曖昧さとすり替えがみられるという。例えば、創造主と被造物、人間と自然、宗教と心理学、主観的現実と客観的現実などの間に越えられない相違があるのに、それらを意図的に混交させて発展してきた文化である、と同報告書は指摘している（NA6.1）。

聖ヨハネ・パウロ２世教皇（在位 1978-2005）は既に、ニューエイジの動きの中に、人生の意味の探求、環境保護意識、合理主義的宗教性の超克への望みなど、積極的な側面を認めつつも、キリスト教信仰と相いれない曖昧さに批判の声を発していた[57]。特に、ニューエイジが啓示に注意を払わず、宗教上の教理を相対化し、汎神論的な神概念に陥り、罪概念と贖いの必要性を否定する点について警告していた。また、ベネディクト16世教皇（在位2005-2013）は、枢機卿時代にニューエイジを相対主義との関連で論じている[58]。さらに、教皇着任後には、宗教が消費財と化している欧米の文化状況そのものに対しても注意を喚起している[59]。

このように福音に基づくスピリチュアリティとニューエイジとの相違は種々の観点から指摘されているが、おそらく決定的な分岐点は、福音は神から生じて神に向かうのに対して、ニューエイジは人間から発して人間に戻るという点にあるだろう。前述のとおり、超越の視座なくして人間の価値づけには確実性が据えられないのであれば、生きる意味を見出すためには、超越との関わりを不問にすることはできなくなる。

しかも、人間をはるかに凌駕しつつも有限な人間の営みに意味を与える存在の根拠としての超越を前提としない限り、人間の弱さや罪、人生の苦難や不条理、この世界の不正や悪の問題など、人間存在に不可避の限界的状況を認識しながら、なおも生きる意味を探求しようとする営み自体が成り立ち得ないといってよい。それゆえ、あくまでも有限な人間の地平にとどまるニューエイジは、生きる意味を問うことを可能にする根拠を欠いていると判断せざるを得ない。

このように、スピリチュアリティとニューエイジは、その出発点も方向性も全く対極にあるのに、ニューエイジの表層的なメッセージは、愛や命の肯定など、キリスト教と親和性を帯びている場合もあるため、無自覚的に感化される危険性に注意を払う必要がある。結局、たとえどれほど霊的傾向が強くても、そこにイエス・キリストとの人格的な出会いがなければ、福音に基づいたスピリチュアリティではないということである（NA3.3）。

以上、スピリチュアリティとニューエイジとの異同について検討してきたが、ニューエイジの支持者は比較的学歴に恵まれた層に多いことも指摘されており[60]、単に福音に基づくスピリチュアリティとニューエイジとの相違についての知識を伝達するだけでは、予防教育にならないことは明白である。それゆえ福音が、生きる意味を求めようとする人間の根源的欲求に、深い次元で応えるものであることこそが伝えられねばならない。

ところが、先進諸国の若者は、伝統宗教にではなくニューエイジに生きる意味への問いに対する対症療法的な答えを求めようとする一般的傾向がみられる。それでは、ニューエイジが影響力をもつ現代の精神状況とは、どのような特徴をもっているのだろうか。次節では、これを検討しながら、カトリック学校の宗教教育が育成の対象とするスピリチュアリティが現代の精神状況を超克する特性をもつことを明らかにし、そうしたスピリチュアリティを育成することの現代的意義を示唆してみたい。

第3節　カトリック学校における宗教教育の在り方の特徴

3－1．ポストモダンの精神状況への挑戦

先述した教皇庁報告書は、世界各国の資本主義社会において多くの若者がニューエイジに惹きつけられる理由についても考察している。これによれば、ニューエイジ興隆の一因は、カトリック教会が人間の霊的な次元の重要性や、この霊的な次元を生活全体と統合すること、人生の意味の探求、人間と他の被造物とのつながり、社会改革への望み、合理主義的・物質主義的な見方への拒絶など、現代人の切望を真剣に顧みなかったことにある（NA foreword）。ニューエイジは、「超越と宗教的な意味に対する人間精神の抑えることのできない憧れを示している」（NA1.3）。こうした現代人の霊的な飢餓感に応えるための方法について、教会はより多くの注意を払うよう勧められているのであるが、それを既に十分見出しているとは言い難い。それでは、現代人が置かれている精神状況とはどのようなものなのだろうか。

同報告書は、ニューエイジが先進諸国で影響力をもつ背景を説明して、「ポストモダンの時代に絶対的確実性への自信が失われた」（NA6.1）ことを大きな要因として挙げている。同報告書のいう「ポストモダン」とは、進歩、解放、啓蒙などを旗印に牽引してきた近代の科学・合理性・客観性に対する信奉が揺らぐ中で、近代の影として葬られてきた経験・感性・主観性を復権し、二項対立的なイデオロギーの相克を乗り越えて、人間や自然や宇宙の全

体性を回復しようとする一連の思潮を指していると考えられる。こうしたポストモダンの精神状況とは、伝統的価値規範や共同体性が崩壊し、地域や家庭の結束力が希薄になるとともに、種々の形式的権威が失墜して、社会的拘束力や集団組織の圧力から自由になった人々の個人主義や、個人の欲望を増大させる消費至上主義などに特徴づけられているといえる。

こうした価値観の変容が、宗教的事象においても根本的な変化をもたらしていることは言うまでもない。グローバル化が価値の多元化、多様化、相対主義化を推し進めるのと並行するように、かつての神聖な領域はごく卑近な地平に還元され、宗教の世俗化が指摘されるようになってから久しい[61]。古来の宗教的信仰は、絶対的超越者から分不相応に賜る恩寵として認識され、その信仰生活は人類の救済を目指す他者との連帯へと向かっていたが、今日では、それが主体者のニーズに従って恣意的に消費される商品と化し、個人的な癒しのみを求める私事化へと向かっているようにもみえる。

結局、ポストモダンは、意味を探求する地平そのものが揺らいでいる時代なのである[62]。こうした時代の精神状況を鑑みると、ニューエイジの興隆の背景には、神や帰属集団、イデオロギーなど、自己を規定する大きな庇護的存在や対象から切り離され、寄る辺を失い宙吊りにされた不安定な個人が、自分以外の何かとのつながりの中に自分の存在を確かめる拠り所を求めようとする、精神的な飢え渇きがあるとみられる。

現代のカトリック学校でスピリチュアリティを育成することの意義は、実にこのポストモダンの精神状況への挑戦という位置づけで捉えることができるだろう。今日の宗教教育が意図するものは、近代が信奉した理性神話の復興ではなく、ポストモダンが彷徨する多元的世界の中で精神の軸を見失うことでもなく、なおさら原理主義的に硬直化した掟で人間の命を縛ることであってもならない。宗教教育の中心的課題は、福音に基づくスピリチュアリティを生徒の内に育むことによって、人間の限界や人生の不条理を包摂し、この世界を絶対的に受容する超越的他者として、人格的に応答するイエス・キリストとの出会いに導くこと、そうして現代の精神状況を超克させ、生徒の生きる意味の探求を支える点にあるのではなかろうか。

3－2．教会公文書が示すカトリック学校の教育の方向性

カトリック学校の教育がイエス・キリストとの出会いに方向づけられていることは、1929 ～ 2009 年に公布されたカトリック学校関連の教会公文書でも明示されてきた[63]。というのは、イエスの福音を宣教する教会の使命をその存立根拠とするカトリック学校は、キリストを礎とする全人教育を目的とした福音宣教の場と位置づけられているからである（CS, n.54; PBCRE, IIIn.9, IVn.11）[64]。このような教育観の根幹には、「あらゆる人々のうちに聖霊（Spirit）が働いていると信じ」（CS, n.85)、「人間そのものが超越者に開かれているという概念」（PBCRE, IIIn.10）を土台とする人間観がある。こうした人間観に基づいて、非信徒生徒に対しても救いの福音を告げ知らせることが有効との見解に立っているわけである。

ここで注目されるのは、公文書がカトリック学校の教師を、生徒の「意味の探求を助ける人（guide in a search for meaning)」（CPTMS, n.51）[65] と位置づけていることである。「若者は自らを真剣に問い、人間存在と歴史の最も深い意味を発見するよう促す人物に出会うことを期待している」（CPTMS, n.50)。それゆえ、教師には生徒が「人生の意味についての大きな問題と取り組み、現実のもつ意味合いを理解しつつ」、社会に責任をもって関わる人格へと成長できるよう生徒を導く務めがある（CPTMS, n.54)。このようにして、教師は生徒が「信仰の恵みに対する自由な応答」を重ねて「キリストとの出会い」に至るための条件を整え、準備することができる（CPTMS, n.51)。こうしたカトリック学校の教育は、「次の世代に人生の意味を示して希望を与えることを目指して」（CPTMS, n.84）いるのである。

この「意味の探求を助ける人」としての教師観は、どこから導出されているのだろうか。それは、イエス・キリストが人間の意味の探求を助ける人として捉えられることと無関係ではないだろう。前項では、超越の視座が生きる意味の探求の基盤になることを指摘した。ニューエイジは超越の視座を欠いているがゆえに、人間の限界性に対する認識をもつことができないのであった。その場合、単に人間の次元を超越しているというばかりでなく、人間とその世界が有限であるにもかかわらず、人類全体を限りなく包摂する超

越的実在が想定されてこそ、人間は苦難をありのままに受けとめることが可能となるのである。

しかもその際、いかなる人間の弱さや罪をも排除せずに、人生の不条理や悪さえも含めて、人間の営み全体を意味あるものとして絶対的に受容する人格的な超越的実在との関わりにおいて、初めて弱さや罪からの再生や悪との闘いが可能になると考えられる。その点、絶望的な罪や破壊的な悪がはびこるにもかかわらず、例外なく全人類とこの世界を無条件に丸ごと受容し、人間と近しい超越として神を啓示するキリストは、人間の限界性に対する深い認識をもっていた。キリストが、そうした限界があるにもかかわらず生きることには意味があることを究極的には復活によって示すがゆえに、人間の意味の探求を根本的に支える決定的役割を担っているといえる。

こうしたキリストとの出会いに方向づけられたスピリチュアリティには、従って、生きる意味を探求すること自体を可能にし、その営み全体を支える根拠が据えられることになる。教会公文書によれば、カトリック学校の教師には、このようなキリストとの出会いへと導くことによって、生徒の生きる意味の探求を支えることが求められているわけである。

このように生徒の意味の探求を助けるものとしてのカトリック学校では、「生徒たちの心を神へと開かせる垂直の関わり」と「すべての人々を迎え入れ共に生きようとする水平の人間関係」（CPTMS, IIforeword）という、二つの次元での関係性を育むことが期待されている。つまり、カトリック学校に求められるのは、「キリスト教の最も根本的な教え、神への愛と隣人への愛の一体性の具体的な実践的表現」[66] となることなのである。

カトリック学校において、こうした垂直の関わりと水平の関わりという異なる次元の関係性を統合することが重視されるようになったのは、歴史的にみれば比較的新しいことといえる。カトリック教会は、第2バチカン公会議（1962-1965）以降ようやく、神との個別的な絆を追求する近代的な個人主義的霊性ではなく、非信徒も含めた人類との連帯意識を大切にする共同体的霊性を強調するようになり、世界との対話路線を貫くことになった。

ここで取り上げた公文書も、カトリック教会が神との一致と全人類との一致の両次元での関係性の統合を目指す方向へと転換してから発布されたものである。その点を考慮すると、カトリック学校で生徒をキリストとの出会いに導くとは、必ずしも生徒がキリスト教の洗礼を受けることを直接に目指すものではなく、生徒が自分なりの人生の意味を見出しながら、隣人愛に突き動かされて世界のために奉仕する人間を育てることを指していると捉えられる。それは、「現代人の喜びと希望、悲しみと苦しみを共有し、人生と世界の秘儀を分かち合いながら…（中略）…人類共同体のために奉仕する精神」[67]を育むことである。

教会公文書では、人類共同体のために奉仕する精神の具体的な内容として、「勇気、忍耐、教師への尊敬、仲間に対する忠誠と愛、誠実、寛容、すべての人間関係における善意」（RDECS, n.47）[68]、「従順、感謝、親切、奉仕、よい模範」（RDECS, n.87）などの積極的な徳目を挙げている。同時に、「エゴイズム、反抗、反感、嫉妬、危害を加えることを根絶する心構えをもつこと」など、人間の自己中心性、悪への傾きの認識とそれらとの闘いを明記し、「人間の苦しみを解放する努力」、すなわち、「病気、貧困、障害、寂しさ」などを抱えた恵まれない人たちを優先的に助けるよう、悪の結果や世界の苦しみとの連帯を喚起している（RDECS, n.87）。

先に検討したとおり、このような悪の認識や人間の苦難の自覚、苦しむ人間同士の連帯は、まさにニューエイジには欠落していると指摘される観念であり、こうした方面に重大な関心を払う点に、カトリック学校におけるスピリチュアリティの真正性をみることができよう。ここには、個人的な道徳性にとどまらず、「社会の責任および、市民としての美徳を促し、社会の共通善に大きく貢献」（PBCRE, IIIn.10）することが期待されているからである。

日本国内においても、教皇庁公文書を受けた日本司教団の呼びかけに応えて、「カトリック学校の魂はキリストである」ことなどがカトリック学校校長・理事長研修会（1990）で確認されている[69]。もちろん、こうした理念が各カトリック学校の現場で実現されるには、さらに検討と工夫を加えねばならない実践上の課題も多々あろう。ただ理念を掲げただけでは、生徒の生きる意味の探求を支えるようなスピリチュアリティは育成できない。

だからこそ、本来、カトリック学校が育成しようとするスピリチュアリティは、人生の不条理をも包摂し、全人類を絶対的に受容する超越的人格との出会いに方向づけられていることを十分認識することが重要であろう。カトリック学校の教師に求められる中心的役割は、生徒の生きる意味の探求を支えることにある。そうだとするならば、キリストとの出会いに向かうスピリチュアリティは、現代の精神状況を超える固有の特性をもつという認識があってこそ、その使命をより良く果たすことができるのである。

従って、青年期の生徒の生きる意味への問いに根本的に応えうる可能性をもつカトリック学校の宗教教育は、宗教の世俗化の波にのみ込まれて、ニューエイジが求める自己探求的な心理的癒しの水準に甘んじていてよいはずはない。ニューエイジを含む新霊性文化に顕著な、自己否定や罪意識の欠如、悪との闘いや苦しみの回避によって、現実からの逃避につながる偽りの安心を提供するのであれば、カトリック学校のミッションを果たしているとはいえないだろう。カトリック学校の宗教教育は、身体的・心理的・社会的水準での癒しや生きがいなど、現世的で物質的な次元にとどまらず、むしろ、超越的人格との関わりにおいて、永続する価値や精神的な次元での生きる意味を見出せるよう生徒を導くことにこそ、その固有の意義をもつのである。

以上の考察から、カトリック学校が育成の対象とするスピリチュアリティは、人生の不条理を包摂し、全人類を絶対的に受容する超越的人格との出会いに開かれているがゆえに、生徒の生きる意味への問いを支えうる根拠を有しているという点で、ニューエイジとは決定的に異なることが明らかにされた。それゆえ、生きる意味を見出し難い多元的なポストモダンの精神状況を超えて、生徒の生きる意味の探求を存在の根底から支える可能性を有するところに、スピリチュアリティ育成の意義とカトリック学校独自の役割があるといえる。それはとりもなおさず、神という超越の視座をもつとともに、究極の意味の根拠となりうる超越的人格としてのイエス・キリストとの出会いに開かれた、カトリック学校のアイデンティティに立ち戻ることに他ならない。

本章のまとめ

本章では、スピリチュアリティ概念に着目し、主に教会公文書がニューエイジをどう評価しているかを検討して、カトリック学校の宗教教育が育成の対象とするスピリチュアリティの本質的特徴について考察してきた。

まず、本来カトリック教会の用語であるスピリチュアリティの語源をさかのぼると、スピリチュアリティの本質的働きは、超越との関わりにおいて生きる意味が見出される作用にあると捉えられた。次に、それを踏まえて、伝統宗教の枠組みの外に新たな霊性を探求するニューエイジとスピリチュアリティとの異同について検討した。

その結果、伝統宗教におけるスピリチュアリティには、人間的次元の限界を包摂する超越との関わりによって、人間の苦しみや不条理の問題に意味の根拠が与えられるが、超越の視座を欠いたニューエイジには意味を探求するための基盤が欠落していることが明らかになった。カトリック学校が育成しようとするスピリチュアリティは、有限なる人間とその世界を無条件に絶対的に受容することによって、生きる意味の探求そのものに究極の根拠を与えるイエス・キリストとの出会いに方向づけられているのである。その点で、ニューエイジが影響力をもつ価値多元的で相対主義的な現代の精神状況にあって、それらを超克する可能性を秘めた固有の特性をもつことが示された。

以上のことから、カトリック学校固有の価値が、キリストとの人格的な出会いに究極的な意味の根拠を見出すスピリチュアリティを根幹として存立している点にあることも示唆された。それゆえ、カトリック学校の宗教教育は、キリストとの出会いに開かれたスピリチュアリティを育成することを通して、青年期の生きる意味への問いという精神的な飢え渇きに対して配慮することが中心的課題となるはずである。それにもかかわらず、青年期の生徒の精神的な飢え渇きに応えることなく、ニューエイジ以上の感化を与えられないとすれば、その存立使命であるミッション・スクールとしての責務を怠っていることとなり、独自の存在意義を脅かすことにもなりかねない。現代のカトリック学校は、スピリチュアリティの育成を実践することによって、生徒の生きる意味の探求を支えることにおいて、そのアイデンティティが保証されることを自覚し、元来の本質的使命を果たしていくことが一層切実に求められているのである。

他方、日本の国公立学校では道徳教育を重視する国の政策のもと、近年「心の教育」に力を入れてきた。スピリチュアリティの育成はこのような道徳教育とはどこが異なるのか、次章で検討することによって、カトリック学校の固有性をさらに浮き彫りにしたい。

註

1　広義でのスピリチュアリティは、世界の伝統宗教の主要関心事であるとともに、ニューエイジが求めるものでもある。だが、カトリック学校を対象とした論考である本書では、後段で述べる、スピリチュアリティという語が成立した背景を踏まえて、例えば、「ニューエイジのスピリチュアリティ」という用い方はせず、主にカトリック学校が育成の対象とする場合にスピリチュアリティの語を用いることとする。

2　島薗進『スピリチュアリティの興隆――新霊性文化とその周辺――』岩波書店、2007年、3頁。

3　堀江宗正「日本のスピリチュアリティ言説の状況」安藤治・湯浅泰雄編『スピリチュアリティの心理学――心の時代の学問を求めて――』せせらぎ出版、2007年、43頁。

4　鶴若麻理・岡安大仁「スピリチュアルケアに関する欧米文献の動向」日本生命倫理学会編『生命倫理』第11巻第1号、2001年、91-96頁。

5　島薗前掲書、3頁、宇都宮輝夫「人生物語としてのスピリチュアリティ」湯浅泰雄編『スピリチュアリティの現在――宗教・倫理・心理の観点――』人文書院、2003年、255-259頁など参照。

6　Elkins, D. N., Hedstrom, L. J., Hughes, L. L., Leaf, J. A. and Saunders, C., “Toward a humanistic phenomenological spirituality: Definition, description, and measurement”, *Journal of Humanistic Psychology*, Vol. 28 (4), 1988, pp. 5-18.

7　田崎美弥子・松田正己・中根允文「スピリチュアリティに関する質的調査の試み――健康およびQOL概念のからみの中で――」日本医事新報社編『日本医事新報』第4036号、2001年、24-32頁。

8　比嘉勇「Spirituality評定尺度の開発とその信頼性・妥当性の検討」日本看護科学学会編『日本看護科学会誌』第22巻、2002年、29-38頁。

9　中村雅彦・長瀬雅子「看護師と看護学生のスピリチュアリティ構成概念に関する研究」トランスパーソナル心理学／精神医学会編『トランスパーソナル心理学／精神医学』第5巻第1号、2004年、45-51頁。
10　西平直「スピリチュアリティの位相――教育におけるスピリチュアリティ問題のために――」皇紀夫編『臨床教育学の生成』玉川大学出版部、2003年、206-232頁。
11　世界保健機関『がんの痛みからの解放とパリアティブ・ケア』武田文和訳、金原出版、1993年、48頁。（WHO, *Cancerpain relief and palliative care*, WHO technical report series No. 804, 1990.）
12　窪寺俊之『スピリチュアルケア入門』三輪書店、2000年、13頁。
13　安藤治「現代のスピリチュアリティ――その定義をめぐって――」『スピリチュアリティの心理学』17頁。
14　樫尾直樹『スピリチュアリティ革命――現代霊性文化と開かれた宗教の可能性――』春秋社、2010年、41頁。
15　樫尾直樹「スピリチュアリティ、ある〈つながり〉の感覚の創出」伊藤雅之・弓山達也編『スピリチュアリティの社会学』世界思想社、2004年、166頁。
16　Elkins et al, *op. cit.*
17　堀江「日本のスピリチュアリティ言説の状況」47頁。
18　『リーダーズ英和辞典』松田徳一郎監修、研究社、1984年、『ランダムハウス英和大辞典第2版』フレクスナー, S. B. 編集主幹、小学館、1994年、『ジーニアス英和辞典第3版』小西友七・南出康世編集主幹、大修館書店、2001年など。
19　葛西賢太「スピリチュアリティを使う人々」『スピリチュアリティの現在』127頁。
20　鎌田東二『宗教と霊性』角川書店、1998年、362-367頁。
21　堀江「日本のスピリチュアリティ言説の状況」44頁。
22　桐田清秀「鈴木大拙の霊性考」『スピリチュアリティの心理学』266-277頁。
23　以下、スピリチュアリティという用語の歴史については、高柳俊一「霊性」上智学院新カトリック大事典編纂委員会編『新カトリック大事典』第4巻、研究社、2009年、1375-1378頁、島薗『スピリチュアリティの興隆』69-70頁、安藤「現代のスピリチュアリティ」13頁、Principe, W., “Toward Defining Spirituality”, *Sciences Religieuses/Studies in Religion 12*, no. 2, Spring, 1983, pp. 127-141などを参照した。
24　『日本語対訳 ギリシア語新約聖書〈4〉ヨハネによる福音書』4章24節、川端由喜男訳、教文館、1995年、20頁。
25　Rahlfs, A., *Septuaginta: Id Est Vetus Testamentum Graece Iuxta Lxx Interpretes*, Amer Bible Society, 2006, p. 3.
26　『日本語対訳 ギリシア語新約聖書〈1〉マタイによる福音書』1章18-20節、川端由喜男訳、教文館、1991年、3-4頁。
27　同上書、3章16節、12頁。
28　『日本語対訳 ギリシア語新約聖書〈3〉ルカによる福音書』10章21節、川端由喜男訳、教文館、1993年、76頁。
29　同上書、23章46節、163頁。

30 『日本語対訳 ギリシア語新約聖書〈1〉マタイによる福音書』27章50節、165頁。
31 『日本語対訳 ギリシア語新約聖書〈4〉ヨハネによる福音書』20章22節、川端由喜男訳、教文館、1995年、127頁。
32 「ローマ人への手紙」8章15節『日本語対訳 ギリシア語新約聖書〈6〉ローマ人への手紙・コリント人への手紙』川端由喜男訳、教文館、2001年、33頁。
33 「コリント人への手紙一」2章10-11節、同上書、77頁。
34 ギエ, J.「霊」デュフール, X. L. 編『聖書思想事典』イェール, Z. 訳、三省堂、1999年、874-875頁。
35 小高毅「スピリトゥス」廣松渉他編『哲学・思想事典』岩波書店、1998年、881-882頁。
36 同上。
37 葛西「スピリチュアリティを使う人々」124頁。
38 伊藤雅之『現代社会とスピリチュアリティ――現代人の宗教意識の社会学的探究――』渓水社、2003年、12-14頁。
39 西平「スピリチュアリティの位相」212-213頁。
40 棚次正和「健康定義改正案に関する視座と論点」『スピリチュアリティの心理学』61-62頁。
41 James, W., *The Varieties of Religious Experience: A Study in Human Nature*, Barnes & Noble, 2004, p.35, pp. 38-39. 邦訳は、ジェイムズ, W.『宗教的経験の諸相』上巻、桝田啓三郎訳、岩波書店、1969年、46頁、51-52頁。
42 樫尾『スピリチュアリティ革命』29-31頁。
43 何がニューエイジの具体的実践に当たるのか、については諸説あるが、島薗の研究では、例えば、チャクラや霊的スポット、音・香・水・日・場所などがもつ神秘的力、指導霊、UFO、カルマの法則等に共鳴する運動、マクロビオティック、レイキの実践、ニューサイエンスへの傾倒などが、ニューエイジかまたはその周辺に位置づけられる。これらは、東洋起源のものもあるが、主に欧米諸国で盛んになり日本にも紹介されている（島薗進『精神世界のゆくえ――現代世界と新霊性運動――』東京堂出版、1996年、30-42頁参照）。ただし、本書は、ここに挙げた個々の実践を批判するものではなく、ニューエイジの現象を生み出す背景にある精神状況に着目している。
44 同上書、53頁。
45 島薗進『新新宗教と宗教ブーム』岩波書店、1992年、235頁。
46 島薗『精神世界のゆくえ』66頁。
47 例えば、映画「ガイアシンフォニー」の視聴、佐藤初女の思想や実践の紹介、ヒーリングミュージックを使ったボディワークなどがそれに当たると考えられる（岩本潤一「ニューエイジとカトリック教会」日本神学学会編『神学研究』第17号、2006年、62-77頁など参照）。
48 島薗『スピリチュアリティの興隆』61頁。
49 Pontifical Council for Culture/Pontifical Council for Interreligious Dialogue, *Jesus Christ Bearer of the Water of Life: A Christian reflection on the "New Age"*, libreria Editrice

Vaticana, 2003.（以下、NA）。http://www.vatican.va/roman_curia/pontifical_councils/interelg/documents/rc_pc_interelg_doc_20030203_new-age_en.html（2019年3月19日閲覧）邦訳は、教皇庁文化評議会／諸宗教対話評議会『ニューエイジについてのキリスト教的考察』カトリック中央協議会、2007年。

50　同報告書がニューエイジとして具体的に挙げているものは、スピリチュアリズム、シャーマニズム、汎神論、オカルト主義、神智学、人智学、ヒューマン・ポテンシャル運動、ホリスティック医療、チャネリング、魔術儀礼、ガイア崇拝、錬金術、読心術、念動、風水、水晶、ニューエイジ音楽などである。これらの中には日本ではほとんど影響力をもたないものもあるが、思想や実践として取り入れられているものもある。

51　岩本前掲論文。

52　福音とは、「よき知らせ」を意味し、イエス・キリストの事績を述べた新約聖書の「福音書」と、イエスが説く神の国と救いの教えの根幹を指す（モラ, D.「福音」『聖書思想事典』724-727頁）。

53　島薗『スピリチュアリティの興隆』54-55頁、63頁。

54　同上書、56頁。

55　同上書、56-57頁。

56　教皇庁が同書で20世紀最後の四半世紀の主要な時代指標の一つと位置づける「ホーリズム（holism）」とは、部分と全体との関係において、部分に対する全体の優越性を主張し、全体は部分の算術的総和以上のものであるとする考えである。近代科学の還元主義的な方法を批判して、要素や部分に還元できない生体の全体的認識を説く（野家啓一「ホーリズム」『哲学・思想事典』1501頁参照）。

57　Pope John Paul II, “Address to the United States Bishops of Iowa, Kansas, Missouri and Nebraska on their ‘Ad Limina’ visit”, 28 May 1993. http://www.vatican.va/holy_father/john_paul_ii/speeches/1993/may/documents/hf_jp-ii_spe_19930528_iowa-ad-limina_en.html（2019年3月19日閲覧）

58　Joseph Cardinal Ratzinger, “Relativism: The Central Problem for Faith Today”, 31 October 1996. http://www.acu-adsum.org/ratzrel.pdf, pp. 1-12.（2019年3月19日閲覧）

59　Pope Benedict XVI, “Homily, Holy Mass: Marienfeld Esplanade, 21August”, *L’Osservatore Romano*, Weekly Edition, n. 34, 24 August 2005, p. 12. http://www.vatican.va/holy_father/benedict_xvi/homilies/2005/documents/hf_ben-xvi_hom_20050821_20th-world-youth-day_en.html（2019年3月19日閲覧）

60　島薗『精神世界のゆくえ』51頁。

61　伊藤前掲書、22-38頁。

62　現代の「ポストモダン的状況」について、教育学者の加藤守通は、「人間形成論の視点から見た場合、従来の教育ないし人間形成を支えていた地平が消滅する中で、教育の根本諸概念が意味を喪失し、教育が迷走する事態」として説明している（加藤守通「人間形成の地平（その1）――人間形成の地平論の課題――」東北大学大学院教育学研究科編『東北大学大学院教育学研究科研究年報』第53集第1号、2004年、1-22頁）。

63 高祖敏明・高柳俊一「キリスト教教育」上智学院新カトリック大事典編纂委員会編『新カトリック大事典』第 1 巻、研究社、1996 年、462-469 頁。

64 Congregation for Catholic Education, *The Catholic School*, 1977.（以下、CS）。http://www.vatican.va/roman_curia/congregations/ccatheduc/documents/rc_con_ccatheduc_doc_19770319_catholic-school_en.html（2019 年 3 月 19 日閲覧）邦訳は、教皇庁教育省『カトリック学校』日本カトリック学校連合会、1978 年。Congregationfor Catholic Education, *To the Presidents of Bishops'Conferences on Religious Education in Schools*, 2009.（以下、PBCRE）。http://www.vatican.va/roman_curia/congregations/ccatheduc/documents/rc_con_ccatheduc_doc_20090505_circ-insegn-relig_en.html（2019 年 3 月 19 日閲覧）邦訳は、教皇庁教育省『教会の宣教使命に適応する学校の宗教教育』カトリック中央協議会、2009 年。

65 Congregation for Catholic Education, *Consecrated Persons and Their Mission in Schools: Reflecions and Guidelines*, 2002.（以下、CPTMS）。http://www.vatican.va/roman_curia/congregations/ccatheduc/documents/rc_con_ccatheduc _doc_20021028_consecrated-persons_en.html（2019 年 3 月 19 日閲覧）邦訳は、教皇庁教育省『奉献生活者と学校におけるその使命——考察と指針——』カトリック中央協議会、2002 年。

66 高祖・高柳「キリスト教教育」469 頁。

67 同上。

68 Congregation for Catholic Education, *The Religious Dimension of Education in a Catholic School : Guideline for Reflecion and Renewal*, 1988.（以下、RDECS）。http://www.vatican.va/roman_curia/congregations/ccatheduc/documents/rc_con_ccatheduc_doc_19880407_catholic-school_en.html（2019 年 3 月 19 日閲覧）

69 森一弘『カトリック学校教育の充実を求めて——幼稚園から大学まで——』カトリック中央協議会／学校教育委員会、1990 年、27 頁。

第4章
道徳教育を超えるスピリチュアリティ育成の可能性

わたしはあなたに新しい心を与え、あなたの中に新しい霊を置く。
旧約聖書「エゼキエル書」36章26節

本章の目的と課題

本章の目的は、人間形成におけるスピリチュアリティの役割について考察し、その上で、カトリック学校でのスピリチュアリティ育成の可能性を、国公立学校の道徳教育として施行された「心の教育」との比較検討を通して明らかにすることである。

「カトリックの信仰・精神に基づいて創立され、運営される学校」[1]であるカトリック学校は、2017年時点で、日本全国に幼稚園から大学まで併せて810校を数え、20万6325人の園児・児童・生徒・学生を擁する規模に発展しており[2]、わが国の公教育に看過できない影響を与えてきた。これらのカトリック学校を含むキリスト教主義のミッション・スクールは、特に戦後の日本社会において、国公立学校がなしえなかった宗教教育の分野で大きく貢献したと認められている[3]。

他方、日本においては従来、国公立学校での道徳教育が「いわば宗教色なき宗教教育として機能して」[4]きたとも指摘されている。こうした特定の宗教の信仰に基づかない宗教教育が国公立学校で行われてきた土壌のもとで登場したのが「心の教育」であり、1998年中央教育審議会の答申で打ち出されて以降、ここ20年近くわが国の道徳教育の基本路線となってきた。心の教育とは元来、子どもの心の成長にとって憂慮すべき事態を抱える社会環境を鑑みて、文部科学省から国公立学校に要請した道徳教育である。つまり、学校教育における近年の知育偏重傾向に対して徳育をも重視しようとする意図があるといえる。

しかしそればかりでなく、心の教育が推進された背景には、昨今の日本社会のいわゆる「心理主義」[5]的傾向や、セラピー文化といわれる心身の癒しへの嗜好性が文化的文脈に存在することも指摘されている[6]。心の教育と親和的にみえるこうした文化的風潮は、今日のニューエイジ系の社会現象をも含む新霊性文化[7]に通底していよう。そうして、伝統宗教の核をなす救いへの希求に基づいたスピリチュアリティとは質が異なるこの種の精神世界へのニーズこそが、まさに心の教育を一種の宗教教育として登場させたもう一つの背景であろう。

こうした時代の精神状況にあって、カトリック学校は、国公立学校の道徳教育とは異なる宗教教育の固有性をどこに求めることができるだろうか。確かに、隣人愛の教えを中心に据えたキリスト教精神に基づくカトリック学校が、生徒の心を大切に育む教育を目指していることは言を待たない。だが、果たしてカトリック学校に求められる宗教教育は、国公立学校で行われている心の教育が射程とする水準にとどまるものなのだろうか。カトリック学校の存立に関わる宗教教育は、心の教育と実践面では重なる要素を含み込みながらも、なおそれを超える内容をもちうるスピリチュアリティの育成をその本質とするのではないか。そうだとすれば、スピリチュアリティの育成と心の教育という、一見類似しているようにもみえる教育活動は、どのような点で相違しているのだろうか。

この点については従来、十分に論究されてきたとはいえない。心の教育については、戦前の修身への逆行、国家による個人の心への介入とみなして警戒を示す立場などから、既に活発な議論が行われてきた[8]。他方、心の教育の範疇に収まりきらない概念を含むものとして、スピリチュアリティの育成を公教育の中に取り入れようとする議論も現れている[9]。その中でも、教育学者の得丸定子（2009）は、「心の教育とスピリチュアル教育は、一部を共有しているが異なる内容を持つ」[10]と指摘している。だが、得丸のいう「スピリチュアル教育」は特定の宗教の信仰に基づく宗教教育とは異なり、普遍的な宗教的情操を養う教育を指している。この他にも、スピリチュアリティの育成について道徳教育の範疇で考えようとする立場は存在する[11]。だが、特定の宗教の信仰に基づくスピリチュアリティを志向する教育については、道徳教育に還元することなく、心の教育とは別の次元を包含する宗教教育の観点から研究する必要があろう。

そこで本章では、宗教教育の中核にスピリチュアリティの育成を位置づける立場から、まず、人間形成におけるスピリチュアリティの役割について考察し、次に、カトリック学校でのスピリチュアリティの育成がどのような点で心の教育を超えうるのか、スピリチュアリティの育成と心の教育との異同を明らかにしたい。

なお、「心の教育」という言葉は、ベネッセ教育研究開発センターの調査[12]によれば、2002年調査と2010年調査で共に、全国の公立の小・中学校の教育目標に掲げられた文言の第1位に挙げられ、広い文脈で使用されていることがうかがえる。これを踏まえた上で、本章での「心の教育」とは、先述した道徳教育を指し、その実践を代表するものとして、文部科学省が2002年（平成14年）から2010年（平成22年）にかけて全国の小・中学校に無償配布し、2013年（平成25年）の全面改訂、および『私たちの道徳』への改称以降も2020年現在、文部科学省ウェブサイトに掲載している道徳教材『心のノート』の内容を念頭に置いて論じることとする。

なぜなら、2014年以降、教育現場で使用されているのは『私たちの道徳』であるが、後段で述べるように『心のノート』は、少なくとも10年以上にわたり全国の教育現場に普及し、広く活用されたからである。また、両教材を比較すると、『私たちの道徳』は、物語資料の増加に伴い頁数が増え、問題解決型で家庭・地域・社会との連携を強化した内容に改訂されているが、取り扱う項目や使用単語、書き込み欄の挿入など、基本のコンセプトは前教材を踏襲するものと考えられるからである。そこで、宗教教育と道徳教育との本質的な異同を浮き彫りにするための適切な教材であると考え、中学生対象の『心のノート』を取り上げる。

第１節　人間形成におけるスピリチュアリティの役割

教育学領域ではこれまで、スピリチュアリティはいかなる目的で主題とされてきたのだろうか。本節では、人間形成におけるスピリチュアリティの役割について考察することによって、スピリチュアリティを育成する意義を浮かび上がらせたい。

日本国内で教育学の研究にスピリチュアリティ概念が取り上げられるようになったのは、ここ数年のことといえる。だが、教育におけるスピリチュアリティの重要性を指摘する菱刈晃夫（2005）[13]によれば、西洋近代教育思想の底流にまぎれもないリアリティとして存在したのがスピリチュアリティであるという（16-18頁）。菱刈に従えば、スピリチュアリティの視点から教育を再考することの意義は、教育思想の地下水脈を流れてきた生命力を汲み上げて、枯渇した現代の教育によみがえらせる点にあるが（239頁）、それはとりもなおさず、教育に超越の視座をもたらすことを主題としている。

菱刈が規定するスピリチュアリティとは、「聖なるものを感得する機能」（16頁）であり、「自分を超え出る可能性の場そのもの」（106頁）である。菱刈は教育学、特に、臨床教育学という学問が、人間がいかに生きるのかを中心的主題とする以上、苦悩する魂への配慮を中核として展開されねばならないはずだが、苦悩への応答は、「何らかの超越の存在」による苦悩への根源的意味づけが不可欠であると指摘している（124頁）。それゆえ、人が生きることと本質的に関わる教育思想において、超越を不問にすることはできないと主張する。

さらに、人間との関わりという水平軸と神との関わりという垂直軸を対比させて、人間教育においてはこの両軸が呼応し補完し合う関係にあると論じている（182-183頁）。菱刈によれば、近代教育学は垂直軸を欠いた人間中心主義に陥り、超越との関わりにおいて人間性を丸ごと受け入れる根拠を失っているために、罪や悪の問題が等閑視されているという。そればかりでなく、超越の喪失が悪の認識を欠落させるのに伴い、実は人間再生の契機をも失っていると主張する。そうであるならば、スピリチュアリティとは罪や悪の認識と密接な関わりがあるということでもあろう。

この論考で注目されるのは、超越の視座が人間形成の過程で果たす役割である。つまり、超越は罪を抱えるいかなる人間も排除せず、世界の悪をも包摂する生の絶対的肯定の根拠として解されているのである。そもそも、人間の営みの中に超越の視座が求められるのは、人間的次元の水平軸を超越的次元で超える垂直軸という普遍的な価値基準がなくなれば、相対主義に陥り、絶対的な善悪の判断が無効化されるからだと考えられる。しかしそれに加えて、人間存在や世界を負の要素もはらんだまま包摂する超越が前提とされてこそ、初めて人間性の回復や再生が可能になるというこの立場は、宗教教育においてはとりわけ重要な視点を与えるものといえよう。というのも、人間がどう生きるのかを正面から扱う宗教教育は、罪からの再起や悪との闘い、苦悩や不条理への意味づけという、人間の生に不可避の難題に直面することから出発している。その際、人間や世界の限界を抱えつつ絶対的に受容する超越の視座のもとで、ようやく不条理の意味に対する答えの決定的鍵を得ることができるからである。こうした超越との関わりとしてのスピリチュアリティは、人間存在の本質に根ざしたものと捉えられよう。

教育が超越の次元に開かれることは、水平軸の限界をわきまえることでもある。菱刈は、教育でできることとできないことを峻別することの必要性を述べている（273-274頁）。教育を通して、生徒に真理そのものを教えることはできないが、真理に向かって生徒と共に歩むことならできる。このように教師は生徒と共に真理への途上にある探求者として在ることが、結果的に生徒を真理に導く実践になりうるという。そして、連続的形式である「形成としての教育」と非連続的形式である「生成としての教育」という概念[14]を用いて、意図的・計画的な人間的努力の果てに、いわば恵みとしか言いようのない再生がもたらされることを示している（126-127頁）。そこでは、水平軸での懸命な営為に垂直軸による質的転換がもたらされる可能性について述べていると考えられる。

これに関連して、日本国内でスピリチュアリティ概念を教育学領域で先駆的に取り上げた西平直（1999）[15]が、「心理的・社会的な人間関係の水平軸」

と「存在や運命の深みに触れる超越軸」の交差点で、教育の営みが展開されることを論じている。「人の思いを遙かに超えた大文字の他者」または、「大きないのちのつながり」に依拠した超越軸の地平においてだけ、人から人への働きかけである教育という水平軸が意味をもちうるという主張である。人間の限界を自覚した果てに生まれる教育の営みは、人間中心主義の限界を超えて、存在が根底から支えられる体験をもたらす可能性があるが、こうした教育は、超越軸を前提にして初めて成り立つのだと言い換えられる。今日の教育問題を考える上で、教育の人間的次元の限界を突破するために、超越の視座をどう扱うのかということは、非常に重要な課題であろうが、とりわけ宗教教育においては、その成立の根拠として問われねばならない問題である。

以上の議論からすれば、教科学習、部活動、生徒指導や進路指導など生徒との関わりを基盤とした、種々の教育活動が織り成される学校での人間形成の現場に超越の視座がもたらされ、生徒の内にスピリチュアリティが育成されることによって、人類の罪や世界を取り巻く悪など、不条理の問題を含めて生きる意味の根拠が据えられるということになろう。つまり、学校の人間形成におけるスピリチュアリティの役割とは、生徒が生きる意味を探求する土台としての根拠を得ることができる点にあると考えられるのである。

ただし、この考え方は、特定の宗教の信仰に基づいて創設された私立学校でしか有効ではないという見解もありえよう。しかも、日本のカトリック学校を例にとれば、そこに所属する教職員および生徒の大半は、キリスト教の信徒ではないのが現状である[16]。それゆえ、生きる意味の根拠として超越の視座をもたらすことは、日本の教育現場において一般的とは言い難い。また、有限の生の悲哀や死に対する答えを超越性に求めることはもはや、学問の領域ではないという批判があるのも事実である。何らかの超越的実在によって自分の存在の肯定をはかるなら、それは他者との開かれたコミュニケーション空間の破壊であるとする立場である[17]。

これに対して、超越とは他者を包含し他者に開かれているからこそ、あらゆる存在の根拠となりえるのだという考えも成り立つ。そうだとすれば、不条理体験に対する答えは超越の次元を不問にしては見出せないという指摘[18]

は、依然として説得力があると言わねばならない。こうした立場からスピリチュアリティを育成する意義は、学校での人間形成において何らかの超越の視座が開かれることによって、人間の限界や世界の不条理の問題にもかかわらず、生きる意味への問いを支える根拠が据えられる点にあると考えられる。この点、前章で考察したように、イエス・キリストとの出会いに方向づけられたカトリック学校の宗教教育は、生徒の人間形成におけるスピリチュアリティの働きを活性化できる可能性があろう。

それでは、生きる意味の探求を支えるスピリチュアリティは、国公立学校の道徳教育では育成し得ないものなのだろうか。次節では、国公立学校の道徳教育である心の教育との異同を検討することによって、カトリック学校でのスピリチュアリティ育成に固有の可能性を導出したい。

第2節　心の教育とスピリチュアリティ育成との異同

2－1．心の教育が登場した背景

第3章で確認したように、スピリチュアリティは本来カトリック教会の用語であるが、スピリチュアリティに関する昨今の議論は、特定の宗教の信仰と区別される傾向にある[19]。日本の教育界において、スピリチュアリティを宗教から切り離して語ることの利点は、教育基本法に抵触せずに、公教育において特定の宗教の信仰に基づかない一般的な宗教心を育む方途を模索できる点が挙げられよう。周知の通り、日本では1946年公布の日本国憲法第20条および第89条が規定する信教の自由と政教分離原則に従い、特定の宗教のための宗教教育は国公立学校では禁じられている。この点、「道徳教育は元来、宗教を基盤に、宗教教育との深い結びつきをもって行われてきた」[20]欧米諸国とは異なり、戦後の日本では公教育の場に宗教色が前面に出ることには警戒を示してきたといえる。

しかしながら、本章の冒頭に述べたように、日本では事実上、道徳教育が一種の宗教教育として機能しており、しかも、『心のノート』に集約される心の教育においては、さらに「内容的にも広い意味での宗教的情操教育に接近してきている」[21]という指摘もある。そうであれば心の教育は、スピリチュアリティの育成に対してどのような位置関係にあるのだろうか。

戦後日本の道徳教育の変遷を宗教教育との関連で概括すると、修身科を特徴づけた一切からの脱却が重要な意味をもってきたといえる[22]。教育勅語の趣旨に基づく修身科は、国家神道との結びつきも指摘され、日本の軍国主義化の一つの担い手とみなされたからである。そこで戦後当初、連合国軍主導の民主化政策に適合する道徳教育の役割を担わされたのは社会科であった。

その後、カリキュラムの中に時間を特設して道徳教育を行う特設主義と、学校教育全般を通じて道徳性を養おうとする全面主義との間で議論が続いたが、その両者を折衷する形態で、1958年（昭和33年）に小・中学校教育課程の一領域として、道徳教育のための「道徳の時間」が特設された。

続いて、2008年（平成20年）告示の学習指導要領では、この「道徳の時間」が学校の教育活動全体を通して道徳教育を行う際の要の時間として位置づけられた。さらに、2015年（平成27年）の学習指導要領一部改正により、道徳が教科化されることになり、小学校では2018年度、中学校では2019年度より「特別の教科 道徳」として全国的に実施され、国の教育政策における道徳教育の重要性を印象づけている。

その経緯をさかのぼると、2002年の中央教育審議会最終答申「新しい時代にふさわしい教育基本法と教育振興基本計画の在り方について」[23]で、文部科学省は「人格の形成を図る上で、宗教的情操をはぐくむことは、大変重要である」として「学校教育において、宗教的情操に関連する教育として、道徳を中心とする教育活動」を挙げて、その一層の充実を図る必要性を提言した。この文言は宗教的情操をめぐる一連の議論に発展した。

じっさい、宗教学者の弓山達也（2010）が指摘しているように、同じ2002年に配布された『心のノート』は、「『大いなるものの息づかい』『不思議な摂理』『目に見えない神秘』『人間の力を超えたもの』などの文言が並び、一部は宗教的情操や普遍的な宗教心とも重なる性格を有して」[24]いるといえる。つまり、心の教育は特定の宗教に基づく宗教教育の代替的役割を担っているのである。それにもかかわらず、キリスト教に基づく宗教教育を公に標榜するカトリック学校が、神を語らずに宗教的情操を扱う心の教育とミッション・スクールの教育との本質的相違に無自覚ともいえる状況がみられないわけではない。

それでは、そもそも心の教育はどのようにして誕生したのだろうか。「心の教育」という言葉は、政治の場では1981年の自民党文教制度調査会教育基本問題小委員会で初めて使用され、「心の時代」という90年代を中心とする日本社会の流行語を文脈として、1998年の中央教育審議会答申以来教育政策に登場したとされる[25]。その前年の中央教育審議会に提出された諮問文「幼児期からの心の教育の在り方」[26]では、子どもが「均衡のとれた心の成長を遂げる」上での「憂慮すべき問題」として、「核家族化」「人間関係の希薄化」「生活体験や自然体験の減少」と「間接体験・疑似体験の著しい増加」が挙げられ、その社会的背景として「社会環境の急激な変化に伴い」「大人社会において規範意識が揺らいでいく中」と説明されている。

他方、同年1997年は社会に大きな衝撃を与えた神戸連続児童殺傷事件を契機に、兵庫県教育委員会と神戸市教育委員会共催の「心の教育緊急会議」が設置された年でもある。すなわち、さきの諮問文で指摘された要因に加えて、青少年犯罪の凶悪化と低年齢化、および非行、いじめ、不登校などの問題行動の増加を鑑みて、その原因を教育の荒廃に帰す世論の高まりを受けて、道徳教育の充実を求めての打開策として心の教育が導入されたといえる。しかしそればかりでなく、心の教育が推進される背景には別の要因も働いているので、次項で取り上げよう。

2－2．『心のノート』に集約される心の教育の特徴

道徳教育の充実を図るために要請された心の教育には、徳目主義といわゆる「心理主義」が色濃く影響していると指摘されている[27]。この二つの特徴について簡単にみてみよう。

徳目主義は、プラトン以降のギリシア哲学の主題とされた、人間が身に付けるべき徳目を掲げてそれを教え込む注入的教育に陥りやすく、具体的問題との関わりにおいて自分がどのような生き方を主体的に選びとっていくかの

判断力を養おうとする応用倫理学に基づく立場からは批判がある。さらに徳目主義は、わが国では戦前の修身科を特徴づけるものであったことから、修身科復活への警戒感をあおる要因ともなっている。

「心理主義」の意味については冒頭で述べたとおりだが、心の教育の特徴としていわれる場合には、哲学用語で心理学主義と訳される 'psychologism' と、社会学用語で心理還元主義と訳される 'psychological reductionism' とほぼ変わらないニュアンスをもち、事象や問題を個人の内面心理に還元する立場を指すとされる[28]。教育の多元化、世俗化、市場主義化などを背景として、昨今の学校教育を見えない網目のように取り巻いているものの一つに、日本の社会全体に広く浸透しているこの「心理主義」があるとみられる。

「心理主義」は、個人主義を土台とする新自由主義と結びつき、市場競争原理に取り込まれて拡大している。心身の癒しへの嗜好性を温床として、心理療法的な物の見方や治療枠組みを摂取したいわゆるセラピー文化の普及とあいまって、「心理主義」は教育論にも影響力をもち、近年では、教育現場においても心理学的な知見や技法を援用した実践が試みられている[29]。1995年以降、旧文部省が全国の公立学校にスクールカウンセラーを配置・派遣し、心理職専門家による生徒の心のケアの充実を図ったことを一種の「心理主義」の現れとみることもできよう。

倫理学者の桑原直己（2009）によれば、道徳教育においては、学習者の心情を志向する心情主義の方向と、学習者の判断力を志向する主知主義的・思考型の方向と二つの立場が存在する[30]。心の教育がどちらの系譜に連なるかといえば、個人の心や内面を志向している点では心情主義の立場に近いといえるだろう。しかし心情主義に基づく授業が主に物語的資料を用いて登場人物の心情を味わう形態をとるのに対し、「道徳性の発達を目指す教育」としての道徳教育が、「心の教育」と称される場合は特に、「カウンセリングなど専門的な教育相談機能をあわせ含んで」いるという[31]。

この点をさらに進めて、心の教育の特徴として「健康な精神状態を保つための方法（メンタルヘルス）や健康な精神状態を取り戻すための方法（精神療法、カウンセリングなど）をはじめ、精神世界を豊かにするための情操教育、感性教育などが重視される」[32]と指摘しているものもある。いわば心のケアを重視したこのような心理主義的傾向は、従来の道徳教育の基幹路線にはなかった心の教育の新しい特徴だといえる。

こうした心の教育の代表的な事例として、先述した道徳教材『心のノート』が挙げられる。同教材は、1998年（平成10年）告示の学習指導要領の教育理念として掲げられ、2008年（平成20年）告示、2018年（平成30年）告示の学習指導要領でも継承されたキーワード、「生きる力」を育成するための心の教育路線の一つの結実である。

この『心のノート』の使用状況については、文部科学省の道徳教育推進状況調査[33]によれば、全国に約500万部配布された翌年2003年度（平成15年度）の時点で、「道徳の時間に使用する教材として心のノートをあげた割合」は、小学校で97.3%、中学校で94.6%という高い数値に上る。さらに翌年度の道徳の時間に使用された教材は、視聴覚教材や物語的資料など他の選択肢もある中で、『心のノート』が小学校で97.1%、中学校で90.4%と最も高い数値を示している[34]。さきの弓山（2010）の報告によれば、各地の小学校・中学校で『心のノート』を活用した授業実践が試みられた[35]。公立学校と私立学校との相違も含めて全国的には使用状況に差異があろうが、必要項目のみ補助的に用いるなどを含めれば、適宜活用される状況にあったとみてよいだろう。

『心のノート』は作成当初よりさまざまな議論を招いてきたが、作成協力者会議の座長を務めた臨床心理学者の河合隼雄の影響もあり、心理主義色が濃厚に現れていることは広く認められている。具体的には、自分の気持ちや考えを綴る書き込み欄が多いワークブック形式に編集されており、このように心の動きを意識化し言語化するよう促すことで、自己の内面に関心を向けさせる点が、臨床心理学の応用であると指摘されている。また、「心理主義」が目指すものの一つは「自己受容」の達成とみられるが[36]、確かに『心のノート』は「自分をまるごと好きになる」などの表現に表れる自己肯定感や自己受容に導くよう編集されているようにみえる。

この点、平成21年度改訂版『心のノート』では、平成14年度初版に比べて、規範意識や社会参画に関して生徒の自立心や自律性に基づく内容に修正され、生命尊重に関しても「生徒の内面に根ざした道徳性の育成に配慮する」[37]など、個人の内面に踏み込む表現を控え、「人間としての生き方について考えを深める」[38]側面を強調しているといえる。これは、同教材の初版配布時に各方面から生じた批判、すなわち、『心のノート』に集約される心の教育に対して、国家が個人の心を管理する国家主義的傾向を強めることへの懸念や反発を意識したこともあろう。しかし、「悩みや葛藤等の思春期の心の揺れ、人間関係の理解などの課題を積極的に取り上げる」[39]ことや、新たな記述欄を特設し、生徒の心の記録としての性質を強化するなど、心理主義的傾向から脱却しているとは言い難いという見方もできるだろう。

ここで筆者の立場を明らかにしておくと、学校教育に心理学的な知見や技法を応用することが、場合によっては非常に有益であることを認めており、『心のノート』に対して向けられる「心理主義」批判に必ずしも同意するものではない。例えば、『心のノート』に書き込み欄を設け、生徒が自己の内面に目を向けるような仕組みをつくっていることに関していえば、第5章でその重要性を指摘するが、自己省察を可能にする知性面の教育の一つの実践と考えられる。また、同教材が自己受容を目指していることについては、同じく第5章で、他者との比較で相対化されない自己肯定感の育成がスピリチュアリティ育成の重要な課題の一つであると指摘する。本章で強調したいのは、カトリック学校のスピリチュアリティ育成が心理的次元での問題解決を超える内容を志向すべきであるという点である。

概して、昨今の日本社会に広がる「心理主義」的傾向が批判される場合、社会状況から生じる問題まで人の心の持ち方に還元させるイデオロギーによって、社会構造の変革に対する意識を削ぎ、いわば社会状況還元論から目をそらさせ、個人還元論にすりかえていく点が危惧されるなど、現実の社会における他者との共存共生を阻む危険性が懸念されているといえる。しかしながら、生きる意味の探求を支える宗教教育においては、諸現象を人間の心理や人間のつくりだした社会状況のいずれかに還元させるのではなく、究極的には超越との関わりにおいて諸現象を捉えようとする視点を志向しつつ、生徒が自分なりの人生観や世界観を構築し、人間としてどう生きていきたいのか、自らの生き方を方向づける指針となるものが求められねばならないだろう。それでは、そうした宗教教育でのスピリチュアリティの育成は、心の教育とどのような点で異なっているのだろうか。

2－3．スピリチュアリティの育成は心の教育を超えうるのか

ここで心の教育の具体的な内容を検討してみよう。平成29・30年改訂学習指導要領では、「道徳」が「特別の教科」として教科の一つに位置づけられた。ここでは、社会との連携・協働という新たな強調点を打ち出しながらも、平成10年告示の学習指導要領に初めて掲げられ、平成20・21年改訂版でも継続した教育理念の「生きる力」というキーワードが引き継がれており、道徳性を基盤とした人間の生き方に焦点が当てられている。

例えば、平成21年度改訂版『心のノート』では、特に、学ぶ意欲や未来への目標、自律と責任、社会や公共に対する貢献を考えられる「豊かな心」の育成を強調し、道徳教育を学校の教育活動全体の中核的な役割として位置づけ、道徳の内容項目に新たに「感謝」を独立させている。これを従来のものと併せてみると、心の教育の主眼は、豊かな人間性と他人に対する思いやりや感謝の心、自他の生命尊重、社会規範意識や公共心、世界平和への貢献など、生きる力の礎を育むことといえる。こうした心の教育の内容は、生命を大切にする命の教育、かけがえのない自他を大切にする個性教育、人としてどう生きるかを考えさせる人間教育などと深い関連性があり、カトリック学校の教育理念に基づく教育内容と何ら違和感なく調和するもののようにもみえる。

また、これとは逆に、スピリチュアリティの育成と心の教育とでは、その教育実践においては近似していることに気づかされる。心の教育をスピリチュアリティの観点から捉え直そうとする伊藤隆二（1999）は、近代の学校教育が意図した全人教育において、「知・情・意・徳・体」の根底にスピリチュアリティの視点を欠いたことを問題視し、公教育における心の教育をスピリチュアリティの覚醒の営為と捉えることを提案している[40]。具体的に伊

藤（2007）は、スピリチュアリティに覚醒している人の特徴を、生かされていることに対する感謝と愛と慈しみ深さがあり、「大いなるもの」への畏敬の念と祈る習慣をもち、真理を実践して生きる意味を見出そうとすること、品性と道徳性を備えて叡智がある人格者として捉えている[41]。このようなスピリチュアリティを育成するための実践として、自然との対話や動物飼育・植物栽培、食育、ボランティア活動、芸術体験、創造活動、祈りの体験、などを挙げている。

同様に、公教育にスピリチュアリティの視点を取り入れることを提案するカール・ベッカー（2006）は、スピリチュアリティを育成するために、大自然に触れる農業体験、世代間の関係を結ぶ介護体験、自尊心の育成、死生観の育成、および瞑想によって精神統一を高める実践を挙げている[42]。これらの教育内容は、祈りや瞑想以外は心の教育で重視されている方向性と大した相違はないといえる。

だが、カトリック学校でのスピリチュアリティの育成は、具体的な教育内容としては心の教育と類似した形態をとるとしても、その根底にある教育理念が異なることに自覚的である必要がある。カトリック司祭の奥村一郎（1997）は、特定の宗教の信仰に基づく宗教教育は、知育・徳育・体育の三領域からの全人教育を超えて、人間の根底にあるものにまで至るものでなければならないと指摘している[43]。こうした考え方に通底する趣旨で、さきの桑原は、カトリック学校での宗教教育は、『心のノート』もしくは臨床心理学的アプローチが提示する知見を霊性の次元で受けとめ、心理学的次元の要素を包含しつつ、これを超える深みを有することに固有性を見定めるべきであると述べている[44]。しかも、こうした宗教教育は、国家の枠や民族の限界を超えた普遍性や世界の分裂からの和解を志向している点で、心の教育を超えているという[45]。

スピリチュアリティの育成がどのような意味で心の教育を超えているのかという点に関して、さきの西平（2007）[46]の議論は示唆に富むと考えられるので、以下取り上げてみよう。

西平は、人間形成の問題をアイデンティティとスピリチュアリティという二つの概念から捉えようとしている。この論考によれば、アイデンティティは存在証明の実感を根本とした主体の確立であり、個人が生きていくために必要なものだが、他方で、自分に執着し、閉鎖性や排他性につながる側面をもっている。これに対して、スピリチュアリティは自分から離れ、解放されていくという逆の方向性をもつ。前者がいわば自己を凝集して固まっていく方向であるのに対して、後者は自己を緩めて他とのつながりへと溶解していく方向だという。

ここで重要なのは、西平が人間形成にはこの両方の方向性が必要だという立場を取っている点である。アイデンティティは「自分を大切にする」という自己肯定性を特徴とするが、スピリチュアリティは「自分にこだわるな」という自己否定性を特徴とする。このように相反する性質をもつようにみえるこの二つの概念は、実は人間形成において表裏一体の関係にある。スピリチュアリティとはアイデンティティに内在する自己否定性であり、アイデンティティとはスピリチュアリティに内在する自己肯定性として捉えられているのである。

具体的には、アイデンティティを確立しないままスピリチュアリティに向かうと、あらゆる乱用に対して無防備で無節操になり、内面に溺れて現実離れしたり、自己満足に堕して社会的意識を欠いたり、ないしはナショナリズムと親和的に補完関係になる、などの危険性があると西平は指摘している。逆に、スピリチュアリティを欠いたアイデンティティの確立は、独断や偏見に陥り、異質の他者を排除する閉鎖性に傾斜しかねないという。

注目したいのは、西平の論考ではスピリチュアリティの重要性は、異質なアイデンティティとの共存は可能なのか、という問いに対する答えの形で主張されている点である。特に宗教教育においては、異質の他者との共存を可能にするために、何らかの自己否定を内に含んだアイデンティティの理解が重要であるとして、そうした自己否定の役割をスピリチュアリティに期待しているといえる。この自己否定性は人間形成に不可欠の側面であり、人間および人間の営みである世界の有限性を示すという意味で、いわば人間としてこの世界に生きることの本質的条件とも捉えられよう。

従って、学校での人間形成においては、自己肯定のみならず自己否定の要素にも配慮しなくてはならないと考えられる。特に、学校教育が自分とは異質の他者と共生できる社会を構築する一員となるよう方向づけられているとすれば、生徒の自己確立を支援する際に、人生の不条理をどう受けとめるかも含めて、人間形成の中に自己否定性が含まれるという事実にも留意する必要があるだろう。

それでは、心の教育には、自己否定性の要素がどの程度含まれているのか。改訂版『心のノート』の内容を具体的に検討してみると、いずれの項目も掲げられているテーマを実践する途上で、人間形成における自己肯定性と自己否定性の兼ね合いの問題に突き当たらざるを得ないことが分かる。同教材は、「自己との関わり」「他者との関わり」「自然や崇高なものとの関わり」「社会との関わり」という四つの方向軸での関係性を柱として構成されているので、以下、この順序で主だった項目を挙げて検討してみる。

まず、自己受容の項目[47]では、例えば、「自分をまるごと好きになる」という自己肯定感が他者をも肯定することといかに並存するのか。自分のよさや個性の発見による自己価値や自尊感情の上昇については、唯一無二の自らの固有性の自覚が他者の存在のかけがえのなさと個性の認識にどのようにつながるのか。温かい人間愛と友情の項目[48]では、自他の意見の相違や互いの利害が衝突する場合にも、他者を許容する寛容や、自己犠牲の精神、他者への奉仕へと向かうのを可能にする倫理性はどこから生まれるのか。異性を理解し尊重する項目[49]では自己中心性から離れて、相手を生かす相互的関係を築くための内発的契機をどこに見出すのか。

また、生命尊重の項目[50]では、生命のかけがえのなさの根拠として挙げられている個体の有限性と唯一性が、別の個体のそれを損なわないでいることを可能にする基準はどこにあるのか。「悠久の時間の流れ・この大自然」という人間の力を超えたものへの畏敬の念の項目[51]では、歴史的・時間的存在としての自覚や自己の身体性を超える環境への視野がいかに獲得されるのか。

さらに、良心の項目[52]では、自分が良心の声を聞いて行うことは他者の良心に基づいた行動とどう折り合いをつけられるのか。感謝の項目[53]では、自分を支えてくれる周囲の人々への感謝の気持ちとともに、日常遭遇する否定的な出来事の中に感謝すべき要素をどう見出すのか。愛国心の項目[54]では、自国の文化・歴史に対する理解と愛情を深めつつ、特殊性をもった他の国家・地域・文化の人々とどのように共存できるのか。

以上、例示したこれら問題点を解決するための道筋を同教材の中に見出すことは困難である。このような点で、心の教育が眼目とする道徳的心情や価値観のみでは、人間形成に不可欠の自己否定性の要素が十全ではないと考えられるのである。それでは、このような自己否定性の契機はどこから生じるのかといえば、それは何らかの超越を想定した場合であろう。つまり、スピリチュアリティが自己否定に特徴づけられるのは、まさに超越との関わり、ないしは、自己を超越することを伴う働きであるからだといえよう。その点、心の教育は超越との関わりを「自然や崇高なものとの関わり」の範囲内にとどめるがゆえに、自己否定性や人間の弱さと限界、世界の悪や不条理の問題に正面から向き合う契機をもちにくいのではないか。その意味で心の教育は、生徒の生きる意味の探求を支える力を十分にもちあわせているとは言い難い。

それが端的に現れているのが、同教材の畏敬の念の項目である。ここに「悠久の時間がつくりあげてきた大自然に抱かれ」て「深い深い安堵感に包まれながら」「その中に癒されている自分に気づく」[55]という記述がある。これについて、同教材の手引きでは、「宇宙や大自然の中にあって、人間の存在が有限なものであることが実感できたとき」「大自然の懐の大きさに癒される」「その癒しがどこからくるのか、自らに問い」「自然の一部として生きることの意味について考える」[56]と解説している。このように主体の曖昧な時間や自然の中に渾然一体となって溶け込む感じを味わうことで、「落ち着いた気持ちになる生徒もいるだろう」ことが期待されている。つまり、せっかく「生きる意味」を主題としながら、そうした根源的問いを人間的次元における心理的癒しに還元する意図も読み取れるのである。

そこで、以上に例示した『心のノート』の各項目を、超越の視座、つまり、序章で概念規定したように「日常という現状を越えて真の現実を探し求めようとする人間の普遍的経験に由来する概念であり、世界や自己を包摂し、それらの存在根拠」[57]となりうる超越の視座から捉え直すとどうなるであろうか。このような意味での「超越との関わり、ないしは、自己を超越することを通して生きる意味を見出す働き」としてのスピリチュアリティの視点を取り入れるならば、心の教育がより人間形成の在り方に即したものとなり、心の教育が意図する道徳的価値を包摂しながら、それを全人的に深めていくための原動力が与えられるのではないだろうか。いわば、心の教育にスピリチュアリティという生命の息吹を吹き込むことによって、形骸化し硬直化した道徳性や表面的な社会適応の水準にとどまらず、生徒自身の内発的動機づけによって自分なりの人生の意味を見出すよう促す可能性があると考えられる。このように超越の視座に開かれたスピリチュアリティの育成は、心の教育が眼目とする道徳的性質を、自己肯定と自己否定という人間形成の本質的要素から捉え直すことによって、より深い次元においてすくい上げる可能性をもつし、その点で、心の教育とは異なる独自性をもっているということができよう。

それゆえ、カトリック学校でのスピリチュアリティ育成は、世俗化の波にのみ込まれがちな心の教育の水準、つまり、心理的次元での自己受容、自己肯定感や自己価値の上昇で満足したり、昨今の自己探求的なセラピー文化に顕著な心理的癒しに甘んじたりするものではないといえよう。一面的な自分らしさの追求と自己否定の欠如、世界の悪や人間の罪、人生の苦しみを回避するようなメッセージを発することによって、心の成長につながらない安心を提供するのであれば、カトリック学校の宗教教育の固有性は実現できないであろう。

カトリック学校の宗教教育では、自己受容と自己肯定感の根拠が、神の愛による絶対的な受容にあるという点が見逃されてはならない。人間的にはどのような欠点を抱え、罪を犯そうとも、そのような存在を全体として無限に肯定し、丸ごと受け入れている絶対的人格としての神の視点があって初めて、他者との比較によって自己価値が相対化されることなく、どのような場合も常に自己を全面的に受容することが可能になるのである。このような神の絶対的受容に基づく自己受容、神の全面的肯定に基づく自己肯定感こそが、生徒のスピリチュアリティの育ちの根底に据えられねばならない。それは、心理的次元での受容を超える、精神的次元での受容なのである。

この点に関連して、前章で述べたように、採択はされなかったものの1998年にWHO（世界保健機関）が検討した健康の定義改正案にみられる人間観、すなわち、人間の十全な健康を「physical, mental, social and spiritual」[58]という四つの因子から捉える見解は示唆的である。この人間観に従えば、たとえ肉体的な疾病がなく、心理的な葛藤がなく、対人関係も円滑であったとしても、超越との関わり、ないしは、自己を超えるような体験がなく生きる意味を見出せない空虚感に苛まれているとすれば、それはスピリチュアルな存在としての人間の健やかさを欠いているという見方もできる。

カトリック学校でのスピリチュアリティ育成は、身体的・心理的・社会的側面において単に問題なく順調に物事が運ぶという現世的で物質的な次元にとどまらず、むしろ、これらを超越する価値や精神的次元で生徒が生きる意味を見出そうとする営みを根底から支える点に、心の教育を超える固有の可能性を有しているといえよう。そうだとすれば、スピリチュアリティを育成するに際しては、心理学的アプローチや道徳教育との相違について自覚的になり、心理的次元の諸要素を「私にとっての生きる意味」を見出す次元にまで深化させることを目指す必要があろう。

以上の考察から、カトリック学校でのスピリチュアリティ育成は、心の教育の範疇を包摂しながらも、生徒の生きる意味の探求を支える宗教教育の観点からみれば、心の教育を超える可能性をもつことが示唆された。

本章のまとめ

本章では、国公立学校の道徳教育である心の教育との比較において、カトリック学校のスピリチュアリティ育成の可能性について検討してきた。

まず、カトリック学校の宗教教育の中核にスピリチュアリティ育成を位置づける立場から、人間形成におけるスピリチュアリティの役割について考察した。その結果、スピリチュアリティが育まれることによって、人間的次元の限界を包摂しつつ絶対的に受容する超越との関わりにおいて、人生の苦悩や不条理を意味づける根拠が据えられることが示された。この点に関して、有限な人間の罪と弱さ、世界の悪や不条理の問題を排斥せず無限に包摂する超越を志向するカトリック学校のスピリチュアリティは、生徒の生きる意味の探求を根底から支える可能性を有していると考えられる。これに対して、『心のノート』に代表される心の教育は、超越との関わりが不明瞭であるがゆえに、異質の他者との共存を可能にする自己否定性の要素が十分ではなく、生徒の生きる意味への問いを支える世界観や人間観に基づいているとは言い難いと結論づけられた。

また、カトリック学校で育む生徒の自己肯定感は、国公立学校の心の教育が主要な目標とする自己受容や自己価値の上昇と重なり合う部分はあっても、その本質が異なることを指摘した。ともすれば、カウンセリング・マインドを重視した生徒理解や授業実践など、心理的癒しの感覚を得ることを目指した自己受容が強調されがちな教育現場にあって、カトリック学校の宗教教育が志向する自己肯定感は、心理的次元で自分を好きになる、または他者から受け入れられている、と感受することにとどまらない。神の絶対的な愛のまなざしのもとで自己の存在が無限に肯定され、無条件に受容されているという不変の根拠を据えているのである。だからこそ、他者との比較によって振り回されず、どのような場合にも自己肯定感を抱くことが可能となる。そうした神の視点を示すことは、生徒が根ざしている文化的文脈を超える契機をもたらすことでもある。

それゆえ、カトリック学校はその根本的な使命である宗教教育が、国公立学校の心の教育とは本質的に異なるばかりでなく、むしろ、その教育内容を超える固有の可能性をもつことを再認識すべきであろう。カトリック学校での超越との関わりを志向するスピリチュアリティの育成によって、青年期の生徒が、今日の文化的風潮に潜む心身への癒しへの嗜好性に絡め取られることなく、より深い精神的次元において、「私にとっての生きる意味」を見出せるよう支える地平を開くことができるのである。カトリック学校の教師には、こうしたカトリック学校の本質的な責務に自覚的であるよう望まれる。

ただし、スピリチュアリティの育成は、本章で取り上げた西平の議論でみたように、アイデンティティの確立を目指した自我の強化と並行して進めなければ、生徒の十全な人間形成に益しないであろう。スピリチュアリティが、日常生活や世界から切り離された個人的な内面への沈潜ではなく、他者とのつながりに開かれるよう留意することが重要である。そのためには、単に外的世界への接触を増やすばかりでなく、個人の存在の深みにおいて他者に開かれていくという方向性も模索されねばならないだろう。この点については、意味形成に関わる日常的次元の営みを超越的次元にどのように接続できるのかという問いとも併せて、第Ⅱ部で検討したい。

註

1　高祖敏明「カトリック学校」上智学院新カトリック大事典編纂委員会編『新カトリック大事典』第1巻、研究社、1996年、1121頁。

2　日本カトリック学校連合会「加盟学校・加盟園・学校法人名簿 日本カトリック大学連盟／日本カトリック短期大学連盟／日本カトリック小中高連盟／日本カトリック幼児教育連盟」2017年。

3　高柳俊一「ミッション・スクール」上智学院新カトリック大事典編纂委員会編『新カトリック大事典』第4巻、研究社、2009年、890頁。

4　桑原直己「宗教色なき宗教教育の可能性」森一弘・田畑邦治・マタタ, M. 編『教会と学校での宗教教育再考』オリエンス宗教研究所、2009年、252頁。

5「心理主義」とは、「認識の根拠を心的なあるいは心理的な判断に求める立場」とされる（伊藤春樹「心理（学）主義」廣松渉他編『哲学・思想事典』岩波書店、1998年、852-853頁）が、本章で取り上げる「心理主義」には、後段で述べるような別の意味合いもある。本書は、心理学の知見や技法を応用する諸実践を批判するものではない。そのため、『心のノート』批判でいわれる場合の心理主義を「　」付きで表記する。

6　小沢牧子・中島浩籌『心を商品化する社会』洋泉社、2004年など参照。

7　宗教学者の島薗進は、現代の先進諸国に共通してみられる「ニューエイジ」「精神世界」「新宗教」などの広範囲な宗教的文化現象を総称して「新霊性文化 new spirituality movements」と命名し、日本もその文化的影響下にあると分析している（島薗進『精神世界のゆくえ――現代世界と新霊性運動――』東京堂出版、1996年）。詳しくは本書第3章で取り上げた。

8　例えば、野田正彰「心のノート『心の教育』が学校を押し潰す」岩波書店編『世界』第706号、2002年、88-100頁、小沢牧子「心の教育を超えて」青土社編『現代思想』第37巻第4号、2009年、82-99頁、荒木紀幸「なぜ新しい風とならなかったか？」明治図書出版編『現代教育科学』第53巻第10号、2010年、44-46頁など。
9　例えば、伊藤隆二「人間形成とスピリチュアリティ教育の問題」『人間形成の臨床教育心理学研究――「臨床の知」と事例研究を主題として――』風間書房、1999年、77-97頁、中川吉晴『ホリスティック臨床教育学――教育・心理療法・スピリチュアリティ――』せせらぎ出版、2005年、尾崎真奈美「大学教育課程におけるスピリチュアル教育プログラム――統合的な試みを通して――」日本学校メンタルヘルス学会編『学校メンタルヘルス』第8巻、2005年、79-85頁など。
10　得丸定子「学校で行う『スピリチュアル教育』の手がかり――『死と死後の不安』の意識調査から――」カール・ベッカー、弓山達也編『いのち・教育・スピリチュアリティ』大正大学出版会、2009年、70頁。
11　例えば、岩田文昭「道徳教育とスピリチュアル教育」同上書、139-161頁、貝塚茂樹「スピリチュアリティと道徳教育」明治図書出版編『現代教育科学』第53巻第11号、2010年、111-115頁など。
12　ベネッセ教育研究開発センター「第5回学習指導基本調査（小学校・中学校版）2010年本報告書」、http://benesse.jp/berd/center/open/report/shidou_kihon5/sc_hon/pdf/data_08.pdf (2019年1月23日閲覧)
13　菱刈晃夫『近代教育思想の源流――スピリチュアリティと教育――』成文堂、2005年。
14　ボルノーの「連続的事象を扱う教育学」と「非連続的事象を扱う教育学」の概念と、矢野智司の「生成」概念を用いた教育論から着想を得た菱刈の考え方である。
15　西平直「教育以前の物語――教育と超越の交差点――」日本教育学会編『教育学研究』第66巻第1号、1999年、11頁。
16　高祖「カトリック学校」1121頁。
17　田中智志「教育人間学の教育概念」『教育学がわかる事典』日本実業出版社、2003年、91頁、163頁。
18　伊藤哲司・矢守克也「インターローカリティをめぐる往復書簡」日本質的心理学会編『質的心理学研究』第8号、2009年、59-60頁。
19　葛西賢太「スピリチュアリティを使う人々」湯浅泰雄監修『スピリチュアリティの現在――宗教・倫理・心理の観点――』人文書院、2003年、124頁。
20　藤田昌士「道徳教育」平原春好他編『新版教育小事典』学陽書房、2011年、253頁。
21　桑原「宗教色なき宗教教育の可能性」252頁。
22　藤田「道徳教育」253頁。この他、わが国の道徳教育の歴史的変遷については、青木孝頼『道徳教育事典』第一法規出版、1970年、藤田昌士「道徳教育」細谷俊夫他編『新教育学大事典』第5巻、第一法規出版、1990年、315-319頁、木原孝博「道徳教育」安彦忠彦他編『現代学校教育大事典』第5巻、ぎょうせい、1994年、269-272頁、佐々木昭『道徳教育の研究』学文社、1999年、213-254頁などを参照した。

23　文部科学省「新しい時代にふさわしい教育基本法と教育振興基本計画の在り方について」平成 15 年 3 月 20 日発表、http://www.stop-ner.jp/030320chukyoshin-toshin.pdf（2019 年 1 月 31 日閲覧）

24　弓山達也「日本におけるスピリチュアル教育の可能性」日本宗教学会編『宗教研究』第 84 巻第 2 号、2010 年、354 頁。

25　小沢牧子『心の時代と教育』青土社、2008 年、233 頁、藤田「道徳教育」253 頁。

26　旧文部省中央教育審議会「幼児期からの心の教育の在り方」平成 9 年 8 月 4 日発表、http://www.mext.go.jp/b_menu/shingi/old_chukyo/old_chukyo_index/toushin/1309659.htm（2019 年 6 月 29 日閲覧）

27　小沢前掲書、226 頁。

28　同上書、90 頁。

29　例えば、交流分析、サイコドラマ、エンカウンターの方法論を取り入れた授業実践などが挙げられる。

30　桑原「宗教色なき宗教教育の可能性」254-256 頁。

31　藤田「道徳教育」253 頁。

32　押谷由夫「道徳教育」水本徳明他編『最新 教育基本用語』小学館、2003 年、235 頁。

33　文部科学省「平成 15 年度道徳教育推進状況調査」、http://www.mext.go.jp/b_menu/hakusho/html/hpab200401/hpab200401_2_104.html（2019 年 10 月 1 日閲覧）

34　弓山達也「『いのち』に一歩踏み込んだ全小・中学校に配布された『心のノート』」渡邊直樹編『宗教と現代がわかる本』平凡社、2007 年、227 頁。

35　弓山「日本におけるスピリチュアル教育の可能性」349-373 頁。

36　桑原直己「宗教色なき宗教教育？――『心のノート』をめぐる諸言説の検討――」日本カトリック教育学会第 31 回全国大会自由研究発表資料、2007 年。

37　文部科学省『「心のノート中学校」活用のために 平成 21 年度改訂版』廣済堂あかつき、2009 年、4 頁。

38　同上書、5 頁。

39　同上。

40　伊藤前掲書、77-80 頁。

41　伊藤隆二「子ども・生命・スピリチュアリティ――道徳教育の根幹をなすものとは――」金子書房『児童心理』第 61 巻第 16 号 No. 868、2007 年、1474-1479 頁。

42　カール・ベッカー「現代社会が必要とする日本的スピリチュアル教育」勉誠出版編『アジア遊学』第 84 号、2006 年、138-153 頁。

43　奥村一郎『現代人と宗教』奥村一郎選集第 5 巻、オリエンス宗教研究所、2007 年、161-175 頁。

44　桑原前掲資料。

45　桑原「宗教色なき宗教教育の可能性」267-268 頁。

46　西平直「アイデンティティとスピリチュアリティ――近現代における探究と現代社会における意味――」親鸞仏教センター編『現代と親鸞』第 9 号、2005 年、53-

111頁。
47　文部科学省『心のノート中学校平成21年度改訂版』廣済堂あかつき、2009年、34-37頁。
48　同上書、48-55頁。
49　同上書、56-59頁。
50　同上書、72-75頁。
51　同上書、76-79頁。
52　同上書、80-83頁。
53　同上書、64-67頁。
54　同上書、124-127頁。
55　同上書、70-71頁。
56　文部科学省『「心のノート中学校」活用のために』35頁。
57　アルムブルスター, L.「超越」廣松渉他編『哲学・思想事典』岩波書店、1998年、1083頁。棚次正和「『スピリチュアリティ』考——人間の存在構造を問う視点より——」日本基督教学会編『日本の神学』第47号、2008年、238-243頁。
58　社団法人日本WHO協会「健康の定義について」、http://www.japan-who.or.jp/commodity/kenko.html（2019年10月15日閲覧）

第Ⅱ部

スピリチュアリティ育成の実践に向けて

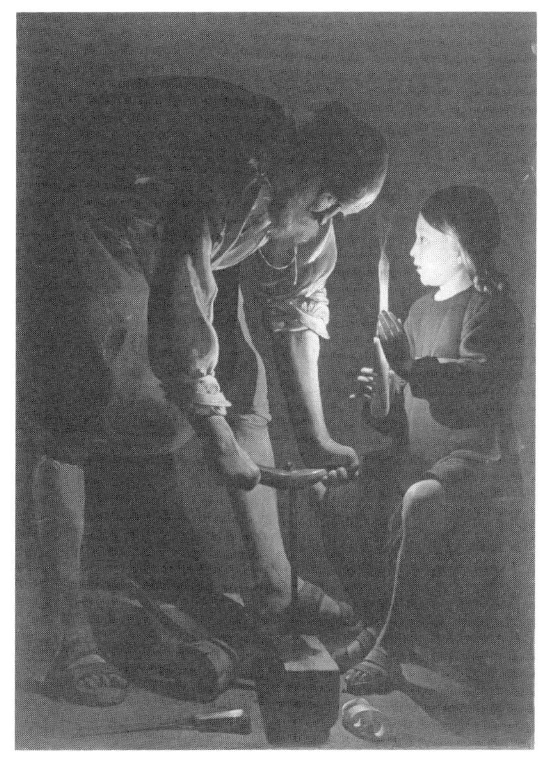

ジョルジュ・ド・ラ・トゥール《大工の聖ヨセフ》ルーヴル美術館蔵

第5章
青年期のスピリチュアリティと意味探求の実態

渇いている者には、命の水の泉から価なしに飲ませよう。

新約聖書「ヨハネの黙示録」7章6節

本章の目的と課題

本章の目的は、女子青年を対象に実施した半構造化面接調査の結果を基に、スピリチュアリティの経験の共通項を抽出することである。併せて、女子高校生の生きる意味の探求過程に関する質問紙調査の結果を踏まえた上で、スピリチュアリティの育成に向けた検討課題を導出する。

本書は、生きる意味の探求を支える宗教教育を検討する上で、特に女子青年のスピリチュアリティの育成に着目しているが、先行研究では、スピリチュアリティの実態が十分に捉えられているわけではない。スピリチュアリティとは何かをめぐって、その因子を特定するための質問紙調査を用いた量的研究によれば、他者との連帯感、自然との一体感、命や神秘に対する畏敬の念、超越的次元や存在の永続性の感覚が高まること、それらの結果として、内的な強さと有意味感、平安と希望と感謝、利他的かつ受容的傾向が増すことなどがスピリチュアリティの特徴として挙げられている[1]。

しかしながら、スピリチュアリティの実態に関する先行研究では、管見の限り、看護学や宗教学の領域における終末期や特定の宗教の信仰などの体験に焦点が当てられ、学校教育の関心対象となるような日常生活において経験されるスピリチュアリティについては知見が集積されているとはいえない。しかも、青年期のスピリチュアリティの様相が十分解明されているとは言い難い。そこで、本章では、スピリチュアリティの経験の実態に迫ることを目的として、カトリックおよびプロテスタント系ミッション・スクールの在校生および卒業生 10 名の女子青年（17 ～ 27 歳）を対象に行った質的調査[2]の結果を一般化した内容に改変して紹介する。

他方、少数事例が母集団の中にどのように位置づけられるのか、調査対象者の全体的傾向を把握することは、個別事例に対する理解を深めるためにも重要であろう。そこで、カトリック学校の女子高校生を対象として実施した、生きる意味の探求に関する質問紙調査[3]から得られた知見の要点を併せて記す。これらを通して、スピリチュアリティの育成に向けて検討すべき課題を浮かび上がらせたい。

なお、調査結果の記述については、プライバシー保護に配慮して、支障がないと判断した一部を除いて実際の語りは引用せず、固有名詞を全て記号化するとともに、特定の個人を識別する手がかりとなる情報を削除ないし修正し、さらに複数の事例を組み合わせるなど、趣旨を損なわない範囲で知見を一般化するよう十分留意した。

第１節　女子青年の語りにみるスピリチュアリティの経験

１－１．スピリチュアリティの四つの位相──西平直の理論を援用して

本調査の分析枠組みには、教育におけるスピリチュアリティの重要性を指摘する西平直（2003, 2007）[4]の仮説を用いた。西平は、スピリチュアリティ概念を「宗教性」「全人格性」「実存性」「絶対受動性」の四つの位相に分類している。人間の複雑な経験は一つの位相にのみ定位されるわけではなく、対象事例には複合的な要素がみられたが、西平の仮説は、一義的に限定できないスピリチュアリティの経験の多面性を浮き彫りにする上で役立った。以下、四つの位相の定義を述べ、併せて、筆者の調査で示唆された知見を紹介する。

まず、第一の宗教性の位相とは、宗教組織に依存しない宗教的意識や情操を指し、それは身体的・心理的・社会的次元に還元されない独立した領域で

ある[5]。宗教性には命や死など、死生観に関わる意識や情操も含まれると考えられる。調査では、死生観が変化した契機として、祖父母や家族、親しい友人の死、すなわち二人称の死が語られる事例が多かったが、中には人間の死ではなくペットなど生き物の死も大きな影響を及ぼすようである。また、日本人の一般的な家庭の風景として、特定の宗教には属さず、神棚と仏壇がある家に育ち、ご先祖様に向かって毎朝仏壇に手を合わせる習慣がある若者は稀ではない。こうした日常の中で、先祖や生き物が死後も自分を見守ってくれていると感じたり、故人の存在を傍らに感じたり、つながりを感じるなどの命の継承性の感覚は、スピリチュアリティの重要な側面と考えられる。

この点、西平の定義では、宗教性は社会的領域から区分されるが、歴史的事実として連綿と続く命の連鎖を看取することにおいては、個人的領域にとどまらないのかもしれない。さらに、宗教性の位相には、命や死など、死生観に関わる意識や情操という点で、死後の世界に対する関心も含まれてよいであろう。日常のふとした瞬間に、死後の世界が今生きている生活世界とは異なる次元において同時進行で存在するかもしれないという類推が生じて、生や死の不可思議さの感覚にとらわれることもありえる。

次に、第二の全人格性の位相とは、身体的・心理的・社会的次元を含んだひとまとまりとしての個人全体に関わる領域である[6]。調査では、次にみる実存性の位相に比べて、実存的転換を欠くものの、他者とのつながりへと視点が広がる経験と捉えられた。例えば、これまでの人生で辛いときには必ずどこからか救いの手が差し伸べられて、窮地を救われてきたことを実感し、今度は自分も誰かのために助けになりたいと心に決意するような場合である。

また、西平は全人格性について、内面的な探求を伴わないため、生かされている側面を見損なうと説明している。この点、何かの拍子で日常の経験に別の視点からの気づきがもたらされるようなとき、第四の位相に近づいて、主体のさかしらを超えて働くものに対する感性を複合的に味わう場合もあるようだ。例えば、超越的実在との関わりについては保留にしながらも、自分の歩んだ道のりを振り返る過程で、一つひとつの出来事には意味があると実感するに至り、人生というものが実にうまくはからわれていることに感興を覚える経験である。

さらに、文化的な創作物や芸術作品に触れることを通して全人格性に関わる体験は、ほとんどの若者が経験しているといってよい。例えば、本や映画、人気アニメや舞台芸術の鑑賞を繰り返すうちに、物語には作者の隠れた意図があると気づき、ひいては、実人生にも何らかの意味があって各々の出来事が生じているのではないかと人生の捉え方が変えられるようなケースである。ここから、スピリチュアリティの経験が何らかの気づきや自覚、覚醒などと関わっていることも示唆される。

続いて、第三の実存性の位相とは、感動を伴って理解される、魂に触れるような主体の転換・変容と説明されている[7]。実存性は西平によって「求めてやまざる思い」とも表現され、人間的向上を目指した意識的探求と関わる位相である。この点、確かに探求の対象は、最初から超越的なものというわけではなく、青年期には自己実現のための現世的な目標である場合がむしろ多いのではないかと推測された。

他方、実存性の位相では、主体性ばかりを強調するあまり、他者との関係性を見失いがちであるとされる。しかしながら、試験勉強や部活動の試合や発表会のために必死で鍛錬しながら、そうした自力による格闘の果てに、たとえ失敗したとしても受けとめてくれるであろう人たちの存在を感じて、かえって自分を支え親身になってくれる他者とのつながりを見出すに至るケースもある。さらに、その過程で次第に成功にしがみつくことから解放され、実存の在り方が変容していくことがありえる。当初は現実世界を生き抜くために目前の具体的な課題にひたむきにぶつかっていくプロセスで、いつしかその営みが超越的次元に触れているのである。

一方、人との直接的な出会いによって主体の態度が転換することもある。他の人とは異なる形で心の奥を動かされるような、あるいは、その人のためならばどのような犠牲を払ってでも尽くしてあげたくなるような、自分にとって特別な人との出会いを契機として人生の意味を見出し、価値観が大きく転換するのは人間の普遍的経験といえるだろう。前述のとおり実存性の位相では、実存へのこだわりから他者との共存が困難になるとされる。だが、主体の転換は、異質の他者との衝撃を伴う出会いによっても生起するのである。特定の個人との関係ではなく、共同体との関わりによって主体の態度が転換させられることもある。例えば、稽古ごとや塾、地域でのボランティアなど学校とは質の異なる共同体での活動を通して価値観が大きく変容していくような場合である。

あるいは、生活圏の異なる、実人生では接触する可能性のない人物が実存的転換をもたらすことがある。例えば、家族や親友などの身近な人間関係に亀裂が走り、学校生活も不調に陥るなど、いわば日常世界から切れて孤立した状況の中で、偶然知り得た自分よりはるかに過酷な状況に生きる他者の人生の物語に打ちのめされて自分の生き方を問われ、主体が転換するほどの衝撃を受ける場合もあろう。あるいは歴史上の人物の生き方に触発されて、猛然と意欲がみなぎり、人生の新たな展望が打ち開けることもある。

とはいえ、実存の深みに訴えかけてくる衝撃的な経験の全てが、ただちに生きる意味への問いに悟りをもたらすわけではない。この種の経験は長い時間の幅の中で温められ、実人生での関係性において耕され、熟成するのを待つ必要がある。こうした魂に触れるような経験の中でも、実存に根本的な転換・変容をもたらす究極のケースは、いわゆる宗教的回心の体験であろう。カトリック学校で初めてキリスト教に触れ、洗礼を受ける生徒も決して稀ではない。そうした場合、その家族や親友にも何らかの影響をもたらすことになる。

最後に、第四の絶対受動性の位相とは、何らか聖なるものに触れ、「生かされている」と実感する経験を指す。西平は、伝統的なキリスト教神学において用いられたスピリチュアリティの意味は、「外（神）からの働きかけに対する受容作用であった」[8]とし、この絶対受動性がスピリチュアリティ本来の意味内容と重なるとみている。そして、「外からの働きかけ」が唯一神の世界観の文脈から離れると、「自然」とか「宇宙」とつながる感覚になると指摘している。唯一神信仰に根ざす文化的文脈にはない日本人は、このように自然に触れることによって、スピリチュアリティの経験をする可能性が高いのではないだろうか。大自然の中に身を置くと、日頃いかに自分が些細な物事にとらわれているかに気づき、ものの見方が大きくなったり、心が洗われてリフレッシュできたように感じたりする。

あるいは、大切な人との関係が破綻したり、深刻な親子喧嘩を繰り返したりするうちに、このような自分に生きる価値があるのだろうかと疑い、人生の意味を問うところまで追い詰められると、苦しみの極みで生の姿勢が反転して、自分の意思で生きようとしているわけではないのにもかかわらず、それでも自分は生かされているという事実を逆に痛感させられたりする。

ところで、絶対受動性の概念は、「生かされている」という実感に重点を置いており、人間にそうした実感をもたらす源、つまり、人間を生かしている超越的実在を必ずしも前提としているわけではない。あくまでも「外からの働きかけを受け取る」という点に着目した概念であり、何によって「生かされてる」と感じたのかについては問わない。この点、超越的実在との関わりを表明するわけではないが、リアルな質感のこもった「超越」という言葉を用いる若者もいる。まさにこのタイミングで意味ある出来事が起こるとか、天の配剤ともいう具合に人生がうまくアレンジメントされているように感じるときに、自分を超えた力に導かれている感覚を語る文脈においてである。この場合の超越は日常的体験と切り離されてはいないようである。

このように特定の宗教をもたない青年が超越について感知する場合、日常的な選択を導くものであると同時に、通常の意識を超えたものを指していると考えられる。西平は、絶対受動性におけるスピリチュアリティの働きの要点を、「神（聖なるもの）からの働きかけに最も直接的に触れる場であり、そこにおける聞くこと・受け取ること・ゆだねること」[9]にみている。実人生を導く外部からの働きかけを感知し、その力に自らを委ねるというスピリチュアリティの絶対受動性の本質が、こうしたケースに示されているのではないだろうか。

1－2．スピリチュアリティの経験の特徴

ここでは、前項で取り上げた事例について考察する。これまで紹介したケースから分かることは、従来の研究で指摘されてきたとおりスピリチュア

リティの経験は、第一に、生きる意味の探求と関わりが深く、第二に、自己超越の要素がみられることである。さらに、調査結果の分析から得られた知見として、第三に、日常が異化された状況でスピリチュアリティの経験が生じやすいことが示唆された。また、女子青年の語りをみると、第四に、スピリチュアリティの経験は意識化することは可能だが、それを言語化するには困難が伴うといえる。そして第五に、スピリチュアリティを経験することによって、自己内にとどまらず、他者や外界に向かう志向性が育まれることが指摘できるであろう。以下、これら五つの点について順に考察を加える。

第一の生きる意味の探求と第二の自己超越の要素に関しては、超越的実在について明白には言及していない場合でも、自分ではない何かや誰かに向かって自己を超越し、自分や日常や現実を超えた何ものかとのつながりにおいて、生きる意味や命の大切さを感じる体験であるといえる。

例えば、宗教性の位相では、現実には目に見えない死後の存在が自分を見守っている感じが語られ、そのつながりや絆が今の日常生活の在り方に影響を及ぼすなど、命の継承性を感じさせている。また、自分が経験する生活世界以外にも別の世界が存在すると悟るような場合は、現在生きている世界と同時並行的に死後の世界が存在してもおかしくはないという類推を可能にし、日常を超えた世界を否定しない態度を生む。

次に、全人格性の位相では、人生全体を俯瞰するときに自己を超えたはからいを感じ、有意味感をもつに至るなど、目に見える現実を超える意図や日常的なものの見方を超える人生観をもつことを可能にする。さらに、実存性の位相では、自分を支えてくれる存在を感じたり、自分とは異なる生き方からの問いかけを受けたりすることによって、生きる意味がより感じられる方向に転換させられる。自分より優先させたいほど大切な人との関わりにおいて、または、自分以外の何かの働きかけを感じることによって、価値観が根本的に変化する。

絶対受動性の位相では、日頃なじんでいる感性とは異なる視点から自分を捉え直すことによって、日常が当たり前ではなくなり、生かされていると感じたり、生き返るような感じを味わったりする。さらに、人生は超越に導かれていると感じるような場合には、日常の世界と超越を一体的に結びつけて捉えることがありえる。

第三の日常とは異なるいわば異化された状況とは、例えば、家族同様に一緒に暮らしてきたペットとの死別体験、親との衝突、試験や部活動の試合や発表会に臨む緊張と不安を通して、日常生活を中断して趣味や芸術鑑賞などの対象に没頭するなど、今まで当たり前だった生活世界に対する認識がまさに異化される体験のことである。あるいは、日常の学校生活とは異なる規範のもと普段関わるのとは異なるタイプの人たちとの活動を通して、それまで接してきた人たちとは異なる仕方で影響力をもつ特別な出会いによって、日常の学校生活から逸脱し、友人や家族との関係が一時的に希薄になった状況で、ごく身近な家族や親友の生き方が急激に変貌していく過程に接するなども日常の異化に含まれる。または、旅に出るなど日常空間からの物理的な出離に伴い、都会の喧騒とは異なる自然環境に身を置くことで、さらに、思いがけない外的な出来事の到来や、種々の内的な決断場面に際してスピリチュアリティの経験が生じているとみられる。

言い換えれば、死別、衝突、緊張と不安、覚醒、対象への没頭ないし対象喪失、課外活動、特別な出会い、孤立、生活態度の急激な転換、自然との接触、予期せぬ出来事などによって、日常の生活世界に裂け目が生じる状況が、スピリチュアリティの経験を惹起しやすい条件であることが示唆された。

第四の経験の言語化に伴う困難に関しては、面接調査の際に印象的だった点である。対象者の多くが、「自分を超えた何か」を感じた経験についての質問に答える前に、「うまく言えないんですが」とか、「それを明確には表現できないですけど」などと前置きをして、自分の経験と言い表そうとする言葉との間に乖離があるのをもどかしがる様子をみせながら、それでもなるべく真実に近い表現を探そうとしていた。その際、注目されたのは、ほとんどの対象者が、「自分を超えた何か」を感じた経験とは何を意味するのかを尋ね返さなかった点である。

彼女たちは、調査者の質問に対してはわずかの疑問をさしはさむこともなく、即座に該当する経験を思いつくことができた。そして、認識の内では既に捉えているものを言葉で忠実に伝える点にだけ困難を示していたのである。中には「こんなこと誰にも話したことなくて、変に思われるかもしれないですけど」とか、「こんなこと言うとおかしいかもしれませんが」と自分の経験が通常とは異なるのではないかと躊躇を示す場面もあったが、それでも語ろうとする経験の認識については揺らぎをみせなかった。つまり、スピリチュアリティの経験そのものは曖昧さを残さずに意識化できるということである。

第五の他者に向かう志向性については、以下の語りをもって示すことにしたい。これらに共通していたのは、スピリチュアリティに関わる経験は自己内にとどまらないことである。これは、生きる意味についてどう考えるかを尋ねたときに調査対象者から語られた内容である（傍線筆者）。

Ａ：最終的には人のためになれるようなことをするために生まれてきたと思います。人の気持ちが分かった上で、その人を勇気づけるために生まれてきたと思えるようになりたいと思う。

Ｂ：偶然にみえることも全部意味があってそうなってて、いろんな偶然の一つひとつのピースがはまっていって全体の絵になっていると思う。私は次の世代にそういうことを伝える生き方がしたい。

Ｃ：私でも何か人のためにできることがあるのかなと思って。親は私のためにほんとによく考えてくれるんですけど、将来私も親になったら、子どものためならできるのかな。

Ｄ：どうせなら他の人のために何かできたらいいなって思う。人を先導して輝く人もいますけど、私は縁の下の力持ちかなとは思いつつ、自分が生きる役割を見つけていきたいです。

Ｅ：偽善者みたいな言い方になってしまうんですけど、自分の望みとしては人のために生きたいです。

Ｆ：私はワールドワイドで人の役に立つような生き方は向いてなくて、でも、もっと身近な人を笑顔にしたり幸せにできるような生き方がしたいというのはあって。

G：私は親に望んで産んでもらったっていう幸せを感じます。私とは違う誰かと出会うために生まれてきたと思うし、そういう人たちと寄り添って、人を幸せにするために生きていきたいです。

H：生まれた意味が何なのか今はまだ分からないですけど、私が突然死んだら悲しむ人はいて、その人たちのためにと言ったらおかしいけれど、その人たちのおかげで生きているとは言えます。

I：何のために生まれてきたかは分からないけど、愛に生きるということに尽きます。心の底から愛してくれたり、そばにいてくれたり、見守ってくれる人がいれば、その人は救われると思います。

以上のように、多くの女子青年が他者のために生きていきたいと語ったことは注目される。このように他者に向かう志向性が、スピリチュアリティの経験によって生じたり、支えられたり、強化されているとみることができるからである。

とはいえ、青年の中には、人が生まれてくるのは単なる偶然であって生きることに意味などありはしないし、死んだらそれでおしまいで無に帰すだけだとしても、人生の虚しさは自分にとって厭わしいものではないと語るなど、デカダンスへの傾きやニヒルな感覚を示す者も当然いる。だが、そのような場合にも、表向きの発言に惑わされて表層的な理解にとどまってしまうならば、その人なりの意味探求のありようを捉えられなくなるのだろう。生きる意味への問いは、虚しさという形で逆説的に激しく追求している場合もあるし、実は本書の射程とするスピリチュアリティの経験にどこかで通じているのかもしれない。そこで、超越への志向性の現象を人間の経験においてみるときには広い幅で捉える必要があることも示唆された。

以上、質的調査から得られた知見の一部を検討することによってスピリチュアリティの実態の一端を捉えようとしてきたが、本調査を通して、学校教育の中でスピリチュアリティを育成するために検討されねばならない課題も浮かび上がってきた。次項で問題を整理し、そうした課題を提起したい。

1－3．スピリチュアリティの育成に向けた検討課題

本調査を通して、スピリチュアリティ育成に関連して、現代の若者を理解する上で看過できないと思われた二つの点を検討しておく。

1点目として、現代の若者文化の中に潜む癒しを求める傾向と自己肯定感をめぐる課題である。内閣府が平成25年度と平成30年度に実施した7カ国の国際比較調査[10]によれば、日本の若者の自己肯定感が最下位という結果が波紋を呼び、ここ数年、教育界では、いかにして若者の自己肯定感を高めることができるか、について議論されている。じっさい、教育現場でも本調査でも、若者がいかに自分を肯定されたい気持ちが強いかを実感する機会は多く、逆にわずかでも自分に対してネガティブな他人の言動に接すると、人間として全否定されたような打撃を受ける傾向があるようにみえる。他人からありのままの自分を承認され、居場所を確保したいという欲求と同時に、集団から排除されることへの恐れと同調行動が若者世代にみられることは、つとに指摘されてきたところである。

だが、他者からの承認を求め、それが得られなければ自分をよしとできないとなれば、必ず他者を恐れるようになり、人の顔色に振り回され、自己イメージも揺らぎがちとなる。まさにこうした他者からの評価に依存する脆弱な自己受容のありように変化をもたらすところにこそ、宗教教育の役割が躍如するはずである。このように自己受容できず、自分を愛せない状態から、存在を全面的に丸ごと承認してくれる絶対的受け入れとしての超越との関わりへと導かれることによって、より永続性のある自己肯定感が育まれる可能性があるわけである。

2点目として、若者世代を取り巻く物質主義の風潮である。彼らの親世代が高度成長期の経済的価値優先の社会で生育してきたことを考え合わせると、物質や社会環境に依存しない揺るがぬ希望を見出すための教育が必要であると思われるのである。現代人は科学的合理主義によっては満たされない実存的な希求に基づいて、スピリチュアリティに対する高いニーズを潜在させていると考えられるが、物質への依存度を高めていることに無自覚であるために、スピリチュアリティが十分に育たない危険性もあるのではないか。それ

は例えば、種々のヒーリンググッズの販売と消費行動にみられるように、物質を介在させた作用で心理的癒しや安心を得ようとする傾向に反映されている。ところがスピリチュアリティは本来、物質的なものとは対極の精神性に求められるものであろう。それゆえ、物質世界で生きる私たちがいかにして精神的次元での癒しや安心を見出せるのか、スピリチュアリティの育成において、大変重要な課題であろう。

これに関連して、第3章で取り上げたように、島薗進（2007）は、仏教やキリスト教などの伝統宗教とニューエイジなどの新霊性文化とを区別する一つの指標として、人間の苦難や悪に対する強い自覚の有無を挙げている[11]。島薗のいう新霊性文化が人間の否定的側面についての認識を欠いているとの指摘は、ニューエイジに関する教皇庁報告書（2003）にもみられる。同報告書は、「ニューエイジ的スピリチュアリティは…（中略）…自己否定を行うことがない」として、キリスト教のスピリチュアリティには「自分の不完全さ、さらには罪深さを自覚すること」が求められると指摘する[12]。カトリック学校では、心理的な癒しや感情面での安心感を求めがちな若者に対して、正邪併せた自己認識や世界認識を育むことにも留意したいところである。

この他、スピリチュアリティの育成の在り方を考える上で、スピリチュアリティの発達に影響する要因を意識する必要がある。米国の大学生を対象にスピリチュアリティの研究を行った安野舞子（2008）は、スピリチュアリティの促進要因として、①困難に立ち向かうこと、②メンタリングコミュニティ、③内省、の3点を挙げている[13]。これについて若干の検討を加える。

まず、①については、困難がスピリチュアリティの発達を促す契機となりえるとしても、困難をどう意味づけるか、経験に対する解釈の仕方こそが重要と筆者は考える。そして、この意味づけや解釈の仕方は、以下にみる③の要因とも深く関わるものであろう。

次に、②のメンタリングコミュニティとは、「一つの共同体において一人または数名のメンターと呼ばれる指導者的存在が被育成者を支え、励まし、時に試練を与えながら、本人の自発的・自立的な発達を促す環境」[14]を指す。家族や部活動の仲間、地域社会の所属団体などが各人の成長を支援するコミュニティに相当するだろうが、カトリック学校はイエス・キリストの福音を宣教する共同体として、生徒の精神面へのケアに特別に配慮するよう求められているのは言うまでもない。生徒一人ひとりが真に大切にされて、周囲の人たちとのつながりを実感できるように、学校全体として、「あなたはかけがえのない存在ですよ」「あなたはそのままで祝福されているのですよ」というメッセージを生徒各人に実感として伝えられているかが問われるのである。

最後に、③の内省については、自分自身を振り返り、経験したことの意味を省察できる力のことである。近年、看護および教育の分野で、臨床実践力を高めるためのリフレクションの重要性が指摘されているが、確かに内省は、スピリチュアリティの経験を自己形成に役立つ形で生かすために不可欠なプロセスであるといえよう。このため、スピリチュアリティの育成には、ある程度の知的な発達も伴う必要がある。というのは、もしも自らの経験を把握し省察する知的な力によって支えられないならば、スピリチュアリティの経験は単に未消化のまま拡散するばかりでなく、圧倒的に自我を侵襲する危険をはらむからである。

この点に関して西平は、特に第四の位相において、「何らかの聖なるものに触れる」という経験には「聖なるもの」ではないもの、もっといえば「呪われたもの」からの働きかけもありうるとして、そうした混在する要素を「識別」することが欠かせないと指摘している[15]。まさに知性面での教育は、このような識別を生徒が自分自身で行う力を備えるためにも重要となる。

以上の考察から浮き彫りにされた、スピリチュアリティ育成に向けての主要な検討事項は、第一に、他者との比較で相対化されない自己肯定感の育成、第二に、物質主義的風潮にのみ込まれない精神性の育成、第三に、自己省察を可能にする知性面の教育の充実、の三つにまとめられる。

第一の自己肯定感の育成については、カトリック学校の宗教教育には、確かに生徒に心理的な癒しや守られている感覚をもたらす効果はあるが、それ自体が目的というわけではない。重要なのは、自分の存在が絶対的他者に丸ごと受容されているという根底での自己肯定感が育まれることである。このような超越との関わりを軸とした自己受容感を基盤として、生徒が人間として全否定されたと誤解せずに、自我が否定される経験を乗り越えていけるような支援が求められよう。

第二の精神性の育成については、ともすれば日本の若者が宗教に対して抱きがちな「怪しい」「怖い」などのネガティブなイメージを打破し、スピリチュアリティを育むためのメンタリングコミュニティとしての学校づくりが求められる。そのためには、カトリック精神に基づく共同体としての学校は、生徒たちが物質世界と適切に接触しながらも、消費欲求に振り回されずに、物質的なものでは得られない精神的な希望を見出す術をどのように学ぶことができるのか、真剣に模索する必要があろう。

第三の知性面の教育の充実については、カトリック学校は学歴至上主義に対抗しながらも、知性面の育成に正当な価値が与えられないようなことがあってはならない。知性面の鍛錬は宗教教育の中に重要な位置を占めるべきであり、これが粗略になるとスピリチュアリティの経験は生徒の人格に侵襲的に働きかねない。それゆえ、カトリック学校は、知性面の鍛錬と精神面での涵養を両立させるための道筋を見出さねばならないだろう。

以上みてきたことは、考察の範囲が非常に限られているが、現代を生きる女子青年のスピリチュアリティの実態の一端を示しているといえよう。

第2節　女子高校生の生きる意味の探求過程

生きる意味に関する先行研究については序章でみたとおりだが、量的調査も一定量の蓄積がある[16]。序章で述べたロゴテスト、PILテストを用いた研究はその代表的なものだが、PILテストは日本国内でも佐藤文子ら（2008）[17]が主催するPIL研究会により標準化されて医療や福祉の分野で使用されつつあり、これらの研究を継承して浦田悠（2013）[18]が独自に実存的空虚尺度（EVA）を試作して質問紙調査を実施し、人生の意味のモデル構成を提示している。

こうした非常に有益な研究が蓄積されている一方、宗教教育の観点から高校生の生きる意味の実態を把握する研究が十分になされてきたとは言い難い。そこでここでは、筆者が実施した二つのカトリック学校の女子高校生1,363名を対象とした質問紙調査の結果に基づいて、宗教教育に活用することができる知見を３点指摘しておく。

（ⅰ）生きる意味への問いは調査対象者の７割以上に意識化されていた。また、８割近くが生まれてきた意味があるならば知りたいと答えている。ここから女子高校生の生きる意味に対する意識は相当高いと考えられる。また、将来像のモデルとなる人物は必ずしもいないものの、調査対象者の約９割が具体的な将来像があると回答していることから、自らの人生を真剣に考える高校生が大半であることがうかがわれる。さらに、過去指向より現在指向と未来指向が上回っていることから、意味のある人生を求める潜在的希求が高い程度に存在すると推測できる。それゆえ、高校生の内面に潜在している意味への問いに働きかけるような課題を投げかけるなど、生徒の生きる意味に関する問いを教師が積極的に引き出すことも重要であろう。

（ⅱ）自己省察の習慣を調査対象者のうち６～７割の女子高校生がもっており、日記を約４割がつけるなど、内面生活を意識する習慣もある。また、自分探しに６割以上が関心をみせ、自分とは何かに対する関心は相当程度の高校生にみられるといえる。こうした自己存在に向かう意識と生きる意味への問いは連動すると考えられる。他方で、自己受容や自己肯定感、自己満足など自己認識に関わる事項については、青年期特有の不安定で両価的な傾向がみられる。そこで、宗教教育においては根拠のある自信や安定した自尊心を育む役割が求められるであろう。

これについて類似の調査をみると、日記に関しては、東京都内の大学生166名を対象とした質問紙調査で、女性の約38%が高校生の頃に日記を書いていたという報告がある[19]。本調査の結果はこれとほぼ変わらず、この点でカトリック学校の女子高校生に固有の特徴は見出されなかった。また、自己認識に関わる研究は既に相当量の蓄積があるが、対人関係が良好な場合は自己評価が高まり、自分に対する満足度も上昇する一方、自己評価や自分に対する満足度が低い人が必ずしも対人関係が良好でないとはいえないという指摘もある[20]。その理由として、自己評価の肯定性次元と否定性次元の構造は異なるからだと説明されている。このように自己認識には複雑な要因が関わるため、別の複数の調査と併せて勘案する必要がありそうだ。

（iii）対人関係性においては、親密な友情へのニーズが調査対象者の9割近くの女子高校生に意識されていた。また、性格や考え方に影響を及ぼす人物は両親以外では学校の友達であり、友達からの評価が最も気になると全体の5割以上が回答していることから、親友や同世代のピアグループの存在が女子高校生の人間形成に大きな影響力をもっていることがうかがわれる。

青年期において、特に同性の親友の存在が家庭や学校を上回る大きな影響を及ぼすことは、心理学領域でつとに指摘されてきた[21]。また、平成26年度に全国高等学校PTA連合会が実施した「全国高校生生活・意識調査」[22]によれば、女子高校生3,327名を対象とした複数回答可能な質問紙調査で、困ったときの相談相手の1位は「友人」で86.5%、次が「母親」で54.2%となっており、「先生」は3.3%である。さらに、青年期には進路選択に際して、自分の興味と親の期待を重視しながらも、結局は友達の進路選択に左右されがちであるという[23]。

これに関連して、ニュージーランドのスクール・カウンセリングの研究[24]であるが、高校生が学校不適応を起こす場合、個人の問題に焦点を当てるよりも、学校コミュニティに働きかけて、クラスメートとの交友関係を良好にし、特に仲間内での評判を高めることが先決であるという指摘がある。高校生にとって周囲の友達の目に自分がどう映るかがいかに重要であるかを示唆している。これらの点から、学校の交友関係が生きる意味の探求過程に及ぼす影響力を鑑みる必要性を指摘できる。

そこで、教師対生徒の一対一関係を大切にすると同時に、生徒同士の語り合いを教師がサポートする授業形態など、生徒相互の関係性を育む機会を設けることが教育効果を上げる可能性があると考えられる。また、一次集団には存在しない人物がメディア等を通して強い影響力を及ぼすことも本調査から示唆されたので、サブカルチャーを含めた若者文化を授業に取り込む工夫も求められるだろう。

他方、生きる意味や人生をどのように捉えるかは、社会環境や地域差が関連している可能性もあるが、それらは個別に精査しないと判然としない部分が残る。ただ、調査対象者の８割以上が学校に対する帰属意識をもっているとみられることからも、一日の大半を過ごす学校は高校生の人間形成に果たす役割が相当大きいと考えられる。それゆえ、生きる意味の探求過程の支援においても学校教育は重要な役割を担うことが期待されよう。

本章のまとめ

本章では、女子青年が生きる意味を探求する過程でいかにスピリチュアリティを経験しているのか、その実態を把握するために実施した質的調査で得られた知見を、西平のスピリチュアリティ概念の四つの位相に分類して検討した。

まず、「宗教性」の位相では、先祖や生き物が死後、自分を見守っている感じや命の継承性の感覚、ならびに現世とは異なる次元の世界に対する感覚に注目した。次に、「全人格性」の位相では、自分の歩んできた人生全体を俯瞰するときに自己を超える働きや現実を超える意図を感じるケースをみた。さらに、「実存性」の位相では、自分がどんな姿になっても受けとめてくれる存在、言葉にできないほど大切な人との関わり、学校とは質の異なる地域共同体での活動、自分と全く異なる生き方からの挑戦、宗教的回心などが実存的転換の重要な契機となると指摘した。最後に、「絶対受動性」の位相では、自然と触れることでリフレッシュされたり、日常が当たり前ではないと感じたり、超越的な力に導かれていると感じたりする経験を取り上げた。

こうした多面的な位相から考察することにより、青年期のスピリチュアリティの多様な経験に対する理解が深まると思われる。宗教教育の実践においても、神への志向が直接的には表明されない生徒の言動を、いかに絶対的他者としての超越との関わりに導くのかという点を考える上で、スピリチュアリティの経験を広く捉えておく重要性が示唆された。

以上の考察の結果、スピリチュアリティの経験は、1）生きる意味の探求と関わること、2）自己超越と関わること、3）日常が異化された状況で生じやすいこと、4）意識化することは可能だが言語化には困難が伴うこと、5）自己内にとどまらず、他者や外界に向かう志向性を生むこと、などの特徴をもつことが明らかにされた。さらに、本調査の考察を通して、①自己肯定感の育成、②精神性の育成、③知性面の教育の充実、の3点がスピリチュアリティ育成に向けて検討すべき課題として浮かび上がってきた。

併せて、質的調査を補完するために実施した量的調査の結果から、教育実践に次の要素を取り入れることの重要性が示唆された。（ⅰ）生きる意味に関する探求心そのものを育て、意味への問いを引き出すこと、（ⅱ）不安定な自己意識を抱える女子高校生が安定した自尊心を育めるよう導くこと、（ⅲ）若者文化を摂取し、同世代の親友およびピアグループの影響力を鑑みる工夫をすること、の三つである。これらの知見を宗教教育の実践に生かす方途については、次章以降で検討する。

註

1　詳細は第3章を参照されたい。

2　拙稿「女子青年の語りにみるスピリチュアリティ――生きる意味の探求を支える宗教教育の視点から――」東北教育哲学教育史学会編『教育思想』第39号、2012年、75-96頁。

3　拙稿「カトリック学校の女子高校生の生きる意味に関する実態調査」仙台白百合女子大学人間発達研究センター編『人間の発達』第11号、2016年、49-58頁。

4　西平直「スピリチュアリティの位相――教育におけるスピリチュアリティ問題のために――」皇紀夫編『臨床教育学の生成』玉川大学出版部、2003年、206-232頁、西平直「スピリチュアリティ再考――ルビとしての『スピリチュアリティ』――」安藤治・湯浅泰雄編『スピリチュアリティの心理学――心の時代の学問を求めて――』せせらぎ出版、2007年、71-90頁。

5　西平「スピリチュアリティ再考」74-75頁。

6　同上書、75頁。

7　同上書、76-78頁。

8　同上書、79頁。

9　同上。

10　内閣府「我が国と諸外国の若者の意識に関する調査」、https://www8.cao.go.jp/youth/whitepaper/h26gaiyou/tokushu.html, https://www8.cao.go.jp/youth/kenkyu/ishiki/h30/pdf-index.html（2019年8月28日閲覧）日本、韓国、アメリカ、イギリス、ドイツ、フランス、スウェーデンの7カ国の満13～29歳の若者を対象とした意識調査の結果から、日本の若者の意識の特徴を、自己認識、家庭、学校、友人関係、職場、結婚・育児の六つの項目から分析し、子ども・若者育成支援施策に対する示唆を考察した国際比較調査。

11　島薗進『スピリチュアリティの興隆――新霊性文化とその周辺――』岩波書店、2007年、54-57頁。

12　Pontifical Council for Culture/Pontifical Council for Interreligious Dialogue, *Jesus Christ Bearer of the Water of Life: A Christian reflection on the "New Age"*, libreria Editrice Vaticana, 2003. n. 3.2, n. 3.5. http://www.damien highschool.org/.../rc_pc_interelg_doc_20030203_new-age_en.html（2019年5月1日閲覧）邦訳は、教皇庁文化評議会／諸宗教対話評議会『ニューエイジについてのキリスト教的考察』カトリック中央協議会、2007年、70頁、78頁。

13　安野舞子「米国の大学生に見るリーダーシップとスピリチュアリティ――高等教育における"新しいリーダー"育成の探究――」日本比較教育学会編『比較教育学研究』第36号、2008年、107-125頁。

14　同上論文、116頁。

15　西平「スピリチュアリティ再考」82頁。

16　浦田悠によれば、心理学領域での人生の意味に関する研究は1970年代から蓄積されてきている（浦田悠『人生の意味の心理学――実存的な問いを生むこころ――』京都大学学術出版会、2013年、52頁）。

17　佐藤文子他編『PILテストハンドブック』システムパブリカ、2008年。

18　浦田前掲書。

19　地井和也「日記行動が持つ青年期的意義と心理的効果についての探索的研究」学習院大学大学院人文科学研究科編『学習院大学人文科学論集』第18号、2009年、253-282頁。

20　溝上慎一「自己評価の規定要因と人との関係性――自己評価の高低における関係性の構造の違い――」梶田叡一編『自己意識研究の現在』ナカニシア出版、2002年、153-170頁。

21　高木秀明「青年期」中島義明他編『心理学辞典』有斐閣、1999年、501-502頁。

22　全国高等学校PTA連合会「平成26年度全国高校生 生活・意識調査報告書」、http://www.zenkoupren.org/active/2015seikatsuishikichosa.pdf.（2019年5月1日閲覧）

23　杉村和美「関係性の観点から見たアイデンティティ形成における移行の問題」梶田叡一編『自己意識研究の現在2』ナカニシア出版、2005年、90頁。

24　ウィンスレイド, J.、モンク, G.『新しいスクールカウンセリング――学校におけるナラティヴ・アプローチ――』小森康永訳、金剛出版、2001年。（Winslade, J. and Monk, G., *Narrative Counseling in Schools: Powerful & Brief*, Corwin Press, 1999.）

第6章
高校生の自己物語にみる意味形成の三要素の役割

主イエス・キリストの父が私たちの心の目を開き、どのような希望に招かれているか悟らせてくださるように。　　新約聖書「エフェソの信徒への手紙」1章17-18節

本章の目的と課題

本章の目的は、意味の解体と再構築を軸として高校生の自己物語が形づくられる過程において、意味形成の主要な要素がどのような役割を果たしているのか、その一端を明らかにすることである。

学校教育の現場では、生徒から意味づけることが困難な経験について語られることがある。意味を了解し難い出来事に遭遇することは、いわば日常を支えている意味世界に亀裂が走るために人生の危機となる。他方で、意味世界に裂け目をもたらす喪失体験は、「人生の物語が生み出される最も典型的な場所」[1] だとする見解もある。意味の了解を求めて新たな物語の再創造が促されるからである。こうして人生の危機は、物語形成の働きが活発になるとともに、意味形成が促進される時期ともなりうる。挫折や災難、病気や事故など、誰の人生にもある受容し難い経験に意味を見出すことができれば、逆に、自己実現を深める「創造の病（creative illness）」[2] とすることも可能なのである。それゆえ、自らの人生の経験をどのように意味づけるかということが重要になる。

筆者は、生きる意味の探求を支える宗教教育の観点から、カトリック学校の女子高校生を対象として、日常的経験の意味づけと生きる意味の形成過程を探る目的で事例研究を実施した[3]。その結果、高校生の自己物語が形づく

られる過程で、経験の意味づけの仕方に影響を及ぼす要素が幾つかあることが示唆された。本書では、意味形成の主要な要素として「重要な他者」「時間的展望」「内的ファンタジー」の三つに注目する。以下、それぞれの概念について述べる。

第一に、「重要な他者（significant other）」[4]とは、社会化や意思決定場面に際して、判断の準拠となる具体的な他者を指す。この他者は、一般的には家族や学校や近隣など周囲の一次的集団に多く存在するが、マス・メディアに登場する人物など、直接の対面的関係をもたない個人が重要な他者になる場合もあるという。これを物語論の観点から考えれば、次のようにいえるだろう。自己物語が自己同一性を保証するものとして成立するためには、過去の自己と現在の自己が物語の結末で一致するばかりでなく、それが他者から承認される必要がある。社会的了解が得られることによって初めて、自己物語は自己確立の基盤となるのである[5]。それゆえ、自己物語を共につくる相手は、物語る主体の社会的位置づけを確定し、自己同一性の存立を左右する鍵を握ることになる。自己を同定する自己物語を構成し、かつ、書き換える上で、まさに重要な他者なのである。

第二に、「時間的展望（time perspective）」とは、「ある時点における個人の心理的過去および心理的未来の見解についての総体」[6]と定義されている。この概念を提示した心理学者のレヴィン（Kurt Lewin, 1890-1947）は、人生の危機に直面したとき、時間的展望をもつことで乗り越えられることを実証した。過去の体験に対する解釈と未来への展望が現在の在り方に影響すると同時に、過去や未来は現在の生活空間の一部であって、現在という時点においてその都度、過去と未来が統合されることにより、現在が過去と未来を生み出すからである。こうした時間的展望を獲得することによって、現在の状況による被規定性を免れることができると指摘されている[7]。過去や未来との関連で現在を捉えることによって、現状のもつ意味を変えることができるためである。また、時間を意識し存在の有限性を認識することと実存的な問いを発することは、自我の発達上、相関性があるとされる[8]。

従って、時間的展望は意味形成と密接な関連があると考えられる。とりわけ、高齢者が自らの人生の集大成として過去を綴る回想型の自己物語とは異なり、高校生は将来をデザインする力を有する未来指向型の自己物語を描くのだとすると、個々の生徒がどのような時間幅で物事を考え、将来へのヴィジョンをどのくらいの長さまで予見して設計するのか、無自覚的に抱いている時間的展望の相違を勘案することは、個々に応じた意味形成支援の一つの鍵になるだろう。

第三に、「内的ファンタジー」とは、臨床心理学ユング派の河合隼雄（1928-2007）のファンタジー概念に依拠した筆者の造語であり、後段で述べるように、物語様式で保たれた内界のイメージを指す。物語ることが、経験を意味づける行為であることを先駆的に指摘したブルーナー（Jerome Bruner, 1915-2016）は、人間には生得的に「意味へのレディネス（readinesses for meaning）」[9]と連動した「物語へのレディネス」が備わっており、原初的な傾性として「物語的体制化（narrative organization）」[10]が機能していると考えた。筆者の研究でも、物語的体制化の過程で内的ファンタジーが重要な働きをしている可能性が示唆された。そうだとすれば、学校教育の場で教師が高校生の意味形成を支えるためには、生徒が学校生活に適応できるよう配慮するばかりでなく、その内的世界にも目を向ける必要があるであろう。

先行研究では、上記の各要素の中でも重要な他者と時間的展望については、発達心理学領域で既に相当な蓄積があるにもかかわらず、序章で述べたとおり、意味形成との関連では必ずしも十分には論じられてこなかったといってよい。また、従来の物語論研究では、高校生の内的世界に生じていると考えられる内的ファンタジーの現象にほとんど注目してこなかったといえる。

そこで本章ではまず、高校生の自己物語の形成過程で、重要な他者、時間的展望、内的ファンタジーの各要素がそれぞれどのような働きをしているのか、事例研究から得られた知見を一般化して紹介することによって、意味形成の実態の一端を浮き彫りにしたい。

なお、ここで例示するケースは、プライバシー保護に配慮して、特定の個人を識別する手がかりとなる情報を削除し、趣旨を損なわない範囲で修正するとともに、複数の事例を組み合わせて普遍性を帯びた内容に改変した。

第1節　意味形成における重要な他者の役割

1－1．重要な他者の移行──家族から家族以外の関係性へ──

本節では、幾つかの事例を想定して、高校生の自己物語の形成過程で果たす「重要な他者」の役割について考察する。

まず、重要な他者が家族から家族以外の人物に移行していくケースを考えてみる。女子高校生にとって、自己物語を形成する過程で重要な他者が母親である場合は少なくない。ところが、母親に強い愛着を抱いていても、その同じ母親が必ずしも常に理想的な親とは限らない別の側面をみせることがある。特に長い生育過程では母親の心ない言動に触れることもありうるし、母親にとってみれば他愛のない会話から、自分はきっと親から愛されていないのだと信じ込み、見捨てられる不安を心の奥底に抱えてしまう場合もあろう。あるいは、両親の不和など家庭に問題があると、うまくいかないのは自分のせいだと子どもがいわれなき罪悪感を抱いてしまうケースもある。こうなると、真面目で責任感の強い生徒であるほど、自分が我慢することで家庭をうまく収めようとし、家族のために自分が犠牲になる物語に甘んじようとするかもしれない。

そこに心を強く動かされる別の対人関係が生じるとする。例えば、親友や憧れの先輩や交際相手との密着した関係である。この新たに築き始めた家族以外の他者との関わりに人生の重点が移り始めると、これまで当たり前だと思っていた家族関係の歪みや問題点が突然露わに見えてくる。例えば、これまでは母親から不当な怒りをぶつけられるときも自分が至らないからだと思い、何とか母親の気に入ろうと必死になって、親が望むような趣味や部活動に打ち込み、親の承認が得られるような交友関係をアピールしていた。こうして必ずしもする必要のない気遣いに追われて、自分が本来やりたいと思うことすら見失っているとする。

ところが、家族以外の他者との親密な関係性から家族を眺めてみると、これが自分の人生だと思っていたものは、実は親にとって都合よくつくられた脚本どおりに展開していたのであり、本当は自分の思うように生きてよいのだ、という当たり前の事実に目覚め始める。そうなると、悪いのは母親であって自分ではない、と自分と親を切り離して客観視できるようになってくる。こうして自分の主体性を取り戻し、親の人生観とは批判的な距離を置いて、自分なりの価値観を形成することもできるようになってくる。その過程で親への感謝が怒りに、他者への劣等感が自信に、罪悪感が自尊心に逆転するなど、意味づけの転換が行われる。新たに構築した重要な他者との関わりが、自己物語を新しく組み替えるための支点として作用するのである。

このように青年期の場合は特に、家族の物語の配役から脱して、自分の物語の主人公になることが成長の重要な関門になると思われる。それは、自分の育った家庭の中で暗黙裡に共有されてきた物語、すなわち、青年期を迎えるまで盲目的に準じていた意味世界に疑問を呈し、これを打破する痛みを伴うプロセスでもある。しかし、親が依拠している意味の枠組みに対する挑戦なしに、他者と共に生きる意味世界を再構築することはできない。青年期には、両親が生きている物語の配役を降りて、重要な他者と共に新たな物語を創造する中で、親の物語に回収されていた過去の出来事の意味づけを修正し、既存の準拠枠を超えた意味世界を再構築するという課題があるのである。

こうした自己物語の組み替えという一大変革の過程では、悪との関わりが生じるばかりでなく、善へ向かう動きにも過剰さが目に映る場合もあることに、教育者は留意しなければならない。例えば、誰かに必要とされることによって自分の存在意義を証明しようとするかのように、時には自分を犠牲にしてでも人の役に立とうとする動機づけが目立つ生徒がいるとする。この状態を推し進めると、関わる相手は対等に与え合う関係ではなく、与える人と与えられる人、という一方向的な関係になってくる。こうなると、周囲の人と一緒に環境を変え、互いに協力して社会をより良くする方向には向かいにくくなる。関わる相手もその生徒の悲しみや苦しみには寄り添えなくなる。

ところが、自分の存在意義を実存的なレベルで認めてくれる他者がいれば、その人との関わりの中で、人から好かれたり求められたりすることで自分の価値を確認する必要がなくなり、自分本来の望みを優先させ、人間としての正当な欲求を正直に表出できるようになるかもしれない。ここで重要な他者と双方向的な関係性を体験することができれば、生きる意味を実感できる可能性が高まると考えられる。

これに関連して、人生の喪失体験から意味の生成へと向かう局面では、人間の有限性の自覚とともに、限界を超えようとする倫理的な力が強まり、精神性の高い行動規範が現れることを、発達心理学者のやまだようこ（2000）[11]は死別体験の研究の中で指摘している。そうだとすれば、自らの自然な感情を無理に抑圧したり、不自由で硬直した印象を与えたりする生徒の中には、自分にとって世界の喪失に等しい体験ともいえる重要な他者との離別など、世界を把握する枠組みが崩壊し、新たな規範を再構築する過程で、倫理的にならざるを得ない場合もあろう。

被災者の語り研究によってやまだの見解を支持した矢守克也（2004）[12]の考えを援用すれば、こうした場合の倫理的な心構えを周囲は、虚構として退けるのではなく承認することが、その生徒の生きる世界を回復させることにつながる。特に重要な他者によって自らの存在そのものが認められていると実感できたときに、何らかのとらわれや不自然な構えを解除しながら、生きる意味を再構築できるのではないだろうか。

１－２．学校でのつまずきと重要な他者

学校生活では学習面での苦戦や対人関係での葛藤、健康面での不調など、誰もが何かしらのつまずきを経験する。しかも、疾風怒濤と呼ばれる内面的な嵐の渦中にある青年期である。自己物語を劇的に改変せざるを得ない人生初めての大嵐をくぐる生徒にとって、重要な他者はどのような役割を果たすのかを検討してみる。

例えば、特定できる原因などありはしないのに、突然学校に通えなくなったり、教室に入れなくなったりする現象が教育問題の俎上に載せられて久しい。不登校の生徒については、学校が体現する意味体系に準じた自己物語から、学校とは異なる次元で意味をもつ別の自己物語を構築する過程にあると捉えることができる。そのような大きな内的課題と格闘している不登校の生徒に学校で接触をもつ大人は、クラス担任の他、教科担当教諭、司書教諭、

養護教諭、スクールカウンセラーなどがいる。そのいずれもが不登校の生徒のことを心にかけ、誠心誠意対応するであろう。だが、往々にして、担任教諭であれば、生徒を卒業させようという隠れた意図をもちながら接しがちで、生徒をどうにかして教室登校させようと仕向けるかもしれない。これに対して、学校が体現する意味体系からは比較的自由な態度で、生徒の存在そのものと向き合える立ち位置にいるのが司書教諭や養護教諭であろう。

例えば、いわゆる教室不登校の生徒が、仮に図書館で自習を重ねるときに司書教諭に追い払われることなく、「あなたはここにいてよい」というメッセージを表情や言動から受け取ることができれば、自分という存在を認めてもらえた、という安心感をもつことができる。そうして、教室で学習しないことへの後ろめたさや、他の生徒が当たり前にしている教室での学習ができない自分、というマイナスな自己イメージから脱却できる契機になるだろう。

あるいは、養護教諭が保健室に来た生徒を教室に追い返すこともなく、その生徒と一緒にいる時間を共に楽しむとする。そこでは教室不登校の生徒ではなく、一人の人間である。先生は私という人間に真から興味を抱いてとことん話を聴いてくれる。お説教はせずに人生の先輩として思いがけない視点からの助言もくれる。護られたその空間では、先生が自らの人生体験も自然に話してくれて、学校教師という表向きの顔からは見えない、人間味のある側面が分かち合われる。このとき先生は、通常の教師役割から離れた一人の人間として生徒の前にいる。保健室に行けば必ずその先生がいて、毎日のように会話を交わせる状態が日常になったときに、生徒は自分が他者にありのままで受けとめられていることを実感できるようになる。

このような関わりの中で養護教諭はこの生徒にとっての重要な他者になっているであろう。この重要な他者のまなざしに照らして、教室不登校の時期も自らの人生に不可欠な経路として認め、一見否定的にもみえる要素を含んだ人生の道のり全体を自分のものとして受け取り直すことができれば、過去の出来事の意味づけを変える重要な契機となる。

とはいえ、教師の役割を解除して生身の人間の部分で生徒と関わることは、生徒の成長に資する関係性を壊す危険もはらみ、教師の側には十分な良識が求められる。また、生徒にとって学校の先生は自分の全てをぶつけられる相手ではないことも事実である。多くの生徒はそのことをわきまえているものである。自分のあらゆる面を曝け出しても受けとめてくれる最後の砦は何といっても家族であろう。

ところが、親の性質によっては、子どもがどれほど激しい感情の揺れをぶつけても、あるいは自殺の危険さえほのめかしても、あくまでも自分は揺れずに冷静でいるかにみえる場合もある。わが子を思ってなりふり構わなくなる、ぶざまなまでの必死さが感じられないと、命を引き合いに自分をどれだけ大切に思っているのか親に詰め寄っていくこともありえる。自らの情動の荒れや混沌をそのままぶつけて親の愛情を確認するとき、子どもは両親も壊れるほど自分の身を痛めているとは夢にも想像できないだろう。

しかし、時間が経過し、子どもが成長したときに、かつては口うるさい存在として常に鬱陶しく感じられ、批判の対象でしかなかった親が、揺るがぬ巌のように在り続けたからこそ、自己物語の決定的破綻から護られたことが理解できる日が訪れる。意味世界崩壊の危機から救われたのは、時に息苦しいほど密着した関係性の中で体を張って守り抜いてくれた親がいたからこそだと、親の苦労にまで思い至らなかったかつての自分を恥じながら気づく時は来るのである。

それでは、親が依拠している意味世界に疑問を抱きながらも、それとは異なる意味世界の再構築へと向かわせる、親に代わる重要な他者がいない生徒はどうなるのだろうか。例えば、社会階層を強く意識する親の世間的な価値観に晒され続けて、自分は親の期待に応えられない無能で社会の役立たずだと失望し、無力感に襲われたり、希死念慮にとらわれたりして、学校には通いながらも心の奥では無意味感に苛まれているケースもある。親の価値観から自由になることが危機脱出の鍵となるし、それを支持する重要な他者が必要となる場面でもある。

しかし、本人は人間関係に苦手意識をもち、他者との深い関わりを避けたいという場合、周囲の人間との直接体験よりは、メディアに登場する人物や読書から得た内的体験を基に、自己固有のコスモロジーを創造することもできるだろう。人間関係が絡む事柄に対して心的距離をとり、表面的にしか関わらないことによって現実との直接対決を避ける方途もありえる。ただ、未成年の場合は自分を認める準拠枠が親であり、親が否定的評価を自らに下す場合は、それを完全に否認するわけにはいかないので、ことは深刻である。従って、親に反発し距離をとりつつも、他者にはむしろ自慢できる側面を語るなどアンビバレントな態度をとりがちになる。こうなると、エネルギーはありながらそれが拡散し、落ち着きどころを失った状態に陥いる。

このように対象への自我関与が低いケースでは、親子関係や対人関係で、相手を信頼して甘えられる間柄を十分に体験していない可能性がありそうだ。さきのやまだ（1987）[13] は、ブーバーが「我と汝の関係」を関係性の基本単位としたのに対して、我と汝がそこで出会い共存し相互関係をつくる場に「心理的場所」という名称を与えた。

「心理的場所」においては、我も汝もなく、個体は同一の場所の中に溶け込んでいる。同じ「心理的場所」にいる二人の気持ちは、言葉によらずして、情動の伝染によって通じ合う。やまだによれば、この心理的場所こそが主体の居場所であり、心理的場所が定まらないと、行為の主体としての自己意識も育たないために、自己を取り巻く世界を意味づけする枠組みが得られないという。こうした心理的場所が定位できない寄る辺なさは、本人には虚しさや混沌と感じられ、意味形成の主体の確立を妨げうる。何事にも自我関与が低く、事象に没入しない生徒は、他者との温かい関係性の中に、意味形成の礎となる心理的場所をもてないでいるからだといえる。

この点、第1章でみたフランクル思想によれば、生きる意味を見出すことと事象へのコミットメントの度合いには関連がある。このため、現実と対峙することを避け、責任逃れをする対処法を身に付けてしまうと、主体の居場所が確定できず、自分が固有の人生の物語を生きる主人公であるという感覚ももてなくなる。この反対に、対象に責任をもって関わり、他者との相互作用において自己確認しながら、周囲の人間関係の中に自分を位置づけるという体験は、自分の存在についての確かな実感を味わう機会となり、外界の自己と内界の自己イメージとの乖離を埋めて自己一致をもたらす契機となると考えられる。これが、意味形成の礎となる心理的場所を、信頼できる他者との関わりの中に構築するための道筋であろう。さらには、特定の重要な他者が存在しない場合でも、確定した主体の居場所としての心理的場所を所属する共同体など自分の周囲との間に敷くことができれば、それが自己を何らかの対象に投入する際の足場となり、意味形成も促進されることが予想される。

１－３．親友との葛藤的関係

女子高校生の意味形成において親友の存在は特別に重要である。親友が無二の存在となり、二人の関係が極めて密着すると、時として、互いを自分の分身や生き写しと感じるほどの一体的な関係となる。そうなると、当人たちにとっては二人揃って初めて完成体、二人で一つというほどの意識の連結ができあがる。そのような相手には醜い面も含めて自分の全てを見せても嫌われないであろう安心感を抱ける。頻繁に会わなくても、いつも会っているような感じがする。想像力や創造性の豊かな生徒であれば、たとえ生活圏を共有できなくても、一度築き上げた親密性を心の内に維持することはできる。こうした関係性は心理的場所として強力に機能する。

ところが、このような親友との関係が空想上のものというわけではないが、相手の個性が明確ではなく、なぜか実際のリアルな関係には思われない場合もある。これに関連して、やまだ（2003）[14]は、自己と他者関係のモデルとして「うつし」概念を提示している。「うつし」とは、「ここ（現前の場）にないものをここに移す働き」のことである。やまだによれば、「うつし」という心の働きによって、元々は関係がなかった二つ以上のものが「むすぶ（結ぶ・産む）」。「うつし」によってあるものの似姿が反復されると、その働きは単なるコピーや同じものの再生産ではなく、本来は別々のところにあったものが結ばれて、新しい意味が生成される。こうした「ズレのある似姿が反復」される「うつし」の世界では、「自他の一貫性も境界も自明ではない」という。

こうした観点から考えると、ごく親密な無二の親友は、むしろやまだが指摘した、自己と他者の境界が不分明なまま、相互に似姿として限りなく反復される「うつしあう」関係においてのような、渾然一体となったもう一人の自分なのではないかと思われてくる。もう一人の自分のような親友との密接な関係性の中では、意味世界も二人の間で相互に分かちもたれていると思量される。

他方、自分は相手を特別な親友だと思っているのに、相手はそうは思っていないことが判明した場合の打撃は深刻である。教育現場にいると、高校生がいかに友人との親密な関係に憧れているか、そして、それを求めて得られないときの苦悩がいかに激しいものとなるか、を知らされる機会は一度ならずある。相手が学校内の友人であれば、迷惑が及ばないために、あるいは、深刻に辛い感情を惹起するため自分の心に蓋をして、他言せずに記憶の彼方に封印しておく場合もあるが、親友との間で体験される葛藤は、自分の生きる世界の揺らぎや崩壊に等しい致命傷となりうる。

このような親友は、自己物語を崩壊させ新たな再構築を促す起爆剤となる点で、明らかに意味形成過程における重要な他者である。自分とは切り離せないほど特別で、他では埋め合わせることのできない無二の存在であれば、その関係が破綻した場合には、自分自身の一部を失うような痛みと存在の根底からの揺らぎを体験することになる。自分の生き方を全否定され、これまで築いてきたものも全て壊されるような自己崩壊の体験となる。

ここまで一体的な関係性の場合は、自分の内部にある問題を親友との関係性の中に対象化している場合もあるだろう。また、親友への執着が強すぎるときには、相手に対する怒りを味わうことができずに、別の他人との関係に自分の未消化の感情を投影させて、怒りを向けることもある。ただし、相手との正面対決があり、激しいぶつかり合いの果てに自我を壊され、人生が転覆させられるような根本的な変容に至る生徒がいる一方で、相手との温度差を感じた時点で距離をとり、直接的な衝突を避ける方途を選ぶ生徒もいる。後者は、相手との間に暗黙裡に感じられた齟齬について、話し合いの場にもち出して明るみにする機会を逸するために、不信感と悶々とした気分を引きずりながらも、その情動体験を自己成長へと結実させにくくなる。

仮に自分に冷淡な態度をとる相手にいつまでも執着を寄せるならば、それは傍目にはみっともないことと映るかもしれない。だが、それを契機に他の友人に相談するなど別の関係が生じることにより、自己成長の方向へ新たな展開が開ける場合がある。その過程で、何があっても、どのような姿を見せても揺らがずに自分を受けとめてくれる誰かがこの世界に存在すると予感し、そのような他者との関係性の中でいずれは自分も大きく変容できるだろうという希望が生まれる。その点、自分を拒否する相手を深追いするという、なりふり構わないぶざまな姿を曝け出さない代わりに、この痛みを契機として他の友情に向かうことなく、あくまでも対象との距離をとり続けるならば、対人関係性において意味の生成や変容を経験する機会は遠のくだろう。

このため、対象へのコミットメントの度合いは意味形成と連関しているとみてよい。つまり、最初から相手を信じることを躊躇して深い関係性を求めないならば、周囲との対人関係性の中で心理的場所を定める体験が乏しくなると考えられるのである。

この他、意味形成における重要な他者の役割について検討する際、自己物語が誰に向かって語られたのか、についても関心を払う必要があろう。第2章でみたバフチン（Mikhail Bakhtin, 1895-1975）の発話の「宛名性」の概念[15]によれば、人は、ストーリーを語るとき、常に聴き手の応答を先取りして、その都度、適応的な自己を構築している。従って、誰が自分の話の聴き手となってくれるかは、自己物語の内容を決定することになる。ただし、物語の聴き手は、必ずしも現前する具体的な他者である必要はない。自分の親友や家族ばかりでなく、面識のない憧れのメディアの公人、または、その人の前では嘘のつけない誰か、例えば、生前慕っていた今は亡き祖母や亡くしたいとおしいペットなど死後の世界の存在かもしれない。あるいは、内的対話の相手である歴史上や空想上の人物、自分であって自分ではない誰か、いわば自分の良心が聴き手ということもありえる。

これらの可能性を含めて人生の物語は、「ある特定の人に向かって語られるとき、語る者と語られる者との共同の産物」[16]である。自己物語は、聴き手との相互的な共同行為を通じて生成する。こうした物語の共同性の中で、語り手は既に自己完結したできあいの意味内容を発信するのではなく、聴き手の人生物語と相互作用させながら、対話するその場そのときに新たな意味を構築することになる。種々の出来事に対して行う意味づけも、聴き手との関係性の中で変化することによって、人生が新たな意味体系に織り成されていく。出来事そのものは変えられないが、二者関係を母胎として経験の主体的意味が変容するのだと考えられる。

重要な他者とは、想定された自己物語の聴き手でもあり、自己物語の共同制作者だといえる。しかも、語り手と聴き手は物語を共同制作するばかりでなく、意味生成にも共同参与することになるのである。こうして、自己を物語ることは、特に重要な他者と一緒に意味を解体し再構築する意味の共同創造となることの一端が、事例の考察を通して実態的に捉えられた。

第２節　意味形成における時間的展望の役割

本節では、高校生の意味形成において「時間的展望」がどのような役割を果たしているのかを検討する。

時間的展望をもつことは、自我同一性の感覚を維持するためにも不可欠であるとされる。エリクソン（Erik Erikson, 1902-1994）は、時間的展望を青年期のアイデンティティ確立の基礎として位置づけた[17]。過去・現在・未来の時間的連続性において自己の継続性や統合性の意識をもつことが、自我同一性の達成を可能にするからである。それゆえ、時間的展望と自我同一性には相関性があると考えられている。先行研究の知見では、自我同一性達成群は、過去・現在・未来の統合度が高く、自我同一性拡散群は、過去・現在・未来の統合度が低いことが知られる[18]。

このように自我同一性拡散の一側面として、時間感覚の拡散が指摘されてきた[19]。というのは、時間感覚は「～しなければならない」という規範意識の有無と密接につながっているからである[20]。このため、規範意識の乏しいアイデンティティ拡散状態では、人生の区切りや節目が相対化され、人生が平板になるため、まさに時間感覚が拡散してしまうのだとされる。こうした時間感覚の拡散は意味の拡散と連関すると考えられる。

そこで本節では、心理的な過去・現在・未来の時間的統合度に着目した考察を行う。筆者のさきの研究では、時間的展望の獲得と対人関係性および自我関与の在り方が連関していることが示唆された。

２－１．将来の目標がもてない

学校では生徒に将来の目標をもつように指導する傾向があるため、生徒が本人の心の奥底からの願望に基づかずに、学校の枠内での限られた選択肢の中で暗黙裡に強いられた将来像をもつことは十分予想される。あるいは、さしあたりエネルギーを振り向けられる暫定的な目標を立てて、それに集中することで視界を限定し、非生産的な状態になることを回避しようとする防衛機制も働くかもしれない。さらには、自己救済への希求を他者救済へのエネルギーに転換させることで、自分の問題は解決済みであるかのような当座の安心感を得るための心理機序として、社会に役立つような将来展望を具体化することもありえよう。

こうした場合、進学および就職後に将来の見通しが立たなくなるのが普通である。というのは、当面の目標に逃れる必要がなくなれば、将来展望を具体化する内的要請をもたないからである。しかしながら、これから未来に向けて時間を共有したいと思える重要な他者がいれば、自分だけの将来設計ではなく、他者と共に創造する時間軸で将来展望が拡大するかもしれない。

他方、過去展望に課題を抱えるために将来展望を描けないケースもある。特に何らかの理由で現実への自我関与が低いと時系列のつながりが不明確になり、時間的展望の形成は阻害されると考えられる。抑鬱気分が記憶の減退や欠損に影響することは知られているが[21]、意味づけの拒否もまた記憶の定着を阻害するのではなかろうか。想起の研究では、物語的に構造化されないものは記憶上の損失を被ることが実証されている[22]。

この場合、一連の出来事を物語様式として把握できないのは、意味づけることが困難だからではないか。これに関しては、意味づけが想起を規定し、想起の仕方は想起する時点での当事者の意味づけを示しているとの知見[23]が有力な根拠になりうる。例えば、人は忌まわしい記憶を封印するものだが、それは同時に意味づけを保留にする行為でもある。こうなると、過去を回想する際も、具体的な出来事を掘り起こすというよりは、当時感じた辛い気持ちが押し寄せてくる感じになる。その結果として、過去展望の内容は、時系列化した出来事の経緯ではなく、それらにまつわる気持ちの塊になるだろう。

これに関連して、人が苦しみを体験する時間は、実際の経過時間よりも長く感じられるという。知覚される時間は、時計や暦に基づく物理的時間に対して心理的時間と呼ばれる。心理的時間の伸縮をもたらす要因については、さまざまな報告がある。一般的には、それが魅力的な活動であり、適度に困難を伴い、自我関与の高いものであるほど、経過は意識されないので、心理的時間は短くなるという。これとは反対に、その人固有の体内リズムが早く、神経生理学的な興奮が強く、時間の経過自体に意識を集中し、刺激を認知するほど、心理的時間が長くなるとされる[24]。

このため、辛苦が重なる時期は、物理的にも心理的にも区切られることのない、途方もなく長い時間として体験されることになる。だからといって、辛い過去に対する意味づけを避けていると、過去を懐かしむ感情を伴って丁寧に記憶をたどることも、未来に想いを馳せて期待を膨らませたり決意したりすることも阻害される。過去を豊かに想起することができないと、未来を豊かに描くことが困難になるからである[25]。その理由は、過去を肯定的に受容できないために、過去の振り返りが乏しくなると、未来展望の内容までも貧弱になるのだと説明される。

それでは、懐古趣味が強く昔の思い出に浸りがちであるのに、将来展望は具体的にイメージできないという場合は、どのように説明できるのだろうか。こうしたケースでは、辛い過去でも思い出の中では美しく輝いて見えることと関係がありそうに思われる。思い出が美しく変換されがちなのは、過去が生動性を失い一つの形に固定すると、出来事のネガティブな面は捨象されて、当人にとっての肯定的側面のみがハイライトされるからではないか。すなわち、現実というものがおしなべて有している価値の両義性を十分に認識しない場合には、正邪併せもつ両価的な出来事をそのままに自分の体験としていないがゆえに、それがひとたび過去になったとたんに、全てが美しくなるのだと思われる。それが過去回想の頻度に反比例して将来展望が乏しくなるメカニズムと考えられる。

このように情緒面で懐古に浸りつつも過去をありのまま見つめず、現在に対する自我関与も低いと未来展望の乏しさを招くが、過去を明暗含めて評価することは、未来展望の質を向上させる。特に青年期の語りでは、過去を評価することが未来展望や自己の連続性に関連するという[26]。このため、過去展望も未来展望も十分な長さをもたない生徒でも、新たな人間関係の構築とともに過去への肯定感が高まり、自己受容度が増し、アイデンティティの同定度が深まるならば、未来の具体的なイメージが湧くなど、過去と現在と未来の自己が連続して捉えられるようになることが十分期待できる。

２－２．時間的展望の基盤としての対人関係性

それでは、自己固有の体験をそこに刻み込むような時間が乏しく、自己を投入することのできるさしあたっての対象を見出せずに、現実世界から宙に浮いた、果てしなく等質化する時間に生きている場合はどうだろう。従来の時間的展望に関する研究では、非行少年は過去・現在・未来を連続的に捉えられない傾向があり、そのために一般少年に比べて心理的な時間幅が狭く、未来に対して無関心であり、現在指向が強まることから刹那的な行動が増えるという知見が一般的である[27]。非行少年の時間的展望が狭くなるメカニズムは、時系列を曖昧にすることによって、生々しい情動体験から脆弱な自我を防衛するためだと説明される。構造が脆い未熟な自我を圧倒的な情動体験から護る心理機序として、無意図的に時系列を拡散しているというのである。

そうだとすれば、自我が脆弱だと対象への自我関与が不十分となり、時間を一つの連続した流れの中で認識することが難しく、その結果、無数の現在をつなぎ合わせることができないため、将来展望を描けなくなるという仮説も成り立つ。それではなぜ事象に没入できないのかといえば、前項で検討したように、他者との温かな関係性の中に、主体として育つ礎となる心理的場所をもてないというケースもあるのではないか。この場合は、自分の存在が他者に歓迎されているという実感を重ねることによって、事象へのコミット

メントを高めることが、時間的展望を形成する鍵になると思量される。信頼できる他者との安定した関係性の中で、過去・現在・未来の時間軸が一貫したつながりをもつと考えられるのである。

このように対人関係性が時間的展望の基盤になるとすると、時間的展望の先行研究では十分に検討されてきたとは言い難い次の点の重要性が浮かび上がってくる。それは、適切な時間的展望が育まれるためには認知的発達ばかりでなく、情緒的発達にも留意しなければならないという点である。

従来、時間的展望の構造は、認知的側面と感情的側面の二つの側面から研究されており、時間的展望の内容を決定づけるのは、時間管理と計画性で表される基礎的認知能力とみなされている[28]。青年期において時間的展望の変化が顕著なのも、認知的発達が加速化するからだと説明される。時間的展望の幅やリアリティなどは、特に、記憶能力、表象能力、プランニング能力などの認知的側面との関わりが深いと指摘されている。また、課題解決場面での行動の見通しや、長期的な幅における行動の指針を形成する上で認知的機能が重要な役割を果たすと考えられることから、人生設計や進路選択などの未来展望の形成にも認知的発達が大きな影響を及ぼすと推測されている。だが、そうした認知的発達の基盤を整える必要はないのだろうか。

これを考える上で、人間に備わる他者や外界との関係の取り結び方の基本システムについて示唆するところの多い、発達障碍に関する知見を一瞥してみる。高機能知的障碍児の研究においては従来、障碍児の情緒面よりも認知面の問題に焦点が当てられがちであったが、1990年代以降は情緒面の問題にも関心が払われるようになってきた。

こうした研究動向の中、自閉症児の常同行動のメカニズムを解析した石井哲夫と白石雅一（1993）は、情緒面の制御および調律が認知面の治療教育に先立つべきであると指摘した[29]。自閉症児は認知的発達よりもそれ以前に情緒の安定をこそ欲しているというのである。自我を形成し他者との相互関係を築くための基盤は情緒的発達にあると彼らは考えるからである。石井らの仮説は概括すると、人間発達の過程を「情緒の安定→自我の形成→認知の発達」の順序をたどると想定しているわけである。

この見解に従えば、意味形成の過程も、まず安定した情緒の基盤の上に生きる主体としての自我が形成され、そこで初めて認知面も順調に発達するとともに、意味形成を促進するような時間的展望が形成されるという順序をたどるのではないだろうか。この知見を援用すると、生きる意味の形成は、必ずしも認知的な意味概念の形成というわけではなく、むしろ他者と共に生きることによって生まれる意味の世界、つまり、意味の共有世界の創造過程であると捉えることができよう。従って、生きる意味の形成を支える時間的展望を育むためにも、情緒の安定や他者との情緒的交流を深めることが肝要だという主張も成り立つ。

これに関連して、時間的展望の研究を牽引する都筑学（1999）は、時間的展望の研究に欲求・動機的側面からの考察も加えることを提案している[30]。欲求・動機的側面とは、自分の将来計画をもちたいという欲求や計画を実現したいという希望を指す。こうした欲求や動機に支えられて、将来の具体的な目標や計画を設定するのが認知的側面であり、目標の有無や数、目標達成の時期の設定や目標の構造化、過去・現在・未来の統合度を左右するとされる。その結果、過去や未来を明るい・暗いなどと評価する感情的側面が生まれるのだとしている。都筑のいう欲求・動機は、先述した情緒に関わる要素であると考えられる。

また、青年期の語りの研究によれば、「腹が立つ」「寂しい」など情緒の語りが優位になると、他者とは異なる自己を認識し、自我同一性の感覚が強化されるという[31]。さらに、「～したい」と意志や志向性を明確にすることが物語をつくり直す基盤としての自己確認になるとされる。他にも、心理的不安と時間的展望の幅の相関性に関する報告がある[32]。顕在性不安の高い者ほど未来時制をあまり用いずに語り、現在指向的で、時間的展望が短く、心理的現在が長くなるという。これらは認知面と情緒面の連動を予測させる知見である。

さきの例示に戻れば、圧倒的な情動体験から脆弱な自我を護る温かな対人関係性の中で、生起する種々の事象を落ち着いて味わうことのできる心理的場所が確保されるならば、意味形成の主体が育ち、時間的連続性を獲得することができるのではないかと推測される。信頼関係にある他者と今ここに在ることによって初めて、過去の自分と未来の自分が一貫してつながると考えられるのである。従って、他者との間につくられる庇護空間が保証する安定した心理的基盤を土台として事象への自我関与を高め、〈いま-ここ〉で情緒的に対象を味わうことは、時間的展望を形づくる要諦であろう。仮に体験する時点では情緒的に受容し難い出来事であるとしても、想起の中で過去を情緒的に味わい直すことは可能であり、このことは等質化するクロノジカルな時間の中に主体固有の時間を刻み入れることにつながると期待できる。

2－3．時間指向性と時間的展望の幅

以上考察してきたように、時間的展望は信頼できる他者との安定した対人関係性の中で育まれる確かな情緒的基盤の上に形成され、そうした適切な時間的展望が意味形成を促進させると考えられる。この基本的要件を踏まえた上で、意味形成に促進的な時間的展望の在り方について、時間指向性と時間的展望の幅という二つの観点から考察を加えたい。

第一に、どの時制に最も意識が向かうかという時間指向性についてであるが、先行研究では自我同一性達成群は未来指向であり、自我同一性拡散群は過去指向を示すとされる[33]。また、児童期は現在とは切り離された憧れに近い未来指向を示すのに対して、青年期は現在指向的であり、未来と現在の結びつきが高まるという[34]。ただし、この時間指向性は、自我同一性の観点だけから単層的には捉えられないことが筆者の研究では示唆された。

例えば、過去指向では共通していても、将来のイメージが明確か否かには個人差があり、過去の記憶内容に嫌悪を抱く点も多々ありながら、明暗どちらも両価的に認識した上で懐かしむ場合もあれば、過去を全て美しく変換するケースもあるという具合に、日常の過去回想の習慣の在り方や、過去指向の形成要因にはかなりの相違が認められる。

また、意識が頻繁に過去に戻りながら、過去を肯定的に評価できないならば、まず過去に味わうはずであった情緒を味わい直すことが必要であろう。この場合は、過去指向の時期を経るというプロセスがむしろ意味形成過程に

不可欠と考えられる。逆の観点からみると、高校時代に未来指向であることが、必ずしも意味形成に資するとは限らないだろう。このように、過去指向・現在指向・未来指向のいずれにも、ポジティヴな面とネガティブな面がありうる。

さらに、時間指向性は、個人の物語化における意味づけの仕方によっても影響されると予測できる。時間的展望は、現時点から遡及して過去を解釈し、そうした解釈に相関するものとして未来を思い描くことによって生まれると指摘されている[35]。すなわち、過去の出来事を現在どのように意味づけるか、その仕方によって未来が形づくられるという。しかし、人間は明確な目標として強烈にイメージされる将来像から現在や過去を意味づけることもある。

例えば、今の苦しみは将来の夢をかなえるためであり、過去の辛い体験は未来に必ず生きてくる、などの解釈である。この場合は、時間が未来から過去に向かって流れるという時間感覚を示しているわけである。いわば、自分の願望する未来像に即して現在や過去の出来事を整序し、未来を基点として現在と過去を結び合わせ、ひとまとまりのものとして知覚していることになる。こうした時間感覚は、内面に生成しているイメージから派生していると考えられる。このように時間指向性の在り方とその影響は一様ではなく、また、同一人物でも人生の各段階において種々の要因が絡まり合いながら異なる様相を呈するのではないか。

第二に、時間的展望の幅に関しては、次のようなケースはどうだろう。過去・現在・未来の自分が相互につながりをもち、時間的展望が相当程度に獲得されている。過去を回想する場合も、一見マイナスな体験でさえ人生に悪影響をもたらしたことはないと総括している。そうした過去体験を基に、現在の努力も未来において必ず実を結ぶという確信を抱いている。そうであるならば、意味形成を伴った物語化作用が時間的展望を拡大させるはずだと予想される。ところが、本人の内面の時間感覚としては、常にギリギリのところに立たされて、せっぱつまった気持ちでいるとする。しかも早世する予感をもち、その期限も間近に迫ったものである。このような時間的切迫感についてはどう考えればよいのだろうか。

この点について河合（1971）[36]の報告は示唆に富む。大学卒業旅行に一緒に行く4人のメンバー全員が、何の外的根拠もないのに飛行機墜落の不安に苛まれる。旅を思いとどまらせるほど各人の不吉な虫の知らせは強い。この事例を挙げて、河合は次のように分析している。事故死の予感は、実際に起こることの予知感覚ではもちろんない。この4人にとっては、就職前に学生時代最後の記念として催す卒業旅行が、青年期から大人に移行するための一つのイニシエーションとして機能するのに違いない。そう位置づけるとこの旅は、各人にとって青年期の死を内的に味わうという意味を担う。このために、飛行機の落下という外的な象徴が心の内にイメージされることによって、古い自己の死が内的に体験されているのだと解釈される。

さきのケースでも、青年期の常として日頃強い自己変革の願いを抱いていると仮定すると、早世の予感は臆病な現在の自分に死んで、未来の強い自分に早く生まれ変わりたいという衝迫性から生まれる独特な感覚なのだと推測しても、さほど的外れではないように思われる。もう時間がないという極限された時間感覚の中で、何か価値あるものを残さなければならないという義務感が強まり、現在を無我夢中で生きるということになるのではないか。このように、時間的切迫感の強さは自己改革への強い望みと連関している場合もありえよう。

加えて、時間的展望の拡大が望ましいという前提についても注意が必要であろう。一般的に非行少年の多くは、遠い過去や遠い未来への展望が十分ではないとされるが、将来展望は長ければいいというものではなく、現実性をもつ広がりがあることと、柔軟性があることも重要視されている[37]。例えば、進路を決める際に、誰もが自分の思い描いた第一志望の道に進めるわけではない。この場合、将来設計を組み直さざるを得ないため、いったん将来展望の幅は狭くなるかもしれないが、それは現実に即し柔軟性をもった主体固有の時間的展望の再形成を促す機会ともなりえる。

以上考察してきたように、意味形成と連動した統合度をもつと考えられる時間的展望は、その指向性や幅など諸様相については、個々人の自我同一性の在り方、経験に対する意味づけの仕方、過去回想の習慣の有無と過去体験の受容度などよって多様な差異があると推測されるため、一般的な図式で捉えず個別に丁寧に洞察することが望まれる。しかしいずれの場合にも、信頼できる他者との安定した対人関係性の中で育まれる情緒的基盤の上に、意味形成を促進させる時間的展望が形成されることが示唆された。

第３節　意味形成における内的ファンタジーの役割

３－１．物語生成の中核的機能としての内的ファンタジー

本節では、女子高校生の自己物語の形成過程にみられる「内的ファンタジー」の現象が、意味形成にどのような役割を担っているかを考察する。

高校生が父親または母親の価値観と一体化した物語を生きていたとしても、いつかは家族の物語の枠組みを突き破って自分の心の奥底からこみあげてくる願望に従って、自分のよしとする自己物語を生きようとするときが訪れる。

ここで注目したいのは、それと意識せずに両親がつくりあげた脚本に則る家族の物語を優先させているときと、自分自身が生きようとする自己物語へと重心を移行するときとでは、物語化を促進する内的傾性は変わらない、という点である。これについて、やまだ（2000）[38]は物語モードの生成機能について事例研究し、マクアダムスら[39]が提示した「救済シーケンス」、すなわち、悪い事態が「犠牲→回復→成長→学習→改善」の流れで良い方向に変換される物語と、「汚濁シーケンス」、すなわち、良い事態でも次第に転落するという物語の生成化を援用して、否定的体験を肯定へと変換する「救済ストーリー」という生成機能を見出している。

例えば、私は人のために何かしてあげたい性質であると自己規定している生徒が、生起する出来事を全て一貫して人のために役立ちたいという願望を中心に構成し、将来のイメージも世界の貧しい子供たちへの無私の奉仕に生涯を捧げるような人生を描いているとする。こうしてネガティブに語れる要素をも含んだ人生を、人を救うことで自分も救われていく救済ストーリーのもとで物語化しようとする傾性が備わっているとみることもできる。この場合、他者のために生きたいという強烈な願望は、他者を救済する人生物語の

原型として働いていることになる。

この生徒が環境の変化や自己成長に伴い、家族を中心とした物語から自分主体の自己物語へと脚本を書き換えていく過程で、誰かの役に立ちたいという救済軸のもとに自己を意味づけようとする傾性は一貫しながらも、他者救済の在り方が変化していく可能性はある。例えば、「人のため」という同じ主題を目指しながら、自分を押し殺した痛々しい自己犠牲と引き換えに「人のため」に生きるのではなく、自身の幸福の土台をしっかりとつくった上でそれらを「人のため」に生かすこともできる。同じ救済のモチーフを用いながら、救済の在り方は大きく変貌を遂げることがありえる。

この事例では、内的ファンタジーが、自己物語生成の際に固有の物語様式の雛型として機能し、物語的体制化を促進させていると推測される。同じ救済ストーリーを用いながら、色調の異なる物語を生成させているのである。内的ファンタジーのニュアンスにはこうした可塑性があるからこそ、自己物語は変容の可能性に開かれているのであろう。

内的ファンタジーは、物語生成の中核的機能を果たすのみではない。教育現場では、生徒が将来の夢や目標を表出する機会があるが、それらが自らの生きる意味とセットで語られることも少なくない。例えば、文化芸術・スポーツなどの分野でプロを目指す場合、学校の外で専門の指導を受け、学校の友達とは異なる特殊で厳しい鍛錬を独自に重ねる必要がある。そうした生徒は、現時点では苦痛を伴う体験も、生きる意味と同等視されるほどの心の奥底から湧き出る夢の力によって、将来の自分に必要不可欠な経験として意味づける。この強烈な将来像に触発されて過去の辛い体験も自分に意味あるものとして解釈し、未来展望も現実味を増していく。こうなるとその生徒の将来像は単なる空想というよりも、リアリティに満ちた膨らみのある世界に感じられることがある。このように過去・現在・未来を統合し、自己規定する原動力となる将来像をここでは内的ファンタジーと捉えてみよう。

内的ファンタジーがこうして現実の職業と結びつく場合には、自分の才能を発揮し自己実現を果たし、他人や社会に認められて自分の立場を確立したい、という若者らしい夢ばかりでなく、他者や世界とつながりをもつための媒体ともなっているとみられる。つまり、内的ファンタジーは、世界や時間の中に自己を位置づける係留点となっているのである。高校生にとってそれは既に実現したものではなく、まだ萌芽の状態ではあるが、自己と現実世界とをつなぐ媒体として、内的ファンタジーの世界が決定的な役割を果たしうると考えられる。

3－2．内的ファンタジーの生成過程と現実化

内的ファンタジーの生成過程についても検討すべき点がある。例えば、実人生では劣等感を克服して、できない自分からできる自分へ、自信のない自分から自信をもてる自分へ、臆病な自分から強い自分へと変革する、いわば社会の定番ともいえる単純化されたストーリーラインを描いているようにみえるとする。ところが、内的世界には別様の人生の物語を共存させていることもありうる。それは何でも包み隠さず話せて深いところで理解し合える親友のような存在であったり、歴史上の偉人や聖者、あるいは架空の人物であったりするかもしれないが、いわば、内的世界の住人の物語である。外側に見える実人生からは想像もつかないような、全く別の人生物語を心の内に抱えもちながら生きているのが人間ではないだろうか。この現象について理解するためには、第1節で考察した親友との関係性が手がかりとなる。

この場合、先述した親友との「うつしあう」関係性の延長線上に、内的世界の住人たちがいるのではないか。やまだ（2000）[40]は、人の言葉をもう一度想起する行為について、前述のバフチンの「腹話」概念[41]を用いて考察している。腹話とは、言葉の中の言葉はなかば他者の言葉であるという事実から出発して、他者の言葉を対話的に自己の内に響かせて、自分の声に変えていくプロセスであるという。この腹話の頻度が習慣的に多い生徒もいるだろう。自分を取り巻く周囲の世界から、心の琴線に触れる何かをキャッチしてノートに書きとめるなど、それを自分の中に取り込む工夫をするタイプである。そうしていつまでも繰り返しそれを温めることによって、いつしか内的世界に固有の物語が生成するのだと考えられる。

こうした物語生成については、第2章で述べたバフチンの「多声性」の概

念[42]に関するやまだ（2003）[43]の考察が手がかりとなる。多声性の概念によれば、自己の声は単一ではなく、他者の声が含まれている。たとえそれが個人の語りであったとしても、そこには多くの他者の声を響かせるポリフォニー的性質が備わっている。また、たとえモノローグであったとしても、他者に向けられた宛名性をもつ。この概念を援用してやまだは、一人の人間の中に、こうした異種混交の複数の声が相互に響くことによって、対話的な働きをすることが意味生成を促進すると考察している。

さきのケースも、他者の語りを内的に反芻する腹話によって多声性を豊かに経験し、そのうちに異なる人生物語を内蔵するようになる。そして、それらの各ストーリーは互いに邪魔し合うことなく、まさしく多声音楽のように調和的に響き合っているのかもしれない。この腹話の習慣は、おそらく内的ファンタジーの創造と無関係ではないだろう。内的世界において、具体的なストーリーを生きるリアルな人格が、異種混交のポリフォニー的な声を相互に響かせることで、内的な対話が豊かになり意味生成が促進されると捉えられる。しかも、この多声的な物語を基に何らかの創作活動に向かうならば、それは個人内に閉じられたものではなく、宛名性をもつ、他者に向かって開かれた物語になる可能性がある。

さらに、内的ファンタジーが実人生の物語形成にどのような作用を及ぼすのか、について考えさせられる事例もある。学校生活や家庭生活に様々な困難を抱えながら、生きる意味を切実に求める過程で命についての固有のイメージが内的に生じ、死後の世界をも含み込むコスモロジーの原型を形成するに至る生徒もいる。例えば、愛読する本のストーリーが死者とのつながりや、死後生を含む時間的幅で展開しているようなときに、この世の時間軸とは異なるあの世のイメージが新たな自己物語を創造するための重要な触媒となることは間違いないと思われる。こうしたケースでは、既に自己の内部にある種の物語イメージが生成しているからこそ、ピンとくる本と出会って感動するのだろう。それがユングのいう普遍的無意識[44]から創出されるイメージなのかは分からないが、元型[45]があるとされる心の深い層に触れるものだからこそ、自己物語の下敷きとして採用するのだといえよう。そうした場合に内的世界で活発に働いているファンタジーは、肉体としてのこの世の生を終えた後に魂として生きる死後生であるかもしれない。これらは、内的世界の創造性を刺激する統合的シンボルとして機能しているのだと想像される。

他方で、これらの豊かなイメージが、自己物語の創造に直接結びつかない場合はどう考えればよいのだろうか。例えば、この世のどこにもないユートピアを夢見たり、原始時代にタイムスリップしたり、地球から脱出して宇宙人と未来文明を築いたりするなど、現実離れしたSF的な空想の世界が内的イメージを占める場合、現実の人生で実現可能な物語として形を結ぶことはできるのだろうか。おそらくは、このイメージのままでは、物語化の原型として十分機能し得ないに違いない。

しかし、だからといって、それが実人生に意味をもたない無為な空想上の産物であるともいえまい。もしかしたら、これらのイメージの根底に、全てのイメージ創出の源となる、より根源的なファンタジーの原型が存在しないとも限らない。仮にそうだとすれば、それは生徒固有のものであると同時に、普遍性を帯びた内容になるのだろう。もしその生徒が物語体制化を活性化し、人間の普遍的元型につながる自己の深層世界に分け入り、現実世界と適切に接触する通路を見出すことができれば、実生活とのつながりを深めるようなリアリティのあるイメージが生まれる可能性もあるのではないか。なぜなら、内的ファンタジーは何らかの形で現実化されるのを待っている活発なエネルギーだからである。

３－３．物語的体制化を促進する内的ファンタジー

それでは、各人の物語的体制化を促進していると考えられる「内的ファンタジー」とは何なのか。筆者の造語は河合のイメージについての論考[46]に依拠しているので、これを概括しておく。

イメージはユング心理学のキーワードであり、概念の対語である。イメージ産出のメカニズムは、外界の模像としての視覚像ではなく、内界に存在するイメージが外界の投影像に刺激されて動き出すとされる。このため、イメージは個人の心的内容を生き生きと伝える。具体的には、単純な記憶像か

ら夢やヴィジョンまでも含む主観的体験であり、何らかの創造活動や身体活動によって言語的・非言語的に表現される。イメージの特性は、自我のコントロールを超えた自律性を有し、具象性を通して語りかけ、多義的な解釈を許す集約性を備え、直接訴えかけてくるところにある。さらに、イメージは意識的な把握を超えた観念に導く象徴性をもち、創造性と結びついている[47]。

ここで特に注意したいのは、イメージが自律性を有している点である。この自律性は自我の統合性や主体性を脅かすほど圧倒的な力をもつという。個人の願望によって恣意的につくりあげた単なる空想とは異なり、心の無意識の層から生じてくるからである。他方で、河合は人間存在が全体性を回復する過程で「意識と無意識との呼応関係が成立するときに、それはイメージとして把握される」[48]と指摘している。つまり、イメージの産出には無意識の作用が多分に認められる一方で、意識の関与なしには成立しないため、まさに意識と無意識の協働作用で認識されるのだといえる。そのあまりに強力な特性ゆえに自我にとって脅威ともなりうるイメージが、有用に働く場合の代表的な例として、河合は創造的退行を挙げている。

人は、自我が使用できる心的エネルギーを消耗したとき、外的には無気力または幼児的で病的な様態を示すようになる。だが、一見消失したようにみえるエネルギーは実は無意識の層に退行しながら存在している。このとき自我の統制力が緩みながらもなおかつ一種の集中力を保っていると、やがて新しいイメージが出現するとともに心的エネルギーが進行しはじめ、自我は大量のエネルギーを使用できるようになる。そうであるとすれば、退行現象に陥っている人が創造活動を再開できるか否かは、内界にイメージが生じるかどうかにかかっているというわけである。このようにイメージは人間の創造活動において重要な役割を担っていると考えられる。

それではなぜイメージが人間を根底から突き動かす力をもつのか、その要因の一つに、イメージが実人生のモードである物語様式で存在する点が挙げられるであろう。河合はこれを精神医学者のエレンベルガー（Henri Ellenberger, 1905-1993）の提示した無意識の「神話産生機能」[49]の概念と哲学者の井筒俊彦（1914-1993）の意識の層構造についての論考[50]を用いて説明している。前述のようなプロセスで人間の創造活動を促進させるイメージは、意識と無意識の中間領域に存在し、「意識に把握されるときは『物語』として展開しやすい」[51]という。明確な起承転結の構造を備えているわけではないが、無秩序ではなく説話的自己展開性をもち、神話形成的な発展性と構造化への傾向を備えている。本書でいう内的ファンタジーとは、断片的な心象の集積ではなく、特に物語様式で保持している点を強調した場合の内界のイメージのことである。

内的ファンタジーは、個人の内的世界において心的エネルギーが創造的に動き出すための媒介として作用し、その人固有の自己物語の生成を内側から触発する創造力の源と考えられる。河合は、「ファンタジーが現実を創る(Fantasy creates reality)」というユングの言葉を引いて、各人のファンタジーによって現実世界が創造されていると述べている[52]。この点、退行したエネルギーを活性化させることが目標となる心理療法においては、イメージの特性を言語化し、意識化することが目指される。だが、その過程で加えられる合理的機制によって、イメージのもつ生命力までもが枯渇しないよう注意が必要であるという。イメージのもつ意味が厳密に言語化され、自我によって詳細に把握されてしまうと、もはや活力を失うことになり、それではイメージを媒介とした自己生成が妨げられてしまうからである。それゆえ、河合の論考に従えば、意識の関与が強すぎる物語ではなく、内的ファンタジーを生かした物語こそが自己生成に重要な役割を果たすことになろう。

こうした内的ファンタジーの生成過程については明らかではないが、前述の「うつし」概念に関連して提示された、やまだ（2004）の「かさね」概念[53]を用いて考察してみよう。やまだによれば、個人の内的世界にある生き生きしたイメージは、固い構造をもった構成物ではなく、それ自体に主体性のある生き物のような自律性を備えており、時間的にも空間的にも別々の文脈に離れている二つのものを結ぶ生成作用を生み出す。「かさね」とは、このようなイメージが種々に重なり合って新しい意味生成をもたらす作用と説明される。さらに、「うつし」によって、他者を自己の似姿として心の中に反復させることで、別々の存在が結ばれ、新しい関係が生成する。

内的ファンタジーの生成過程も、こうした「うつし」を含む「かさね」の概念によって説明できるのではないか。人は、日々遭遇する異種混交の事象から、類似するイメージを心の内に変奏移動させたり、相互に共通項をつくりながら微妙にズラして反復させたりしながら、別々の文脈にあったものを移して連関させ、異なる時間軸にあるものを交差させることがある。そのうちに、外界と内界が渾然一体となって響き合うような協応関係が生じ、一つのまとまりのあるファンタジーが生まれると考えられないだろうか。その過程で、意味の結合と包摂と分節が繰り返され、さらには意味の転換や再生が重ねられることによって、豊かな意味生成が行われているのだ、と。

これを実証することはできないが、自己実現の過程が合理的な説明のつかない経路で成されるのを観察するようなときに、個人の内的世界にあるファンタジーが自己物語の生成を促し、意味を実現させているのだという考えが説得力をもつように思われる。

このように、日常的な次元では捉え難い物語が実存的な次元において生成している可能性を認める視点をもつことは、一人の人間を理解する上で非常に重要と考えられる。それは、意識レベルでは形を結ばない物語が無意識レベルで生成している可能性に目を向けることだからである。その点、河合(1992)[54]は、あたかも意識的操作の産物であるかのような、いわゆる「できすぎている話」に警戒を促す。それが「つくり話」であるかどうかは、物語に現れるイメージの自律性とそれに伴う感動の深さによって知ることができるという。併せて大切なのは、他者に語られる物語のみでなく、一人の人間の中に多層的な次元で多様な物語が並存している可能性を考えておくことだと思われる。

これに関連して、本章で取り上げた事例を改めて検討すると、日常的次元での経験の意味づけと実存的次元での生きる意味への問いが往還する中で、多層的な自己物語が生成することが示唆される。生きる意味に関する先行研究を包括的に整理した浦田悠 (2010, 2013)[55]は、生きる意味の概念を、地上的・具体的な次元において日々の生活の中で問う意味を「生活の意味」、普遍的・一般的な次元に敷衍して生きること全体について問う意味を「人生の意味」と呼び分け、この二つの意味を質の異なるものとして区別して捉えた。このように異なる次元において問われ、生成する意味を区別する見解に従い、筆者はこれらを「日常的次元における経験の意味づけ」と「実存的次元における生きる意味への問い」と区別して考えてみる。こうした二つの異なる次元における意味への関与の仕方に着目して、高校生の物語を考えてみると、新しい視野を獲得することが可能となる。

例えば、親との死別、父親の単身赴任、両親の不和を発端とする日常的次元での家族の物語の亀裂が、自らの存在の起源を問わせる形で実存的次元での生きる意味への問いを呼び覚ます場合がある。こうして日常の葛藤的経験の意味づけと、それとは質の異なる存在の意味への問いとの間を内面的に行き来することによって、家族と共に生きる物語と、重要な他者との関係性を中心に据えた物語という二つの物語が重なり合って併存することがある。

また、日常的次元において、いじめや不登校という意味づけることが困難な出来事に遭遇し、強い希死念慮さえも抱きながらついに高校を退学したとする。これにより、かつて自らの意味世界を支配していた学校制度から解放され、それを機に、かつての不登校児の物語が新しい別の物語へと移行する。あるいは、学校が体現する意味体系とは異なる意味世界に生きるピアグループとの出会いを通して、日常的次元とは質の異なる実存的次元での新たな物語を創造する内的世界が打ち開ける。こうして次元の異なる意味世界を内面的に往来することによって、多層的な物語が生み出される。

さらに、親との確執や重要な他者との関係の破綻を発端として、もはや周囲の人には期待せず、空想の世界に逃避するなど現実世界への自我関与が乏しく、日常的次元では明確な自己物語の形を結ばないとする。それでも、生きる意味を問い続けることをやめなければ、実存的次元においては、死をも超える永遠性にまで展望を拡大した内的ファンタジーを内包するようになるかもしれない。

このように日常的次元での経験の意味づけと、実存的次元での生きる意味への問いは、質の異なる意味を探求する営みでありながら、相互に連関し合いつつ、意味の問い直しをはかる過程で次元の異なる幾つかの物語を併存させる働きをもっているのではないかと推測される。

以上の考察から、人の物語る行為は、意味を生成する生得的な物語的体制化によって遂行され、そのプロセスは、内的ファンタジーという不可視の世界も関与しながら、人間の多層的な次元で展開されているとみることができる。このように、他ならぬこの自分自身が生きていることの意味を見出すための自己物語を形づくることは、多層的な次元に及ぶ種々多様な要素をはらみながら織り成される、自己創造の営みであるといえる。

しかも、この自己創造は個々人による単独の営みではありえない。前述のように、人の物語る行為は、他者に差し向けられた宛名性をもち、多様な他者の声と響き合う多声性を内包するために、他者との共同生成の行為であった。こうした物語生成のプロセスを踏まえれば、自己創造は、他者との共同行為として成されながら、その過程で生まれる意味もまた、個人の日常的な次元ばかりでなく他者の実存的な次元とも連関し合いつつ、人間存在の種々の次元において共同生成される多層性に富んだものであるといえよう。

本章のまとめ

本章では、意味形成の三つの主要な要素の働きについて、自己物語の事例を基に検討してきた。その結果、（ｉ）重要な他者との関係性を基盤として意味形成が促進される、（ⅱ）安定した対人関係性を基盤として時間的展望が形成される、（ⅲ）各人固有の内的ファンタジーが自己物語生成の重要な触媒として機能する、（ⅳ）日常的次元における経験の意味づけと実存的次元における生きる意味への問いが往還する中で、多層的な自己物語が生成することが示唆された。

重要な他者については、青年期には家族の物語から脱却して自己物語を新たに創造する過程で、重要な他者が親から家族以外の関係性へと重心が移ると、経験に対する意味づけが変化することが認められる。また、親友との関係性の中で意味世界を共有できる場合もあるが、重要な他者との関係に葛藤が生じれば、既存の意味世界が揺らぎ、それを契機に新たな意味世界を再構築する方向へ向かう。さらに、基盤となる重要な他者との関係を支えに別の対人関係を展開し、自らの意味世界を豊かに醸成していくこともある。これに対して、生活圏に重要な他者を見出せず、意味形成の主体となる心理的場所が十分定まらない生徒には、特に教育的配慮が必要であることを指摘した。

時間的展望の様相は多様であることが示唆された。重要な他者が移行する過程で心理的時間幅も変化するとみられる。将来展望の形成には内的ファンタジーも連動すると推測できる。特有の時間的切迫感は青年期には強烈な自己変革への願望と関連する可能性もあり、必ずしも否定的に捉える必要はないと解釈できた。他方で、過去の否定的経験に対する意味づけが困難で想起を阻む場合には、未来展望の形成も阻害されるし、他者との関係性の中で心理的場所が定まらないと、過去・現在・未来の時間軸のつながりを見出しにくくなるなど、注意が必要である。

内的ファンタジーに関しては、物語的体制化を促進させる働きがあること、現実世界と接触するための媒介となりえること、内的ファンタジーと現実世界との接合に困難をきたす場合でも、特有の意味世界の生成過程にある可能性を指摘した。

最後に、「日常的次元における経験の意味づけ」と「実存的次元における生きる意味への問い」という質の異なる意味に着目して考察すると、意味づけることが困難な出来事や重要な他者との関係の破綻を契機として、人生の実存的意味への問いが呼び覚まされ、複数の物語を並存させる創造性が生じることも考えられる。人間には、日常の葛藤的経験の意味づけと生きる意味への問いを交差させながら、自己物語を改訂していく力が備わっている。高校生は、日常生活での複雑な出来事や困惑させる人間関係に対する意味づけと、それとは異なる次元での永続的な生きる意味を並行して探る中で、日常の物語とは次元の異なる物語を確かに創造しているのである。

本章での考察から得られた示唆を、スピリチュアリティ育成に着目して生徒の生きる意味の探求を支える宗教教育の実践に生かすためには、日常的次元における意味形成の主要な三要素を超越的次元へと接合する道筋についてのさらなる検討が必要である。次章ではこの課題に取り組む。

註

1　やまだようこ『喪失の語り――生成のライフストーリー――』やまだようこ著作集第 8 巻、新曜社、2007 年、53 頁。

2　エレンベルガーは、天才的な科学者や芸術家、思想家などが神経症的状態を経験した後に、病からの回復の過程で新しい精神世界を発見し、創造的偉業を成し遂げる事例が多いことに着目し、これを 'creative illness' と名づけた（エレンベルガー, H.『無意識の発見――力動精神医学発達史――』上巻・下巻、木村敏・中井久夫訳、弘文堂、1980 年、Ellenberger, H., *The Discovery of the Unconscious: The History and Evolution of Dynamic Psychiatry*, New York: Basic Books, 1970）。河合隼雄はこれを一般的な経験に拡張して再解釈している（河合隼雄『イメージの心理学』青土社、1991 年、205-214 頁）。

3　主な分析対象データは、女子高校生の自分史テクストと半構造化面接の逐語録である（拙稿「物語論による生きる意味の教育――青年期の自己物語における重要な他者――」日本カトリック教育学会編『カトリック教育研究』第 25 号、2008 年、1-16 頁、拙稿「学校教育における物語論的実践――生きる意味と時間的展望――」東北教育哲学教育史学会編『教育思想』第 37 号、2010 年、55-72 頁、拙稿「女子高校生の自己物語にみる内的ファンタジー――学校教育における意味形成支援の観点から――」上智大学教育学研究会編『上智教育学研究』第 24 号、2011 年、58-78 頁）。

4　後藤将之「重要な他者」中島義明他編『心理学辞典』有斐閣、1999 年、393 頁。

5　榎本博明『〈ほんとうの自分〉のつくり方――自己物語の心理学――』講談社、2002 年、94-103 頁。

6　レヴィン, K.『社会科学における場の理論』猪股佐登留訳、誠信書房、1970 年。（Lewin, K., *Field Theory in Social Science: Selected Teoretical Papers*, Harper, 1951.）

7　白井利明『希望の心理学――時間的展望をどうもつか――』講談社、2001 年、28 頁。

8　同上書、32 頁。

9　Bruner, J. S., *Acts of Meaning*, Harvard University Press, 1993, p. 72. 邦訳は、ブルーナー, J. S.『意味の復権――フォークサイコロジーに向けて――』岡本夏木・仲渡一美・吉村啓子訳、ミネルヴァ書房、1999 年、102 頁。

10　*Ibid.*, p. 80. 邦訳、113 頁。

11　やまだようこ編『人生を物語る――生成のライフストーリー――』ミネルヴァ書房、2000 年、103 頁。

12　矢守は「喪失体験は、当事者にとっては世界の喪失である。世界の喪失とは、世界のなかの対象を文節化し秩序づけていた規範の総体的喪失である。一旦崩壊した規範は、不在となった喪失を拠点として最基底から還ってくる。これが、人を倫理的にしているのだ」として、こうした新たな規範が再構築される過程において重要なことは、「規範を承認する共同性の存在である」と指摘している（矢守克也「喪失＝不在の語りに宿る〈共同〉性」日本質的心理学会編『日本質的心理学会第 2 回全国大会アブストラクト集』2004 年、29-30 頁）。

13　やまだようこ『ことばの前のことば──ことばが生まれるすじみち──』新曜社、1987年、60-61頁。
14　やまだようこ「ズレのある類似とうつしの反復──タルコフスキーの映画『鏡』にみるイメージの語りと『むすび』の生成機能──」日本質的心理学会編『質的心理学研究』第2号、2003年、108-123頁。
15　バフチン, M. M.『ことば 対話 テキスト』ミハイル・バフチン著作集第8巻、新谷敬三郎・伊東一郎・佐々木寛訳、新時代社、1988年、173-180頁。
16　Bruner, *op. cit.*, p. 124. 邦訳、175頁。
17　都筑学『大学生の時間的展望──構造モデルの心理学的検討──』中央大学出版部、1999年、33頁。
18　同上書、77頁。
19　都筑学「大学生における自我同一性と時間的展望」日本教育心理学会編『教育心理学研究』第41集、1993年、40-48頁。
20　大倉得史『拡散──「アイデンティティ」をめぐり、僕達は今──』ミネルヴァ書房、2002年、92頁。
21　榎本博明『記憶の整理術──忘れたい過去を明日に活かす──』PHP研究所、2011年、10頁。
22　榎本『〈ほんとうの自分〉のつくり方』39-55頁。
23　同上書、106頁。
24　松田文子「時間知覚」『心理学辞典』316-317頁。
25　大橋靖史・鈴木明人「非行少年の時間的展望に関する研究」日本犯罪心理学会編『犯罪心理学研究』特別号第26号、1988年、4-5頁。
26　山口智子『人生の語りの発達臨床心理』ナカニシヤ出版、2004年、110頁。
27　河野荘子『非行の語りと心理療法』ナカニシヤ出版、2003年、129-130頁。
28　都筑前掲書、149頁。
29　石井哲夫・白石雅一『自閉症とこだわり行動』東京書籍、1993年、153-164頁。
30　都筑前掲書、35頁、153-154頁。
31　山口前掲書、97頁。
32　都筑前掲書、20-21頁。
33　同上書、77頁。
34　同上書、32頁。
35　榎本『記憶の整理術』22-24頁、42-44頁。
36　河合隼雄『コンプレックス』岩波書店、1971年、139-140頁。
37　白井前掲書、55-58頁。
38　やまだ『人生を物語る』96-103頁。
39　McAdams, D. P. and Aubin, E. S., *Generativity and adult development*, American Psychological Association, 1998.
40　やまだ『人生を物語る』90頁。
41　バフチン, M. M.『小説の言葉』伊東一郎訳、1996年、67-68頁。バフチンの腹話の概念については、ワーチ（Wertsch, J. V., 1947-）による解説も参照した（ワーチ, J. V.『心の声――媒介された行為への社会文化的アプローチ――』田島信元他訳、福村出版、2004年、84-85頁、90-91頁、97-98頁、Wertsch, J. V., *Voices of the Mind: A Sociocultural Approach to Mediated Action*, Cambridge: Harvard University Press, 1991)。

42　バフチン『ことば 対話 テキスト』193-239頁。

43　やまだ前掲論文。

44　ユングは無意識の働きを重視し、フロイトと違って無意識のもつ建設的な働きを強調するとともに、無意識の層を個人的無意識と、世代や時代を超えて人類に共通な普遍的無意識とに分けて捉えている(小川俊樹「無意識」『心理学辞典』825頁など参照)。

45　普遍的無意識の内容のこと。人間の精神世界の中に、祖先から受け継いだ心理的機能の生物学的な秩序として、時代や文化を超えた普遍的なイメージがあるとユングは考えた(小川俊樹「元型」『心理学辞典』227頁など参照)。

46　河合隼雄『影の現象学』思索社、1976年、15-19頁、河合隼雄『イメージの心理学』青土社、1991年、河合隼雄『心理療法序説』岩波書店、1992年、39-55頁、河合隼雄『心理療法入門』岩波書店、2002年、2-28頁。

47　河合『イメージの心理学』27-34頁。

48　河合『心理療法入門』4頁。

49　エレンベルガーが前掲書・下巻の中で、「意識の閾下にある自己の中心領域であり、内面のロマンスの何とも不思議な制作がここで恒常的に行われている」、「幻想をつむぎ出す無意識の傾性」として引用し、ユング派臨床家の間で注目されることになった(河合隼雄編『心理療法と物語』心理療法講座第2巻、岩波書店、2001年、3-4頁参照)。

50　井筒俊彦『意識と本質』岩波書店、1983年、222頁。

51　同上書、14頁。

52　河合『心理療法序説』48頁。

53　やまだようこ「小津安二郎の映画『東京物語』にみる共存的ナラティヴ――並ぶ身体・かさねの語り――」日本質的心理学会編『質的心理学研究』第3号、2004年、130-156頁。

54　河合『心理療法序説』185頁、河合「物語の危険性」『心理療法入門』98-102頁。

55　浦田悠「人生の意味の心理学モデルの構成――人生観への統合的アプローチにむけて――」日本質的心理学会編『質的心理学研究』第9号、2010年、88-114頁、浦田悠『人生の意味の心理学――実存的な問いを生むこころ――』京都大学学術出版会、2013年。

第７章
意味形成の三要素を生かす宗教教育の構想

暗闇の中から驚くべき光の中へと招き入れてくださった方の力ある業を広く
伝えるために。　新約聖書「ペトロの手紙一」2章9節

本章の目的と課題

本章の目的は、日常的次元における意味形成の主要な三要素を超越的次元へと接合する可能性について検討することである。これにより、青年期の生きる意味の探求を支えるスピリチュアリティを育む宗教教育の具体的な在り方を導出する。

前章では、「重要な他者」「時間的展望」「内的ファンタジー」に着目し、高校生の意味形成の過程でどのような役割を果たしているのか検討した。その結果、生きる意味の探求過程を支える教育的配慮について幾つかの示唆を得ることができた。これに加えてさらに、神という超越の視座をもつカトリック学校の宗教教育では、高校生の日常的次元の営みをいかにして超越的次元へと接合するのかについて配慮しなければならないだろう。第3章と第4章では既に、超越の視座に開かれたカトリック学校の宗教教育が、生きる意味を探求する営みそのものを支えうる根拠を有している点にこそ、国公立学校にはないカトリック学校の固有性があると指摘した。

それでは、そうしたカトリック学校の固有性は、具体的な実践としてはどのような形で現れてくるのだろうか。それを明確にするためにも、高校生の日常的次元での意味形成の働きが超越的次元とどのようにつながるのか、意味形成の各要素について検討する必要があると考えられる。しかしながら、

そうした点について先行研究ではほとんど顧みられてこなかったといえる。

そこで、本章では、まず、高校生の意味形成を支える重要な他者との関わりと超越的他者との出会いとはどのような位置関係にあるのかを検討し、次に、高校生の時間的展望をキリスト教の時間意識が示す永遠性の観念につなぐ可能性について考察し、最後に、高校生の内的世界で育まれる内的ファンタジーをスピリチュアリティへと導く道筋について論じる。

なお、本章では祈りについても言及する。周知の通り、祈りには宗教によって禅、読経、念仏、参拝、祈念などさまざまな方法があるが、キリスト教の祈りの伝統にも、口祷、射祷、念祷、黙想、観想などの多様な種類がある。このため祈りを一概に捉えることはできないが、『キリスト教辞典』[1]によれば、キリスト教の祈りは、「人間の宗教性に本質的なものであって、通常何らかの応答可能とみられる人格神に向けられる」。かつ、「キリスト教的祈りの真髄は精神集中でも自力的瞑想でもなく、神から授かる愛に呼応した対話」であり、「人間の超越的人格的次元や信頼および対話などの地平、さらに人間性の本質を開示する希望である」。こうした見解に基づき、ここでは、「祈り」を「超越的他者からの呼びかけに応答する内的な対話」を指すものとする。

第1節　重要な他者から超越的他者との出会いへ

本節では、高校生の意味形成を支える重要な他者との関わりが、超越的他者との出会いへと開かれる可能性について検討してみる。その際、生きる意味の実現との関連で他者との出会いについて論じたフランクルの思想を手がかりとする。フランクル思想の中核に、人間存在の本質を自己超越性とみなす人間観が据えられていることは、既に第1章で述べた。他者との出会いについてもフランクルは人間の自己超越性の観点から捉えている。本節の主題を考える上で、超越的他者との出会いを含意するフランクルの自己超越性概念は示唆に富む。

フランクルは、人間は他者との関わりによって初めて完全に自分自身になることができると考え、「実存的な自己実現は他者なしには起こりえず、むしろ他の実存に接することによって起こる」[2]と述べる。さらに、そうした他者との関わりに向かう自己超越の結果として自己は実現されるとして、「実存は、自己を実現する限り、つねに、自己を超えて向こうへと手を伸ば」[3]すと指摘する。注意したいのは、この箇所で、フランクルは自らが論じている超越とは水平次元のものではなく、垂直次元への超越であると明示している点である。つまり、フランクルのいう「向こう」とは、必ずしも人間のみを指しているわけではなく、超越的他者をも視野に入れており、しかも、究極的にはむしろ超越的他者を志向していると考えられるのである。これについて検討するために、他者との関わりを主題に展開したフランクルの論文として、人間性心理学の「出会い」概念批判[4]を取り上げてみる。

１－１．ロゴスに向かう出会い

心理学の系譜は通常、精神分析学派、行動主義学派、人間性心理学派の三大潮流に分類され、フランクルの立場は、人間の主体性や自己実現を重視する人間性心理学派に位置づけられている。だが、フランクル自身は、人間性心理学の立場とは一定の距離をとり続けた。その主要な理由は、人間性心理学の「出会い（encounter）」[5]概念をフランクルが問題視したからである。

彼が批判したのは、例えば、ロジャーズ（Carl Rogers, 1902-1987）が開発したエンカウンター・グループ[6]に代表される運動である。米国では 1960 年代から 70 年代にかけて、自己成長や対人関係の改善を目指した対話を中心とするエンカウンター・グループが急速に興隆していた。この動きに対してフランクルは、そこで行われる実践が必ずしも人間的なものではなく、むしろ人間をモノ化する機械的で操作的なアプローチであると指摘した。具体的には、不都合な感情の抑圧から人間を解放するための感受性訓練によって、怒りや悲しみや攻撃性などを発散させたり、または薬物の力で感情を鎮めたり、あるいはグループメンバー間の対話を促進して、相互の助け合いや親密な関係性を奨励したりすることなどである。それでは、なぜこれらの実践が人間的なものではないといえるのだろうか[7]。

人間性心理学の「出会い」概念批判の骨子は、次のように展開していく。フランクルの理解によれば、「出会い」概念そのものは、マルティン・ブーバー（Martin Buber, 1878-1965）をはじめとする実存主義思想に源をもつ。彼らの思想は、共同存在という観点から実存を解釈する道を開いた点では評価できる。だが、「出会い」を「我と汝の関係」として捉える見方には、ある重要な何かが欠落しているというのである。それは、「出会い」が一つの次元に閉じ込められたものとして理解されている点である。

第1章でみたように、フランクルによれば、人間は身体・心理・精神の三つの次元から成る次元的存在であり、身体的次元にも心理的次元にも還元されない精神的次元には自己超越性が備わっていて、それこそが人間存在の自由性と責任性の由来である。これに対して、人間性心理学の「出会い」概念では、人間が身体的次元と心理的次元に限定して捉えられ、精神的次元が看過されているというのである。

この精神的次元の重要性を説明する際に用いるのが、ギリシア語の「ロゴス（logos）」という言葉である。フランクルは、ロゴスに含まれる「精神」と「意味」の二つの意味合いを取り込んで、意味を求める人間の「精神」と人間存在の「意味」の両方に焦点を当てる自らの精神療法をロゴセラピー（Logotherapie）と名付けた。これに対して、人間性心理学の「出会い」概念にはロゴスが欠けている点が批判の核心部分となっている。

フランクルによれば、二者のコミュニケーションには第三の側面として、双方が志向する対象としての意味の世界が度外視されてはならないが、この意味の世界こそがロゴスである。ロゴスは、対話者同士が相互に交わす言語が指し示すところの、主体が志向する対象の全てが一緒になって構造化された意味の世界である。フランクルが考える対話とは本来、このロゴスの次元に入っていくものであり、「ロゴスなしの対話」[8]、つまり、何らかの志向の対象への方向性をもたない対話は、実のところ各々の単なる独り言（monologue）にすぎない。

こうした見解からフランクルは、人間の精神生活の基本を我と汝の対話として捉えたブーバーらの定義には、「自分以外の別の何かに関わろうとし、別の何かに向かう存在」[9] としての実存の自己超越性に対する理解が欠けていると批判する。

それでは、フランクルの考える出会いとはどのようなものだろうか。彼は、「本当の出会いは、ロゴスに向かって開かれた共同存在の一つの様式である」[10] という。そのような出会いにおいては、対話が単なる自己表現にとどまることなく、「相手の人が自分自身を超越してロゴスに向かうことを認め、さらに自分も相手も共に、相互に自己超越していくことを促す」[11]。そのようにして出会いは意味を実現させるばかりでなく、人格的な水準の愛をも体験させる点をフランクルは強調する。つまり、「その人が、ほかの誰とも交換不可能な、固有名詞を持った唯一無二のかけがえのない人であることを気づかせてくれる」[12] のが本当の出会いである。

それにもかかわらず、人間性心理学の「出会い」概念では、「人間は窓のない、つまり自己超越的な関係への通路を持たない、ただの単子（monad）とみなされてしまっている」[13]。言い換えれば、人間を超えた次元との関わりなしに、人間と人間が向き合うだけならそれは真の対話ではなく、出口のない独白にすぎない。その結果、エンカウンター・グループが目指す「出会い」概念は通俗的文脈に堕してしまい、そこでの実践も、余人をもって代え難いその人だけの固有性に気づかせてくれるような、人格的な水準での愛に至らない危険性があるとフランクルは見抜いたのである。それゆえ、自己超越性への窓のない閉じた単子から出で立ち、意味の世界であるロゴスに開かれて共存することによって、相互の自己超越性を促進させる真の出会い、さらには愛の体験に至る可能性があるとフランクルは言いたいのである。

フランクルが人間性心理学の「出会い」概念を人間的とみなさず、むしろ機械論的人間観として批判するのは、このためである。人間性心理学が自己超越性による「人間の可能性」を考慮しないのは、要するに人間は「様々な力の操り人形であり餌食でしかない」[14] と教え込んでいるのも同然だからである。人間存在の本質が自己超越性にあるという人間観は、人間には意味の実現に向けて自分自身や世界をより良い方向に変える自由があるという確信につながる。逆に、意味を探求する存在としての人間の自己超越性を認識しないことは、人間を閉じられたシステムとみなすに等しく、その結果、「必然的に人間から力を、つまり悲劇を勝利に変える力を、奪ってしまわざるをえない」[15]。

こうした人間観に立ってフランクルは、人の性格や行動を身体、あるいは心理に内在する諸々の原因の結果と考える立場の心理学を批判する。そうした学問が人間同士の対座する次元だけに視界を限り、意味の世界への自己超越性を等閑視しているからである。

1－2．超越との親密化としての祈り

このようにフランクルは、ロゴスなしの対話に陥りがちな人間性心理学の「出会い」概念に痛烈な批判の矛先を向けている。とはいえ、フランクルはただ「出会い」という名の偽りを暴き立てるだけでなく、同時に、偽りから覚醒する方法についても述べている。フランクルの洞察によれば、現代人は、たとえ非人間的な偽りの「出会い」であっても、親密な関係を求めざるを得ないほどの孤独感に苦しんでいる。現代人が自分のことを「気に懸けてもらいたい人たち」であるのは、「産業化社会が持つ非人間的な風土の中で」「そこに欠けている温もりをなんとか補償したい」からであり、彼らは、「親密な関係によってこの孤独感、寂しさをなんとか埋め合わせたいという」「あまりにも切実な、あまりにも切羽詰った」「叫び声をあげている」[16]。

このような深刻な孤独感の中で、本当に必要なのは、偽りの親密さよりも「創造的な孤独」、つまり「自分一人で存在する勇気（the courage to be alone）」[17]であるという。そのための具体的な方法としてフランクルが勧めるのは、祈りである。周囲に人がいない状態を創造的な孤独として瞑想する機会へと変えるよう提案するのである。邦訳で「瞑想」と訳された言葉は、原文では「観想的生活（vita contemplativa）」[18]となっており、その同じ行に出てくる「活動的生活（vita activa）」と対比させてフランクルは意識的に用いていると考えられる。この「観想」という言葉は、キリスト教の伝統では、「肉眼もしくは心眼で〈見る〉高度に集中した精神状態をさし、実践的な〈活動〉に対する」「神との一致に至る祈りの形態」であり、「瞑想修行とは異なり…（中

略）…純粋に神を対象とする至福直観に限定される」[19]。

つまり、観想とは、人間の側の能動的な修行によって獲得する意識集中ではなく、恵みとして受け身的に賜る神との出会いそのものを指しているといえる。もっとも、フランクルはこの箇所で、神との出会いを直接明示しているわけではなく、創造的活動による意味の実現と、何かを感受する体験による意味の実現との間に、適切なバランスをとることの重要性を言及するにとどめている。しかし、フランクルが生きる意味の実現を問題とする文脈で、産業化社会の過重な活動的生活の中に定期的に観想する時間を確保するよう勧めるのは、超越的他者としての神との出会いを視野に収めたものだと捉えて間違いないだろう。

この考えを支持するものとして、次の点を指摘したい。フランクルは祈りの仕方について詳細は何も述べてはいない。だが、フランクルが意図する祈りの内容を幾らか推測することはできる。フランクルはエンカウンター・グループで奨励される感受性訓練の具体的技法として、「リラックスする」ことや、「自分自身を丁寧に観察し、見つめ」、その内容についてグループのメンバーと際限なく話し合うよう促すことを取り上げ、これらの実践によって参加者の実存的空虚を「生きる意味の代替物で誤魔化している」と批判している[20]。このことから類推して、フランクルが勧める祈りは、単なるリラクゼーションや自己内省、もしくは自分についてのおしゃべりでないことは確かであろう。

さらに、フランクルの祈りについての考えが明確に分かる別の論考[21]がある。ここでフランクルは、祈りが成し遂げるのは超越との親密化であるとし[22]、最も親しく対話する相手としての神を祈りの中で思春期の頃から自ら体験していると明かしている[23]。フランクルにとって祈りとは、神を汝として瞬間的に輝かせることができるものである[24]。祈りは神を汝として現前化させることのできる、人間精神の唯一の行為なのである。

ここで見落としてはならないのは、フランクルにとって、祈りは特定の宗教の信仰心に限定されない点である。フランクルは、人が極度の孤独にあり、自分自身に対して極限的に誠実であるとき、その人が考え、心の言葉で話すことは全て本来的には神に向かって話しているのであり、その場合、その人が有神論者であるか無神論者であるかは非本質的なものになると指摘している[25]。そのように「人間が一見したところ空とか無に思われるものに向かって“汝”と話しかけるとき、まさにそのときこそ、彼は永遠の汝に向かって話しかけている」。「その汝が永遠であるというのは、人間が、たとえまったく無意識的にではあっても、つねにその汝に話しかけており、またつねにその汝から話しかけられているから」[26]である。

この見解の前提には、第1章で取り上げた「無意識の神」の概念があるだろう。人間は誰でも無意識的に既に神との応答関係の中にあるとフランクルは考えていたために、人がごく誠実に考え、語ることは永遠の汝である神との対話になっていると言い得たのである。人間の意識の有無にかかわらず「神は絶対的に超越すると同時に絶対的に親密である」[27]と信じていたフランクルにとって、有神論であるか無神論であるかはほとんど問題とならない。これらの箇所から、フランクルが考える祈りの本質は、単なる自己との対話ではなく、究極的には超越的他者である神との出会いにあり、それは人間存在の本質からして誰にでも普遍的に可能であると捉えられるのである。

ただし、フランクルは祈りを重視することによって、人間との出会いの価値を低く見ているわけではなく、それどころか人間同士の出会いが愛の体験に至ることを生きる意味の実現と捉え、非常に重視している。それだからこそ、他者との出会いが十分に深められるためには、互いが見つめ合うのみならず、各々が意味の世界に向かって超越する必要があると言っているのである。従って、重要な他者との関係性は、二者関係の中に閉じこもらず、何らかの超越に対して開かれたものになることによって、双方の意味の実現を助け合う関係へと発展する可能性をもつといえる。

そうした関わり方においては、直接的に超越的他者としての神を志向することが意識されなくても、「自分以外の別の何かに関わろうとし、別の何かに向かう存在」[28]としての自己超越性を相互に促進し合っているという点で、日常的次元での関わりが超越的次元での関わりにつながる関係性になっているといえよう。こうした関係性の中では、重要な他者との閉ざされた二者関係から超越的次元に開かれた関わりへと方向づけられることによって、双方ともに意味の実現が促進されるばかりでなく、相互に唯一無二の交換不可能なその人固有のかけがえのなさが体験されるのである。

カトリック学校では、このように超越的次元に開かれた関係性が奨励されるとともに、さらに祈りの体験を深めることによって、イエス・キリストが啓示する神との出会いへと導かれもしよう。カトリック学校で祈りは通常、朝礼と終礼、食前と食後など、日常の時間を区切る一つの慣習として形式化されているが、神との対話としての祈りについては人格の尊厳に属する領域として強制されてはならない。しかし同時に、超越的他者への直接的な志向性を意識する生徒に対しては、教育的に配慮する責務もあるはずである。

この点で、カトリック学校が人と人の関係性という水平次元での関わりのみに視界を限るならば、国公立学校で行われる道徳教育の水準と何ら変わるところがないであろう。もしそうであれば、生徒の内面に潜む超越への志向性もニューエイジなどの新霊性文化に絡めとられる危険性があることは、既に第3章で指摘した。カトリック学校で行われる教育が、キリスト教信仰に基づく宗教教育であるならば、水平次元を超える垂直次元の超越の視座を明確に打ち出すことが不可欠であるし、そうした宗教教育の一環として、生徒の人生の意味探求の途上に超越的他者との出会いの可能性を指し示すことは、カトリック学校の使命ともいえるのである。

第2節　時間的展望とキリスト教の時間意識

前章では、意味形成の主要要素としての時間的展望に着目し、過去・現在・未来の自己が一貫した時間的展望をもつことによって意味形成が促進されることなどを指摘した。これに加えて、カトリック学校で学ぶ高校生は、日常の世界を支配する時間軸を超えた時間意識をもつ聖書に基づいた宗教教育の中で、超越的次元を視野に入れた時間的展望を獲得する可能性があると考えられる。そこで本節では、高校生の通常の時間的展望を、いかにして聖書に基づく時間意識に結びつけていくかについて検討してみる。

2－1．聖書にみる時間意識

ここでまず、キリスト教の時間意識について概括しておこう。もっとも、キリスト教の聖典である旧約聖書と新約聖書を併せた、それらの成立年代は数世紀間に及ぶため、その間に複数の聖書記者によって記された聖書全73巻の各書物にみられる時間意識を一概に捉えることはできない[29]。それを踏まえた上で、他宗教および他文化と比べてキリスト教に特徴的な時間意識として、主に次の三つの点が指摘されている。

第一に、時間の表象が「ヘレニズムにおいては円環であるのにたいして、原始キリスト教、聖書的ユダヤ教…（中略）…にとっては上昇する線である」[30]という特徴がある。第二に、上昇する線を描くキリスト教の時間意識は、周期循環的ではなく、「始めと終わりとが区別せられる」[31]。特に旧約聖書にみられるヘブライズムの直進する時間の意識は、一回的で不可逆的な終末論を起源としているからである[32]。第三に、キリスト教の時間意識は運命決定論ではなく人間の自由意志が尊重される点である。不可逆性としての時間を意識するとき、反復する自然の時間性に対して、自立的に超越する一回性としての実存的時間の意識が現れるからである[33]。

以上挙げたような特徴をもつキリスト教の時間意識を学ぶことによって、高校生はどのような時間的展望を形成し、現在をどう生きるように導かれるのだろうか。キリスト教の時間意識が直線的であること、始めと終わりに区別されること、人間の自由意志を重視することは、互いに関連し合っているので、以下、これらを軸に上掲の疑問について検討してみる。

まず、起点と終点をもつ直線的で、かつ自由意志が関わる時間を考える際に、どうしても直面する問題はキリスト教にいう「永遠」の観念である。キリスト教は永遠を志向して時間を超え出ていく特質をもつ宗教であると指摘されてもいる[34]。この見解は的を射たものであろうが、永遠への志向性はキリスト教の場合、現在の時間の否定とはならない点に注意が必要である。

確かに「聖書は一貫して神を永遠なるものとして語る」[35]。このため、キリスト教神学思想史においては永遠とは何かという問いが繰り返され、永遠と無時間性との関連や、「永遠の今」という観念について議論されてきた[36]。

その中で、キリスト教の時間意識の基礎ともなったアウグスチヌスの時間論では、時間は被造世界の一部であり、無時間的な神が創造したものと捉えられている[37]。そこでは真に存在するのは現在だけであり、過去は記憶、未来は期待として現在の意識の中で存在しているという。そして時間を超越する神は常に永遠の現在に在ると考えられる。

これが「聖書は時間を超越した神の啓示の書であるのに、時間を指示する言葉で始まり、時間を表す言葉で終わっている」[38]ことの理由でもあろう。神は永遠の存在という抽象的概念ではなく、歴史の時間を通じた具体的働きかけによって啓示されるからである[39]。つまり、天地創造によって始まり、イエスの受肉・十字架の死・復活・聖霊降臨を頂点とする救いの歴史が、イエス・キリストの再臨と最後の審判により決定的に完成する終末の時を迎え、神の永遠の中に入るという、始めと終わりをもつ直線的な時間的構造のある救済史観がそれである。

ここにみられるキリスト教の「永遠」とは時間の反復や回帰ではなく、一つには時間の不可逆性の表現[40]と考えてよいだろう。「キリスト教における〈時〉は、抽象的な絶対時間の観念や等質の反復する円環の表象とは異なり、常に神の永遠と対照され、また神が介入する歴史的事件によって不断に刷新される不可逆な過程である」[41]からである。

こうした時間の不可逆性の観念を表すものとして、聖書に書かれた時間を表す単語に注目するのは有益であろう。ギリシア語聖書で時間を表す単語は、「χρόνος（Chronos）クロノス」と「καιρός（Kairos）カイロス」に区別される。ギリシア哲学の系譜でクロノスは、過去から未来へと一定方向に流れて時計で測定できる量的時間であるのに対して、カイロスは必ずしも前進的でも一方向的でもなく、主体にとって重要な意味をもつ出来事と関わる質的時間を指す。特に聖書では、「クロノスは通時的経過において見られた定量的時間を意味し」、「カイロスは神意によって配剤され人間に決断的応答を要求する決定的時点」[42]を指すという区別がある。聖書ではクロノスもカイロスもともに神の支配のもとにあるが、特にカイロスは、「救済史全体あるいはその部分を線分的に表す」クロノスの「線分上に配置されたそれぞれ一回的かつ決定的な時点を表す」[43]とされる。

具体的にみると、新約聖書の中でカイロスの語が使用されている箇所は、イエスの言葉としては次の場面が挙げられる。まずイエスは、自らの宣教活動の開始に当たり、「時は満ち」[44]と神の国の到来を告知する。続いて、イエスの説教を聴きに集まる群衆に向かっては、「神の訪れてくださる時」[45]をわきまえ、最後の審判の「その時」[46]に向けて目覚めて生きるよう勧める。さらに、救いの業としての十字架上の自らの死が近づくとそれを「わたしの時」[47]と呼ぶ。

イエスの死と復活の後、弟子たちの言葉でカイロスの語が使用される場面も、イエスによる言葉の使用法に倣っている。例えば、イエス・キリストの再臨する「定められた時」[48]に備えて生きるよう弟子たちが説教する場面である。以上に挙げた用例で「時」と訳されている新約聖書のギリシア語は'καιρός'である。このようにカイロスは、神との決定的出会いの瞬間を指しているとみることができる。

クロノスとカイロスというこの二つの時間意識を、生きる意味の探求と関連づけてみると、客観的なクロノスの時間の流れの中に主体固有のカイロスの時が刻まれるならば、それが生きる意味に関わる経験になると考えられる。言い換えれば、クロノスの有限で不可逆な時間の切迫性を意識して、生の質を高めようと自覚したとき、物理的時間の流れを超え出る自律性をもって、贈与としてのカイロスを自由意志による主体固有の時としてクロノスの時間軸に刻むことができるのである。このカイロスこそは、永遠に失われない時間だといえよう。それでは、どうすれば流れゆくクロノスの時間を永遠に刻まれるカイロスの時間にすくい上げることができるのだろうか。

これを考える上で重要なのは、カイロスは先述したように「神意によって配剤され」る恩寵であると同時に、「人間に決断的応答を要求する」要素をもち併せている点である。いわば否応なしに自然的定めとして経過するクロノスの時間の中に、質の異なる時間として訪れる恩寵としてのカイロスを、まさしく主体固有の実存的時間として永遠の相に刻むことができるかどうかは、各人の自由と責任にかかっていると考えられる。以上のことから、聖書にみるキリスト教の時間意識は、人間の自由意志を尊重するとともに、その責任を問う性質をもつといえる。

２－２．フランクルの時間論

続いて、聖書が示す時間意識と共通して、人間の自由意志とそれに伴う責任を強調したフランクルの時間論[49]を取り上げる。フランクルの時間論は、ユダヤ・キリスト教の伝統を土台としており、とりわけ旧約聖書のヨブ記に影響を受けていることが認められる[50]。その上でフランクルは、彼がそれを「実存哲学」と「静寂主義」と捉える二つの立場を批判しながら[51]、それらとは異なるものとして独自の時間論を展開している。

フランクルの説明によれば、前者の「実存哲学」は、現在だけが本来の現実であり、唯一意義をもっているという考えから、「今・ここ」を重視するのが特徴である。その半面、過去を失われたものとみなすため、意味の実現のために費やされた時間も無意味となり、その結果ペシミズムに陥るとしてフランクルは問題視した。

他方、この考え方と対極にある後者の「静寂主義」は、永遠性こそが本来の現実であるという立場から、時間というものも結局は意識の錯覚であり単なる仮象の世界にすぎないと考える。この立場は、人間の自由意志やそれに伴う責任を考慮しない宿命論に直結しやすいという点で、フランクルの批判の対象となっている。

このように「実存哲学」と「静寂主義」は、それぞれペシミズムと宿命論を招きかねないという理由でフランクルは両方の立場を批判した。その上でフランクルは、これら二つの立場と対置させて自らの時間論を「過去のオプティミズム」と「未来のアクティヴィズム」と呼んだ[52]。このフランクルの時間論には、次の三つの特徴が認められる。第一に、過去こそが最も確かな現実であり、ひとたび過ぎ去ったものは永久に保存されること[53]、第二に、現在とは、未来という無から過去という永遠の存在へと通じている永遠性の境界面であり、永遠化されるものをその都度決断する瞬間であること[54]、第三に、未来は既にあらかじめ決定づけられているわけではなく、人間の意のままになる自由なものであること[55]、である。

こうしてみると、過去・現在・未来にわたるこれら3点のいずれもが、人間の自由意志に関わるものであり、その結果、各人に責任を要求するという性質をもっているといえる。フランクルによれば、時間の本質は不可逆性にあるが、それ以上に重要なのは、時間の質が人間の自由意志によって変えられる点にある[56]。フランクルは移ろいゆく時間のはかなさに思い至ることが、何かを創造し、何かを体験し、何かに耐えるという、人生の意味を実現する可能性につながると考えるのである。このように自由と責任を何よりも重視する人間観に基づいている点が、フランクルの時間論の要諦とみなせる。

興味深いことに、フランクルの時間論は心理学主義への批判から始まる。フランクルは心理学主義を、「人間の行為の心的発生過程から、その行為の精神的内容の価値を推論する立場」[57]と概念規定している。その上で、この心理学主義が、「もっぱら心的な出来事である行為のみに注目し、この行為が志向している超越的対象を見ない」[58]ことを批判している。「心的装置の自動性の代わりに、精神的実存の自律性を採り入れること」[59]を自らの精神療法の方針としたフランクルにとって、人間とはあくまでも精神の自由を有するがゆえの責任存在であり、意味への問いという最も人間的な問いへの答えを求めて闘っている実存なのである。

このように人間の自由と責任を重視するフランクルは、心理学主義に限らず生物学的還元主義や社会学的還元主義など、あらゆる種類の還元主義を痛烈に非難していた。それは、「結局〜にすぎない」と事象を一つの次元だけで捉えることによって、人間らしい主体的な決断力が奪われ、人間はあらかじめ決められたように自動的に動く装置におとしめられ、やがてはニヒリズムと宿命論に陥ってしまうことを見抜いていたからである。それゆえ、フランクルにとって時間とは、「今・ここにいる自分の現存在に責任をもつ」ことを求め、生から絶えず突き付けられる問いに対して、答えることを要請する厳粛な究極的審問として捉えられている[60]。しかも、そこで求められる答えは、単に知的な解答ではなく実存の生き方なのである。

このようなフランクルの時間論の特徴が際立つのは、第一に挙げた過去の時間についての考え方であろう。過去にひとたび実現したことは決して誰にも奪われることなく、永久に保存されるという考えを説明する際にフランクルは、次の旧約聖書の言葉（「ヨブ記」5 章 26 節）を引用している[61]。すなわち、あたかも田畑に植えられた麦の穂が、時が来れば実って収穫されるように、人は死のときに人生の収穫を刈り取るという内容である。聖書がそう記すように、生涯を終えるとき、人は人生の収穫の実りが蓄えられた穀物倉を見ることになるという。

そのとき人は、これまでの人生途上で創り上げてきた成果、体験してきた愛、乗り越えた苦しみという、創造価値、体験価値、態度価値の三つの領域で実現した人生の意味が、死とともにはかなく消えゆくのではなく、永久に保存されるのを知ることになる、とフランクルは考えていた。「ひとたび過去になったことは過ぎ去るものではなく、一回的かつ永遠に過去存在（過去としてある存在）として保存され、もはやこの世から消し去ることはできない」[62] という主張が時間論の中で繰り返される。「人がひとたび体験し、成就して過去存在の中に救い入れ、そこで永遠に護られていることは、もはや何ものも何人もその人から奪い取ることはできない」[63]。このようなフランクルの確信が、聖書に基づいた信仰から生じたものであることは疑い得ない。

留意したいのは、過去が永久に保存されるのは人間の側の意識や記憶とは無関係だということである。「われわれの創造・愛・苦悩の全体」、つまり人生の「あらゆるもの」は「思い出の中でそれを振り返るかどうかということ」とは関わりなく、「世界の調書の中に記載され」「止揚され保存され続ける」[64] としているのである。フランクルがこのように断言するのは、人間が移ろいゆく時間の中で一度きりのこの瞬間を捉え、他ならぬこの私が、他でもないまさにここにおいて、またとない仕方で無二の意味を拾い上げて実現するならば、その実存は、「時間の中や無限な時間の中で超越するのではなく、時間を超越し、超時間的なものへと超越する」[65] と考えていたからであろう。

ここにも自己超越性に人間存在の本質をみる人間観が現れている。フランクルは、人間が意味を実現するときに自己を超越することによって、時間をも超え出ることができると考えていたのである。だからこそフランクルは、その都度一回的な可能性をすくい上げてひとたび人生の意味が実現されたならば、それは、ひとりでに永遠化されるという。他方で、何を永遠化するかについて各人は責任を負っている。人生の意味は、「われわれが何を現在の中に、瞬間の中に、この過ぎ去りゆく存在の中に〈創り入れる〉かということにかかっている」[66]というこの考え方は、人間にどう生きるかの決断を迫る厳しさを備えているといえる。

以上みてきたように、フランクルが提示する時間意識は、刻一刻と時を刻む今をどう生きるかという責任を各人に問いかけ、未来を自分の意志によって自由に変えるよう挑戦を突き付けるものとして、とりわけ青年期にある高校生にとってはふさわしい性質をもっていると考えられる。このような時間意識を高校生が自分のものとして摂取するためには、まずそうした時間意識を知識として学ぶ必要があろう。

その際、キリスト教に特徴的な時間意識を最もよく表していると考えられるのが、神の国の概念である。キリスト教の中心思想である神の国の概念は、この地上での過去・現在・未来についての時間的展望を、永遠の相という超越的次元に結び合わせるための要となる。神の国をこの地上にもたらすことは、イエス・キリストがその実現のために生涯を賭けた最大の使命であったばかりでなく、イエス自身が神の国とみなされている[67]。つまり、終末に完成する神の愛による支配は、イエスの到来とともに開始しているとするこの思想は、神の国は今ここにあるという新約聖書のイエスの言葉に集約される[68]。いわば、今現在のこの地上での営みが全て、いまだ未完成ながら既に始まっているという緊張状態の中で、神の国という永遠の相と不可分に結ばれているという考え方である。

カトリック教会のこうした見解を公式に示したものとして、第2バチカン公会議公文書の中でカトリック教会と現代世界との関わりについて記した「現代世界憲章」を挙げることができる。特に同文書第39項では、キリストの再臨をもって完成される神の国は、この地上において既に秘儀として存在しており、愛そのものと愛によって創り上げた地上での業は永遠に滅びないという思想を明確に表明している[69]。この箇所は、神の国の概念に基づいた今と永遠とを結ぶカトリック教会の時間意識を反映したものとして注目される。この見解は、地上での営みの価値ある実りと永遠の相に属する神の国との連続性を示す点で、フランクルの時間論に通底する内容である。こうした時間意識を獲得することによって、日常的次元での過去・現在・未来を貫く自己像とともに、超越的次元まで含めた自己像という、次元の異なる二つの世界を往還する自己イメージを描くことは、高校生にとって人生を切り開く原動力となりえよう。

以上みてきたキリスト教の時間意識を人類の歴史的遺産として学ぶならば、キリスト教信仰の有無にかかわらず、少なからぬ高校生が、主体的な人生態度へと導かれる可能性がある。その際、そうした時間意識を教える教師自身の生き方も問われるであろう。だが、本来の自己を生かすような力をもつ時間的展望を育むには、さらに別の要素も視野に入れる必要がある。

これらの教育的配慮に加えて、高校生が自らの将来展望と関わる内的ファンタジーを祈りの中でスピリチュアリティへと連結していく道筋が考えられよう。祈りは日常的次元と超越的次元という異なる二つの次元の接触を可能にするはずだからである。そして、異なる次元との接触を活性化する触媒となるのが魂の働きとしての内的ファンタジーではないだろうか。これについては次節で検討してみる。

第３節　内的ファンタジーとスピリチュアリティの接点

本節では、高校生の内的世界で育まれる内的ファンタジーをスピリチュアリティ育成へとつなぐ道筋について検討する。第５章では、内的ファンタジーが、自己物語を生成する重要な触媒として機能する点に注目したが、「モノ語りは、われわれが〈モノを〉語ることであると同時に、〈モノが〉われわれを通して語ることである」[70]という指摘もある。そうだとすると、物語行為の主体は一体誰なのかという問いにぶつかる。これに従えば、物語生成の主体は「私であって、私ではない」ともいえよう。それでは、人生物語のストーリーラインを描いている脚本家は誰なのだろうか。

３－１．内的ファンタジーと「たましい」

これについて考える上で、ユング派の「たましい」[71]の概念は示唆的である。河合隼雄は、イメージを産出してくる母胎として「たましい（soul）」を想定した心理学者ヒルマン（James Hillman, 1925-2011）の論考に依拠しながら、次のように説明している[72]。

「たましい」とは、時間や空間によって定位される実体概念ではなく、明確な定義にそぐわない曖昧さをもつ未知の働きである。デカルト以降の近代的思考が切断した物と心の間からこぼれおちた「たましい」は、物にも心にも還元できない人間存在の大切な何かであり、体と心とをつなぐものと仮定される。しかも、個体内だけでなく、外界もまた「たましい」と深く関連している。明晰な合理的思考によっては把握しきれない「たましい」は、意識的自我が支配できないイメージを介する働きとしてならば知ることができる。逆に言えば、生き生きとしたイメージを通して、自我のあずかり知らぬものを送り出してくる源が「たましい」である。

この「たましい」を言語で他人に伝えるのに一番適切なのが「物語ること」である。つまり、物語の源泉は「たましい」なのである。人は、外界の事象を自分自身の経験とするために、「たましい」から送られるファンタジーを必要とする。人生で遭遇する出来事が私にとって意味ある経験となるためには、物語ることが不可欠だが、その過程には、「たましい」から生じるファンタジーが介在している。こうして「たましい」は、客観的な事象を人間の経験に変え、出来事に意味を与える。それゆえ、人間存在を「たましい」を含めた全体として捉え、「たましい」という定義できない言葉を用いて世界と関わり、「たましい」との関連で世界を見ることを通して、近代的思考が失った世界との濃密な関係を回復することができる。

以上が河合の説明の概要であるが、これに付言しておきたい。前章でみたように、河合はイメージの特性として自我の制御を超えた自律性を挙げていたが、意識的自我とは異なる独立した主体であるかのように、「たましい」

を想定せずには説明のつかない圧倒的な作用をもたらすがゆえに、その働きの源が仮説として提出されるのである。このように「たましい」を仮定できるのは、一つには「たましい」の現象としてのイメージが生じるからであり、人は睡眠中の夢を含むイメージの内容を通して「たましい」の状態をある程度まで知りうるということであろう。しかも、日々生起する出来事の意味を把握し、外界の事象を私にとって意味をもつ自分自身の経験として了解することができるのは、思考の操作によるのではなく、「たましい」の働きだというのである。だからこそ、それを「たましい」としか呼びようのない何かを通して世界を眺めるとき、物と心とを合理的に切り分ける二分法思考からこぼれおちた自己と外界とのつながりを回復し、他者および世界との関わりを結び直すことができるのであろう。

学校教育の場に適用すると、教師がこのような生徒の「たましい」に配慮する視点をもつことは、次のような意義をもつと考えられる。教師が生徒の学校での成績や交友関係および活動状況という目に映る特徴のみならず、「たましい」について思いを致すときに、生徒を一人の人間として全体的に捉えることにつながり、生徒をより多層的に深い次元で理解できるようになる可能性がある。教師がそのように生徒の「たましい」に注目して関わるとき、生徒自身もまた自己の「たましい」の働きに目覚めるかもしれない。

そうして自己確立をめぐり世界における自己の位置づけ、他者との関わりについて思い悩む時期にある高校生が、さまざまな事象との関係性の回復に不可欠である自らの「たましい」に目覚めるならば、学校での集団生活や学級や部活動での役割や人間関係にとらわれない別の深い次元から自分の人生を捉え直すことが可能となるのではないか。

カトリック学校の宗教教育でこの「たましい」へのまなざしは、とりわけ本質的で必要不可欠となる。なぜなら、物質的次元にも心理的次元にも還元され得ない「たましい」という次元が生徒一人ひとりに開けていることを深く認識する人間観に立つとき、初めて宗教教育が本来堅持しているはずの超越の視座を明確に示し、超越との関わりにおいて生きる意味を見出せるよう生徒を導く地平を現前させることができるからである。「たましい」の次元でしか、自己の経験の意味づけや生きる意味を了解することのできない人間にとって、超越との関わりにおいて意味を見出す地平を開き示すことは、宗教教育が決して失うことのできない本質的な役割であり、ここにカトリック学校固有の使命があるとさえいえよう。

この点について、河合の「たましい」の見解では超越的次元との関わりに言及していないが、河合が依拠しているヒルマンの見解は、キリスト教文化圏の中で醸成してきた魂についての思想の系譜に位置づけられるので、次項では、キリスト教では魂をどのように捉えてきたのかを検討する。

3－2．キリスト教における魂

魂とは元来キリスト教の教会で使用されてきた用語である。そこでここでは、キリスト教における魂とは何であるのかを確認しておく。

まず、聖書における魂についてみてみる。日本語の聖書で「魂」または「霊魂」と訳されている言葉は、旧約聖書の原語ヘブライ語の「nephes ネフェシュ」、新約聖書の原語ギリシア語の「psychē プシュケー」であり、ラテン語への翻訳語では「anima アニマ」、英語では「soul ソウル」に相当する。

聖書学者の雨宮慧（1989）[73] が旧約聖書の用法を引用しながら解説するところによれば、ヘブライ語でネフェシュの原義は「のど」であり、「口と同様、何かを飲みこむ器官」を指す。そこから派生して、「所有欲に駆られたのどもと」または「所有欲に燃えた人間」を意味したり、「所有欲それ自体」や「旺盛な食欲」を表したりする場合があるという。このようにネフェシュは人間の何らかの欲望と関連する言葉であるが、見逃せないのは、ネフェシュが表す人間の欲望には、「生きることへの渇望」も含まれる点である。

その中には、「それを満足させなければもはや生きているとは言えない、重大で根本的な欲求」、「その欲求が充足されないなら、その人が自分自身になりきれない、そういう欲求」と雨宮が説明する人間の実存的欲求が含まれている。すなわち、「充足への衝動を内に秘めたいのち」と、「いのちへの激しい欲求をもっていながら、その実現は自分の手にはなく、自己を越えたものにゆだねるよりしかたがない」という人間存在の根本的状況をも表す。ここから転化して「神へのあこがれ」、つまり「生ける神とのつながりを回復したいと願う、その切望」「神を渇き求める切望」をも意味するようになる。旧約聖書のネフェシュは、このように神との関わりにおいて意味内容を拡大させ、結局、「飢え渇いたのどのようにいのちを欲求する存在」としての人間、「神に飢え渇いた人間存在」を表す用法にまで広がった。

ここで、雨宮が注意を喚起しているのは、ネフェシュとは、魂という言葉から日本人が一般的に連想するような「死後、肉体から切り離されても残る不滅の実体」を指すわけではなく、人間全体を表す表現だという点である。

これについて『聖書思想事典』[74]では次のように説明している。じっさい、聖書において魂という語の用法は広範であり、「人間存在を構成する一つの“部分”ではなく、命の霊によって生かされている人間全体をさす言葉」とされ、「魂は神の霊とのつながりをもっているため、この言葉によって人間が霊的な起源を有することも指摘される」が、この場合の「霊的な起源」とは必ずしも肉体と対置されるものではなく、「具象的な世界にふかく根ざしている」という。具体的な聖書の用法においては、「生かしている体と不可分のもの」としての「息や呼吸」など生命現象を表し、ひいては「生きていること」「生きているもの」「生きている人間そのもの」を指している。

ここから「命」の意味合いが加わるが、そこには肉体の命と霊的な命の区分はなく、「地上における有限の命の徴」とみなされる場合もあれば、「天上の永遠の命につながっている」または「永遠の命を意味する」用法もあり、どちらかに限定されているわけではないという。例えば新約聖書の用法においても、魂は肉から成るものであるが、同時にその中に永遠の命に至る種がおかれているものとして理解されている。この説明から分かるのは、聖書において魂という用語は、この地上で生活を営む具体的な個人の命を指しながらも、その命を生物学的・身体的生命だけに限定して捉えるのではなく、神とのつながりにおいても理解して使用している、という点である。

それでは、聖書の人間観の根幹をなすともいえる魂の概念について、キリスト教の教会はどのように考えてきたのだろうか。キリスト教神学の歴史においては、魂の創造について、魂と体との関係について、死後の魂のありようについて、人間の創造、復活、最後の審判と救済、終末思想との関連で活発に議論されてきた。

それらを踏まえた上で、現代のカトリック教会の霊魂に対する公的見解は、聖ヨハネ・パウロ2世教皇（在位 1978-2005）の命で編まれたカテキズム（公教要理）[75] に示されている。これによれば、第1バチカン公会議（1869-1870）で確認されたとおり、霊魂は生物学的・遺伝的に継承されるのではなく、神によって直接創造されるものであることが記されている（70）。同時に、死の瞬間に体から分離するものの、既に第5ラテラン公会議（1512-1517）で制定されていたように、不滅であること、そして、復活のときに再び体と結ばれることが明記されている（205, 208）。

霊魂の不滅については、キリスト教神学での霊魂の概念は、聖書による啓示よりもギリシア哲学の影響が大きいという指摘[76] もあるが、キリスト教の伝統の中で魂と体との関係をどのように捉えていたかが重要となる。興味深いのは、魂はそれ自体で独立して存在せず、体なしには表現し得ないと理解されていることである[77]。中には「霊魂は体がなくても生きることができる」という解説もあるが、その場合でも「霊魂はそれ自体では完全な人間ではなく」この世の体とは異なる復活の体と結び付けられる必要があることが付記される[78]。

ここにみる限りでは、キリスト教神学においては霊魂に対して肉体が劣位に置かれているということはなく、そればかりか、さきのカテキズムでは「霊魂と肉体ともども永遠の至福に向けて召されています」（358）と明記されている。現代のカトリック教会がミサを捧げるたびに公式に宣言している信仰箇条の中に「体の復活（carnis resurrectionem）」の文言があるように、霊魂だけの復活ではなく体を伴った復活が教会では信じられているのである。

他方、カテキズムでは、「霊的原理である霊魂のおかげで物質であるからだが人間の生きたからだとなり」（69）と表現し、あたかも霊魂は純粋な霊であるかのような印象を与えているが、そのように捉えると、霊魂は神の命の霊によって生かされる具体的存在である[79] とする説明とは矛盾してくる。この霊魂と具象の世界との関係はどう捉えられるのであろうか。カトリックの哲学者ペレスは次のように説明する[80]。スピリトゥス（後述する「霊」のラテン語）は物質に全然依存しない純粋精神であるが、霊魂は全面的に物質に依存する質料的形相と純粋精神との中間のものだというのである。

このような霊と魂との関係をより明確に捉える上で、魂は命の徴であるが命の源ではない、という指摘[81]は重要であろう。「命の源は魂ではなく、“神の霊”そのものである」。ここで「神の霊」と呼ばれているものこそ、英語のスピリチュアリティの語根である ‘spirit’ である。「命の徴である魂」と「命の源である霊」は人間の中で互いに区別されたものである。しかし、既に指摘されているように、神学の歴史においては、魂と身体との区別、霊と肉との対立、自然の命と永遠の命との対比などが議論されながらも、聖書には霊肉二元論は見出せず、人間の自然的生命を含む人間存在そのものとしての魂と、永遠の命を与える神の霊との関係こそが問題とされていると考えてよいであろう[82]。そこで、人間の魂と神の霊との関係については次項で考察を続ける。

以上、魂というものが聖書および教会でどのように捉えられてきたのか概観してきたが、宗教教育の観点からみれば、生徒の魂に配慮する際、是非とも次の点に留意しなければならないだろう。それは魂の唯一無二性と一回性という点である。実に魂は、二つとない唯一無二のものであり、かつ、二度とない一回限りのものであるがゆえに、かけがえのない固有性を有するのだといえる。言ってみれば、魂とは、その人がその人たりうる本質そのものである。時間と空間に左右されず、一貫してその人独自のアイデンティティを刻印したその人そのものが魂なのである。

カトリック教会では人格の尊厳の根拠を、神がご自身の似姿として人間を創造し、神の霊によって人間を生かし、人間の罪をイエス・キリストがご自身の命に代えて贖ったがゆえに、人間は誰でも例外なく復活の命に招かれているという点に見出している。そのようにして永遠に神の配慮のもとにある魂はあくまでも交換不可能な唯一無二性と再現不可能な一回性を帯びるがゆえに、一人ひとりが絶対的に独自な存在として尊重されなければならないことを、カトリック学校では主張できるであろう。意味形成の過程が一人ひとり他者とは互換不可能な独自性を刻むのもひとえに魂の絶対的な固有性に存するのではないか。ここに魂が教育の主題となりえる理由の一つがあると考えられる。

それでは、魂への配慮とは教育現場ではどのような営みを指すのか、次項では、スピリチュアリティ育成のより具体的な側面について、人間の魂と神の霊との関係を視野に入れながら考察していく。

3－3．魂とスピリチュアリティ

河合の「たましい」の概念では、魂の働きは物語を通して知ることができるということであったが、物語は意識と無意識が連動して産出されるとするこの考え方によれば、知的関与が強すぎたり、単なる願望の表明であったりする物語は、その人を動かす本当の力をもたない。また、その時代に流行している物語や、自分好みの物語に縛られるなど、標準物語や理想物語にとらわれて、自分自身の物語を生きられなくなる危険性もある。つまり、その人固有の物語は、内界と外界の協応関係の中で、個人の意識と無意識、さらには人類に通じる普遍的無意識の働きが相互に作用を及ぼし合いながら、水平軸と垂直軸が交差する接点において生じているというのである。

このように重層的に織り成される多義的な物語の生成に対して、モデルとなりうる支援を構想できるのだろうか。本書が考察している物語は、人生を綺麗にまとめあげるなど、理想の生き方を謳いあげようとするものではない。むしろ、安易な納得のうちに安住することに疑問を呈するような、可塑性に開かれた完結しない物語を想定している。人生を物語ることは、絶えざる生成と変容に開かれた終わりのない営みである。生きている限り完成品の物語はありえない。

そこで筆者が強調したいのは、生徒個々人を人生の物語を生きる主体とみなし、生徒の人生を物語的に理解するような試みの必要性である。このことについて、以下、河合（1970, 1991）[83] の解釈に基づくユングのコンステレーション（布置結構）という概念で説明してみる。

個人において、内的事象と外的事象の対応関係がまとまりのあるイメージを形成しているとき、この布置結構をユングは、満天の星の中に特定の星のつながりが一つの星座として見えることになぞらえて、コンステレーション（constellation）と呼んだ。継時的な因果律ではなく共時的に布置された、いわゆるうまくできている状態のことである。人生の物語は、こうした一つのコンステレーションとして捉えることができる。そうだとすれば、学校においては、全体としての布置結構が成り立っている、そうしたコンステレーションとしての物語を読む力も教師には求められることになろう。生徒の内的世界と外的現実の対応関係を捉え、個々の事象が互いにどう関連し合っているのか、複雑に交錯している現実の網の目からそのつながりを解きほぐし、全体的な布置結構のありようを洞察することは、多層的な深い生徒理解につながると思えるのである。

非因果的に生じる諸々の出来事間に、共時的連関で結ばれた何らかのつながりを見出す力を養うことは、あるいは容易ではないかもしれない。教師は自らも生徒の人生物語を織り成すコンステレーションの一つとして布置されていると考えるならば、配済されている全体的な布置結構のありようをつかむことは、ときに至難の業だといえる。しかし、今生じている出来事を表層的に眺めるのではなく、深い部分での見えないつながりに着目しながら、一つの流れとしておさえるとき、全体としてコンステレーションがどのように生じているのかが了解されるのであろう。

このように人生の物語を読むことは、現前する事象に巻き込まれることなく、より高い次元から全体を見渡すことのできる視界を与えてくれるものである。生起する出来事をそれぞればらばらに認識するのではなく、一連の営みとして捉えることによって、生徒の内的世界の動きと、外的現実で生じていることとの、必ずしも因果律で説明できないつながりが見えてくることもありえる。

このような新しい視点が獲得されると、次にどのような事態が生じるのかをある程度まで予測することも不可能ではなくなる。そのような見通しをもった教育活動は、決して生徒の先回りをして、その主体性を脅かすものではない。むしろ、生徒自身の物語が生成するための望ましい布置の一つとして機能したり、さらには、生徒を取り巻くコンステレーション全体が、より深い意味をなす方向へと変化したりするために適切に働きかける可能性が生まれるかもしれない。教師が生徒の人生物語に関与することによって、生徒自身に新しいコンステレーションが生じることこそが、生徒の意味形成に教育的に参与することの核心だといえよう。

これに関連して、河合は、さきのヒルマンの「たましいをつくる（soul-making)」という表現を支持し、現代人にとって「自我形成（ego-formation)」ばかりでなく、「たましい」の創造としてのソウル・メイキングが重要であると指摘した[84]。この考え方に従えば、学校教育においてまず目指されるのは生徒の自我形成であろうが、それにとどまらず、人間は「たましい」をつくる存在であり、その生徒固有のソウル・メイキングの道程を支援するという視点をもつことも、とりわけ教師にとっては重要となる。

それでは、河合のいう‘ego-formation’から‘soul-making’へという人間形成の流れを、さらにその先の‘spiritual-formation’につなげていくためには、どのような道筋が考えられるのだろうか。河合は自分の考える「たましい」を説明して「こころと体を超えた存在」[85]ともいい、人間存在の中に自己を超えた何ものかがあるという見解を示しているが、これは非常に重要と思われる。このように自己を超えた何ものかとしての「たましい」から生み出される内的ファンタジーとは、現実を超えさせる、超越からのイメージと捉えられよう。しかも、こうした内的ファンタジーに着目することは、生徒の自己物語の多層性に目を留めることにもつながる。

例えば、第6章で指摘したように、高校生の自己物語では、日常的な意味づけと実存的な生きる意味への問いを往還する中で、異なる次元にまたがる意味を複合的に用いて自己を語り直す過程で、多層的な自己物語が生み出されていた。このように同一人物の中に次元の異なる自己物語が並存している可能性についても常に考えておく必要がある。高校生の内的ファンタジーを意味形成に生かすためには、教師は目に見える現象だけにとらわれずに、別の次元での自己物語を捉えるまなざしを鍛えることが求められよう。

他方で、意味形成が頓挫したようにみえる、いっこうに変化しない物語についてはどう考えたらよいであろうか。いつまでも同じところに膠着し堂々巡りを繰り返すかのような自己物語のことである。繰り返される物語の背後には、内的ファンタジーが働いていないのだろうか。

学校教育の現場で高校生と関わる中で、その生徒が自己物語に類する語りにおいて、飽くことなく同じ話を繰り返す場面は少なくない。まるでそれが自己物語を特徴づける唯一のパターンであるかのように、どの出来事も全てが特定の要因に還元される語りである。例えば破綻的な家族関係とか、葛藤的な交友関係とか、小学校時代のいじめられた体験など、ある決まったテーマをめぐってあたかも破損のあるディスクのように、そこにくると調べがつかえてとぎれ、自然な流れが妨げられてどうしてもそこにひっかかるような自己物語がある。

ユング派分析家の山口素子は、心理療法の場面でクライアントが何ら変わらない同じテーマを繰り返し語るという現象について次のように考察している[86]。際限なく反復される語りに曝され続けると、ともすれば治療者はモチベーションを低下させ、無力感に陥りそうになる。こうした現象は、それまでクライアントの生きてきた人生の物語の中で外傷体験があくまでも異物とみなされ、意味ある出来事として自分の物語の中に組み込めないために生じると、山口は分析している。反復される主題は、了解されるべき意味を求めてその人の前に立ち現れるのであり、この場合は、同一テーマが繰り返されること自体が重要だという。なぜなら、同じ話を繰り返すうちに、物語そのものに水平的な変化が起こるわけではないが、多元的な一種の飛躍として新たな物語が誕生することがありえるからである。

ここで山口は興味深い考察を加えている。物語は、出来事を過去・現在・未来という時間的系列の中に直線的に配置した、一本の糸を基本軸としてもつ。しかし、全ての出来事がその一本の糸につながれる必要はない。たとえ基本軸の糸につながれない出来事があったとしても、全体として一つの織物の中に組み込まれていることはできる。意味が見出されるという行為は、種々の出来事の無関係で非連続的な突然の飛躍が前提とされる場合がある、というのである。このような視点から繰り返される物語を見直すと、それは水平的な次元での物語の広がりではなく、垂直的な次元での物語の多元化を求めるためであったことに気づかされる。

例えば、いじめられた体験を繰り返し語る生徒は、自らが被った被害を何度も再現することで直接個々の体験に意味を付与しているわけではないが、学校の物語から解放されることによって、学校文化や学校制度を支配する価値観が無効になる次元で、その生徒固有の自己物語を紡ごうとしているのかもしれない。葛藤的な交友関係を教師との関わりの中で繰り返し物語ることによって、激しい情動体験が他者に確かに受けとめられたという安定感が生じ、別の他者との間で分かちもたれることによって、友人とだけの閉鎖した物語への固着から解放されているとみることもできる。水平的な家族関係においては一見何らの変化もないようにみえる破綻的状況が、内的ファンタジーを並存させることで実人生とは異なる次元での物語を生み出す可能性をはらんでいるとは考えられないだろうか。

こうした例にみられる垂直的な次元への飛躍には、スピリチュアリティが関連していると推論することができる。神学者のマクグラスは、スピリチュアリティという言葉には元来、「純粋に非物質的なものを追求すること」との強い関連性があり、「霊的なものと肉体的なもの、魂と身体、観想と日常生活の間の根源的な分離に関連していた」と指摘している[87]。しかし同時に、スピリチュアリティには「信仰と日常生活の全体にわたる統合」に関わるという重要な側面がある[88]。このようにスピリチュアリティが二元論的特徴を有しながらも、形而上と形而下の営みを統合させる働きをもつとすれば、それはなぜなのだろうか。

これについて考える上で、人間の「魂」の働きを重視したヒルマンの論考[89]は参考になる。ヒルマンは「魂（soul）」と「霊（spirit）」という言葉の相違について指摘している[90]。ヒルマンによれば、キリスト教文化圏では「魂」と「霊」という言葉が区別なく使用される傾向にあるが、本来、この二つは異なる概念である。それにもかかわらず、新約聖書のパウロの書簡で、ギリシア語の「魂（psychē プシュケー）」に相当する箇所に、同じくギリシア語の「霊（pneūma プネウマ）」が代わりに使用されたことが、この二つの概念の未分化な使用法の発端であるという。ヒルマンの考察では、「魂」は心理に属するが、「霊」は精神に属している。それゆえ、「魂」の病はありえても、「霊」の病は生じ得ない。この区別は、心理療法が「魂」の領域に関わるのに対し、霊的養成は「霊」の領域であることを示してもいる。

具体的な働きについても「魂」と「霊」では相違している。「魂」は「経験の領域に、そして経験の中での反省に執着」し「直線的に進まず、循環的な推論の中を動く」[91]のに対して、「霊」は「究極的なるものを追い、否定の道を手段として」「よりよい部分を選び、すべてを一にしようと」「矢のように直線的で」[92]垂直方向に上昇していく。つまり、「魂」が主に水平的次元に関わる営みであるのに対して、「霊」は垂直的次元に関わる営みであるといえよう。

もっともヒルマンは、「霊」を「魂」よりも上位に置く立場には批判的であり、むしろイメージや情念と関連する「魂」の豊かさを重視すべきであるという主張の中で、これら二つの概念の区別について論じている。ここで注目したいのは、ヒルマンの次の指摘である。つまり、「魂」は身体と「霊」の両方につながれている場所であり、「魂」と「霊」とが相互作用するのを人間は経験できるというのである。「新しい心理学的洞察とか経験に際して、『霊』はすばやくその意味を抽出し、洞察や経験を行為に移し、あるいは概念化して規則に変える」働きをするが、そうした「魂」と「霊」とが連動して作用する具体的場面としてヒルマンが挙げているのが、「知的集中や超越瞑想のとき」である[93]。

ここでヒルマンは、「知的集中（intellectual concentration）」と並んで言及した「超越瞑想（transcendental meditation）」について何の解説も加えていない。そこで、この「超越瞑想」の内容については、次項で、ヒルマンと立場を同じくする河合の解釈に依拠しながら考察してみる。併せて、スピリチュアリティ育成における祈りの役割について考えてみたい。

３－４．スピリチュアリティ育成における祈りの役割

河合によると、ユングの理論では、人間の心を自我（Ego）と自己（Selbst）

に分けている[94]。自我は意識の中心だが、自己は意識と無意識とを含んだ心の全体性の中心として、意識と無意識とを統合する機能を司っている。ユングが人生の究極の目標と位置づけたのは、個性化の過程（individuation process）、つまり自己実現（self-realization）であるが、ユングのいう自己実現とは、心の全体性を回復すべく意識と無意識が相補的に機能して自我をより高次の統合性へと志向させる傾向のことである。従って、この自己実現の過程で重視されるのは、「自我と自己の相互作用と対決」[95]である。

自我と自己の相互作用と対決の具体的な方法として、ユングが用いたのは、主に夢分析である。だがそればかりでなく、自己を神の刻印とも考えていたユングは、チベット密教の瞑想の対象であるマンダラ図や、禅やヨガにも強い関心を抱いていた[96]。また、ユングは宗教の儀式によって心的エネルギーが変容すると指摘してもいる[97]。そうした背景を踏まえて、河合は、無意識の創造性との関連で神体験と禅について言及している[98]。その考察は、あくまでも西洋近代の自我の在り方に即した理論に基づいているため、全てこのまま日本人の心の構造にも当てはまるのかという点について、河合は問いかけながらも明言を避けている[99]。そうした点に留意した上で、人間の超越的次元に関わる理論を援用して祈りの一つのありようを考えることは有効であろう。そこで、この考察を用いると、祈りを次のように説明できるかもしれない。

河合によれば、人間の心の中に生じる創造過程では、意識的集中の後に意識が弛緩して自我の統制が崩れ、無為の状態に陥る。こうなると自我が使用していた心的エネルギーは、無意識に退行して混沌の状態を呈する。このとき元型（Archetypus）、すなわち、太母と老賢者、アニムスとアニマ、影など、普遍的無意識に存在する普遍的象徴性を備えた心像が無秩序に動きはじめる。これらの元型は創造的なエネルギーを自我にもたらす半面、意識を揺るがすような底知れぬ力を秘めている。このような無意識の混沌状態から、人生の意味を見出させるようなコンステレーションが形成されていく過程では、とりわけ超越的な体験としての祈りが重要な役割を果たすと筆者は考える。

そもそも自我が統制を失う状態は、あまりにも一枚岩的で単層的な自我の在り方に対して、自己との接触を深めるように促す無意識からの要請ともいえる。このとき無意識には突破口を見失い鬱屈した心的エネルギーが滞留しているが、これを現実生活との関わりに生かすための道筋は、超越的他者と祈りの内でつながりをもつことではなかろうか。すなわち、あらゆる元型の根源にあると考えられる超越的他者と祈りの内でつながることにより、滞留していた心的エネルギーが活性化し、内界のイメージが膨らんであるまとまりをつくり、内的ファンタジーが現実に接触をもつ形で動きはじめると、自己固有の創造性をもつイメージが形づくられると考えられる。このような祈りが深まると、それまで相互につながりのなかった無意識内の各要素に連関が生じ、滞留していた心的エネルギーが流れるための水路づけがなされ、そうした内界の動きに応じて、外界でも種々の出来事に布置結構が生じて、コンステレーションが形成されるのではないか。

河合は超越的他者の存在について明確に言及しているわけではない。だが、無意識の最も深い層は、個人の内界と外界、そして個人と人類と宇宙を結ぶ共時的な働きと連関し、最も個別的なものでありながら最も普遍的であるという[100]。そうであるならば、日常的次元と超越的次元を含むあらゆる要素を変幻自在に結びつける、広大無辺な無意識の奥底には超越的他者と接触している領域があるとも考えられるのではなかろうか。

このように考えると、結局、祈りは種々の元型がもつ圧倒的な力に絡め取られることなく、自我を護りつつ自我に統合させる形で、莫大なエネルギーが潜む無意識の世界と適切に接触することを可能にするといえる。こうして祈りの内で自己の根源である超越的他者との関わりを深めることによって、自我よりも深い層にある自己が実現されるのである。祈りの本質はあくまでも超越的他者との関わりであるが、祈りという現象を心理面から考察すると、心的エネルギーを現実の生活に生かすような建設的方向へと水路づけする役割を果たすと考えられる。

もっとも、こうした無意識の深い層の働きが天にも地にも網の目のように通じているのであれば、家族や友人との関わり、勉学や部活動への取り組み、趣味や娯楽への熱中、自然や動植物への愛好など、あらゆる次元のいかなる分野からでも自己の根源とのつながりは深めていけるわけである。それを承知した上で、祈りの伝統を人類の遺産として受け継ぐ教会に連なるカトリック学校では、祈りの価値を特に強調してよいであろう。

それでは、ここまでみてきたヒルマンと河合の考え方を参照して、内的ファンタジーをスピリチュアリティの育成につなぐ方途を構想するとどうなるだろうか。スピリチュアリティは水平的次元の営みを垂直的次元に非連続的に飛躍させる働きをもつと考えられる。他方、内的ファンタジーが活性化しなければ、生徒の生活経験と無関連で現実を変える力をもたない脆弱な霊性となりえよう。形而上と形而下の営みを分離させる働きをもつスピリチュアリティは、魂が生み出す内的ファンタジーの媒介によって、いわば地に足のついた霊性として育まれる可能性があるといえる。

従って、生徒の内的ファンタジーを単なる放恣な空想にすぎないとして軽視すれば、その生徒が育むスピリチュアリティは、むしろ現実の学校生活から遊離し、将来の社会生活にも有益に機能しない自閉的な霊性に堕する恐れがあろう。また逆に、生徒が内的ファンタジーの水準に固着したまま、垂直的な次元への飛躍を可能にするスピリチュアリティへの扉が開かれないならば、現状を何ら変革させる力をもたない、非生産的で鬱屈した退行状態に陥る危険性があると考えられる。

ところが、ここにスピリチュアリティへと接続できる段階が用意されれば、生徒は内的ファンタジーの生命力を生かしながらも、主観的体験に耽溺せずに他者や世界に向かって自己超越し、エネルギーを外界に振り向けることできるようになるであろう。それゆえ、魂の働きによる内的ファンタジーと霊の働きによるスピリチュアリティが相互作用を起こす機会を、学校教育の場に意図的に設定することが重要となろう。

具体的には、ヒルマンが指摘した「知的集中」と「超越瞑想」、すなわち、知的学習と祈りという精神面の訓練が欠かせないのではなかろうか。特にスピリチュアリティの育成という場合、ともすれば知育偏重に対抗する教育観のように受け取られかねないが、実は宗教教育には知性面の強化と精神面の充実が相伴う必要があるし、多くのカトリック学校では伝統的にその点を強調してきたといえる。

ここで内的ファンタジーの両価性についても留意しておきたい。河合は「たましい」の働きの肯定的な面ばかりをみていたのではなく、その恐ろしさについても言及している。確かに「たましい」が生み出すイメージは何らかの創造につながるものだが、他方で、死と強く関連し、影を含み、従って時に非常に暗く、破壊的ですらあると指摘している[101]。具体的には、「たましい」との関わりを重視して生きていくときに、「たましいの働きに善悪もないが、それをいかに生きるかというとき倫理の問題が生じる」とか「たましいの実現傾向は一般的道徳と対立することがある」とも述べている[102]。

人間の魂の現象そのものは善悪の判別を超えたところで営まれているのであろうが、学校教育の場では社会道徳に反する内容を含む内的ファンタジーが行動化することから生徒を守ることも求められる。また、行動化しないまでも内的ファンタジーのもつ圧倒的なエネルギーが自我に対して浸襲的または破壊的な結果をもたらさないための防波堤として、祈りの果たす役割は小さくないはずである。特にカトリック学校に固有の宗教教育においては、生徒が実際に祈る体験を深められるように適切に導くことが重要である。

ただし、祈りを各人の不可侵の魂と超越的他者との最も親密な関わりであると捉えるならば、型通りの祈りの方法に生徒を縛ることは空疎であろう。前項で一人ひとりの魂には絶対的な固有性があると指摘したが、そうであるならば、祈りにおいても超越的他者との関わり方を如実に反映させた各人固有の祈りの様相があるはずで、従って、定式化した祈りの方法に限定する必要はないといえる。宗教教育に携わる教師には、生徒の魂の必要に応じた多種多様な祈りの様式を許容し、生徒の魂に働きかける神の霊に自由に応じられる寛容な態度が望まれる。

内的ファンタジーからスピリチュアリティへの道筋は、原因と結果という因果律では測り難い不可視のつながりを期して、今ここで可能な限りを実践するという、待ち時間を主としたほとんど祈りにも似た教育的働きかけともなろう。しかしそうであったとしても、教師の側に生徒の内的ファンタジーに着目し、それを超越との関わりにつなげようとする魂へのまなざしがあるか否かでは教育の内実が全く異なるであろう。生きる意味の探求という社会的価値だけでは捉え難い営みを支えようとするならば、教師には、生徒が表出する些細な言動から、内面の奥深くに働いているのであろう不可視の領域にも関心を寄せる姿勢が求められるのである。

本章のまとめ

本章では、日常的次元における意味形成の主要な三要素、すなわち、重要な他者、時間的展望、内的ファンタジーをそれぞれ超越的他者との関わり、永遠性の観念の獲得、スピリチュアリティの育成によって超越的次元へと接合する可能性について検討してきた。その結果、以下のことが示唆された。

まず、重要な他者については、フランクルの出会いに関する論文を中心に検討した。これによれば、人間の出会いが愛の体験に至るためには、相互の対話が超越的次元に開かれる必要がある。そこで、重要な他者との二者関係が各人の自己超越を促すものとなるために、それぞれが果たすべき課題など、自分以外の別の何かや誰かに向かって自己を超え出るための意味の世界への方向づけが不可欠である。さらに、重要な他者との関係性が超越的他者との出会いに導かれるためには、祈りが重要な役割を果たすであろう。

ただし、高校生にとって、重要な他者との関係性を中心として、実際の人間関係での具体的なやりとりを通して自己認識を深め、アイデンティティの感覚を確立していくことは発達課題でもある。それゆえ、重要な他者との日常生活での関わりと目に見えない超越的他者との関わりとの間に均衡を保つことが望まれる。

次に、時間的展望については、高校生がもつ日常的な時間意識を、起点と終点をもつ直線的で、人間の自由意志を尊重するキリスト教の時間意識へと接合する可能性について検討した。その際、人間の自由と責任を重視する時間意識が際立つ、聖書に基づいたフランクルの時間論を手がかりとした。この時間論によれば、人間には未来を変える自由があると同時に、意味を実現した過去は永遠に保存されるため、現在という時間は永遠との接点となり、従って、今をどう生きるかについて各人は永遠に問われる責任を有している。こうした時間意識が集約されたキリスト教の神の国の概念を学ぶことによって、高校生は、現在の生が永遠の相との接点をもつことを意識し、今ここにいる自分の生き方に責任をもつよう促される可能性があろう。

その半面、自己変革期にある高校生にとって、生育過程で経験した出来事の全てが永久に保存されるという時間意識は、ともすれば新たに自分自身をつくり変え、未来を変革しようとする意欲を削がせる要因ともなりうる。この点で教師は、生徒が過去・現在・未来の出来事に意味のつながりを見出し、人生全体に対する有意味感を抱くことができるように配慮する必要があろう。

最後に、内的ファンタジーについては、それが生じる由来を考えると、河合の「たましい」の概念が一つの有力な説明となる。そこで、内的ファンタジーと魂の働きとの密接な関わりについて検討してみた。その結果、人生の途上で遭遇する出来事は、物語が生成する過程で意味ある経験として組織化されるが、そのプロセスで魂から生じる内的ファンタジーが介在していることが示唆された。これらの考察から、高校生の内的ファンタジーを生かす意味形成を支援するために、教師は、高校生各人が固有の魂を創造する主体であるという認識に立ち、その魂に配慮することが重要となる。そのためにも教師は、高校生が遭遇するさまざまな出来事の中に、人生の物語としてのコンステレーションを読む力を鍛えることが求められる。

他方、自我の発達が十分ではない高校生には、自分の内的ファンタジーに耽溺して他者とのつながりを見失う危険性があることに留意し、彼らが現実生活との接点を見出せるよう導くことも忘れてはならない。そのためにも、豊かな創造性をもつ内的ファンタジーを、水平的次元の営みを垂直的次元の営みに転換させる力としてのスピリチュアリティへとつなぐ必要がある。その際、重要な役割を果たすと考えられる祈りについても検討した。

祈りの本質は、究極的には超越的他者との接触であるが、祈りの現象を心理面から考察すると、祈りの内で超越的他者とつながることにより、無意識の混沌とした莫大なエネルギーが水路づけされて、自己固有の創造性をもつ内的ファンタジーの形でまとまりをなし、心的機能を現実の生活に建設的に生かせるようになる、という道筋が推論された。ここで仮に高校生がスピリチュアリティに通じない内的ファンタジーに固着するならば、主観的体験に耽溺して非生産的な退行に陥る危険性があるし、逆に、内的ファンタジーと無関連なスピリチュアリティに没頭するならば、現実から遊離した自閉的な生活に陥る危険性がある。このように内的ファンタジーはスピリチュアリティと相共に働いてこそ、生徒の成長に資するので、この二つの作用の統合的働きを促進するためには、知的学習と祈り、つまり知性面と精神面を併せて両側面での教育の充実が伴う必要があると考えられた。

以上、カトリック学校の宗教教育が、高校生の日常的次元での意味形成の主要な三要素を、超越的次元へと導く可能性があることを明らかにした。本章での考察は、高校生の日常生活における意味探求の営みが、各人の自覚の有無にかかわらず、永遠の相のもとで超越的次元に接しうることを示しているといえよう。

なお、意味形成の主要な要素を統合的に促進するような宗教科の授業と、それを実践する教師の在り方については、さらに検討する必要があろう。それが次章以降の課題である。

註

1　宮本久雄「祈り」大貫隆他編『キリスト教辞典』岩波書店、2002 年、96-97 頁。

2　Frankl, V. E., “Der Unbedingte Mensch: Metaklinische Vorlesungen”, *Der leidende Mensch*, 3. Auflage, Verlag Hans Huber, Bern, [1949] 2005, S. 115.（以下、UM）。邦訳は、フランクル, V. E.『制約されざる人間』山田邦男監訳、春秋社、2000 年、129 頁。

3　UM, S. 115. 邦訳、129 頁。

4　Frankl, V. E., “Critique of Pure Encounter: How Humanistic Is ‘Humanistic Psychology’?”, *The Unheard Cry for Meaning: Psychotherapy and Humanism*, Touchstone, New York, [1978] 1979, pp. 64-78.（以下、UCM）。邦訳は、フランクル, V. E.「出会い（エンカウンター）論、“人間性”心理学は本当に人間的か？」『〈生きる意味〉を求めて』諸富祥彦監訳、春秋社、1999 年、101-131 頁。

5　「出会い」という言葉については、人間性心理学の立場においても、フランクルも

同じ ‘encounter’ という単語を用いている。そこで本章では、人間性心理学の概念を指す場合には「　」を付すこととする。

6　越川房子「エンカウンター・グループ」中島義明他編『心理学辞典』有斐閣、1999年、73頁など参照。

7　エンカウンター・グループは、近年では日本国内のカトリック教会でも信仰生活を養うための有用な実践として援用されている。本書の立場も、人間性心理学の技法を批判しているのではなく、生徒の重要な他者との関係性が超越的次元に開かれるよう教育的に配慮することを提案するものである。

8　UCM, p. 72. 邦訳、118頁。

9　UCM, p. 66. 邦訳、105頁。

10　UCM, p. 66. 邦訳、105頁。

11　UCM, p. 66. 邦訳、105頁。

12　UCM, pp. 66-67. 邦訳、106頁。

13　UCM, pp. 67. 邦訳、107頁。

14　UCM, p. 68. 邦訳、109頁。

15　UCM, p. 69. 邦訳、112頁。

16　UCM, pp. 72-73. 邦訳、118頁。

17　UCM, p. 73. 邦訳、119頁。

18　UCM, p. 73. 邦訳、119頁。

19　荻野弘之「観想」『キリスト教辞典』250頁。

20　UCM, pp. 76-77. 邦訳、126-128頁。

21　Frankl, V. E., “Homo Patiens: Versuch einer Pathodizee”, *Der leidende Mensch*, 3. Auflage, Verlag Hans Huber, Bern, [1950] 2005.（以下、HP）。邦訳は、フランクル, V. E.『苦悩する人間』山田邦男・松田美佳訳、春秋社、2004年。

22　HP, S. 237. 邦訳、210頁

23　HP, S. 219. 邦訳、166頁。

24　HP, S. 237. 邦訳、209頁。

25　HP, S. 219-220. 邦訳、166-167頁。

26　HP, S. 232. 邦訳、196頁。

27　HP, S. 236-237. 邦訳、208頁。

28　UCM, p. 66. 邦訳、105頁。

29　真木悠介『時間の比較社会学』岩波書店、2003年、183-196頁。

30　クルマン, O.『キリストと時』前田護郎訳、岩波書店、1954年、36頁。（Cullmann, O., *Christus und die Zeit*, Evangelischer Verlag, 1946.）

31　同上。

32　真木前掲書、183-185頁。

33　同上書、193-195頁。

34　広井良典『死生観を問いなおす』筑摩書房、2001年、156頁。

35　ジャンセン, G.「時間と無時間性」リチャードソン, A. 他編『キリスト教神学事典』佐柳文男訳、教文館、2005年、249頁。

36　同上書、249-252 頁。

37　同上。

38　Join-Lambert, M., Grelot, P.「時間」デュフール, X. L. 編『聖書思想事典』イェール, Z. 訳、三省堂、1999 年、393-400 頁。

39　同上。

40　真木前掲書、186-188 頁。

41　荻野弘之「時」『キリスト教辞典』806 頁。

42　大貫隆「カイロスとクロノス」同上書、198-199 頁。

43　同上。

44　『日本語対訳 ギリシア語新約聖書〈2〉マルコによる福音書』1 章 15 節、川端由喜男訳、教文館、1991 年、3 頁。

45　『日本語対訳 ギリシア語新約聖書〈3〉ルカによる福音書』19 章 44 節、川端由喜男訳、教文館、1993 年、135 頁。

46　『日本語対訳 ギリシア語新約聖書〈2〉マルコによる福音書』13 章 33 節、79 頁。

47　『日本語対訳 ギリシア語新約聖書〈4〉ヨハネによる福音書』7 章 6 節、川端由喜男訳、教文館、1995 年、42 頁。

48　「コリント人への手紙一」7 章 29 節『日本語対訳 ギリシア語新約聖書〈6〉ローマ人への手紙・コリント人への手紙』川端由喜男訳、教文館、2001 年、94 頁。

49　フランクルは時間論を各所で述べているが、ここではフランクルが時間論を本格的に展開した次の論文を中心にみていく。Frankl, V. E., *Der Wille zum Sinn*, 5. Auflage, Verlag Hans Huber, Bern, [1964] 2005, S. 33-66.（以下、WS）。邦訳は、フランクル, V. E.「時間と責任」『意味への意志』山田邦男訳、春秋社、2002 年、53-122 頁。

50　諸富祥彦『フランクル心理学入門』コスモス・ライブラリー、1997 年、153 頁。

51　WS, S. 41-48. 邦訳、65-80 頁。なお実存哲学と静寂主義に「　」を付したのは、フランクルがそれぞれの立場の主唱者を明示しておらず、概括的説明にとどまっているためである。

52　WS, S. 45. 邦訳、74 頁。

53　WS, S. 42-48. 邦訳、69-80 頁。

54　WS, S. 46. 邦訳、75 頁。

55　WS, S. 42. 邦訳、69 頁。

56　WS, S. 42. 邦訳、69 頁。

57　WS, S. 35. 邦訳、54 頁。

58　WS, S. 35. 邦訳、54 頁。

59　WS, S. 40. 邦訳、63 頁。

60　WS, S. 45. 邦訳、74 頁。

61　UCM, pp. 38-39. 邦訳、53-54 頁。

62　WS, S. 43. 邦訳、70 頁。

63　WS, S. 44. 邦訳、71 頁。

64　WS, S. 45. 邦訳、73 頁。

65　UM, S. 115. 邦訳、129 頁。

66　WS, S. 45. 邦訳、74 頁。

67　Deville, R., Grelot, P.「神の国」『聖書思想事典』175-180 頁。

68　例えば、「マタイによる福音書」12 章 28 節、「ルカによる福音書」17 章 21 節など。

69　「現代世界憲章（Gundium et spes）」第 39 項、南山大学監修『第 2 バチカン公会議公文書全集』サンパウロ、1986 年、352 頁。

70　毛利猛「物語ることと人間形成」岡田渥美編『人間形成論――教育学の再構築のために――』玉川大学出版部、1996 年、267 頁。

71　河合は独自の概念として「たましい」と平仮名で表記しているが、河合が依拠したヒルマンの訳書では「魂」と漢字が当てられている。こうした表記に従い、本書では、河合の概念に基づく場合は平仮名で表記し、ヒルマンの概念について述べる場合には、これ以降「　」付きの漢字を用いる。「　」を付けない漢字表記を用いる場合は、キリスト教用語と筆者自身の考えを述べている箇所である。

72　河合隼雄「たましいについて」『宗教と科学』河合隼雄著作集第 11 巻、岩波書店、1994 年、4-28 頁。

73　雨宮慧「わが魂はあなたを慕う――ネフェシュの意味――」『旧約聖書のこころ』女子パウロ会、1989 年、104-112 頁。

74　デュフール「魂」557-560 頁。

75　教皇庁『カトリック教会のカテキズム要約』日本カトリック司教協議会監訳、カトリック中央協議会、2010 年。（*CATECHISMO DELLA CHIESA CATTOLICA Compendio*, Libreria Editrice Vaticana, 2005.）

76　「霊魂 Soul」リチャードソン, A. 編『キリスト教神学事典』佐柳文男訳、教文館、2005 年、595 頁。

77　デュフール「魂」557-560 頁。

78　ゴンザレス, J.「霊魂（魂）」『キリスト教神学基本用語集』鈴木浩訳、教文館、2010 年、280-281 頁。

79　加藤和哉「霊魂」『キリスト教辞典』1212-1213 頁。

80　ペレス, F.「霊魂の不滅」上智学院新カトリック大事典編纂委員会編『新カトリック大事典』第 4 巻、研究社、2009 年、1375 頁。

81　デュフール「魂」559 頁。

82　加藤「霊魂」1213 頁。

83　河合隼雄『カウンセリングの実際問題』誠信書房、1970 年、269-276 頁、河合隼雄『イメージの心理学』青土社、1991 年、78-81 頁、94-101 頁。

84　河合『宗教と科学』xi 頁。

85　河合隼雄『心理療法入門』岩波書店、2002 年、48 頁。

86　山口素子「心理療法における自分の物語の発見」河合隼雄編『心理療法と物語』心理療法講座第 2 巻、岩波書店、2001 年、129-134 頁。

87　McGrath, A. E., *Religious Education in Great Britain: The Role of the Church of England in forming British Spirituality*, 2008, p. 80, p. 82. 邦訳は、マクグラス, A. E.『アリスター・E・マクグラス 宗教教育を語る――イギリスの神学校はいま――』高橋義文訳、キリスト新聞社、2010 年、83 頁。

88 *Ibid.*

89 Hillman, J., *Re-Visioning Psychology*, William Morrow Paperbacks, 1977. 邦訳は、ヒルマン, J.『魂の心理学』入江良訳、青土社、1997年。

90 *Ibid.*, pp. 67-70. 邦訳、148-153頁。

91 *Ibid.*, p. 69. 邦訳、151頁。

92 *Ibid.*, p. 68. 邦訳、150頁。

93 *Ibid.*, p. 69. 邦訳、151頁。

94 河合隼雄『ユング心理学入門』培風館、1967年、219-244頁。

95 同上書、225頁。

96 同上書、267-270頁。

97 同上書、132頁。

98 河合『イメージの心理学』34-38頁、142-160頁、河合隼雄『影の現象学』思索社、1976年、247-250頁。

99 河合『イメージの心理学』37-38頁。

100 河合『影の現象学』229-230頁。

101 河合『宗教と科学』19頁。

102 河合隼雄『日本人と日本社会のゆくえ』岩波書店、2002年、39頁。

第8章
日常と超越をつなぐ宗教科の授業

あなたは存在するものすべてを愛し、お造りになったものを何一つ嫌われない。
旧約聖書「知恵の書」11 章 24 節

本章の目的と課題

本章の目的は、高校生の日常的次元での営みを超越的次元へとつなぐカトリック学校の宗教科の授業の内容と実践方法について、具体的に検討することである。そのため、以下の二つの課題を設定する。

第一に、高校生のスピリチュアリティを育む宗教科の授業とはどのようなものかを提示することである。後期中等教育段階を対象とした学校教育の活動は、授業実践を軸とした教科学習指導、学級経営や生徒個人面談を含む生徒指導、進路職業指導、各種学校行事や部活動等の課外活動指導、校務分掌に関わる業務など、実に多様な領域に及んで展開されている。その中でも、高校生にとって最大の教育効果が期待されるのは授業であろう。従来の教育学研究においても、教師の資質能力が最も要求される教師の本務は授業実践とみなされてきた[1]。確かに学校生活は、言うまでもなく時間配分上も学習指導を中心に構成されており、授業こそが学校のあらゆる教育活動の中枢に位置するといってよい。そこで、カトリック学校でも宗教教育の中核を担うのは宗教科の授業であるという理解のもとに、スピリチュアリティを育む授業の可能性について考察する。

第二に、高校生の日常的次元と超越的次元とを接合する方法として、生徒の自己物語を聖書の物語につなぐ可能性を検討することである。生徒独自の生きる意味の枠組みである自己物語を、いかにして自分を取り巻く世界の意味を解き明かす人類の物語に結びつけるかは、教育上看過できない留意事項であるといえる。生徒の個別世界の意味が、他者と共有できる普遍的世界の意味に接続するためには、生徒個別の自己物語が、世界の意味を語る物語という大きな文脈の中に位置づけられる必要がある。

この点で、カトリック学校の宗教教育では、聖書を人類全体の営みや生の意味を物語る「大きな物語」[2]として提示できるという特色がある。通常、カトリック学校の宗教科の授業では、キリスト教の正典である聖書を用いて授業展開をする。聖書は、神の教えや宗教上の掟や訓戒、および教義を教えるための経典として絶対的規範と捉えられがちだが、物語論の立場からみれば、人間とは何かを物語り、人間のアイデンティティを同定する人類の物語と捉えることも可能である。

もしカトリック学校で学ぶ生徒が、聖書を自らの人生と関わりのある人類の物語として読むことができれば、生徒個別の自己物語という「小さな物語」を意味づける文脈を拡大することによって、固有の人生の意味を新たに解釈し直す可能性が開かれる。このように生徒が聖書を一個人や一民族を超えた人類全体の意味を語る物語として読むことにより、人類の大きな歴史物語の中に自分の小さな人生物語が位置づけられて、生徒が生きる意味を見出すための新たな地平を獲得することが期待できる。それゆえ、カトリック学校の宗教教育では、生徒が形づくる自己物語を、人類の物語である聖書に結びつけるように配慮することは、非常に重要な課題であろう。

しかしながら、教育学領域の先行研究では、第2章でみたように物語論に関する議論は活発に行われているが、宗教教育に関して、聖書を生徒の自己物語との関連で捉える観点からの論考は、管見の限り見出せない。ただし、神学領域では、芳賀力（1997）[3]が、物語論の視点で物語としての聖書と現代人の自己物語との関係を主題とした、本格的な「聖書的物語論」[4]を展開している。

そこで本章では、まず、スピリチュアリティを育む宗教科の授業に求められる要素を指摘した上で、芳賀の聖書的物語論を取り上げてその内容を概括し、続いて、同理論をカトリック学校の宗教科の授業に援用する場合の課題について検討しながら、生徒の自己物語を聖書の物語に結びつける宗教教育の可能性について考察する。

第1節　スピリチュアリティを育む授業実践

カトリック学校の宗教科の授業は、キリスト教について年間を通して体系的に教授する全学年対象の必修科目であり、建学の精神を保証するための中核教科として位置づけられている。それでは、宗教科のどのような授業を通して生徒のスピリチュアリティが育まれるのだろうか。

筆者の研究[5]によれば、高校生のスピリチュアリティの育成に有効と考えられる要素として、次の6点を挙げることができる。1）教師の人生経験に基づいた授業内容と実践方法の選択、2）生徒が今生きている現実を土台とした授業設計、3）教師対生徒、生徒相互の対話を通して、答えのない課題を共に探求すること、4）生徒の人格性、全体性に訴える適切な教材の活用、5）生徒が感じ考えたことを各自で振り返り、言語化する時間の設定、6）祈りの体験につながる実践の導入、である。併せて、具体的な教育活動については、高校生の生きる意味に関する探求心を引き出す実践、若者文化および同世代の仲間の影響力を鑑みる工夫が求められる。これらの点に配慮した授業実践により、女子高校生の日常的次元での営みを超越的次元へとつなぐ可能性があると考えられるので、以下、各要素について考察を加える。

第一に、教師自身の人生経験に基づいて授業内容と実践方法を選択することが大切である。宗教科の授業を担当する教師は、自らの切実な疑問を原体験として、まず自身のスピリチュアリティが育まれてきた過程を振り返り、それを認識しておくことが必要だと思われる。また、専門的知識を生かしながら、趣味や学外活動で培ってきたものを含めて、知的理解ばかりでなく、自らの実存を全面的に関わらせた実践であることが望ましい。特にスピリチュアリティという生き方や価値観が関わる領域では、教師が自らの生き方を生徒たちの前に開示する側面が欠かせないであろう。ただし、教師自身の体験に基づいた実践には、生徒たちにとって普遍性をもつ内容、および表現であるかどうかを吟味する力も求められる。また、高校生の発達段階に応じた発問の仕方や展開方法が必要であることは言うまでもない。

第二に、生徒が今生きている現実から出発し、生徒の日常生活と授業内容が乖離しないように留意することである。このためには、授業展開が知的詮索に陥ることなく、教師と生徒の生身の人生がぶつかり合う過程を土台として、生徒が今、生きているというリアリティに関わろうとする姿勢が求められよう。具体的には、生徒が自らの心の奥にあるものに気づきをもたらせるような問いかけをするなど、生徒の感性に触れ、身に染む感覚に至るように工夫することである。また、生徒の今現在のリアリティに適合するばかりでなく、生徒の潜在的な問いや希求を引き出すことも大切であろう。この点、生きる意味に関する探求心そのものを育て、意味への問いを呼び覚ます要素を授業実践に取り入れることが求められる。

第三に、最初から正解を与えるのではなく、あらかじめ答えのない課題に対して生徒各自が取り組めるよう、教師対生徒、生徒同士の対話を重視することである。

わが国では、自殺率の増加、凶悪犯罪の低年齢化、臓器移植や脳死に伴う死の定義をめぐる議論の活発化、安楽死や尊厳死等の生命倫理問題と終末期医療への関心の高まり、加速する高齢化社会を背景として、命の教育の重要性が叫ばれるようになって久しい。生命尊重の思想に正面から異を唱える者はいないようにみえる時世で、キリスト教のメッセージに含まれる、肉体の生命に勝る永遠の価値があることに高校生の目を向けさせることは、ともすれば誤解を招きかねない。だが、例えば、カトリック教会が崇敬の対象とする殉教者の偉大さも、肉体の生命を超える価値に目を開くことによって初めて理解できるものであろう。

そうした肉体の生命を超える価値を主題とする場合、取り上げ方によっては抽象的な観念思惟の事柄に終始しがちである。しかし、今、生きている自分自身の生のリアリティを土台とした授業であれば、単に生命倫理問題の是非を知的に議論するにとどまらず、肉体の生命を超える価値とは何なのか、自らの生き方を考え、スピリチュアリティを涵養するに至る可能性がある。

さらに、第5章で指摘したように、若者文化を尊重した上で、同世代の親友およびピアグループの看過できない影響力を鑑み、クラス全体の意見交換の時間を設けることにより、物事の是非を結論づけるのではなく、高校生が同世代の考え方や感じ方について知り、相互に影響を及ぼし合いながら、他者とつながる世界へと自らを開いていく効果を期待することもできよう。

第四に、生徒が授業内容を十分咀嚼できるよう、聖書、新聞記事、補助資料、VTR、CDなどの視聴覚教材を含めて、生徒の人格性、全体性に訴えかける適切な教材を厳選して活用することである。教材に関しては、キリスト教を学ぶための資料集は複数発行されているが、他教科ほど選択肢は豊富でなく、カリキュラムは個々の学校に委ねられているため、各教員の教材開発は重要な課題となる。視聴するVTRやCDなど補助教材の選択に関しては、良質であることが保証されている伝統文化のみならず、目の前にいる高校生が日頃愛好しているサブカルチャーも含めて、現在の若者文化を積極的に摂取するなど、事例として話題にする工夫も求められるであろう。宗教の授業内容を高校生の日常の感覚と結びつける上で、授業で扱う素材や話題を若者文化に密着したものにすることは、相当大切な手続きである。また、科学的知識の面で常に最新の情報を生徒に提供できるよう、教師自身が学び続けている必要がある。

第五に、毎回の授業ごとに生徒各自が感じ考えたことを振り返り、整理して言語化するための書く作業で締めくくることも大切である。これは授業内容を自分自身の問題として統合するために役立つと考えられる。通常は、授業を受けた直後では、教師から教えられた知識、配布された補助資料の内容、映像から受けた印象、クラスメートの発言の内容などが新しい情報として注入されたばかりで、それらを整理して自分自身の考えを形成するまでに至らない。しかし、リアクション・ペーパーを書く作業を通して、未消化ではあるが授業の内容を反芻して主題の輪郭が明確になるとともに、それを自分の経験や考えと照合することにより、授業内容に自らの体験を関わらせることが容易になる。生徒が受身でなく、自らの思考と言葉で咀嚼し直すために不可欠の時間であろう。第５章で指摘したように、スピリチュアリティが何らかの気づきや意識化と関わっているとすれば、書くことによって自分の体験をメタ化する過程は自己省察を深める上で欠かせない。また、第１章で検討したフランクルの意味への問いの観点の「コペルニクス的転回」との関連でいえば、生徒の内的世界に事象との対峙の仕方、認識の在り方の転換をもたらす上でも重要な過程であると考えられる。この作業が新しい自己物語を形成する契機ともなろう。

第六に、音楽を聴くなど、祈りの体験を促す実践を取り入れることである。こうした工夫も、人間を超越した存在へ心を向けるために欠かせない要素である。宗教科の授業開始に瞑目、および立腰による瞑想の時間を設けているカトリック学校は、筆者の知る限りでも少なくない。その目的は、生徒たちが日常生活の時間に区切りをつけて、心身を鎮めて自分の内面の世界に向き合い、超越に自らを開く態勢を整えるためである。

これらの実践は、たとえわずかな時間ではあっても、生徒たちが日常生活のリズムから離れて一種の非日常的な空間に身を置くことを可能にする。小さな祈りの時間を設けることを通して、日常の意識を覆っている種々雑多な気遣いから距離をとり、自分本来の姿に気づきをもたらせるとともに、同じ時間と場所を共有しているクラスメートと共に祈ることによって、連帯意識を生む作用もある。このような体験型の時間を設けることによって、超越との関わりが生じやすくなるような仕掛けをつくるのは、スピリチュアリティを育む上で有効性が高いと考えられる。

とはいえ、生徒が祈るときの方法や姿勢を指導することに教師が熱心になりすぎると、形式的で無味乾燥なものになりやすいので、短時間でも適切な音楽を流すなど、生徒自身がその効果を感じ取れるような工夫が必要であろう。音楽については、クラシック音楽や宗教音楽に限らず、生きることや愛することなどに関連したメッセージ性のあるポップス音楽を聴かせてもよい。選曲によっては、教室内に一瞬のうちにそれ以前の雰囲気とは異なる空気感を生み出すとともに、そこにいる生徒全体の一体感を生み出しやすいことから、スピリチュアリティという目に見えない働きを育む上で非常に効果的と考えられる。

こうした授業実践の各要素を支える前提として、スピリチュアリティを重視する教育観が求められる。また、宗教科の教師は、生徒の人格に影響を及ぼす自身のスピリチュアリティを養うことの重要性についても十分認識しておく必要があるであろう。

第２節　救いの物語としての聖書

本節では、プロテスタントの神学者である芳賀力の聖書的物語論を取り上げる。ただし、芳賀の論考は、教会での宣教司牧活動を念頭に置いたものなので、学校での宗教教育に関連すると考えられる部分だけを以下に概括する。

２－１．「大いなる物語」を物語る教会

芳賀は「物語」という言葉を「様々な出来事の連続を一つの筋立て（プロット）をもって自分の経験の中に秩序づける認識の仕方である」（30頁）と説明する。芳賀の洞察によれば、現代人の精神的危機は、個々人がそれぞれの小さな物語の中に埋没している点に存する。なぜなら、人間は自分が属する共同体が共有する大きな物語の中に、自己が誰であるかを語る自己物語を位置づけることによって、初めて自らのアイデンティティを見出していく。だが、自分だけの小さな物語の中に立てこもるかぎり、人は自分自身の人生の意味さえ分からないからである。しかし、共同体が共有する大きな物語の中に自分の小さな物語を位置づけることができれば、その人は自分の生きる意味を見出すための大きな文脈を得ることになる。

この点で教会は、聖書という「大いなる物語」[6]を共有している。各人の人生の物語は、教会共同体が信じる救済の物語としての聖書、つまり共同体の大いなる物語の中に位置づけることによって初めて理解できるようになる。そればかりか、共同体の大いなる物語の中に自己物語を定位できたなら、新しい共同体の物語を語り直すことさえ可能となる。こうした見解が芳賀の聖書的物語論の基盤にある。同理論で注目されるのは、聖書の物語を完結して

閉じた固定的な物語と捉えるのではなく、語り直しが可能で未来を形成する力をもつ、いわば、生成する物語として捉えている点である。聖書の物語を語り直しの可能な物語と捉える背景には、「物語る教会」と「聴く教会」という芳賀特有の教会理解がある。

「物語る教会」とは、「西欧近代を支配した進歩史観のイデオロギーではない大いなる物語」(10頁)、すなわち、「苦難や悪、罪と死」などの人間の根本的な問いに答える、起源と目標のある本格的な救済の物語を聖書の中に発見し、それを語り直す共同体のことである（338-339頁)。救済の物語は、イエスが神を語り、それを聴いた弟子たちがイエスの言葉と業を物語る、という連鎖によって成り立っている。このように救済の物語を語り継ぐ連鎖が教会の伝統であった、と芳賀は指摘する。こうして「イエス・キリストにおいて（苦難や悪、罪と死などの）神義論的な問いに答えを与え、救済をもたらして我々を神の国の希望へと生かす神の大いなる物語」(10頁）を語る教会を復権することによって、自分のアイデンティティを見出す物語を喪失し、所在不明の危機感に陥る現代人に福音を語ることができるはずである。芳賀はこのように考える。

以上の観点からみれば、教会とは、聖書の物語を物語る共同体ということになる。他方、「物語る教会」は、まず神の言葉である聖書の物語に耳を傾けて「聴く教会」でもある。なぜなら、三位一体の神、すなわち互いに対話の相手をもち語り合う神は、語りかけに言葉をもって答える相手として人間を創造されたからである。ここに、「聴く」そして「物語る」共同体としての教会を成立させる根拠がある。物語る教会は神の言葉を読み、啓示に聴くことから生まれる。聖書の物語を聴き、解釈することによって、各人の自己物語は見直され、根本的に変革され、新たに形づくられ、聖書の物語に参与するというダイナミズムが動き出す。他方、大いなる物語を聴き、物語る場である世界は、「多元的な価値観、諸宗教、様々な物語」が混在している（9頁)。だが、非寛容でも無節操でもない「物語的弁証の道」が模索されるべきである（280頁)、というのが芳賀の聖書的物語論の骨子である。

2－2．自己物語創造のダイナミズム

前項で概観した聖書的物語論で、聖書の物語に各人の自己物語が参与していくダイナミズムを詳しくみていくと、次のような構造をとる。

同理論では、聖書の啓示の物語を「原ストーリー」、聖書の聴き手の実存的コンテクストを「前ストーリー」、原ストーリーとの出会いを通して変容される聴き手の生きられる物語を「後ストーリー」と呼んでいる[7]。もっとも、原ストーリーである聖書と個々人の生の現実である前ストーリーとの出会いは、時に痛みを伴う衝突でもあり、回心を引き起こす激しい性質のものである（63頁）。このように、芳賀の聖書的物語論では、聖書の原ストーリーを、個々人が現実に生きているコンテクストである前ストーリーに基づいて恣意的に解釈せずに、神の啓示の言葉として聴くことによって、原ストーリーに参与する新たな後ストーリーを生き継いでいく、という物語創造のダイナミズムを想定している。これは各人の自己物語と聖書の物語との結びつけ方のモデル提示ともいえるものであろう。

同理論に従えば、聖書の大いなる物語の中に自己物語を位置づけるためには、まず、聖書で語られる神の言葉を聴き、それを解釈することが重要となる。ここで注意を要するのは、聖書の解釈は個々人に委ねられるのではなく、解釈共同体としての教会の使命にそれを帰している点である。

芳賀が教会の使命と考える解釈共同体とは、次のような概念である。聖書解釈に関して歴史的にみれば、不変不動の固定的な解釈があるわけではない。教会は、連綿と続く伝統を担う中で、聖書の物語の解釈を共同体として豊かに熟成してきた（54-56頁）。こうした歴史の積み重ねの中で、聖書の原ストーリーは、新たに語り継がれ、その都度出来事となることを求めている（59頁）。原ストーリーは、前ストーリーを凌駕するものとして啓示されるが、聴き手もまた物語の共同制作者である。従って、解釈共同体の伝統とは不変不動ではなく、変革を続ける生きた伝統であり、聖書解釈は先入見に対する吟味の末に是正される可能性をもち、常に新たな解釈に開かれているのである（65頁）。

ただし聖書解釈は、解釈共同体の生きた伝統から逸脱しないことが重要で

ある。なぜなら、「聖書は全て神の霊の導きの下に書かれ」（「テモテへの手紙二」3章16節）たからである。神の霊によって書かれたものは、解釈する際にも「同じ霊の導き」を必要とする（「コリントの信徒への手紙一」2章13節）。こうした神の霊の働きこそが、解釈共同体に権威をもたせる根拠である（86頁）。それゆえ、物語る教会は、聖書をあたかも過去の遺物のように固定して閉じたテクストとして保持するのではなく、神の霊の働きによって、現在を超えて未来を語り続ける啓示の語りとして耳を傾け、原ストーリーに呼応して、聖書の大いなる物語に参与しながら自らの物語を生きることが求められるのである（87頁）。

ここで特筆すべき点は、原ストーリーとの出会いによって前ストーリーを変容させ、新たな後ストーリーを生きさせるのは聖霊の働きであるとし、その一連の流れの基礎に、霊的読解（lectio spiritualis）、すなわち、聖霊の働きのもとで聖書を読むことを位置づけていることである（63-64頁）。解釈共同体としての教会観は、この聖霊の働きに対する信頼に基づいている。聖書の救いの物語に連なる自己物語を紡いでいく共同体は、聖霊の働きによって成り立ち、導かれるのである。

本節で概括した芳賀の聖書的物語論は、宗教教育において聖書を自分の人生の物語との関連で読むように高校生を導く上で、非常に豊かな示唆を与えているといえる。他方で、カトリック学校の宗教科の授業に適用する場合の課題もあると考えられるので、次節で検討する。

第３節　生徒の自己物語と聖書の物語を結ぶ授業

前節で取り上げた芳賀の聖書的物語論をカトリック学校の宗教教育に援用する場合に、検討が必要な事項として、次の3点を挙げることができよう。第一に、非信徒を主な対象とした学校での宗教教育において、信仰共同体である教会の物語である聖書をどのように位置づけることがふさわしいのか。第二に、芳賀のいう「解釈共同体」とはいえない学校で、聖書を読む際に個々人の解釈の自由はどこまで許容されるのか。第三に、プロテスタント神学を基盤とした芳賀の理論は、カトリック教育にもそのまま援用できるのだろうか。これら三つの課題について以下に検討しながら、カトリック学校での聖書の物語と生徒の自己物語とを結ぶ宗教教育の在り方について考察していく。

３－１．物語としての聖書

第一の課題は、キリスト教の正典であり、信徒にとっての「信仰の書」である聖書の位置づけは、非信徒にとっても、「教養の書」「歴史の書」以上の価値をもちうるのだろうか、という問いである。キリスト教の信徒ではない高校生が聖書を読むとき、聖書を通して神が自分に向かってメッセージを語りかけている、と受けとめることはできるのだろうか。

芳賀は、聖書の物語を「犠牲の物語」「解放の物語」「償罪の物語」「審判の物語」「死と再生の物語」「メシアとその御国の物語」に分類して論じているが、それら全てを含めて聖書という大いなる物語の中核には「救済の物語」があるという立場を取る[8]。芳賀の聖書的物語論では徹頭徹尾、聖書は、生き方の知恵や人生の指南を得るための教訓の書ではなく、神が人類を悪の力から救う救済の物語なのであり、それゆえに権威あるものとして畏敬の念を込めて受け取られるべき信仰の書である。芳賀のいう「救済の物語」とは、イエス・キリストの「十字架と復活を通して、罪にまみれた私のストーリーを義とし、聖として下さる」神の救いの業を物語る罪の赦しの物語を意味する[9]。信仰者にとっては、イエスの十字架と復活を究極の救いとして中核に据える物語こそが、まさしく個々人の自己物語に意味をもたらす根拠であるわけだが、イエスを信仰していない高校生にとって、聖書をそのような救済の物語として読むことは可能なのだろうか。

そもそも「物語」と訳される英語の「narrative ナラティヴ」の語源であるラテン語の「narratio ナラチオ」とは、古代キリスト教会では、入信者教育における教師の説教を指すが、その具体的内容は、聖書の逐語的注解やテクストの講釈ではなく、端的にいえば、「神が人類を救済するわざの物語」であったという[10]。つまり、ナラティヴの語源をさかのぼれば、聖書にたどり着くのであり、聖書は本来、物語の中の物語、いわば全ての物語に意味づけを与えるようなメタ物語とみなされていたといってもよいだろう。それでは、どうして聖書が各人の人生の物語を基礎づけるような救済の物語として捉えられるのだろうか。

旧約聖書と新約聖書を通して聖書全体を貫く救済の物語の頂点には、イエス・キリストの十字架と復活秘儀がある。ここでもしイエスが復活することなく、十字架の死によってイエスの全生涯の営みが全く無に帰したのだとすれば、イエスが生前になした偉大な業も発した知恵ある言葉も全ては結局無意味であったことになる。そうすると、イエスを神と信じた人々にとっては、神であるイエスの人生が無意味であるならば、私たち人間の生にも意味があるはずはない、という論理的帰結となるのである。ところが、義人が罪人に殺されるという不条理の極みが、実は人類の贖罪の成就であり、天の御父がイエスを復活させることをもってイエスの全生涯の業をあますところなく完全に肯定し絶対的に承認したのだとしよう。そうだとすれば、イエスの生涯に連なる全ての人にとっても、この地上の営みの終着点にみえる死が、実は人生を究極的に意味づける永遠の命への通過点となり、死が必然である人間の生にも意味づけの根拠が与えられるわけである。

もちろん以上に記した救済の物語は、あくまでもキリスト教の信徒が信仰によってそのように解釈するのであり、そうした意味合いでの救済の物語として聖書を読むか否かは生徒各人の絶対不可侵の自由に委ねられる事柄であって、もはや教育が対象とすべき領域ではないといえよう。この点については、教師のいかなる善意を以ってしても決して侵すことのできない、生徒個々人の人格の尊厳に関わる絶対的自由を最大限に尊重する姿勢がまず宗教教育の前提になくてはならない。そのことを十分に踏まえた上で、高校生が聖書を自分の人生に関連する物語として読めるように導く可能性は残されている。これについて考えるに当たり、ここで聖書を「物語」として認識する見解について確認しておこう。

芳賀は、「文学的ジャンルとして見るなら、聖書資料の全てが狭い意味での『物語』であるわけではない」として、「倫理律法、祭儀規定、知恵の格言、預言、手紙」などは文学的ジャンルの物語には当たらないという見方を示している[11]。「物語」は非常に多義的な概念であるが、近年、人文系諸科学で興隆している物語論研究では、序章で述べたように、その構造や形態に着目した場合の定義として次の理解がある。物語とは、①語り手と登場人物の視点の二重化を可能にし、②始めと終わりと中間部からなり、結末を納得させる一つの筋に即して出来事を選択的に配列された、③語り手と聴き手がいる語りを指すという指摘である[12]。旧約聖書39書、新約聖書27書の中には確かに、上述した芳賀の指摘のとおり、このような規定には当てはまらないものが含まれる。それでは、聖書はいかなる意味で物語といえるのだろうか。次に5点を挙げてみる。

1点目として、聖書全巻の中には、物語論研究での定義に合致する物語の構造を備えているもの、すなわち、視点の二重性、出来事の時間的構造化、他者への志向という三つの特徴を備えたひとまとまりのお話が数多く含まれている。例えば、旧約聖書の「創世記」「出エジプト記」、新約聖書の「福音書」がそうである。2点目として、特に旧約聖書は律法の規定も含めて、イスラエル民族のアイデンティティを同定する物語である[13]。3点目として、聖書は、神との出会いをそれぞれの仕方で体験した種々さまざまな人々の多様なライフストーリーを豊富に採録した物語の宝庫である。4点目として、聖書全体の中核部分をなすイエス・キリストの言葉とその生涯を記した四つの福音書は、イエスとの出会いがどのような意味で幸いなのかを語る各人の救いの物語を多数採録しているが、そればかりでなく、たとえ話という文学類型の物語を数多く記載している。5点目として、旧約・新約を含めた聖書全体を通して、神の救いの歴史を描いた救済史という一貫した筋立ての物語をそこに読み取ることによって、そうした筋立ての理解そのものが各人の生きる意味を見出すための大きな文脈としての物語と捉えられる。

以上の五つの点から聖書を物語と捉えることができよう。つまり、信徒であるか否かを問わず、高校生が物語としての聖書を読み、聖書の物語とつながる自己物語を創造することは可能であり、この過程を通して、各人が生きる意味を探求するための新たな地平が開かれると考えられるのである。

じっさい聖書は、天地創造から始まり、旧約時代とイエスの受肉・贖罪を経て、終末の完成に向けて、救済の出来事が始め・中間・終わりの時間軸に配列され、神の愛による救済という一貫した筋立てに沿って構成されており、旧約時代は預言者と歴史の出来事を通して、新約時代はイエスを通して、神が人間に向かって語りかけるという宛名性を有しているという点で、物語の構造を備えている。しかも、イエスは「たとえを用いないでは何も語られなかった」(「マタイによる福音書」13章34節)と記されるほど、福音書はたとえ話という文学類型の物語に満ちている[14]。

『聖書思想事典』[15]によれば、たとえ話とは、「救済史や神の国など神の啓示による世界を表すのに、地上の事物を象徴的に用いる手法」であり、「日常の実生活の出来事を例にして救済史の意味を説明する」物語である。このため「大部分の譬の中心主題が神の啓示、しかも多くの場合キリストの紹介にある」。たとえ話は「人間が理性によって信仰に至るために必要な媒介とされて」おり、多くの場合、寓喩を用いて「新しい神の国が神の計画のもとに地上でいかに完成してゆくかを示すのに寄与する」。ここで留意したいのは、なぜイエスはたとえ話で語ったのかという点である。それは、「神の国とイエスとの奥義は、あまりにも新しいものであるから、これまた漸進的に聴衆の理解力に程度に応じて示す必要がある」からだと解されている。つまり、イエスは、語りかける相手が多種多様な生活世界に生きており、物事を理解するための文脈が一人ひとり全く異なっているという現実に配慮して、各人に応じてあえて多様な解釈を許す様式で物語ったというわけである。

それゆえ、宗教科の教師も、聖書を取り上げる際に、イエスのメッセージを固定的に捉えてあらかじめ定められた正解を伝えるというのではなく、まずは、高校生の身近な生活世界との接点を生徒自らが感じ取れるような授業展開を心がけることが望まれよう。聖書が物語であることに着目するならば、聖書から人生の教訓を引き出したり、聖書の個々の言葉を全体の文脈から切り離して格言として教えたり、古代中東の歴史を知るための資料として用いたり、西洋文化を理解するための単なる教養として聖書に関する情報を伝達したりするだけでは、不十分であることが了解される。聖書を「救済の物語」として捉えるためには信仰を必要とするが、上述の意味合いでの「物語」としてならば、信仰の有無を問わず誰もが自己物語との関連で聖書を読むことができるのである。

３－２．聖書解釈における聖霊の働き

（1）問題の所在

第二に挙げた聖書解釈の課題については、仮に教会の伝統的解釈が絶対的規範となるならば、キリスト教に日頃なじみのない日本の一般的な高校生は、聖書をどのように読めばよいのか、という問いとも関わる。

この点について、プロテスタント教会の牧師でもある芳賀は、信徒を対象とした牧会指導を念頭に置いて論を展開しているため、聖書を聖なる物語として読むためには、説教と聖礼典を中心とする礼拝行為の中に身を置く必要性を強調する[16]。芳賀の論考においては、非信徒は考察の対象外とされているようにみえる。もちろん厳密な意味では、聖書がキリスト教の正典である以上、教会の典礼の場で信仰のうちに受け継がれるものであろうが、信徒・非信徒を問わず、誰もが日常の生活の場で自由に聖書を手にとり、個々人が自由に解釈することを妨げるものは何もないはずである。

芳賀が聖書をあえて救いの物語として提示し、物語の共同制作者として物語る教会に参与していくダイナミズムを丁寧かつ詳細に論じた意義は極めて大きいといえる。他方で、議論の対象を教会内に限定しているためか、聖書正典（カノン）という語の本来の意味である規準（ルール）を重視して、個々人の自由な聖書解釈に関しては慎重に発言している[17]。また、「聖霊は共同体に降る」[18]として、聖書解釈には教会共同体を導いた同じ霊の共有が求められると指摘するが、それは聖書を読む者に洗礼を受けて教会共同体の一員になることを求めているようにも受け取れる。

この点に関して、非信徒が大半を占めるカトリック学校の現状に適応した聖書的物語論の実践を考える必要があろう。それでは、キリスト教の信徒ではない場合、聖書をいかに読みどう解釈することが望ましいのだろうか。

（2）聖書解釈に関するカトリック教会の見解

この点については、カトリック教会が聖書解釈をどのように捉えているのか、その公式見解を示すものとして、第2バチカン公会議（1962-1965）の成果である四大公文書の一つ、「神の啓示に関する教義憲章」（以下、「啓示憲章」と略記）[19]を参照しよう。

聖書解釈をめぐっては、カトリック教会の歴史上さまざまな立場が現れ、激しい論争を繰り返してきた。それらの議論を収斂する形で、「啓示憲章」第11項では聖書解釈の原則として、第一に、聖書は神の霊である聖霊によって書かれたという信仰のもとに解釈することを挙げている。同項では、聖書が聖霊に導かれて書かれた書物であることを根拠として、聖書の無謬性について宣言する。「啓示憲章」第12項が挙げる第二の原則は、聖書の意味を理解するためには文学類型を考慮するなど、聖書を入念に研究し、理性を用いて解釈することである[20]。同項では、神が聖書において人間に何を知らせようと望んだか、その意味を探すよう勧めている。そして聖書の原文の意味を正しく理解するためには、聖書が書かれたのと同じ霊のもとに解釈されねばならないとしている。さらに聖書解釈に関する事柄は、最終的には聖書解釈の使命を担う教会の判断、つまり教会の教導権のもとに置かれると明言している。

聖書解釈に関する上記の二つの原則、すなわち、信仰的解釈と理性的解釈に関する啓示憲章の説明は、プロテスタントとカトリックという教派の相違にかかわらず、前述の芳賀の解釈共同体としての教会理解と大筋では一致しているとみることができる。それでは聖書をいかに読むべきか、という点に関しては、「啓示憲章」第25項が「聖書に親しむ」ことを強調している[21]。聖書に親しむ方法としては、典礼において聖書の朗読を聴く、聖書講座などで聖書について学ぶ、個人的に聖書を読む、などを挙げているが、いずれの場合もそれが神との対話となるよう祈りを加えることを忘れてはならないと述べている。また、非信徒にも聖書が普及するように、必要かつ十分な注釈つきの聖書を出版するように、との具体的な勧めも与えている。

ここで聖書解釈に関する議論が収斂する鍵となっているのは、本章でも言及してきた聖霊の働きであると考えられる。芳賀の聖書的物語論でも、「啓示憲章」でも、聖書解釈の際に、聖書が神の霊である聖霊によって書かれたという事実を重視し、同じ霊によって解釈することが原則として挙げられている。そこで確認しておきたいのは、聖霊はキリスト教の信徒にしか働かないのか、という点である。もしそうであるならば、聖書を真の意味で理解できるのはキリスト教の洗礼を受けた信徒だけということになる。

しかしながら、これも第2バチカン公会議の四大公文書の一つ、「現代世界憲章」第22項と第38項では、聖霊はキリスト教の信徒に限らず、全ての人に見えない方法で働いていることを明言している[22]。同公会議は、「教会の外に救いなし」とする中世の教会観を打破し、諸宗教の信徒および非信徒との対話路線に転じ、現代世界と共に歩む姿勢を初めて明確に打ち出すことで教会史上画期的な転換点となったが、同項目は、そうした新しい教会理解を端的に表すものであろう。同公会議が示したこの教会理解に基づけば、自覚的な信仰の有無を問わず、誰もが聖霊の導きを受けて聖書の真髄に迫ることができるはずである。

このように全ての人を導く聖霊の働きに信頼を置いて、聖書と生徒の自己物語とを結びつける方途を考えるとどうなるであろうか。まず、「啓示憲章」が聖書を読むときに祈りが不可欠であると指摘するように、宗教科の授業でも聖書が書かれたのと同じ霊に対する信頼を込めて、祈りの時間を設けることが重要である。次に、宗教科の教師自身が聖書につながる自己物語を生きていることが前提となる。

ともすれば、宗教科の教師は、聖書を取り上げる際、典型的解釈を紹介したり、イエスのメッセージを「隣人愛」「他者への奉仕」「神の恵み」など一様な表現に集約しがちであり、その結果、生徒はキリスト教に対する固定観念を植え付けられ、自らの生活経験との接点を見出すことが困難になる。だが、聖書の物語、特にイエスの福音の物語との出会いは、最も個性差が現れる一人ひとり全く独自なものであり、そうした固有の出会いを通して百人百様の物語が生まれるのではなかろうか。

そもそも多くの高校生にとって宗教教育に興味がもてないのは、自分の毎日の生活に聖書の話が何の関わりもないと思われがちだからである。もし青年期特有の悩みや葛藤、今生きている現実の生活につきもののその人固有の課題との接点が感じられるならば、興味をもって聖書から光を汲み取ろうとするであろう。それゆえ、聖書の物語を生徒自身の人生と結びつけて感じ取れるように導くことが最も肝要なのである。しかしながら、聖書を教える教師自身がまず自分の人生との関わりで聖書を読まずに、教会の教導権に基づく解釈を自分なりに咀嚼することもなく、誤りなく伝授することにのみ意を注ぐならば、聖書は、生徒にとっては全く魅力のない過去の遺物となってしまいかねない。

そこで、教師は教会の伝統的な聖書解釈を熱心に学び、正確に理解するよう努めながらも、聖書が指し示す意味に生徒が自分なりに向き合い、自分自身を関わらせることができるよう、授業を工夫することが欠かせない。教会が伝統的に示してきた聖書解釈にも多様性があり、その時代固有の制約を受けて強調点が異なっている場合もある。それゆえ、生命蔑視や他者排除など、福音的価値観に明らかに反する逸脱でないならば、成長とともに理解が深まっていくことを期して、生徒個々人の自由な解釈を許容すべきであろう。他教科の学習指導においても子どもの発達に応じた指導が求められるように、聖書理解も、人間としての全体的な発達と人生経験とともに漸次発展していくものである。それを金科玉条のごとく型通りの解説を繰り返すのであれば、聖書は物語ではなく教訓の書になってしまい、生徒にとっては教条主義的にしか聞こえず、自分の人生とは無縁なものとして敬遠されるのみであろう。

前述のとおり、「啓示憲章」では非信徒にも聖書が普及するよう促しているが、同文書が「聖書に親しむ」ことを教会の外部にも向けて語っているのは、聖書が聖書解釈を専門とする一握りの研究者の専有物ではなく、誰でも近づくことのできる書物だと認めているからだといえる。すなわち、聖書の物語は、万人にとってそれぞれの文脈で、自分の人生の物語として生きることが可能なのである。

(３)「私の福音物語」の創造

これに関連して、教会が諸文書の中から聖書の正典を定めてきた手続きを振り返ると興味深い事実に行き当たる。芳賀によれば、イスラエル民族が歴史的苦難の中でアイデンティティ・クライシス（自己同一性喪失の危機）に瀕したとき、共同体にその存在理由を示す機能を発揮した物語が聖書の正典としての地位を得てきた[23]。つまり、共同体の中に自己のアイデンティティを定位させるような物語に正当性が与えられたのである。

同様のことが高校生の自己物語についてもいえるのではないか。高校時代はまさに自らの自己同一性を求めて本格的に格闘する時期であるがゆえに、自己がこの世に存在することの意味を語る物語としての自己物語を、生涯の他のどの時期よりも切実に必要とすると考えられる。このようにアイデンティティの確立が課題となるような時期に、物語としての聖書に出会うことの意義は極めて大きいといえよう。

こうした理解に基づけば、生徒が自己を世界の中に位置づけ、自己同定できる物語を聖書に読み取ることができるならば、その解釈は奨励されるべきであろう。キリスト教の教義を一点一画誤りなく伝授する経典として聖書を読むのではなく、聖書を通して、自分の置かれている状況の意味を読み取り、招かれている方向性を発見できるような物語として読むのである。

そうした聖書の読み方は、福音書の成り立ちを考えてみても妥当だからである。新約聖書の中核に位置するのは、イエス・キリストの言葉とその生涯を記した福音書であるが、福音書には四つの種類がある。それぞれの福音書を著述した四人の福音史家が出会ったイエスを、四人四様に物語っているといってよい。つまり、各福音書は、自分にとってイエスとは誰であったのか、四人の福音史家がそれぞれに出会った固有のイエスを語る物語であり、これは同時に、彼ら自身がイエスという人物に出会って初めて、私とは誰なのかを了解した自己物語であるといえる。

福音書はまた、福音史家の周囲に存在したと推定される教会で共有された共同体の物語でもある。各福音書には、四人四様の個性、または各共同体の特徴が浮き彫りにされている。それを非常に概括的にいえば、マルコは簡潔な記述によって、自然の脅威にのみ込まれずに悪の力さえ支配するイエスの力強さに焦点を当て、マタイは共同体における倫理を示したイエスの実践的な生き方を体系的に記述し、ルカは弱者や罪人に対するイエスの憐れみ深さと慈しみのまなざしに一貫して関心を払い、ヨハネは難解な暗喩を用いながらイエスの神の子としての神性と神秘性を哲学的に思い巡らすという特徴をもつ[24]。

これらの特徴の相違は、イエスとの出会いが自らの実存にとってどのような意味をもったか、についての解釈の違いから生まれたものでもあろう。その点、イエスという同じ一人の人物と出会いながら、各人の意味づけに応じてイエスの異なる側面に焦点を当てることによって、自分にとっての救いの物語を記しているのである。そのため福音書は、各福音史家にとってのイエスの物語であるとともに、彼ら自身の存在を証する自己物語でもある。

このようなイエスとの出会いから生まれる各人固有の物語の創造は、2000余年の年月を超えて現代に生きる私たちにとっても可能なはずである。つまり、私たちも百人が百通りの福音物語を語ることができるのであり、イエスと出会ったことが私の人生にとって、どのような意味で幸いであったのかを語る「私の福音物語」を誰もが著述できるのである。

新約聖書の「マタイによる福音書」（16章13-20節）によれば、イエスはその本質を見抜くことが難しい謎の人物であり、絶えず「あなたは私を何者だと言うのか」と私たちに問いかけてくる。それは自己とは何かを探求させる呼びかけでもある。イエスはペトロの「あなたはメシア、生ける神の子です」と見事にイエスの本質を言い当てたのに対して、「私も言っておく。あなたはペトロ」と言い、教会の礎となるペトロの固有の使命を告げる。ペトロはイエスを知ることによって初めて、自分自身の本来の姿を深く認識させられることになる。

このようにイエスを知るということは、自分を知ることであり、イエスの生きた人生の物語に関わることは、自己物語の創造と不可分に結ばれている。福音史家もまたイエスと出会って自己を同定した物語を生きたわけであり、それを読む現代人も、一人ひとりが自分の救いの物語、つまり「私の福音物語」を創造するよう招かれているのだといえよう。そして、四つの福音書を併せて読むことによって、イエスという人物とそのメッセージの全体像が立ち上がってくるように、種々さまざまな人々によって各人固有の救いの物語である「私の福音物語」が語り継がれることによって、神の業は人間にとって一層理解しうるものになるのではなかろうか。

以上のように、自分の人生とイエスの物語が交差して結びつくとき、新たな自己物語を創造する可能性が開かれる。こうした展開は、物語論に基づく宗教科の授業実践の中でも望ましい形であろう。それゆえ、高校生にとって自己物語がイエスの物語と関連し、聖書の物語とつながっている事実に目が開くような授業を実践する必要がある。そのためには、まず、目の前にいる生徒の日々の生活から生まれる興味関心、喜びと悲しみ、不安と期待、挑戦しようとしている課題などに教師が心からの関心を払うことが求められる。

すなわち、最初に聖書ありきの上意下達の構造ではなく、今生きている生徒の現実から出発して、それらを授業内容にすくい上げ、聖書の物語との接点に気づけるように授業を展開させることが鍵となる。その際、教師自身の人生の物語が聖書の物語とどのように結びつくのか、自分の福音物語を語ることが非常に有効であろう。往々にして一つの物語は別の物語を生成し、他者の物語を聴くことは新たな自己物語を生み出すからである。教師自身が生きている福音物語は、生徒にとって固有の福音物語を創造するための契機となるはずである。このように聖書の物語に自己物語を結びつける道筋は、信徒・非信徒を問わず、あらゆる生徒に開かれているのである。

３−３．カトリック学校における物語論的実践の可能性

第三の課題を検討するに当たっては、物語論の視点と方法論を用いて宗教教育を実践する場合に、カトリック学校ならではの特色を生かせる点はどこか、カトリック教育固有の可能性に注目したい。

カトリック教育の特色を浮き彫りにするために、まず、プロテスタントとの立場の相違について簡単に触れておこう。周知の通り、プロテスタントは、16世紀のマルティン・ルターによる宗教改革運動でカトリックから分

離した宗派であるが、現代ではプロテスタントと総称される立場には種々さまざまな分派が含まれるので、それらの共通点を一概に述べることはできない。しかしながら、カトリックとプロテスタントの根本的な相違について概括すると、次のように説明されるのが一般的である。

プロテスタントは「聖書のみ」「信仰のみ」「キリストのみ」を特徴とする。これがカトリックに抗議した中心点だと理解してよいだろう。このため、プロテスタントでは、聖書の御言葉を何よりも大切にし、人間がなす行為以上に、神の絶対的恩寵への内面的な信仰を尊び、教会や司祭など目に見える媒体を介さず直接キリストに結びつこうとする傾向があるとされる。

これに対して、カトリックは、ローマ教皇を頂点として枢機卿、大司教、司教、司祭、助祭等の位階制度を有した教会組織をもち、教会教導職を重んじる結果、上意下達の聖職者中心主義になりがちな傾向をもっている。この点は、聖書的物語論を援用する際に、聖霊の導きに信頼して個人が神と直接対峙する姿勢を意識しなければならないであろう。カトリックはこの他、聖体をはじめ神の恵みの目に見える印としての秘蹟を制定し、キリストへの信仰を中核としながらも聖母マリアや諸聖人を崇敬し、ロザリオやノベナ等の数々の伝統的信心業を重視し、絵画、彫刻、建築などの造形美術で信仰の対象を表現することが盛んな文化の中で信仰生活を営んでいる。

これらの信仰の在り方の特徴を踏まえて、カトリック精神に基づく教育に物語論的実践を導入する場合、次の三つの特色を生かす方向性を提案したい。

第一に、カトリック教育の国際性を生かすことである。上記のようにカトリックは、各人が個別に神とつながるというよりは、教皇を中心に一致して教会の結束を重んじる共同体的霊性を伝統的に育んできた。各カトリック学校の創立者たちは共通して、そうした霊性に生きる教会から派遣されているので、教育方針の表現形態や具体的な実践方法については多様な個性を現しながらも、教育の根本的理念については同一の本質を共有しているのである。

現代日本のカトリック教育施設のうち、幼稚園を除いて、小・中・高・短大・大学のほとんどの創立・設立母体は、修道会である[25]。そのため、学校を設立した修道会に体現される教会の普遍的性格が学校の建学の精神に反映されている。仮に設立母体の修道会が国際修道会ではなく日本国内だけで活動を展開している場合でも、学校創立の精神は全世界に広がるカトリック教会の信仰と思想を共有しているといえる。この点で、カトリック学校は、国境を超えた超国家的性格をもち、グローバルなネットワークを背景として教育を行っているということができる。

こうした修道会の超国家的ネットワーク、さらには世界各国に点在しながらも同じ精神で結ばれている教会共同体のネットワークを背景とした国際性を有するカトリック教育では、物語論的実践においても非常に有利な点がある。それは、生徒個々人の小さな物語を根拠づける大いなる物語としての聖書の物語を世界中に広がる多くの人々と共有できる点である。

カトリック教育の精神の根幹をなす大いなる物語が、多種多様な人種・国籍・文化・歴史を包含する豊かな文脈において生きられているという事実は、生徒の個別の意味世界を普遍的な意味世界に接続する道筋を開くための大きなメリットとなる。なぜなら、生徒が生きる意味を見出すための地平が世界を舞台に拡大されると同時に、個別の人生の意味がより広大な世界で共有される意味の中に位置づけられる可能性があるからである。特定の民族、特定の地域、特定の文化等に限定されないカトリック教育の国際性は、物語論的実践においても大きな利点となるのである。

特に現代のカトリック教会は、先述したとおり、第２バチカン公会議で従来の閉鎖的な教会の在り方を転換し、宗派を超えた相互の対話を重視し、開かれた態度で全世界と共に歩む方向に変革した。こうした歴史の画期的な転換点に立つ教会の中で、カトリック学校の教育にも大きな姿勢転換が求められている。現代の教皇庁の理解によれば、カトリック学校は教会の一部であり[26]、しかもそればかりでなく、教会の中心にある[27]。なぜなら、カトリック学校が教会の本質的使命を担っているからである。教会の本質的使命とは、神の救済の御業をこの地上で継続することであり、これが教会の唯一の存在意義でもあるが、カトリック学校は、その教会の本質をなす人類救済の使命に参与しているのである[28]。それゆえ、現代のカトリック学校では、人類共同体としての連帯と責任を一層強く意識することが求められている。

カトリック教育が国際性を特色とし、そこでの物語論的実践も普遍性に開かれているといえる根拠は、実は、神の霊が分け隔てなくあらゆる人に自由に働いている点にある。第2バチカン公会議で新しく自己理解した教会観に基づいて、教皇庁教育省は、次のように明言している。「カトリック学校は、あらゆる人々のうちに聖霊が働いていることを固く信じている」[29]。逆にいえば、同一の神の霊が諸々の障壁にもかかわらず人類共同体を導いているという信頼なしには、カトリック学校の宗教教育は、生徒個々人の人生の意味を普遍的な意味の世界へと導くことはできない。閉鎖的に自己完結した偏狭な意味世界の殻を打破し、異質の他者が生きる普遍的な意味世界とつながりをもつためには、隔ての壁を超えて働き異なる事象をつなぐ働きをもつ聖霊の導きが必要不可欠である。カトリック学校に国際性という特色をもたらす聖霊の導きによって、聖書的物語論は実現できるのである。

第二に、カトリック教育には、聖書の物語だけでなく、イエスに倣う生き方をした諸聖人のライフストーリーを自己物語創造のモデルとして豊富に提供できるという利点がある。聖書はまさしく物語の宝庫であり、聖書に登場する人物全てについて、多種多様な人生の物語として読むことができる。特に女子のカトリック学校ではイエスの母マリアの人生の物語を学ぶことは、まさにイエスの物語に密接につながる女性の生き方を考える上で有益である。そればかりでなく、カトリック学校では、イエス以外の人間を特別な崇敬の対象としないプロテスタントとは異なり、聖人崇敬の伝統があるため、聖書の物語に連なる人々が生きた物語を学ぶことができる。

例えば、アウシュヴィッツのユダヤ人強制収容所で殉教したコルベ神父や、インドのスラムで神の愛を証したマザー・テレサの人生の物語を学ぶことによって、どのようにして聖書の物語を自らの物語として新たに紡ぐことができるのかを具体的に知ることができる。また、聖人のように偉大な人物の物語ばかりでなく、現在、同じこの世界で聖書の物語を自分の人生の物語として生きているようにみえるゴスペル・シンガーのレーナ・マリアや詩画作家の星野富弘などの生き方をライフストーリー学習として取り入れることによって、生徒自らの人生の物語の筋立てに多様な選択肢を提供することができよう。

第三に、カトリック学校での物語論的実践を通して、家族の文化と社会の文化を福音的価値観によって再創造できる可能性がある。もしカトリック学校の文化の隅々に建学の精神である福音的価値観が息づいているならば、そこで学ぶ生徒は、家族の中で優位な価値観や一般の社会通念から解放されて、大衆に支配力をもつ標準版の物語や、世間で称揚される理想版の物語を再生産する圧力から自由になり、真に自分自身の物語といえる自己物語を創造できる可能性が高まる。

人は無自覚のうちにも、家族が暗黙裡に代々模範として受け継いできた物語や社会全体に優勢なドミナント・ストーリー[30]の影響を受けているものである。しかし、そうした規範的な物語の鋳型に必ずしも当てはまるとは限らない、オルタナティブ・ストーリーを形成できるように支援することは、実はカトリック学校だからこそできる教育でもあろう。カトリック学校には既存文化の維持継承ばかりでなく、社会一般の価値観や文化に潜む歪みを福音的価値観によって是正し刷新して、より良い価値を有する文化を再創造する使命があるからである。それゆえ、カトリック学校の教師は、社会規範に適合する物語の再生産にとらわれず、その生徒固有の物語が生み出されるよう支援すべきである。

教皇庁教育省が提示するカトリック教育の理念には、「カトリック学校は、他の全ての学校にまさって、生きることの意義を伝えることを第一とする共同体でなければならない」[31]という文言が掲げられている。生徒にとって「私がこの世に生まれてきたことの意味」「私がこの世界で生きることの意味」を聖書の物語と結びつけて見出せるような自己物語の創造を励ますことは、カトリック学校の本質的使命を果たす実践なのである。

本章のまとめ

本章では、高校生の自己物語を聖書の物語につなぐ方途について、芳賀力の聖書的物語論を取り上げて概括し、同理論をカトリック学校に援用する場合の三つの検討事項を挙げ、主にバチカン公文書を参照しながら考察した。

その結果、次の三つの点を指摘した。第一に、聖書を「救済の物語」として捉えるには信仰が必要だが、「物語」としてならば信仰の有無を問わず誰もが聖書を自己物語と結びつけて読むことができる。第二に、聖書解釈の問題を超える鍵は、聖霊は非信徒も含めて全ての人に働いている、とする新しい教会観に基づいて教育することである。第三に、物語論的実践におけるカトリック学校固有の特色は、①国際性を背景として大いなる物語を世界的に共有できること、②聖書の物語に連なる人々が生きた多様な物語を生徒に提示できること、③家族や社会のドミナント・ストーリーから生徒が自由に自己物語を創造することを通して、家族および社会の文化を再創造できること、である。

宗教科の具体的な授業実践では、生徒の生活と無関係に聖書を上意下達の構造に立って教示するのではなく、生徒が今生きている現実と聖書の関連づけが分かるように、まず生徒が現在もっている興味関心、悩みや課題を土台として、それらに対するメッセージを生徒自身が聖書の中に読み取るという順序で導くのが効果的と考えられた。つまり、宗教科の授業内容を、あたかも人間の営みとは無関係に超越の視点から語るのではなく、何よりもまず、現実世界を生きている生徒一人ひとりに関心を寄せて、生徒と同じ地平に立つところを出発点とすべきなのである。

その際、「啓示憲章」が、聖書を読むときに祈りが不可欠であると指摘するように、宗教科の授業でも祈りの時間を設けることは重要である。併せて、教師自身が聖書の物語に連なる自己物語を生徒に語ることによって、生徒は自己物語を聖書の物語に結びつける方法を学ぶことができると指摘した。

元来、「大きな物語」とは、西欧の近代の科学を正当化するメタ言説を批判的に指す言葉であり、主唱者のリオタールは、具体的には啓蒙の概念、マルクス主義、資本主義と並んでキリスト教も大きな物語とみなした。これを芳賀はあえて「大いなる物語」と言い換えて、個々人の小さな物語の断片に拠り所をもたらして根拠づけ、生かすものとしてのメタ物語を現代人が見出すことの意義を提示した。それは、個々人の小さな物語を圧殺する巨大で硬直したイデオロギーではなく、真に自らが生きるものとしての小さな物語を意味づける大いなる物語を現代人が必要としているからである。こうした時代にあって、カトリック教育は、生きる意味を求めて格闘する青年期の生徒に大いなる物語を提示できたときに、生徒の個別的な意味世界を、他者と共に生きる普遍的な意味世界へとつなぐ道筋を開くばかりでなく、カトリック学校としての存在意義を発揮して、生命力を吹き返す可能性があるであろう。

本章ではこの他、スピリチュアリティを育む宗教科の授業に求められる要素を六つ提示したが、宗教科の授業の教育的効果は、授業の構成要素や授業技術の問題ばかりでなく、生徒と直接の関わりをもつ教師がどのような人物であるのか、最終的には教師の人間性にかかっているといっても過言ではない。そこで、次章ではスピリチュアリティを育む教師の在り方について検討する。

註

1　例えば、鈴木慎一・関根荒正・町田守弘『教師教育の課題と展望――再び、大学における教師教育について――』早稲田教育叢書 4、学文社、1998 年、159 頁、東京学芸大学教員養成カリキュラム開発研究センター編『教師教育改革のゆくえ――現状・課題・提言――』創風社、2006 年、70 頁など。

2　この用語は、後述の「小さな物語」と並んで、周知の通り、社会全体が共通して信奉する一つの「大きな物語」の凋落と、個々人が生み出す無数の「小さな物語」の乱立をポストモダンの状況とみなしたリオタール（Jean-Francois Lyotard, 1924-1998）の思想に依拠している（リオタール, J. F.『ポスト・モダンの条件――知・社会・言語ゲーム――』小林康夫訳、水声社、1986 年）。

3　芳賀力『物語る教会の神学』教文館、1997 年。

4「聖書的物語論」という言葉は、芳賀自身が上記の『物語る教会の神学』の中で自らの理論をそう呼んでいることに基づいて用いた。

5　拙稿「女子高校生のスピリチュアリティを育む教育実践――カトリック学校の宗教科授業を事例として――」仙台白百合女子大学編『仙台白百合女子大学紀要』第 18 号、2014 年、23-37 頁。

6　芳賀は聖書については、「大いなる物語」と呼び、リオタールのいう「大きな物語」とは意識的に区別して使用しているので、聖書を指す場合は本章でも「大いなる物語」と述べることにする。

7　芳賀前掲書、43-70 頁。「前ストーリー」「原ストーリー」「後ストーリー」とは、物語的自己概念を先駆的に提示したリクール（Paul Ricoeur, 1913-2005）の「三重のミメーシス（先形象化・統合形象化・再形象化）」の概念を援用した、芳賀の造語である。

8　芳賀力『救済の物語』日本基督教団出版局、1997 年。

9　芳賀力『大いなる物語の始まり』教文館、2001 年、182 頁。

10　神門しのぶ『アウグスティヌスの教育の概念』教友社、2013 年、144 頁。

11　芳賀力「物語る教会（エクレシア・ナランス）の神学――方法序説として――」東京神学大学編『神学』第 56 号、1994 年、105 頁。

12　森岡正芳『物語としての面接――ミメーシスと自己の変容――』新曜社、2002 年、193 頁。

13　サンダース, J. A.『正典としての旧約聖書』佐藤陽二訳、教文館、1984 年、29 頁。

14　共観福音書の中でイエスによるたとえ話は、全部で 41 種にまとめられる（木俣元一「キリストのたとえ話」大貫隆他編『キリスト教辞典』岩波書店、2002 年、314-315 頁）。

15　Sesboüē, D.「譬」デュフール, X. L. 編『聖書思想事典』イェール, Z. 訳、三省堂、1999 年、549-551 頁。

16　芳賀前掲論文、101 頁。

17　例えば、同上論文、77 頁、芳賀力「聖書の正典的解釈と物語る教会」東京神学大学編『神学』第 58 号、1996 年、12-25 頁など。

18　芳賀「聖書の正典的解釈と物語る教会」69 頁。

19　「神の啓示に関する教義憲章（*Constitutio Dogmatica de Divina Revelatione*）」南山大学監修『第 2 バチカン公会議公文書全集』サンパウロ、1986 年、201-214 頁。なお、聖書解釈に関する教会公文書の最新のものとして、教皇庁聖書委員会「教会における聖書の解釈」和田幹男訳『英知大学キリスト教文化研究所紀要』第 16 巻、2001 年、202-319 頁（PONTIFICIA COMMISSIO DE RE BIBLICA, “ L'interpretation des textes bibliques ”, *L'interpretation de la Bible dans l'Eglise*, MCMXCIII, 1994.）があるが、その基本には「啓示憲章」があるので、ここでは扱わない。なお、「啓示憲章」を理解するに当たり、和田幹男『私たちにとって聖書とは何なのか――現代カトリック聖書霊感論序説――』女子パウロ会、1986 年、和田幹男「『神の啓示に関する教義憲章』概説」、http://www.mikio.wada.catholic.ne.jp/DEI_VRBM_3-3.html（2019 年 8 月 15 日閲覧）を参照した。

20　和田『私たちにとって聖書とは何なのか』208 頁。

21　同上書、213 頁。

22　「現代世界憲章（*Gaudium et Spes*）」『第 2 バチカン公会議公文書全集』341 頁、351 頁。

23　芳賀『物語る教会の神学』81 頁。

24　森一弘『あらたな出会い――福音の黙想――』女子パウロ会、1987 年。

25　森一弘『カトリック学校教育の充実を求めて――幼稚園から大学まで――』カト

リック中央協議会／学校教育委員会、1990 年、11 頁。

26　教皇庁教育省「教会の宣教使命に適応する学校の宗教教育」2009 年 9 月 8 日発表各国司教協議会会長宛書簡（Congregazione per l'Educazione Cattolica, *Lettera circolare N.520/2009 agli Em.mi ed Ecc.mi Presidenti delle Conferenze Episcopali llss sull'Insegnamento della Religione nella scuola*, 2009.）http://w01.tp1.jp/~a287446192/C22_1.htm（2019 年 8 月 6 日閲覧）

27　教皇庁教育省「紀元二千年を迎えるカトリック学校」日本カトリック学校連合会、1998 年、8 頁。（Congregation for Catholic Education, *The Catholic School on the Threshold of the Third Millennium*, 1997.）

28　教皇庁教育省「カトリック学校」日本カトリック学校連合会、1978 年、2-6 頁（Congregation for Catholic Education, *The Catholic School*, 1977.）。

29　同上書、34 頁。

30　「ドミナント・ストーリー」と後続の「オルタナティヴ・ストーリー」という用語は、臨床心理学者の M. ホワイトと D. エプストンのナラティヴ・セラピー（1990）において使用され普及した。前者は自明の前提としてある状況を支配している物語を、後者は前者に代替する別の物語を意味する（野口裕二編『ナラティヴ・アプローチ』勁草書房、2009 年、13 頁）。

31　教皇庁教育省「カトリック学校」20 頁。

第9章
生徒のスピリチュアリティを育む教師の在り方

イエスは若者を見つめ、慈しんで言われた。

新約聖書「マルコによる福音書」10章21節

本章の目的と課題

本章の目的は、フランクル思想を手がかりとして、カトリック学校で生徒のスピリチュアリティを育む教師に求められる在り方について検討することである。

生きる意味の探求を支える教育としてフランクルが提示したのは、第1章で述べたとおり、「良心を洗練する教育」[1]であった。良心を洗練する教育とは、超越からの呼びかけを良心の内に聴き、それに応答しながら各人が独自の生きる意味を見出す人間的能力を養う教育のことである。つまり、良心を洗練する教育とは、超越との関わりにおいて生きる意味を探求する精神性を涵養することをその本質としており、結局、スピリチュアリティの育成を指しているといってよい。

それでは、生徒のスピリチュアリティを育むために、教師ができることは何であろうか。フランクルが唯一挙げたのは、「教師の生きた実例」[2]である。というのも、生きる意味は万人に妥当する普遍的なものではなく、各人が個別具体的な状況の中でその都度見出すものであり、そうであれば、他人に教えたり与えたりできるものではないと、フランクルは考えていたからであろう[3]。この考えの背景には、生きる意味への問いには知的解答ではなく実存的解答によって答える他なく、各人固有の生きる意味は、言葉ではなく生き方をもってしか実現できない、というフランクルの確信がある。

このような生きる意味を探求する教師の在り方としての「教師の生きた実例」については、先行研究で十分に議論されてきたとは言い難い。フランクルがわずかに示唆するのみである。だが、フランクル思想をたどると、意味探求の在り方を示す生きた実例がどのようなものかを浮き彫りにすることは可能であると考えられる。そこで本章では、フランクルのいう「教師の生きた実例」をカトリック学校で特に宗教教育に携わる教師に求められる「態度」の観点から考察する。ここでいう「態度」とは、教師のありようや姿勢、行動の指針を含めて、「生徒の意味の探求を支えるスピリチュアリティを育む仕方を規定する機能をもつ、宗教教育に対する構え」[4]を指すものとする。

本章では、以下、フランクル思想を手がかりに、スピリチュアリティを育成する教師の態度として、1）生徒の成長を自己超越に方向づけること、2）生徒の魂に配慮すること、3）生徒の人格の全体性と実践性に留意すること、4）スピリチュアリティ育成を宗教教育の中核に据えること、5）生徒が世界に貢献できるよう導くこと、6）生徒を共同体との関わりに導くこと、の6点を挙げて考察する。その際、これらの態度を、「生徒の成長を方向づける」「生徒の精神性に配慮する」「生徒を世界との関わりに導く」の三種類に分けて検討する。こうした分類は、生徒のスピリチュアリティ育成の過程全体を教師はどのように方向づけるのか、次いで、そのように方向づけられた個々の生徒の固有世界を教師はいかにして育むのか、さらに、そうして育まれた生徒固有の個別的世界を教師はどう普遍的世界へと導くのか、という観点から行っている。

第1節　生徒の成長を方向づける

本節では、1）生徒の成長を自己超越に方向づけることについて考察する。生徒のスピリチュアリティを育む教師は、生徒の成長過程全体を自己実現にとどまらず、自己超越へと方向づける必要がある。

自己実現という用語そのものは、ゴールドシュタイン（Kurt Goldstein,

1878-1965）が1939年に‘self-actualization’として使用したのが最初とされる。その後、ユング（Carl Jung, 1875-1961）が自己実現を‘self-realization’の用語で捉え直し、人生の究極の目標として重視した。続いて、ロジャーズ（Carl Rogers, 1902-1987）が自己実現を概念化して臨床に実践し、マズロー（Abraham Maslow, 1908-1970）が自己実現理論として確立するなど、心理学の分野で数多くの研究がなされてきた[5]。

自己実現に関する代表的な理論を一瞥すると、まずユングは、自己実現の過程で無意識の創造性を自我に統合させることを重視した。またロジャーズは、自己受容を通してより大きな統合性に至る自己一致の過程として自己実現を捉えた。さらにマズローは、健康な人間の成長欲求を欠乏動機の充足を前提とする階層的様相として捉え、自己実現をその最高の段階として位置づけた。これらの理論では概念がそれぞれ少なからず異なるが、自己実現を潜在的に誰にでも備わる本能的傾向と想定し、「個人の中に存在するあらゆる可能性を自律的に実現し、本来の自分自身に向かうこと」[6]とみなす点では見解を同じくする。

これらの自己実現理論に対して異議を唱えたのが、フランクルである。彼は人間性心理学の立場から自己実現理論を展開した上述のマズローに正面から反論を挑んでいる[7]。フランクルは、自己実現を人間の究極の動機とみなし、人生の究極の目標とする立場を「可能主義（potentialism）」[8]と呼んで、これを痛烈に批判した。この自己実現批判の中心は、個人の内部に潜在するあらゆる可能性を最大限に充足させようとする可能主義には、個人と、個人がその中に存在している世界との結びつきが無視されている点にある。それはフランクルにとって、「人間観についての根本的な欠陥」[9]である。

なぜなら、第1章と第7章で述べたように、フランクルは人間の本質を自己超越性にみる立場から、超越の呼びかけに応えて意味を実現するという、超越との関わりを人間観の根本に据えていたからである。それゆえ、可能主義が目標とするように、超越との関わりを看過して、単に個人に元々潜在している可能性を最大限に発揮したとして、それに何の価値があろうか、と考えるのである。生命の可能性は、単に何かができるという程度のものではない[10]。むしろ、自分を超えた何かとの関わりにおいて、無数の可能性の中から責任をもって、今ここで実現させる価値のある可能性の一つを選び取り、唯一無二の存在である各人がまたとない仕方で成就するとき、永久不滅の意味を実現することになり、それは単なる自己実現よりも価値があり、実存の本質を充足させる。

興味深いことに、フランクルはなぜ自己実現が現代人にとって魅惑的であるのかを鋭く指摘している。それは、生きる意味を見出せず実存的空虚に苛まれると、自己実現さえできれば自分の人生の意味が充足されると錯覚してしまう、というのである。つまり、自己実現への飽くことなき欲求は、意味の実現に挫折した結果の代替物というわけである。

フランクルによれば、自己実現という代替物では満足できない人間の根源的欲求である意味への意志を充足させるために、有限的存在である人間は、自分の人生を完全に達成することはできないという、自己の有限性をまず認識する必要がある[11]。その有限性の認識から出発して、自分自身を忘れ、注意を外の世界に移動させ、自分を超えたものを認識し、超越との関わりにおいて意味の実現に向けて自己超越していく程度に比例して、自己実現は結果としてもたらされる[12]。このように自己は意味を充足させる範囲内でしか実現されないので、自己実現を直接の目的として志向すれば、かえって自己実現できなくなるというのがフランクルの主張である。

ここでわが国の状況を振り返ると、「人格の完成」を基本理念として始動した戦後の教育政策は、80年代半ばには「個性重視の原則」を打ち出した。その路線のもとに1997年中央教育審議会第2次答申「21世紀を展望した我が国の教育の在り方について」[13]では、子どもたちの自己実現の過程を支援することを「教育の最も重要な使命」として掲げた。この理念は2003年の中央教育審議会答申「新しい時代にふさわしい教育基本法と教育振興基本計画の在り方について」[14]にも引き継がれ、21世紀の教育が目指すものとして「自己実現を目指す自立した人間の育成」が明示された。この文言は、2005年12月に改正された新教育基本法の理念として掲げられ、そのまま2020年現在に至る[15]。

こうして「自分らしく生きる」「個性の開花」「自己実現」などの言葉は、教育言説として一定の力をもち、教育の現場にも浸透しているといえる。自己実現を称揚する風潮は、個人のもつ可能性を最大限に伸ばすことが当人およびその周囲の人々に幸せを約束するかのような錯覚を与え、現代人を魅惑しているが、一方で自己実現の過程における痛みを覆い隠しているようにもみえる。しかも、フランクルのいう自己超越の結果としての自己実現という、人間存在のありようのパラドックスを見失わせてもいよう。

こうした現代の教育環境にあって、スピリチュアリティ育成の全過程を、自己実現にとどまらず自己超越へと方向づけることが不可欠ではないだろうか。第5章と第7章で知性面の教育の充実を指摘したが、これも単に生徒の能力を最大限に伸ばすばかりでなく、そうして鍛錬した知性や能力を他者への奉仕のために生かせるよう教師が方向づけを示すことが重要である。各自の能力は、他者と共に働き、他者に仕える者となるため、さらにいえば、イエスが使命とした神の国の創造に役立てるために与えられた能力であると認識できるよう生徒を導くことである。じっさい、そうした自己超越の志向性を育まないならば、その教育は何ら国公立学校との差異を生まないであろう。

以上、本節では、生徒の成長がどのような方向に向かうことを目指すのか、スピリチュアリティ育成の全体的な方向づけに関わる教師の態度について検討した。続いて、生徒の精神性に関わる教師の態度についてみていく。

第2節　生徒の精神性に配慮する

ここでは、生徒のスピリチュアリティ育成に求められる教師の態度の中でも、生徒の精神性への配慮について考察する。まず、2）生徒の魂への配慮から検討しよう。

フランクルが初版（1946）から最終改訂版（1982）に至るまで、半生をかけて大幅な加筆修正を繰り返した主著『人間とは何か』[16]の原題は、*Ärztliche Seelsorge*（医師による魂への配慮）であった。ドイツ語の ‘Seelsorge’ は英語の ‘spiritual care’ が示す意味内容にほぼ該当し、特に教会で聖職者が信徒の魂を導く司牧の務めに当てたキリスト教用語である[17]。同書は、フランクルの全著作の中でも、彼の生涯の中心的使命であり生きる意味でもあったと指摘される[18]。

そのライフワークである自著の題目に自ら名づけたという事実にも示されるように、フランクル思想は「魂への配慮」を念頭に置いて展開されていると解することができる。精神科医による魂への配慮は宗教の代用品ではないが、精神療法の実践を通して、常に何らかの形で患者の魂への配慮に関わらざるを得ないことを体験してきたフランクルは、魂への配慮を主題としないわけにはいかなかったのである[19]。

とはいえ、フランクルは自らのいう魂とは何であるかを述べているわけではない。ただ、ユダヤ教の口伝の律法であるタルムードの言葉、「たった一つの魂でも破壊する者は、全世界を破壊するに等しいと見なされるべきであり、たった一つの魂でも救う者は、全世界を救うに等しいと見なされるべきである」[20]を引用して魂への配慮の重要性を述べている。その他の箇所でも、フランクルは自らの思想を展開する場合、頻繁に自身が依拠するユダヤ教の聖典である旧約聖書の言葉を引用している。

このことから、おそらく、聖書に慣れ親しんでいたユダヤ教徒のフランクルにとって、魂とは改めて説明を要しないほど自明のものだったのかもしれない。魂については、第７章でキリスト教文化圏における概念を概観したので、ここで改めて振り返っておく。聖書の原義にさかのぼると、魂とは生きることへの渇望や人間の止み難い実存的欲求と関連する用語であり、広義では神との出会いに飢え渇く人間存在を表し、自然的生命も超自然的生命も含めて神の霊によって生かされている人間全体を指す言葉であることを確認した。また、現代の神学では、魂は神によって創造され、人間の死後も復活した体と結ばれて永遠の命に入る不滅のものとして理解されていた。

これに加えて、宗教教育の観点からは、魂こそが生徒の本質そのものであると捉えられるため、唯一無二で一回限りの存在としての人格の尊厳を刻むその生徒に絶対固有の魂への配慮が欠かせないことを指摘した。さらに、教師が生徒の魂へのまなざしをもつことは、次の三つの側面を深い次元で可能にすると結論づけた。すなわち、①生徒を一人の人間全体として理解する、②生徒の人格の尊厳と独自性を尊重する、③生徒を超越との関わりに導く、これらの側面において有益であると考えられる。

もちろん、どのように説明しようと魂なるものが人の目に明らかにされることはないので、その存在を証明する手立てはない。しかしまた、それと同じように、魂の存在を否定できる確かな根拠があるわけでもない。そこで、スピリチュアリティの育成において、おそらくスピリチュアリティの働きと直接関係があると考えられる魂というものを仮定し、魂が生徒の人間存在全体の中で最優先されるべき最高の位置を占めると考えて、生徒の魂に配慮しようとする姿勢をもつことは不可欠であろう。それでは、魂への配慮は具体的にはどのような実践に現れるのだろうか。

第1章で述べたように、フランクルは、意味を実現するためには生きる意味への問いの観点の根本的な転回、すなわち、ある種のコペルニクス的転回が不可欠であると考えていた[21]。ともすると人間は、生きる意味はあるのか、と人生に向かって問いを発しがちだが、そのように自分を中心として発問するのではなく、自分の方が人生から問われている側として、人生からの問いに自ら生き方をもって答えを与え、応答していくことによって、初めて意味は実現するという考えである。フランクル思想では、意味を実現できるかどうかは、この意味への問いの観点のコペルニクス的転回という、根本的な態度転換の成否に委ねられるといってよい。

意味の実現の成否の鍵を握るこのコペルニクス的転回は、回心と呼ばれる現象と重ねて捉えられよう。フランクル自身が回心という用語を使用しているわけではないが、それは人生と向かい合う態度の根本的な変化を示す点で、回心と重なるところがあろう。回心は、自分の力によって自分を変えるのではなく、まず超越からの呼びかけがあって、その呼びかけに覚醒してこちら側も応答するという自己超越の営みである。その意味で、回心は恩寵として生じるものであり、人為的操作が可能な領域に属する現象ではない。だが、第1章でも指摘したように、教師対生徒、もしくは生徒相互の対話によって生徒の価値観に揺さぶりをかけることによって、人生観や世界観に根本的な変化が生じるのを誘発しないとは限らない。対話の当座にそうした変化がみられなくても、いくらかの対話の積み重ねによって回心のカイロスの訪れに備えることはできよう。

従って、生徒がもつ人生観や世界観を尊重しながらも、宗教の授業をはじめとしてさまざまな宗教行事での講話や、普段の生徒との関わりにおいて、生徒の魂に語りかける姿勢をもち、生徒が意味の実現へと方向転換できるよう、超越からの呼びかけに応える回心への気遣いを教師がもっていることは、スピリチュアリティの育成において極めて重要であるといえる。

次に、3）生徒の人格の全体性と実践性に留意することについて考えてみる。生徒のスピリチュアリティを育成する教師には、人間の全体性へのまなざしが求められる。精神が人間をひとまとまりの存在として統合するからである。第1章で述べたように、フランクルは「次元的存在論」を提示した。人間は身体・心理・精神の三つの次元から成るとするその人間観の中心は、精神に備わる人格こそが人間を統一体にして全体である存在にしているとみる点にある。つまり、身体・心理・精神の相違を強調しながらも、人間は断片化された各部分の合成体ではなく、それらの次元を明確に区別した上で、人間存在を統一された全体として捉えることをフランクルは重視した。

こうした次元的存在論は、知育偏重と親和的な心身二元論に基づく立場と異なり、一人の人間をまとまりある全体としてみることを可能にする。次元的存在論は、超越との関わりが深い精神的次元を、人格の統一性と全体性の中核とみなす点で、知育・徳育・体育の全面的調和と発展を目指す全人教育の立場とも異なる。フランクルにとって人間は、超越の呼びかけが鳴り響き渡る（personare）程度に応じてのみ人格（Person）なのである[22]。この考えからすれば、スピリチュアリティの育成によって超越との関わりが意識されるにつれて、人格の統合性が増していくということになろう。

また、身体・心理・精神の次元が統合された実存的人間には、フランクルが各論文で強調するように日常の行動や生き方における実践性が求められる。生きる意味への問いの答えは、単なる思索や口先のものとしてではなく、行為によって示されるべきであるとする主張は、1946年初版の *Ein Psychologe erlebt das Konzentrationslager*（邦訳：『夜と霧』）をはじめとする初期論文から、1982年第10版の *Ärztliche Seelsorge*（邦訳：『人間とは何か』）の晩年の論文に至るまで一貫している。第1章で指摘したように、フランクルが生き方や行為を重視するのは、人生の意味とは自動的に与えられるものではなく、自らの自由意志と責任において闘い取るものだと考えていたからである。従って、スピリチュアリティの育成とは、霊的な事柄に対する趣味を養うのではなく、生徒の生き方全体を変革させるように導くものである。

続いて、4）スピリチュアリティ育成をカトリック学校の宗教教育の中核に位置づけることについて検討する。第3章で論じたように、伝統宗教がその本質であるところのスピリチュアリティを取り戻さない限り、現代人にとってニューエイジなど新霊性文化への誘惑は絶たれないであろう。カトリック学校では生徒が発する心理的癒しへのニーズを受けとめながらも、その先に精神的次元の救いを示すことができる。

もっとも、カトリック学校に学ぶ生徒とその保護者にとって、学校選択の際に宗教教育に対する期待が必ずしも志望理由の筆頭に挙げられるわけではないだろう。しかし、質の高い宗教教育を受けることによって、生徒が入学当初には無自覚でいたかもしれない、内面の奥にあるスピリチュアリティへのニーズが引き出され、自らの精神性に覚醒することはありえる。このため、スピリチュアリティの育成が癒しの代替物にすり替えられてはならない。精神的次元に働きかけることを意図するならば、生徒たちに根拠のない安心感や安易な慰め、居心地のよさを提供するのではなく、むしろ回心の出発点としての、自分の存在の奥にある不安や恐れなど負の感情に目を向けさせる過程が避けられない。そこで、スピリチュアリティの育成の過程では、生徒たちにいわば魂の震撼としての動揺を惹起する覚悟が必要であろう。

この点に関して、フランクルは、人間が健康な精神状態でいるためには、むしろ十分な緊張が必要であると指摘している[23]。なぜなら、自分は現在どのような存在であるか、ということと、何をなすべきかということの間に横たわる深い溝を埋めようとする力学が働くのは、人間らしいことだからである。当然そうした過程では成長の痛みを伴うため、相応の覚悟が生徒に求められる。しかもフランクルは、人生の意味への問いに悩む人は、さらに積極的に実存的危機の中へと追い込んでいかざるを得ないと述べている[24]。なぜなら、生きる意味を求めて喘ぐ実存的空虚によって動揺することは、最も人間的な苦しみであると考えるからである。

教育現場に即して考えれば、生徒が現状に甘んじようとする場面で、より高い価値へと挑戦するよう促すことは、かえって不安感を高めるような働きかけであり、生徒にとって当座は必ずしも心地よいものとはならないであろう。だが、超越からの呼びかけに応える生き方への招きは、その導入部分では生徒の心理的均衡を危うくしながらも、高次の安定状態へと導く可能性がある。それは第1章で取り上げた、生徒自身の内に備わる「精神の抵抗力」によってである。実存的空虚から立ち上がろうとするこの精神の抵抗力に働きかけ、これを最大限に引き出すことによって、生徒は、環境の奴隷にならずに、より良い在り方へと自らを変えていけるのである。

こうした教育姿勢は、真理の探究につながる。フランクルはある大学教授との対談の中で、大学教育の場で教師は学生に生きる意味を教えることはできるか、という先方の質問に対して、教師自身が研究という自らの使命に専心するという実例を示すしかない、と答えている[25]。これは、自分に課せられた使命への自己超越の勧めであるが、真理の探究の勧めととることもできる。教師の真理を探し究めようとする姿勢が、そのもとで学ぶ学生にも真理を探究するよう促すことをフランクルは言いたいのだと考えられる。

ここに引用したフランクルの言葉は、大学教育について語っているものではあるが、後期中等教育段階に置き換えた場合でも、十分通用する内容であるといえる。高等学校では、学問を追究することを通して本格的に真理を探究する大学教育とは異なり、ともすれば大学進学に焦点を絞った学習指導が中心になりがちである。しかし発達段階上、生徒は、自己意識に目覚め、自分らしい生き方を模索し、人生の真理を真剣に求めはじめる時期にいると考えられる。そうした生徒を対象とした宗教教育では、教師自身がまず、超越との関わりを求め、超越の呼びかけに応えようとして、真理を求めて生きている姿勢を示すことが不可欠であろう。

第5章では物質主義に支配されない精神性の育成の重要性を指摘したが、わが国の今日の教育現場を顧みれば、1980年代に主要先進国に台頭した新自由主義の影響を受けて、市場原理主義の影響下にあるといえる。日本の物質主義的風潮は、1970年代の高度経済成長期に経済界の要請を受けて、国際競争力をつけた有用な人材の育成を目標に掲げる教育政策が施行されて以降、日本の教育の通奏低音として流れていたものであろう。大量消費社会を加速させた戦後の日本においては、唯物主義的価値観が大勢を占め、1990年代のバブル経済崩壊以降もそうした価値観が根本的に転換したとは言い難い。それは日本社会に価値観の変化をもたらしたとされる2011年の東日本大震災以降も、根底では同様であろう。結局、戦後の日本社会を特徴づける物質主義的な価値観は、間違いなく教育現場にも瀰漫しているのである。

このように等価物の交換原理に基づく市場原理主義が跋扈する日本社会にあって、生徒が生きる意味への実存的欲求を、目に見え手軽に触れられる代替物で埋め合わせるのを防ぐことは、宗教教育の重要な役割であろう。目に見えず、手に取ることのできない精神的価値を至上のものとして掲げるカトリック学校の宗教教育は、現今の日本社会を覆う物質主義的風潮を超克する大きな可能性を有しているのである。

以上、本節では、スピリチュアリティ育成の中でも、特に生徒の精神性に配慮する態度について検討した。次節では、生徒が世界との関わりを深めるように導くための教師の態度について考察する。

第3節　生徒を世界との関わりに導く

本節では、生徒のスピリチュアリティを育成する教師に求められる態度として、生徒を世界との関わりに導くことについて考察する。その中でも、5)生徒が世界に貢献できるよう導く点に着目してみる。スピリチュアリティを育む教師は、生徒が自分自身や社会、広くは現代世界の中に歪められ、矛盾した現実があることを正視し、構造的にはびこる不正、非人間的な状況や悪を認識した上で、そこからの再生を真摯に追求できるよう導く必要がある。

元々フランクルは、人類史上最大の悲劇ともいえるユダヤ人強制収容所を四カ所体験し、悪の極みである大量虐殺の渦中、空前絶後の不条理を生き抜く中で、自らの生きる意味の思想を大成させている。この世の地獄を見たともいえる極限状況にあって、人間はガス室を発明する一方で、ガス室で神に祈りを捧げる存在でもあると証言する[26]。このフランクル思想は、人間性の光と闇についての洞察を極めたものといえる。

そのフランクルの意味論が精彩を放つのは、態度価値の考え方であろう。態度価値は避けられない苦しみにどのように耐えるか、その態度によって実現される人生の意味である。フランクルが提示した生きる意味の三つの価値領域[27]の中で、仕事や活動によって実現される創造価値と、愛や自然や芸術を味わうことによって実現される体験価値の二つは、現象面においてみれば、一般に生き甲斐と呼ばれるものと相違ないといえる。

だが、たとえ創造的な成果を生み出すことができず、豊かな体験に恵まれなくても、限界状況の中でさえ、人間には最も偉大な価値を築き上げる可能性が残されているとフランクルは考える。態度価値こそは、人生の不条理にいかに耐えるか、不可避の運命をどのように引き受けて生きていくか、その在り方によって人生最高の価値を実現できるという点で、超越との関わりなしには理解できない価値である。

現代のポストモダンの精神状況を概括的に捉えると、善悪を二元的に区別して理性で悪を克服しようとしたモダンとは対照的に、善悪の問題を問わない多元主義的な状況にあるといえる。こうして諸価値を相対化する立場は、人間を超越との関わり抜きで水平次元でのみ捉える点で、スピリチュアリティ育成の弊害ともなっている。だが、科学的思考だけでは捉えきれない事象を捉える感性や直観の働きを大切にしながらも、価値の把握を曖昧にしては、生きる意味への問いに答えることはできない。この世にはなぜ苦難や悪があるのか、人間はなぜ罪を犯すのか、命にはなぜ死があるのか、といった一般には負とみられがちな現実についても認識した上での人間肯定、世界肯定があって初めて、奪われることのない意味を実現することができるのであろう。

フランクルに従えば、各人の人生に独自の意味をもたらすのは、人間存在の一回性と唯一性である[28]。人生はただ一回限りのものであり、他のあらゆる人間とは異なる唯一の存在であるという人間存在の根本的な在り方が、各人に代替不可能な固有の意味を与えているとフランクルは考える。存在の一回性は、人生のその都度の状況は不可逆的に一回限りのものであり、最終的には死によって人間の命には限りがあるという、時間の有限性に基づいている。存在の唯一性は、各人固有の被制約性という存在の有限性によってもたらされる。つまり、有限性こそが人間に意味を与えているのである。

特に注目したいのは、人間は例外なく誰もが全く独自な仕方で不完全であるからこそ、まさにその不完全さによって他の人と交換することのできない唯一無二の存在となる[29]、とフランクルが指摘している点である。仮に人間が何の制約もなく完全無欠であれば、誰もが取り換え可能で価値のない存在と化してしまう。各人を欠くべからざる存在としているのは、まさにその人固有の不完全さなのである。

それでは、その人固有の不完全さを認めるこの見解は、わが国の教育基本法が第一条で高等学校を含めた学校教育の目的として、「人格の完成」を掲げていることと矛盾するのだろうか。フランクルが述べる各人固有の不完全さとは、存在と時間の有限性への言及という文脈を踏まえると、人間の自由意志によって変えられる要因に基づく不完全さを指しているのではないと考えられる。つまり、この場合の不完全さとは、本人の意思にかかわらず生得的、または後天的に付与された何らかの修正不能な制約的状況、例えば、気質、体質、能力、生育環境、教育水準、特定の文化および宗教など、人間形成に関わる不可避的な内的要因、外的要因に制約づけられた欠損について述べているのであろう。こうした人間誰もが等しく負っている種々の制約的状況は、人格の完成を妨げるものではない。

だからこそ、フランクルは不完全さがそのまま個性だといっているわけではない。そうではなく、避けられない限界にもかかわらず、取り替えのきかない「この私」に向かって「今・ここ」の個別具体的な状況で、意味を実現するように呼びかける超越の声に応えるときに、その人固有の意味をまたとない仕方で実現することができる。それこそが他者との比較を絶するその人固有の人生の業績として永久に刻まれるという主張であろう。そうした独自の意味の実現は、むしろ有限性ゆえに成就するというのである。

ともすれば世間一般では、優れた能力や社会的貢献度によって人の価値を測りがちである。だが、むしろ特有の欠陥こそが、取り替えのきかない価値を創造する契機となりうるというこの見解は、特に自己概念が揺らぎやすい青年期の生徒にとって、自己肯定の因となりえる。

第 5 章では、カトリック学校のスピリチュアリティ育成に不可欠な課題として、自己肯定感の育成について指摘した。とかく周囲の人と比較して劣等感に苛まれやすい青年期は、自分の欠点に敏感になりがちで、ありのままの自分を受け入れることが難しい時期にあると考えられる。そうした生徒に、成育環境や自らの性質などに固有の制約を負っているという当の限界こそが、唯一無二の価値を創造する契機となる、というパラドックスに気づかせることは非常に意義があると考えられる。

さらに、カトリック学校では生徒の自己肯定感を育む過程で、無条件の愛で一人ひとりの存在全体を絶対的に受容している神のまなざしを示すことができる。というのは、旧約聖書の「創世記」1 章 27-31 節が記すように、人間は神の似姿として創造され、その存在が神から祝福されているのであれば、固有の制約を担った存在として一人ひとりをつくり、その制約性を含めた存在全体を極めて良いものとして祝福しているのは創造主なのである。そうであれば、実はその制約性や有限性は人間が神と似たものであることを損なうことなく、むしろ創造主との結びつきを深め、創造主の祝福を招き寄せる場ともなっているわけである。このように存在の全てが一つ残らず絶対的に受け入れられているという、根本的なところでの自己肯定感を育むことができるのは、聖書に基づくカトリック教育に固有の可能性であるといえる。

そこで、超越との関わりの中で自分が絶対的に受け入れられているという確かな自己肯定感の上に、自らの矛盾と世界の悪、不条理などの問題を正視するよう促すことである。そのようにして、それらの現実に対して自分はどのような責任を引き受けていくのか、どうすればより良い世界を再創造する役割の一部を担っていけるのか、という課題を生徒に投げかけることは、スピリチュアリティ育成に不可欠の要件になると考えられる。

最後に、6）生徒を共同体との関わりに導くことについて検討する。生徒のスピリチュアリティを育成する教師は、生徒が自己探求のナルシズムに閉じこもるのではなく、共同体に開かれるよう方向づける必要がある。ここでいう共同体とは、まずは自分の家族や身近な友人たちとのつながりであるが、その範囲を広げると、自分の属する学校、地域社会、世界、そして人類全体までも含まれよう。学校教育では生徒が社会との関わりの中で生きていけるような方向づけが求められるが、スピリチュアリティについても、個人的で私的な趣味の世界にとどまるのではなく、他者と共生する世界へとつながりをもてるように、そのありようを見守ることが大切である。

フランクルは、「大衆（Masse）」という言葉と対置させて「共同体（Gemeinschaft）」の重要性を指摘した[30]。人間の人格性は、常に共同体へ向けられ関係づけられているとフランクルは考える。「人格性としての人間の人格の意味は、それ自身の限界を超えて、共同体へと指し向けられている」[31]。つまり、共同体の中に位置づけられて、初めて人間の人格性が発揮されるというのである。しかし、逆に共同体がその本質を十全に現すためには、構成員各人の人格性が生かされる必要がある。

ここが大衆と共同体との相違点である。大衆は代替不可能な人格の価値や尊厳が無視され、互いの利用価値でのみ機能する。だが、共同体は人格によって構成され、人格は共同体によって成立する。共同体では各人は唯一無二の価値を有して、その中に存在する。

すなわち、「真の共同体は本質的に責任ある人格の共同体である。それに対して、単なる大衆は非人格化された存在の集合にすぎないのである」[32]。真の共同体は、単に社会的動物の集まりではなく、各人が責任をもって選び取った使命を生きる場となる。共同体へのコミットメントは各人の使命に対する責任と不可分であり、集団の機能性を高める便宜を図るための協調とは異なる。いわば共同体のための共同体ではなく、各人が超越との関わりにおいて覚醒した使命に対する責任を果たすための共同体への志向である。これがフランクルの考える共同体である。

ともすれば日本の教育現場では、協調性の有無を基準として生徒を評価しがちであるので、共同体と大衆の相違を認識しておくことは重要といえる。共同体の構成員は、迎合主義や全体主義に陥って、周囲の雰囲気に表面的に同調し、集団の中に個人を埋没させる大衆とは異なり、一人ひとりが各人固有の使命に目覚めているのである。その使命とは家族や仕事など、誰かや何かの課題に対する責任である。そのとき、使命を自らに委託する超越的な存在をも体験するならば、人生は超越的な存在への方向性をもつものとして立ち現われてくる、とフランクルは指摘する[33]。

このように人生の使命とともに、その使命の委託者をも体験する人間を、フランクルは「宗教的人間（homo religiosus）」[34]と呼ぶ。「宗教的人間」とはつまり、人生の意味への問いに答えを見出した人間である[35]。こうして代替不可能な独自の使命を超越的な存在から託されていると意識する人間は、人生の意味に目覚めるとともに、超越的な存在との関わりを深めていく。

ただし、フランクルのいう「宗教」とは、必ずしも特定の宗教組織に限定されていない。フランクルは、種々の宗教は言語に似ていると述べている[36]。どの言語も他の言語に対する優位性を誇ることはできないし、また、いずれの言語を用いても唯一の真理に辿り着くことができる。それと同じように、どの宗教も他の宗教より優れているとはいえないし、いずれの宗教を媒介にしても唯一の神に近づくことはできる。

それゆえ、人類が全て同一の宗教の信徒になるのではなく、それよりもむしろ極めて深く人格化された、最も自己固有の宗教心に向かうことが重要である、とフランクルは考えていた。それは結局のところ、あらゆる意味の根源をなす無限の意味である「超意味への信仰」[37]である。

宇宙万物に意味を与える意味の根拠そのものである超意味とは、カトリックの信仰においては、イエス・キリストが受肉・十字架・復活秘儀を通して啓示した父なる神である。このため、カトリック学校の宗教教育では、フランクルのいう超意味への信仰を、イエス・キリストが生き方をもって証した神との出会いにおいて育む可能性がある。ここにカトリック学校における宗教教育の固有性を求めることができよう。ただし、信仰は誰にも強制することのできない神からの恩寵であるという前提のもと、フランクル自らはユダヤ教の信仰に立ちながらも、特定の宗教に限定されずに意味の実現は可能であることを主張したのである。それは、各人が自らの良心の声に聴き従いながら、自分に託された意味の実現に対する責任性に目覚めて生きる姿勢によって可能になるという。

これについて、良心と責任性の教育に関するフランクルの考えを、少し長くなるが引用しよう[38]。「教育が重要視しなければならないのは、単に知識を伝えることだけではなくて、すべての個々の状況に内在している要請を聴き取るのに十分なほど、人間が耳ざとくあるように、良心を洗練すること」である。「良心を洗練する」とは、意味についての識別と関わる。「責任性への教育は…（中略）…何が根本的であり何がそうでないか、何が意味をもち何がもっていないか、何が責任応答の相手とされうるものであり、何がそうでないかを識別することを学」ぶことである。

このように良心を洗練する教育では、意味の実現に対する高度の識別力と選択力が重視される。そして、識別力と選択力を養うには、誰かや何かの課題、もしくは超越的な存在に対する責任性に目覚める必要がある。つまり、良心を洗練する教育は、結局のところ、自分の属する共同体との連帯感、広くは人類全体と共に責任を担い合うという共同責任の意識を培う方向性をもっているのである。このことをフランクルは、「個人の唯一無二性は、共同体にとっての唯一性になったときにのみ価値がある」[39]と述べている。意味の探求を支える良心の教育は、超越との関わりを軸にしながらも、超越対個人で完結する二者関係の枠内に閉じられたものではなく、世界の内部に存在する共同体を志向していたのである[40]。

昨今の日本の教育現場では、従来からの平和教育に加えて、国際教育、共生教育、情報教育、環境教育など、人種、国籍、地域、文化、宗教などの境界を超えて人類全体の連帯性を高めるような教育に関心が払われている。地球共同体に生きる地球市民としての意識を育むことは、グローバル化が叫ばれて久しい時代の要請でもあろうが、スピリチュアリティの育成においても喫緊の重要性をもった課題である。なぜなら、カトリックのスピリチュアリティは、国家、民族、文化などの枠を超えた和解と一致を志向しているからである。

例えば、カトリック教会と現代世界との関わりについて宣言した、第2バチカン公会議公文書の「現代世界憲章」の第5章「平和の推進と国際共同体の促進」[41]では、「あらゆる国、民族、文化に属するすべての人」（第92項）を「全人類共同体」（第84項）と捉え、全人類との対話を念頭において、次のように述べている。「全人類家族」は「一致」して「真の平和を求め」ることが重要であり（第77項）、「人類の共通善」を実現すべく、「他人と他国民およびかれらの品位とを尊重する確固たる意志」をもって、「すべての人の一致」と「平和の建設」を目指すことを教会の公式見解として明確に示している（第78項）。

他方、キリスト教を含めて宗教の教団組織は、国家間の対立や民族紛争の要因、もしくは大義名分ともなってきたという歴史的事実を忘れることはできない。だからこそ、「超意味への信仰」というフランクルの宗教観は、カトリックのスピリチュアリティが本来もっている人類の和解と一致への志向性を高める考え方であると捉えられる。しかも、第1章で取り上げた「無意識の神（Unbewußter Gott）」[42]への志向性は、全ての人間に本来的に備わっているという考え方からすれば、人類は無意識の内に同じ神を志向している一つの共同体であると捉えることができよう。それゆえ、スピリチュアリティを育成する教師は、生徒が共同体の中に存在し、共同体に対する責任を担っているという意識を育むよう求められるのである。

第4節　カトリック学校の教師教育の課題

それでは、本章で指摘したような態度を備え、生徒のスピリチュアリティを育成することのできる教師は、どのようにして養成されるのだろうか。日本のカトリック学校の現状をみれば、修道会が設立母体でありながら、管理職に限らず教育現場にも聖職者・修道者が皆無になるのは時間の問題であり、教職員に占めるカトリック信徒の割合も減少傾向にある。そうした状況を鑑みれば、キリスト教信仰に基づいて創立・運営されるカトリック学校の教師は、改めて言うまでもなく、単にキリスト教に対して抵抗感がないというにとどまらず、自らの価値観と生き方において、カトリック精神にコミットメントできることが望ましい。そのような教師の絶対数が確保され、職員室の構成員の中に常に一定の割合を占める必要がある。従って、カトリック学校の教師教育は今日、かつてないほどその重要性を増しているといえる。教師教育の充実が、現代のカトリック学校を再興するための焦眉の課題であることは疑いがない。そこで筆者は、カトリック学校の教師教育について別稿[43]で論じたが、その結論部分をここに付言しておく。

第一に、いかなる形式の研修であれ、研修での学びを各教員が学校現場での実践に有効に生かすためには、継続的な自己陶冶により教員としての資質向上を目指して不断の研鑽を積むことが不可欠である。まず、研修に参加した教員が研修から独自の課題をつかみ取ることが重要である。ワークショップ型研修の場合も、授業技術や教材の新しいアイデアを入手する以上に、新しい視点から日常の実践を捉え直し、自らの教育活動のどこに改善の余地があるのか、固有の課題を発見することである。その際、近年、看護や教育など対人援助の領域で注目されているリフレクションを習慣づけることは有効性が高いと考えられる。そうして自らの教育活動を省察する視点を養うとともに、生徒に対する洞察力を深めることが、スピリチュアリティを育む姿勢を身に付ける上で不可欠であろう。

第二に、研修に参加した教員と勤務校の同僚教員との間で研修内容を共有し、教育実践への適用に共に取り組める態勢づくりをすることが重要である。校内研修を経て教員間で一定の議論を重ねた上で、建学の精神を現代的に再解釈して明文化する作業も必要である。ただし、カトリック学校の教育理念に対する見解は、信徒・非信徒を問わず、必ずしも一致するとは限らない。建学の精神を個別具体的な教育場面でどのように生かすかについては、さまざまな立場がありうる。そこで、建学の精神の解釈とそれに基づいた実践においては、各教員の個性を尊重し、多様性が認められねばならない。建学の精神の共有化の過程では、学校長のリーダーシップも重要だが、学校の中核を担う中堅層の教員が初任教員を牽引し、管理職教員に建設的に働きかけていくことが、教師集団全体の資質の向上につながると考えられる。

第三に、カトリック学校が福音的価値観に基づく共同体として、一人ひとりを大切にする学校文化を醸成することが重要な課題となる。学校文化とは「学校集団の全成員あるいは一部によって学習され、共有され、伝達される文化の複合体」[44]であり、「学校にあって、教育課程ということばだけではとらえきれない人間形成の諸要因の総体をさして」いわれる言葉で、「制度的文化」「教員文化」「生徒文化」に分類される[45]。具体的には、学校建築、施設・設備などの「物質的要素」、教室での教授学習の様式、行事など学校内におけるパターン化した行動様式などの「行動的要素」、教育内容、教師ないし生徒集団の規範、価値観、態度などの「観念的要素」の三つの要素から構成される[46]。学校文化としての「学校の教育課程はもちろん、朝礼や出席点検などに示される学校慣行、校訓・校則（生徒心得）・校風などは、ある種の意識や行動様式を内に含むことによって、児童・生徒の意識や行動様式を形成する重要な要因としてはたらく」[47]とされる。

このように学校文化が生徒の人間形成の重要な要因であるのは、それが「学校組織の中に存在する独特の意味と生活の体系」[48]であるからだろう。文化という概念については、ギアーツ（Clifford Geertz, 1926-2006）が「象徴に表現される意味のパターン」[49]と定義したことが知られるが、この考えに従えば、学校文化とは、その学校固有の意味世界なのである。具体的には、その学校に足を踏み入れた瞬間に感じ取れる特有の雰囲気である。それは空気、ないしは香りのように漂うもので、目には見えないが確かに感じ取れるものである。カトリック学校の場合は、チャペル、聖母子像、聖職者やシスターの姿、宗教行事、朝礼・終礼の祈り、宗教の授業、各種の聖書講話会、宗教研究部などの部活動、奉仕活動、教会巡礼や黙想会の企画など、目に見えるシンボルも学校文化の醸成のために確かに重要である。

だがそればかりでなく、それらの諸活動全てを包み込み、カトリック学校の空間全体を支配している暗黙の意味体系をイエス・キリストの福音に基づいた価値観によって変容していくことこそが、スピリチュアリティ育成のための最適な土壌となろう。このような土壌を形成するには、カトリック学校が日本社会一般の文化を無批判にそのまま再生産するのではなく、社会の福音化に向けて学校文化を再創造するプロセスがどうしても不可欠である。スピリチュアリティ育成の実りは、結局、カトリック学校が学校全体の香りとして染み渡る福音的な雰囲気を醸成しているか、その土壌づくりに委ねられているからである。青年期の生きる意味の探求を支えるスピリチュアリティの育成にとって、固有の意味世界を体現する学校文化を福音に基づいてつくり変えていくことが肝要である。従って、カトリック学校の宗教教育では、生徒個人の人生の物語を神の救いの物語につなげるとともに、学校全体が醸し出す学校文化をイエス・キリストが生きた福音に基づいた価値観で変容すること、すなわち福音化することが追求されねばならない。

その学校文化を福音化する手続きとしてまず必要なのは、教員文化の変容であろう。教員一人ひとりと職員会議を構成する教師集団、および学校組織全体との関係は、密接に関連し合い、日々の教育活動に少なからず影響を及ぼす。ここに教師教育を受けた個々の教員が研修内容を各勤務校で生かす上での課題もある。

生徒のスピリチュアリティ育成の成否は、最終的には、教師自身の生き方が福音化されるかどうかという一点にかかっているといっても過言ではない。それにもかかわらず、カトリック学校で宗教教育に携わる教師は、ともすると生き方ではなく理念としてカトリックの価値観を教示するという態度にもなりがちである。しかし、教師自らが超越の視座に立って語ることになれば、教育行為の破壊につながりかねない。教員同士の関係においても、信徒教員の真理に覚醒したという精神の高揚が、真理の保持者から非保持者に向けて教示するという一方的な態度にもなりがちであり、それが同僚教員にとっては独善的に映り一種の隔てとならないとも限らない。あらゆる教職員・生徒と同時代に生きる人間として、同じ目の高さで共に共通の課題を担い合い、共に新しい創造に立ち向かう姿勢こそが求められるであろう。

以上のように、カトリック学校の現職研修は、研修の内容を充実させるとともに、研修に参加した各教員が研修の成果を現場で生かせるように組織的に支援することが求められている。

本章のまとめ

本章では、生徒のスピリチュアリティを育成する教師に求められる態度について、「生徒の成長を方向づける」「生徒の精神性に配慮する」「生徒を世界との関わりに導く」の三つの種類に分類し、フランクル思想を手がかりとして検討した。

具体的には、生徒のスピリチュアリティを育む教師は、次の６点に関わる態度を養う必要があることを指摘した。1）生徒の自己実現を図るのみならず、自己超越できるよう方向づけること、2）生徒の魂に配慮すること、3）生徒の存在を全体として捉え、生き方で実践できるよう導くこと、4）スピリチュアリティの育成を宗教教育の中核に位置づけること、5）生徒が人間の苦しみや罪、社会の不正や悪を認識した上で、より良い世界を創造できるよう指導すること、6）生徒の生き方が家族や友人など周囲の人々、さらには学校や社会、広くは人類など、共同体との関わりに開かれるよう働きかけること、である。一人の教師がこうした態度を全て兼ね備えることは容易ではないが、学校文化の中に上述の態度を重視する価値観が浸透することによって各教員も支えられるだろう。

近年の教育現場では教師の資質能力および力量を含めて、教師の在り方が厳しく問われているが、カトリック学校の教師には、自らのスピリチュアリティをどのように育むかという責任も含まれよう。特に生徒のスピリチュアリティ育成に当たっては、まず教師自身のスピリチュアリティを高めることが先決である。生徒のスピリチュアリティの育ちを洞察しながら、その歩みに同伴して関わる必要があるからである。また、スピリチュアリティを教師自身が養うことによって、生徒に何らかのより良いもの、本物へ向かおうとする気づき、真理への覚醒を促すことも可能となろう。言い換えれば、神の子でありながら、他者と共に歩み、他者に仕える者にさえなったイエス・キリストに倣う生き方を自己の信条ともできるような教師像が求められる。真に人間の仲間の一人となって、出会う人々を生きる意味に目覚めさせたイエスが、カトリック学校存立の源だからである。

さらに、カトリック学校は日本社会に一定の位置を占めるが、キリスト教の信徒教員は、国内のみならずカトリック学校でさえ少数派である現状を踏まえれば、カトリック学校のネットワークを構築することは急務である。その点、カトリック学校では講義形式またはワークショップ形式の教員研修が活発に実施されており、個々の教員レベルでのつながりをつくる格好の場として機能している。こうした合同研修への参加を通して、各教員は勤務校での個人的な実践をカトリック教会という大きな文脈の中で再解釈し、位置づけ直しながら、カトリック学校の教師としてのスピリチュアリティを深めるとともに、共同体としての連帯意識を養える可能性がある。それゆえ、学校の垣根を超えた共同体づくりにつながるカトリック学校の現職研修は改善を重ねつつ、今後一層の充実を図ることが喫緊に求められよう。

註

1 フランクル, V. E.「意味喪失の時代における教育の使命」工藤澄子訳、國學院大學編『日本文化研究所紀要』第 24 輯、1969 年、61-75 頁。(Frankl, V. E., “The Task of Education in an Age of Meaninglessness”, 1969.)

2 同上論文、68 頁。

3 Frankl, V. E., *Der Wille zum Sinn*, 5. Auflage, Verlag Hans Huber, Bern, [1964] 2005, S. 113-114.(以下、WS)。邦訳は、フランクル, V. E.『意味への意志』山田邦男訳、春秋社、2002 年、212-213 頁。

4 藤田昌士「態度」平原春好・寺崎昌男編『教育小辞典第 3 版』学陽書房、2011 年、229-230 頁参照。

5 越川房子「自己実現」中島義明他編『心理学辞典』有斐閣、1999 年、331 頁など参照。

6 同上。

7 Frankl, V. E., *Psychotherapy and Existentialism: Selected Papers on Logotherapy*, Simon & Schuster, New York, 1967, pp. 37-51.(以下、PE)。邦訳は、フランクル, V. E.「自己

実現と自己表現の超越」『現代人の病――心理療法と実存哲学――』高島博・長澤順治訳、丸善、1972年、48-65頁。

8　PE, p. 46.　邦訳、59頁。

9　PE, p. 38.　邦訳、49頁。

10　PE, p. 46.　邦訳、59頁。

11　PE, p. 47.　邦訳、61頁。

12　PE, p. 50.　邦訳、64頁。

13　旧文部省「21世紀を展望した我が国の教育の在り方について」平成9年6月26日発表、http://www. mext.go.jp/b_menu/shingi/chukyo/chukyo3/siryo/06060509/005/005.htm（2019年7月31日閲覧）

14　文部科学省「新しい時代にふさわしい教育基本法と教育振興基本計画の在り方について」平成15年3月20日発表、http://www. mext.go.jp/b_menu/shingi/chukyo/chukyo0/toushin/030302.htm（2019年7月31日閲覧）

15　文部科学省「新しい教育基本法と教育再生」平成19年3月発表、http://www. mext.go.jp/b_menu/kihon/houan/siryo/07051112/001.pdf（2019年7月31日閲覧）

16　Frankl, V. E., *Ärztliche Seelsorge: Grundlagen der Logotherapie und Existenzanalyse*, 9. Auflage, Deutscher Taschenbuch, München, [1946] 2007.（以下、AS）。邦訳は、フランクル, V. E.『人間とは何か』山田邦男監訳、春秋社、2011年。初版は、フランクル, V. E.『死と愛――実存分析入門――』霜山徳爾訳、みすず書房、1957年。

17　『アクセス独和辞典第3版』在間進編、三修社、2010年、1364頁、『デイリーコンサイス独和・和独辞典第2版』早川東三編、三省堂、2009年、588頁。

18　山田邦男「監訳者あとがき」『人間とは何か』462頁。

19　AS, S. 292-297. 邦訳、382-389頁。

20　Frankl, V. E., “Homo Patiens: Versuch einer Pathodizee”, *Der leidende Mensch*, 3. Auflage, Verlag Hans Huber, Bern, [1950] 2005, S. 216.（以下、HP）。邦訳は、フランクル, V. E.『苦悩する人間』山田邦男・松田美佳訳、春秋社、2004年、152頁。

21　AS, S. 107.　邦訳、131頁。

22　AS, S. 339.　邦訳、451頁。

23　PE, p. 21, p. 47.　邦訳、28頁、61頁。

24　HP, S. 166.　邦訳、17-18頁。

25　WS, S. 113.　邦訳、213-214頁。

26　Frankl, V. E., *Ein Psychologe erlebt das Konzentrationslager: ...trotzdem Ja zum Leben sagen*, 9. Auflage, Kösel-Verlag, München, [1946] 2009, S. 130-131. 邦訳はフランクル, V. E.『夜と霧』池田香代子訳、みすず書房、2002年、145頁。

27　AS, S. 91-95.　邦訳、111-115頁。

28　AS, S. 118.　邦訳、146頁。

29　AS, S. 124.　邦訳、153頁。

30　AS, S. 124-129.　邦訳、153-159頁。

31　AS, S. 125.　邦訳、154頁。

32　AS, S. 128.　邦訳、157頁。

33　AS, S. 105. 邦訳、129 頁。
34　AS, S. 105. 邦訳、129 頁。
35　Frankl, V. E., *Das Leiden am sinnlosen Leben: Psychotherapie für heute*, 2. Auflage, Herder Verlag, Freiburg, [1977] 1991, S. 94.（以下、LSL）。邦訳は、フランクル, V. E.『生きがい喪失の悩み――現代の精神療法――』中村友太郎訳、エンデルレ書店、1982 年、134 頁。
36　LSL, S. 96-97. 邦訳、138-139 頁。
37　LSL, S. 95-96. 邦訳、137 頁。
38　LSL, S. 30. 邦訳、36-37 頁。
39　Frankl, V. E., *...trotzdem Ja zum Leben sagen: drei Vorträge gehalten an der Volkshochschule*, Wien-Ottakring, Deuticke, Wien, 1947, S. 31. 邦訳は、フランクル, V. E.『それでも人生にイエスと言う』山田邦男訳、春秋社、1993 年、55 頁。
40「超越と内在、意識と無意識、普遍と個別といった二元論的区別を止揚したところにフランクル思想の真骨頂がある」（岡本哲雄「フランクルの教育観」山田邦男編『フランクルを学ぶ人のために』世界思想社、2002 年、266 頁）などと指摘される所以である。
41「現代世界憲章（*Gundium et spes*）」南山大学監修『第 2 バチカン公会議公文書全集』サンパウロ、1986 年、387-399 頁。
42　Frankl, V. E., *Der unbewußte Gott: Psychotherapie und Religion*, 9. Auflage, Deutscher Taschenbuch, München, [1948] 2009, S. 46-55. 邦訳は、フランクル, V. E.『識られざる神』佐藤利勝・木村敏訳、みすず書房、2002 年、78-95 頁。
43　拙稿「カトリック学校の教師教育の現状と課題」仙台白百合女子大学編『仙台白百合女子大学紀要』第 19 号、2015 年、115-133 頁。
44　耳塚寛明「学校文化」日本教育社会学会編『新教育社会学辞典』東洋館出版社、1986 年、117-118 頁。
45　藤田昌士「学校文化」平原春好他編『新版教育小事典』学陽書房、2011 年、55 頁。
46　耳塚「学校文化」117 頁。
47　藤田「学校文化」55 頁。
48　米川英樹「学校組織と生徒文化」長尾彰夫・池田寛編『学校文化――深層へのパースペクティブ――』東信堂、1990 年、70 頁。
49　ギアーツ, C.『文化の解釈学 I』吉田禎吾他訳、岩波書店、1987 年、148 頁。（Geertz, C., *The Interpretation of Culture*, New York: Basic Books, 1973.）

第Ⅲ部

スピリチュアリティ育成の展開

レンブラント・ファン・レイン《エマオのキリスト》ルーヴル美術館蔵

第10章
ヒルティ思想にみる宗教教育の核心

何よりもまず、神の国と神の義を求めなさい。そうすれば、これらのものはみな加えて与えられる。　　　　新約聖書「マタイによる福音書」6章33節

本書の目的と課題

本章の目的は、スピリチュアリティ育成を軸としたカトリック学校の宗教教育において、生徒の日常生活を超越的次元へとつなぐ方途について、ヒルティの思想を手がかりとして検討することである。

カール・ヒルティ（Karl Hilty, 1833-1909）は、代表作の『幸福論』[1]、『眠られぬ夜のために』[2]をはじめ、キリスト教信仰に基づく宗教的著作を通して世界的に知られるスイスの法学者・思想家である。ヒルティの著作は、日本では明治期以降、知識層に盛んに読まれ、思想界に影響を与えてきたとされる[3]。キリスト教的背景をもたない日本でヒルティが受け入れられた理由の一つとして、ヒルティの思想の中に、日本人の宗教性のありようと親和性をもつ点があることが挙げられよう。

ヒルティは、後段で述べるように、特定の教会組織に外面的な恭順を示すだけで、内面的な信仰を伴わない形骸化したいわゆる「教会主義」を退け、神の霊の導きに従い、キリストの福音を生きることを信仰の核心と捉えた。この点が、特定の宗教組織に属する信仰形態が一般的ではない日本人の共感を呼んだ可能性がある。そうであるとすれば、特定の宗教の信徒ではない生徒が大多数を占める日本のカトリック学校の宗教教育の在り方を探る上で、ヒルティの思想は非常に示唆に富むと考えられる。特に、神の霊による

導きを強調するヒルティの思想は、霊の働きを源とするスピリチュアリティの育成を検討する際の重要な手がかりを与えているといえる。

しかしながら、今日の日本でヒルティは十分な読者を得ているとは認められず、出生国のスイスでさえヒルティの名はほとんど忘れ去られつつあるという[4]。その傾向は学問の世界でも同様で、近年、ヒルティに対して研究上の関心が十分に払われているとは言い難い。日本国内においては、管見の限り、人文科学の諸領域で過去20年間にわずか数本の研究論文が著されているにすぎない[5]。しかも、ヒルティの論考は、カトリックのみならずプロテスタントを含めても、キリスト教に基づく教育について考える上で、ほとんど顧みられてこなかったといえる。

そこで本章では、まず、キリスト教に基づく宗教教育に対するヒルティの見解を確認した上で、次に、ヒルティが指摘した宗教教育の問題点を克服する道筋について新約聖書の概念から検討し、スピリチュアリティ育成の核心をヒルティの思想から導出する。これにより、生徒の日常生活を超越的次元につなぐための具体的な指針を提示したい。

なお、本章では、第3章で確認したように、「spirituality スピリチュアリティ」という語がラテン語新約聖書で「神の霊」を表す「spiritus スピリトゥス」に由来することを踏まえた上で、スピリチュアリティの働きの根元は神の霊であると捉え、「神の霊に導かれる生き方」を養う教育としてのスピリチュアリティの育成に焦点を当てて検討する。

第1節　宗教教育に対するヒルティの見解

1－1．ヒルティの宗教的立場

ここでは、ヒルティの宗教的立場を確認し、そうした立場から生まれたヒルティの思想を本章で取り上げることの意義と考慮すべき留意点について述べておく。

まず、ヒルティの生涯を極めて簡単に概括してみよう[6]。ヒルティは、商業の中心地として賑わったスイスの州都クール市で、高名な医師の父親と旧家出身の母親のもと教養高い上流家庭に生まれた。青年期にはドイツに留学し、ゲッティンゲンとハイデルベルクの大学で法学と哲学を修めた後、故郷に戻り弁護士を開業する。ここで社会的弱者に低報酬で尽力して評価が高まり、長年スイス陸軍の裁判長を兼務するようになる。40歳を越えるとベルン大学から法学部教授として招聘され、やがて学長を務める傍ら、キリスト教的著作を数多く著し、名声を高めていく。50代後半には自由主義思想の代議士として国政にも携わり、国民の大きな尊敬を集めながら晩年は国際政治の一翼を担うようになる。こうして77歳で生涯を閉じるまで弁護士、学者、教育者、政治家、文筆家として多方面で目覚ましい活躍をみせた。この非常に多忙な日常の中で読書に勤しみ、思索と祈りを深めたヒルティは、極めて有能な実務家であると同時に、宗教の問題を真摯に探求する思想哲学家でもあった。

その宗教的立場は、宗派としてはカルヴァン派に近い厳格なプロテスタントであったが、ヒルティ独自の見解もみられるので注意が必要である。『ヒルティ伝』が紹介するヒルティ自身の日記によれば、彼の愛情深い母親は盲目的でも不寛容でもないキリスト教徒であり、その影響のもとキリスト教的雰囲気の中で育てられた。だが、父親は嫌がるヒルティに教会通いを命じるなど、信仰面で機械的な態度がみられたという。

そのように外面的な信仰生活を強要する雰囲気は、彼が通う学校で受けた宗教教育にも漂っていた。ヒルティは、聖書の権威を重視するドイツ福音派のギムナジウム（高等学校）に通っていたが、そこでの宗教教育は、宗教への関心をもたない生徒たちに寒い教会堂の中で長時間にわたり形式的な説教を聞かせ、教義を教え込むといった教条主義的なものであり、ヒルティは生涯、嫌悪をもってその当時の宗教教育を思い出すことになった。

時代背景をみると、ヒルティが生きた19世紀後半のスイスは、欧州の中部に群生する小都市の集合体から一つの連邦国家として独立すべく、急速に近代化を促進し資本主義化していく社会構造の転換点にあった。そうした激変する社会にあって伝統的価値規範が揺らぐ中、ヒルティは自らの論考を、産業革命を契機として人々の間に瀰漫する唯物主義的価値観に抗おうとする教養人を鼓舞することを目的として発表していったのである。こうしてヒルティの思想は、物質主義的な価値観に侵されずに、しかも、単に教会組織に所属しているというだけの空疎な形式主義に堕さずに、キリストの福音を生きるにはどうすればよいか、を主題として展開されたといえる。

そうしたヒルティの宗教に対する態度を検討してみると、大きく分けて次の三つの特徴を挙げることができよう。第一に、教会への形式的所属に甘んじず、神との個人的で人格的で直接的な結びつきを重視する点である。第二に、神学研究に傾かず、さりとて神秘主義に耽溺することもなく、キリストの福音を実際に生きることを重視する点である。第三に、禁欲的傾向をもちながらも、信仰生活の喜びを大切にする点である。以下、ヒルティの生涯との関連で、これらの特徴について検討してみる。

（1）神との人格的結びつき

まず、第一の特徴についてである。ヒルティが規則的な教会通いと定式化された祈りを繰り返すだけの表面的な信仰生活を肯わなかったのは、真理に対する飢え渇きが非常に激しく、高邁な理想を求めてやまなかったからである。彼は他人から教え込まれた教理を何の疑問もなくうわべだけ受け取れる性質ではなかった。あくまでも自分自身の思索を大切にし、己の思想の拠り所となる真実を全く独学ながら自らの理性で飽くことなく探究したのであった。大学時代には祈る習慣を身に付け、聖書読解に勤しんだ。

他方で、この時期にはある程度の社交生活や世俗的な楽しみも経験したようだが、人生に対する基本姿勢としては、キリストの福音そのものを究めようと絶えず尋ね求めていた。そうして、ついに32歳で自己の内面において神と個人的な盟約を結ぶに至るが、これこそは、彼の生涯にわたって影響を及ぼす決定的な回心であった。

この個人的盟約という回心の在り方に、ヒルティの宗教に対する根本的態度をみることができよう。彼は表面的で形式的な信仰生活を厳しく退け、教会組織への所属とか信者たちとの交流の場を通してではなく、神との密接な個人的関係、とりわけキリストとの直接的な魂の結びつきに何よりも重点を置いたのである。他方で、教会の各種の行事や祝いごと、絶え間ない集会、信仰的集いでの交際、宗教的事業、外的な儀式、うわの空の祈り、気の進まない教会通いや嫌々ながらの家庭礼拝などは、信仰に益するどころかかえって有害であるとして痛烈に批判する[7]。

同時にヒルティは、人がどのような宗派に属するかということを神はあまり問題となさらないだろうと考えていた。ヒルティ自身もプロテスタントでありながら、カトリックの聖人の著作を愛読し、実生活においても修道女を援助するなど、カトリックに親しみを覚えていたことは疑い得ない。しかし、だからといってヒルティが宗教的に無節操であるとか教会制度を軽んじていたというわけではない。彼は外面的・形式的な教会主義を嫌う一方で、教会の必要性を認めてもいる。

例えば、「現代のすべての教会組織」は「キリストのキリスト教からはかなり大きくへだたっているが」しかし、「もしどこかの国で、教会を廃止するようなことがあれば、なにものによってもおぎなえない恐ろしい空隙が生じるであろう」[8]と述べる。教会は、現時点では理想の姿ではないものの、極めて有益な信仰の支柱として、限りあるこの地上では絶対に必要なものと考えたのである。また、キリスト教については、「魂が神に近づく瞬間」には、「あらゆる既成宗教がただお粗末な象徴にすぎない気がし、また、すべての信条や礼典がいかにも人間くさいものに見えてくる」としながら、「その場合でも、現実のキリスト教がこのようなまことの神の実感を外的に教理化した最上のもの」と考えている[9]。

（2）キリストの福音を生きる

次に、第二の特徴について述べる。ヒルティは、中世以来の欧州の教会の伝統において神学に特権的地位が与えられてきたことに疑問を呈し、神学に他の人間諸科学と同等の価値は認めながらも、神とは何であるかは人間のどのような学問も究明することはできないという立場を取る。じっさい、ヒルティはその著作全体を通して、神やキリストや聖霊の本質について学問的に追究するという手法はとらなかったし、実生活上も福音書を丹念に読むという態度を20歳頃から最晩年に至るまで貫いている。特に、「神学は決してキリスト教そのものではない」[10]として、「キリスト教を神学や教会主義と取替えてはならない。むしろ、あなたは自分でキリスト教をその源において、すなわち、福音書のうちに、とりわけキリストみずからの言葉の中に、求めなさい」[11]という言葉通り、聖書の中でもキリストに直接起源をもつと考えられる箇所を特別重視した。このようにヒルティの信仰は、教会での聖職者の説教や第三者による聖書解釈に依存せず、神学および教義に拘泥せずに、キリストそのものに直接結びついていこうとする傾向を示す。

このように学問的に神を探求する立場から距離をとるのは、ヒルティが神を経験的に知っていると確信していたからである。彼が人格的な神の実在を疑い得なくなったのは、神に対して内的な犠牲を捧げるたびに即刻、実際に神から顕著な応答が来るという経験を重ねてきたからだという[12]。それゆえ、「神が実在すること、そして完全と慈愛とが神の本質であるという事実で」[13]十分であるとし、「偉大で真実な神についての、われわれの生活から得た経験的事実」こそが大切であり、「経験からのみ、確固とした信仰が生まれる」[14]と考える。神の霊による導きと内的進歩を、知識や観念としてではなく揺るぎない事実として経験してきたことが、ヒルティの信仰の根拠となっているのである。

ただし、神体験それ自体を追求して神秘主義に陥ることはなかった。例えば、「超感覚的なものについては、神のみが授けることができる直接的確信が存する」としながらも、「自己欺瞞に陥らないために」「十分な良識か真の教養」が必要だとしている[15]。また、「キリストみずからが欲したキリスト教の独自な点は、まずなんらの狂信をもともなわぬ、全く明瞭で冷静な良識と、次には、超感覚的なもの、表現し難いものの経験…（中略）…を受けいれるにふさわしい繊細な心、――これら二つのものの結合にある」[16]と考える。信仰生活における神秘的な体験や超自然的な感覚を自ら経験しながらも、信仰の道に進む上でそれらを必要不可欠なものとはみなさず、あくまでも実際の社会生活において信じていることを具体的に実践すること、つまり、キリストの福音を生きることこそが最も大切であるという立場を取る。

(3) 信仰の喜び

最後に、第三の特徴について検討してみる。ヒルティは、人生の幸福の秘訣として、「神のそば近くにあること（の実感）」と「有益な仕事」の二つを著作の各所で挙げている[17]。その際、ストア哲学を愛好する禁欲的傾向を示しながらも、神との一致からくる生き生きとした霊の「喜び」「ある種の感激」「精神の高揚」を強調した[18]。ヒルティの場合は、一方では享楽や官能を警戒し、他方では静寂主義や宿命論を退けて、有益な仕事に日々励むことにより、「神のそば近くにあること」「神の霊に従うこと」を中心とした生活では優勢になりがちな神秘主義への傾きに均衡をもたらしていたのである。古典的教養と軍隊的規律を愛し、救世軍による献身的な社会奉仕活動や素朴な信心をもつ敬虔主義に賛同するヒルティの気質は、神のそば近くにある喜びの雰囲気の中で調和していたのであった。

例えば、ヒルティはキリストの福音に反するものとして、自己愛、虚栄心、名誉欲、エゴイズム、我意、自己欺瞞、貪欲、享楽癖、怠惰を挙げ、これらを克己の対象と考えた[19]。だがそれは、禁欲それ自体を目的としているわけではなく、神のそば近くにあることと我意を追求する生き方は両立し得ないという経験的事実から導出した戒めであった。逆に、「精神の高揚」に関しても、「なお健全で冷静な良識の相当量が結びついていなければならない」として、そうして初めて「世に役立つような人間の性格がうまれる」という[20]。

以上に述べた三つの特徴の全てに関わるヒルティの傾向として、自らの経験に基づいた実際的な勧めが目立つこと、生活から遊離し現実の社会生活に支障をきたすような神秘主義から距離をとりながら、日常生活に関わる意識の水準と超越的次元に対する感覚との均衡を保っていること、十全な人間形成に対する配慮が常に念頭にあること、そして肉体的・精神的な健康に対する意識が強く、病的なものや不健康なものに対する警戒心が強いこと、を指摘できる。

ここまで検討してきたヒルティの宗教的立場は、日本のカトリック学校の宗教教育について考える上で、大変示唆的である。すなわち、ヒルティが必ずしも特定の宗教組織に限定されずに神に直接結びつくことを重視した点が、大半が非信徒の生徒を対象とする宗教教育においても有効である。また、聖書学習に偏らず、さりとて祈りにのみ傾倒せずに、キリストの福音を生き方として身に付けて、健全に社会に貢献できる人間の育成に方向づけられた宗教教育の在り方を示しているといえる。

さらに、ヒルティが思想を展開した当時のスイスの状況は、現在の日本の物質主義的風潮に相通じるところがある。現代の日本では人間形成を目的とするはずの教育現場でさえ、経済的価値を優先する教育政策のもと、新自由主義的な市場原理が影響力をもち、物質主義的価値観から自由であるとは言い難い。こうした時代状況にあるカトリック学校で宗教教育を実践することは、抗い難い唯物主義的風潮の中で神の霊に導かれる生き方を求めたヒルティと似通った問題意識を担うことであり、ここに本章でヒルティの思想を取り上げる意義があるといえる。

もちろん、ヒルティがその思想を展開したのは、あくまでも19世紀の欧州のメンタリティーに影響されたプロテスタントのキリスト教文化圏であり、宗教教育についての発言も自らが受けた州立高校での経験を踏まえたものである。それゆえ、ヒルティの指摘を21世紀の非キリスト教国のカトリック学校の問題に容易には置き換えられないであろう。しかし、そうした限界を超えてなお、ヒルティの論考からは、上述した点での重要な示唆を得ることができるし、ヒルティの人間形成に対する深い洞察そのものは、現代日本の状況にも通じる十分に普遍的なものであると考えられる。そこで、次項では宗教教育に対するヒルティの批判を取り上げて考察する。

1－2．ヒルティの宗教教育批判

ヒルティは教育について体系的に論じているわけではないが、断片的ながらも非常に明確に述べているため、彼の教育に対する見解を捉えることは十分可能である。ヒルティは総じて学校教育、とりわけ宗教教育に対しては批判的な立場を取り、「人はキリスト教を『教え』ることができない」[21]と述べる。なぜなら、信仰とは神の恩寵の賜物であって、「第三者のどんな信仰の勧めや、さらには命令も、結局のところ全く無益」[22]だと考えるからである。

他方で、ヒルティは家庭教育と自己教育を大変重視した。その理由として、学校教育に対する教会の支配が強い時代背景のもと、ヒルティ自身が学校で受けた宗教教育は、先述したとおり嫌悪すべきものとして経験された一方で、家庭では母親から人間形成上の良き影響を受けたという事実と、結婚後に自らの求道心を通して得られた信仰体験が挙げられよう。特にヒルティが早期の宗教教育について懐疑的なのは、自身が青年期からキリスト教に惹かれながらも、32歳で決定的な回心を迎えるまで、本格的に宗教にコミットメントすることができなかったという経験があるからである。

じっさいヒルティは、自らがスイスの高等学校で受けた宗教教育について、「少なくとも私は、かつて宗教教育によって信仰へ促された経験よりも、信仰から突きはなされ、妨げられたことの方がはるかに多かった」[23]と述懐する。その否定的な経験に基づいて、不適切な宗教教育がかえって神との出会いを妨げると警鐘を鳴らすのである。こうしてヒルティは各所で宗教教育に対する批判を述べているが、これらは、宗教教育が陥りがちな陥穽や隘路の所在を示唆していると思われる。そこで、彼の指摘を整理すると、次のようにまとめられるだろう。

ヒルティが不適切と考える宗教教育には、四つの特徴がある。第一に、教理の伝授を中心とすること、第二に、教師が宗教による悪い影響の手本となること、第三に、神の愛ではなく神への恐れを吹き込むこと、第四に、青年の自然の発達過程に即していないこと、である。以下、それぞれの点について、日本のカトリック学校の宗教教育の現場に照らし合わせて考えてみよう。

第一の点に関してヒルティは、キリスト自らは神の本性や属性について福音書の中でも、「今日すべての子どもたちが宗教の授業時間に教わるよりも、少なくしか語っていない」[24]として、「キリスト教の教理は、青年教育にとってほとんど値打のないものである」[25]と断じる。宗教の授業を教理の伝達に置き換えなかったのは、前項で検討したように、神学や教義をキリストの福音と同一視しなかったヒルティにとって当然の見解であろう。ところが、現代の日本のカトリック学校においても、宗教科の授業では、イエスの生き方よりも、教会の教えや聖書の伝統的な解釈の伝達に主眼を置いていないとはいいきれない。イエスの言葉を取り上げる際にも、とかく「隣人を愛しましょう」「人のために奉仕しましょう」という道徳的教訓として回収してしまいがちであり、生徒が自分の生き方を模索する上で、イエスのメッセージがどのような意味をもつのか、という点については十分な吟味がなされていないのが現状ではないだろうか。

第二の点に関しては、「宗教を軽んずるすぐれた人たちはみな…（中略）…彼らの両親や教師たちのうちに、宗教が悪く影響した実例を見てきているのである」[26]と洞察する。宗教が人格的に悪影響を及ぼす実例とは具体的に何を指すのか、ヒルティはここでは述べていない。しかし、日本において近年、宗教組織に対する社会的信用は揺らいでおり、宗教と銘打つ団体には、正体不明の怪しげな新興宗教や反社会的なカルト集団を連想して、伝統宗教との区別なく接触を避けようとする現代人は少なくないであろう。

また、キリスト教が人格に悪影響を及ぼす事例について考えてみると、非キリスト教国の日本でキリスト教に熱心に傾倒していく場合、社会一般の常識に抵抗したい心理が潜んでいることも考えられ、信徒になることによって周囲の文化に同調できない傾向が増すことは避けられないであろう。さらに、キリストの福音が知的理解にとどまり、自らの生き方を変容させるには至らない場合、偏狭な信念に固執して性格的な偽善性や独善性が高まり、非信徒との対等な関係を結び損ねて周囲との軋轢を強めることもありえよう。

第三の点に関しては、「現代のすっかり倒錯した宗教教育は、神を愛することを全然教えず、せいぜい神を恐れることしか教えない」[27]と批判し、具体的には「われわれの宗教教師は、神を絶えず要求する父として説き、そのような神をできる限りなだめよと教える」[28]と指摘する。この点に関してヒルティは、人間心理を非常に鋭く洞察している。すなわち、本来は神の愛を伝える宗教の教師自身が神の愛を経験的には知らないというのである。彼らは実は、神と共に生きる幸福について自ら経験していないために、神は絶えず不完全な人間に対して監視の目を光らせて怒っていると考えるようになる。しかし、絶えず自分を責める神の存在は人間の本性にとって煩わしいものなので、とにかく、神の怒りを儀式的になだめておこうと工作する。

こうして、実際には自らのためには何も求めない神であるにもかかわらず、教会通い、礼拝行事、慈善事業などを義務として人間に要求するかのような歪んだ神概念を青少年に植え付けているのだと鋭く看破する。宗教の教師自身が愛そのものである神の体験がないために神概念が歪んで、絶えず怒っている神を想像して神を恐れ、内心疎ましく感じていること、怒れる神から解放されれば実は有り難いとさえ感じていることを見抜いての卓見である。実に、神から愛されているという実感、自分という存在全体が絶対的に丸ごと受け入れられているという安心感が宗教教育に携わる教師の根底にないならば、愛の正反対の感情である恐れを生徒に吹き込むようになるのは当然の帰結であろう。

以上の第一から第三の点までは、宗教教育に携わる教師のありようや教育方法に関する指摘であるが、第四の点は、キリストの福音それ自体に関わる指摘として一層注目に値する。ヒルティの洞察[29]によれば、キリスト教には、明らかに遁世的な要素と、人間の自然な生命感情を抑制しようとする傾向が含まれている。だが、これからあらゆる精神的能力を伸ばそうとする青年の成長にとって自然、かつ必要でさえある「肉体的快感」と、「人間として向上しようという一種の衝動」を制限し、我意や利己心を全て排斥しようとするのは、青年の「自然にかなった発達過程にはふさわしくない」というのである。ヒルティは、人間にとって宗教教育が必要になるのは、人間の理性や力では不十分だという経験を経てからであるが、自分の諸能力を伸長させようと努めている青年にとって、そのようなことは理解できないとしている。

この指摘はまさしく慧眼とみるべきだろう。これはスピリチュアリティが生徒の成長過程でどのように実を結ぶのかを考える上で、決して看過できない課題である。つまり、宗教教育それ自体が青年の教育にはなじまない要素をはらんでいるという事実である。これはカトリック学校の宗教科を担当する教師であれば、さまざまな場面で認識する機会があるはずであり、宗教教育の見えない壁として立ちはだかる真の障壁でもあろうが、公に指摘されることはほとんどないといってよい。

だが、イエスの言葉の中には確かにヒルティの指摘するとおり、謙遜の教えをはじめとして、「わたしについて来たい者は、自分を捨て、自分の十字架を背負って、わたしに従いなさい」(「マタイによる福音書」16章24節) という言葉に代表されるような、自己犠牲を奨励する極端な内容が含まれる。こうした永遠性への招きが、自己否定そのものを目的化してしまうと、まだ捨てるべき自分も十分に育っていない青年にとっては、自然の発達が阻害され、その結果、不健康で非社会的な人間を形成しかねない危険性がある。それにもかかわらず、イエスの真意をつかみ損ねて文字通りに自己犠牲や自己抑制を強要する雰囲気が、ヒルティの受けた宗教教育に支配的だったのではなかろうか。

そう考えると、ヒルティの宗教教育批判の核心、つまり、宗教教育がヒルティの信仰を育む上で妨げとなった最大の要因は、この地上での日常的な営みと、「神の国」「永遠の命」という新約聖書の鍵概念で表される超越的な価値との関係が宗教教師には対立的に捉えられている点だといえる。同様の傾向は、現代の日本の宗教教育においてもみられるものである。カトリック学校でも、教師が日常生活への健全な関心や活動と超越的次元との関連性を十分捉えきれていないことからくる弊害がみられないわけではない。こうした側面に注意を払いながら生徒の日常的次元を超越的次元につなぐ宗教教育を実践するには、どのような可能性があるのだろうか。これについて検討する上で、新約聖書の「命」の概念が鍵になると考えられるので、次節で取り上げる。

第2節　宗教教育における日常と超越との接合

2－1．新約聖書にみる「命」の概念──プシュケーとゾーエー──

本節では、ヒルティの宗教教育批判に見出された核心、すなわち、日常と超越との接合における葛藤を克服するために、新約聖書の「命」の概念を手がかりとして、生徒の日常生活を超越的次元へと導く宗教教育の可能性について検討したい。

周知の通り、新約聖書の原典はギリシア語で書かれたが、日本語聖書で

「命」と翻訳される単語が二種類使用されている。例えば、「自分の命を愛する者は、それを失うが、この世で自分の命を憎む人は、それを保って永遠の命に至る」[30]という箇所がある。ここで「自分の命」の「命」は、原語のギリシア語では「ψυχή（psychē）プシュケー」であるが、「永遠の命」の「命」のギリシア語は、「ζωή（zôē）ゾーエー」という単語が用いられている。プシュケーは、「魂」の意味にもなるが、新約聖書では、自然的・身体的生命を指すのに対して、ゾーエーは、神からの終末的な賜物としての救いである「永遠の命」を意味している[31]。では、プシュケーとゾーエーというこの二つの命は、どのような関係にあるのだろうか。

これについて聖書学者の大貫隆は、次のように説明する[32]。イエスが「自分の命のことで…（中略）…思い悩むな」[33]という場合の「命」はプシュケーのことであり、「人間がいま現に衣食住によって生きている命」を指す。これに対して、「命に通じる門はなんと狭く、その道も細いことか」[34]として狭き門から入るように勧める場合の「命」はゾーエーであり、これは「目標として神から備えられている超越的な命」であるという。

ここで注目されるのは、大貫がこの二つの命は「互いに区別されていながら、実は同じ一つの『いのち』だ」と強調している点である。イエスの言葉の中には「自分の命を救いたいと思う者は、それを失う」[35]とか、「自分の命を愛する者は、それを失う」などのように、あたかもプシュケーの命を軽視するかのような内容がみられるにもかかわらず、である。大貫によれば、ゾーエーという永遠の命は、プシュケーという現下の命だけにこだわらずに、神から贈与された超越的な命として今在る命を受け取り直したものである。永遠の命であるゾーエーは、日常生活を営むプシュケーとして既にそこに在るというのである。そうであれば、ゾーエーはプシュケーの中で既に始まっているということであろう。既に今在る命とやがて遅れてやってくるはずの永遠の命は、質は異なりながらもつながっているのである。さらには、「自然的・身体的な現実の命を神の側からの終末的な賜物、すなわち『永遠の命』の先取りとして発見し直すこと」への呼びかけが、イエスの「神の国」の宣教であるという[36]。

この見解に従えば、この地上の生命と、そうした肉体的営みを超える永久不滅の価値をもつ永遠の命は異なりながらも分断されてはおらず、連続性があり深くつながっているというのが新約聖書の示す生命観だというわけである。この二種類の命の相違と連続性を生徒に教える方法は、幾つもありうるだろう。少なくとも、日常的次元と超越的次元、地上の生命と永遠の命との質の相違と連続性について教える際、日常的次元や地上の生命を軽視する立場を取らず、むしろ超越的次元の営みや永遠の命は、日常的次元や地上の生命を土台として完成するという理解のもとに教育に当たることが重要だと考えられる。つまり、プシュケーとゾーエーを相克として捉えるのではなく、プシュケーを土台としてゾーエーの命に招かれた者として生きるよう励ますのである。この考え方は、恩寵は自然性を土台として完成するというカトリック教会の伝統的な見解にも通じる。

これに関連して、新約聖書の福音書の中に、一人の青年がイエスに向かって、「善い先生、永遠の命を受け継ぐには、何をすればよいでしょうか」[37]と尋ねる場面が記載されている。青年が人生を意味あるものとするにはどのように生きればよいのか、と真理に導く教師に向かって生きる意味への問いを発しているのだと解釈できる箇所である。ここで青年の発した問いが今、現に生きているこの地上での人生の意味について問うばかりでなく、ゾーエーで表される「永遠の命」の概念に発展している点は注目に値する。青年は、この世の生命の意味のみならず、この世の価値を超えた命の意味をも問うことができるのである。

カトリック学校の宗教教育は、この地上の生を大切にしながら、人生の意味を超越的な命の意味との関連で捉えられるよう超越の視座に開かれていることが重要である。ともすれば、キリスト教に基づく宗教教育は、単に「隣人愛の実践」「他者への奉仕」「惜しみない自己犠牲」などを奨励する道徳教育に還元されがちである。しかし、スピリチュアリティの育成においては、生徒が自らの生き方を、異なる二つの次元で命を生きることができる豊かさとしてイメージできるように導くことが不可欠ではなかろうか。

その点、ヒルティの著作で注目されるのは、「neues Leben 新生・新しい命」

とか「Ewigen Lebens 永遠の生命」について言及していることである[38]。前後の文脈からみると、「新生」とは、新約聖書の「霊から生まれる者」[39]の生き方を意味しているようである。神との出会いによって我意に縛られた古い人を脱ぎ捨て、キリストと結ばれた新しい被造物として霊の導きに従って生きている状態を指すと考えられる。しかも、単に観念思惟の操作で編み出した世界についてではなく、自らが32歳の回心で経験した霊的状態を記しているのである。ヒルティの思索は全て、この「新生」の経験に基づいて展開しているといっても過言ではない。それゆえ、「新生」に関する記述は、ヒルティ思想を理解するための重要な鍵であろう。ヒルティのキリスト教に関する著作は、神の霊に導かれて、プシュケーの命を超克するゾーエーの命に人生の重心を移行しながら、超越的な価値を求めて生き抜いた自らの経験を綴ったものと考えられるからである。

ヒルティが追求した神の霊に導かれる生き方、それはプシュケーとゾーエーとの統合への道であり、日常と超越との接合の道筋であるといえる。そこで次項では、ヒルティの思想からスピリチュアリティの育成の核心を導出してみる。

2－2．神の霊に導かれる生き方への教育

前項で検討した新約聖書の二つの命の概念の相違と連続性については、宗教教育を実践するに当たって非常に微妙な点である。このような隘路を通り抜けるための鍵は、やはり真正なスピリチュアリティの育成にあるというべきだろう。冒頭で述べたとおり、聖書に基づいて考えれば、スピリチュアリティの働きの元は、神の霊にある。この見解は、新約聖書の福音書にイエスの言葉として記された「神は霊である」[40]にさかのぼることができる。ここでいう「神」とは直接的には聖霊を指すと考えられるが、キリスト教信仰では「父と子と聖霊」を三つの位格でありながら同一の神であると宣言するため、スピリチュアリティが育まれるのは神である霊の働きによるものと捉えることができる。

そこで、スピリチュアリティの育成を神の霊に導かれる生き方への教育と

捉えて、その在り方を考えてみる。ヒルティはその著作の各所で「霊」について述べているが、「神の霊」を表すときには、「聖霊」「真理の霊」「善の霊」などという言葉を用いる一方、「偽りの霊」「悪の霊」「この世の霊」「われわれの自然の霊」「人間的な霊」[41]といった用法もある。「神の霊」についてヒルティは、「われわれの精神とは全く別の、叡智をもって導くある霊の配慮が存在する」[42]と語るなど、人間の内から生じるものではなく、人間存在の外部に源をもつものとして人間の力とは区別するとともに、実在する力であり、人間が経験することができるものとして捉えている。

人間の魂と神の霊との誠実な結びつきをキリスト教の根幹と考えていたヒルティは、この神の霊の働きに対して絶対的な信頼を示していた。信仰生活においては、「福音書が聖霊と呼んでいるものを、自分の生活の中に招き入れることだけが重要である。そうすれば、この霊が、それ以上のことは残らず果してくれるのだ」[43]と確信する。この他にも、「神の霊の存在については、たとえ他に実証的な証拠がなくても」「神の霊がしばしば思いがけない仕方で訪れてきて、その生命と喜びとをもってわれわれの全存在を満たし、一瞬のうちにすべての重荷をわれわれの心から取り去ることがありうる」[44]と信頼を寄せる。

このような神の霊の働きについて、ヒルティは具体的には次のように述べている[45]。

> 神の霊に従えば、いったい何が得られるだろうか。…（中略）…第一に、何ともいいようのない生の喜び、つまり、人間やものごとに対する恐怖からの解放（普通ではこれは誰にも得られない）や、地上の幸福の大部分を成している憂いなき境地である。第二に、興奮をともなわない、一種の火のような熱情と生気であり、これもまたほかの道では求めても得られないものだ。第三は、人間に対する力である。…（中略）…そういう人からは、何か生気があふれ出て、他の誰にも従わないような人たちさえも、この人にはよろこんで従うものである。

ヒルティが教義として伝承されるキリスト教ではなく、神の霊に従う道を勧めるのは、ここで述べたような神の霊の働きそのものを自らが実感していたからであろう。先述したように、ヒルティ思想の主要概念である「神のそば近くあること」についても、「人間の魂に神の霊が宿ること」と説明し、「こうした神の霊の宿りは」「まだきわめて不完全な魂にも起こりうる」とし、「これこそ本当に魂の幸福となるのである」という[46]。それは、宗教的熱狂や興奮によるものではなく、「むしろ全く独特な、静かで、平和に満ちた感情で」「しかもこの感情、すなわち神の近くにあるという喜びは、あらゆる人間的感情のうちでとりわけ強烈なものである」[47]。この感情の強烈さこそが、必ずや実在の対象から出ているに違いないという確信を与え、神の実在の証明を不要とするとさえヒルティは考える。

これほどの疑い得ない霊の喜び、活力、生気、精神の高揚こそがプシュケーとゾーエーで表される二つの命の結節点であり、こうした神の霊の働きを養うところに日常と超越とを結び合わせる可能性があるのではないか。そうであれば、プシュケーの命を捨てること自体を目指す宗教教育は大きな誤りであり、ゾーエーの命さえも壊しているといってよい。むしろ、神の霊の働きがもたらす歓喜から自ずとプシュケーの命にのみ局限されていた狭い視界が超越的次元に向かって打ち開け、ゾーエーの価値へと命の地平が拡大し、人生の重心をゾーエーに緩やかに移行できるようになることが、宗教教育の要諦ではないだろうか。

キリスト教について日本の社会一般では、ミサなどの典礼に代表される宗教儀式、ローマ教皇を頂点とする教会組織、唯一神信仰で固められた伝統的教義といった堅苦しいイメージが先行し、生命力あふれる青年にとっては、生気を欠いた魅力に乏しい過去の遺物と映るかもしれない。しかし、もしもイエス・キリストとの人格的出会いに導かれるならば、ヒルティのいう、「なんともいいようのない生の喜び」やあふれ出る「生気」を経験するであろう。それこそがスピリチュアリティの本質である。生命力の躍動や精神の高揚を身に経験し、魂がうち震えるような体験を生徒が味わえるかどうかが宗教教育の成否の要なのである。

こうしたスピリチュアリティが生徒の内面に育まれると、外面にはどのような実りが現れ出るのだろうか。イエスは「命を与えるのは“霊”である」[48]と述べている。この場合の「命」は永遠の命を指すゾーエーである。霊が永遠の命を育むと、スピリチュアリティが養われ、その生徒は元気溌剌として生き生きしてくるであろう。ヒルティは神の霊の働きの具体的実りについて、新約聖書のパウロの言葉を引用している[49]。「霊の結ぶ実は愛であり、喜び、平和、寛容、親切、善意、誠実、柔和、節制です」(「ガラテヤの信徒への手紙」5章22節)。ここに列挙した九つの属性は、霊の働きの目に見える結実であり、これらの属性が生徒の内に習慣的な徳となって身に付いているか否かが、スピリチュアリティ育成の実りを評価する具体的な指標となりうるであろう。

そうしたスピリチュアリティに何よりも価値を置いていたヒルティが勧める宗教教育は、後年の自己教育のための準備的ないしは予防的な教育であり、次の六つの特徴をもつ[50]。第一に、清らかな雰囲気の中で成長すること、第二に、大人たちが多くの愛とお手本を見せること、第三に、理想を求める精神を植えつけること、第四に、良い習慣を身に付けさせること、第五に、卑俗なものに対する嫌悪の心を養わせること、第六に、唯物主義的世界観と形式的宗教から青年を引き離しておくことである。

第一の点について、詩人の気質をもっていたヒルティは、青年期にはカトリック教会から聴こえる聖歌に甘美な感情を味わい、プロテスタントの教会建築の殺風景な様式よりも、カトリック教会の伝統に息づく芸術やイタリアなどのカトリック国の雰囲気に憧れた。美しいものを愛好する感受性に恵まれていたヒルティは、宗教教育に関しても、清らかなものへの志向性を育むことを重視した。日本のカトリック学校には、豊かな自然環境に立地し、生徒の情操面に配慮した文化的建築の校舎にステンドグラスやパイプオルガンを備えた美しいチャペルを擁し、校内には宗教的な絵画・彫刻・美術品を揃え、宗教音楽の演奏・歌唱など音楽教育にも力を入れているところが少なくない。生徒が神聖な空間を快く感じるような質の高い美的環境を整えるためには、今後も意を用いる必要があろう。

第二の点については、前節で検討したように、まず、教師自身に神から愛されている実感が不可欠であろう。ただし、ヒルティも神の霊に導かれる生き方には自我が打ち砕かれる体験も必要であると度々言及しており[51]、キリストの福音の中に自己否定の要素が含まれることは常に意識しているといってよい。ただその場合、神の霊を体験することのあまりの素晴らしさに、ゾーエーに惹きつけられるがままに自ずとプシュケーの価値を手放す生き方ができる、というのでなければ、自己否定そのものを目的化する誤りに陥ってしまう。ヒルティが受けた宗教教育では、教師自身がゾーエーの喜びを知らずに、形だけプシュケーを否定するような態度を取ってきたことが問題だったのである。

第三の点については、「われわれは、普通の実在論の世界とは別の、よりよい世界を憧れ求めることができる。そしてこの憧憬が、信仰という大きな賜物を授かるために、神にさしのべた手なのである」[52]と述べる。また、宗教的素質をもつ人々が、神に何かを与えようとしたり、徳によって神の気に入ろうとしたりすることを「愚かさ」と捉え、「神が喜ばれるのは、おそらく、神へのひたすらな憧れと、神に向って手をさしのべることだけであろう」[53]という。ヒルティの考える信仰とは、自力で神に近づくというよりは、人間を導く神に己を委ねることなのである。この点で、日本のカトリック学校では、ボランティアや社会的弱者への奉仕活動など、特定の行動を模範として奨励する傾向がある。しかし、個々の生徒自らが理想とする生き方を心底から求めることこそが一層重要ではなかろうか。そのためにも、スピリチュアリティの育成においては、生徒自身が内面の深みにおいて精神的な価値に覚醒できるように導くことが求められよう。

第四の点について、ヒルティは、青年期の教育には、ギリシア・ローマの古典的教養が有益であるとする一方、エピクテトス、マルクス・アウレリウスに代表されるストア派の哲学に共鳴し、生活習慣を形成する上で実際的な教訓をそこから汲み取っていた。先述したように、有益な仕事の測り知れない価値を繰り返し述べたヒルティは、自らの生活を規則正しく律していたことでも知られる。勤労意欲、公明、高貴な心、誠実などの良い習慣を身に付けることの最大の報酬は、その都度改めて決意し直さなくても自ずと良い行いができる点にあると考え、青年の教育で特に重視したのである。日本の特に女子のカトリック学校では、礼儀作法や躾に厳しい格式ある女子教育を求める傾向にある。だが、ヒルティのいう良い習慣とは体面を重んじての機械的な生活技術というよりも、むしろ価値あるものを選び取ることが常態となるような内的態度の養成である。スピリチュアリティの育成においては、生徒が超越との関わりにおいて主体的に善く生きることを求め、生の質を高めようとする意欲を喚起することが望まれよう。

第五の点については、「すべて醜いものや卑俗なものを避け」「真に美しいものに馴れ親しむこと、それも生活の欲求として、または自分の性格上の特質としてそうすること」[54]を勧め、「今日の人間社会の状態において、おそらく最も必要と思われるものは、真実なものを見わけるある種の本能である」[55]と指摘する。そうしてヒルティは、無数の宗教的団体や宗派などの企画、組織、党派の扇動に巻き込まれないように勧める。かつ、「神智学」や「心霊学」を挙げて、「精神的に健康であれば、これについてあまり気持よく感じえないであろう」[56]として、現代でいえばニューエイジに代表される新霊性文化に警戒を示している。

この他にも、あらゆる感覚の麻痺、無気力、傲慢、病的興奮、熱狂、外見の華々しい事業などには懐疑的であったヒルティは、宗教教育においても本物とまがい物とを識別できる感覚を養うよう求めた。青年期には特に同世代からの評価が気になり、ピアグループに同調しがちになるものだが、生徒が自らの良心の声を聴く術を磨くことが切に望まれる。その点で、教師は生徒が自らの良心の促しに気づくことができるよう助ける必要がある。宗教教育の中で、生徒が自らの内面を見つめ、精神性を覚醒するための学習プログラムの設計や授業実践の工夫が求められよう。

第六の点については、「真理と永遠の生命とに至る道は、唯物論と迷信が邪魔している」[57]として、宗教の事柄に関しては、何ら心のこもらない形式を型通り踏むよりも、ただ限りない誠意と真実だけが大切だという立場に立つ。特に、真理についての感覚を大切にしたヒルティは、「福音書は、ことにキリストが言ったと伝えられる言葉は、ことごとく霊であり、生命である。

だから、そのようなものとして説教され、理解されなくてはならない。霊のこもらない説教や、ただ形式的に教会へ所属することは、他のどんな仕方にもまして、人びとを真理に対して無感覚にするものである」[58]と警告する。

ここで、「最も大切なのは、われらの主とたえず心のつながりを持つことである」[59]と考えたヒルティが、あえて青年に積極的に祈りを勧めていないのは、形式的な祈りを連想させるだけだからであろう。その一方、「上を仰ぐ心からなる愛の一瞥」[60]としての祈りを重視し、特別の時刻や姿勢や身振りを必要とせず、外的準備にこだわらないで、ひたすら心で単純、誠実に神を思うだけで十分であると考えた。しかも「それだけでなく、なお祈りに対する神のお答えを聞くことができなくてはならない」[61]とも述べており、祈りが一方的な独白ではなく、神との応答を伴う魂の親しい交わりであるという見解を示している。こうした魂の交流としての祈りこそが、スピリチュアリティ育成の到達点となるであろう。

以上、ヒルティの指摘についての考察から、生徒のスピリチュアリティを育成するためには、次の点に留意することが重要であると結論づけられよう。それは、神から愛されている実感のある教師が、清らかな学校の雰囲気の中で卑俗な唯物主義的風潮から生徒を護り、生徒が精神的な価値に目覚めて、自らの良心の声を聴き分けながら、生の質を高める意欲を喚起し、超越との関わりを深める生き方ができるよう導くことである。

同時に、このような人間の努力としての教育的営為は必要不可欠であるが、結局は教師がキリスト教を教えることなどできず、神の霊の働きをせめて邪魔しないことが最善の宗教教育だと認識しておきたい。ヒルティは「宗教の要点は、われわれが常に注意深く、神との結びつきに向かって扉を開いておくことにある」[62]と述べている。なぜなら、人間の魂を神との密接な結びつきに導くのはあくまでも神の霊であり、人間ではないからである。それゆえ、非キリスト教文化圏にある日本のカトリック学校では、聖書学習や奉仕活動にも増して、ヒルティが追求した生き方、すなわち、人間を導く神の霊への信頼に基づいたスピリチュアリティの育成こそが求められているのではないだろうか。

本章のまとめ

本章では、カトリック学校におけるスピリチュアリティの育成について、生徒の日常生活と超越的次元とを接合するという観点から、ヒルティの思想を手がかりとして検討した。その結果、次のことが明らかになった。

ヒルティは、神との人格的な結びつきを教会組織への恭順よりも優先させ、神学研究にも神秘主義にも傾倒せずにキリストの福音を実際に生きることを探求した信仰者であった。彼の信仰生活の雰囲気は、神の霊に導かれる魂の歓喜と精神の高揚に貫かれていた。そのヒルティが学校での宗教教育に対しては懐疑的であった。理由として、神の霊のみが人間を信仰に導くと確信していたヒルティにとって、教条主義的で神への恐れを吹き込み、青年の自然の発達過程に即してもいない機械的な宗教教育は、キリストの福音からほど遠いものであると経験していたからである。こうした誤った宗教教育が横行する要因として、宗教を教える教師自身が神の愛を体験しておらず、神の霊に生かされるスピリチュアリティを育んでいないからだとヒルティは考えた。

本章では、そうした矛盾が日本のカトリック学校の宗教教育でも生じる要因として、新約聖書の鍵概念である命に対する理解が不十分であると考え、この地上での生命を表すプシュケーと永遠の命を指すゾーエーとの関係を検討した。すると、プシュケーとゾーエーは質が異なりながらも分断されてはおらず、日常的次元の営みを大切にしながらも超越的次元での価値にまなざしを据えて、永遠に存続するものを重視することにより、プシュケーを土台としてゾーエーが育つのではないかと考えられた。この二つの次元での命を統合する道筋として、神の霊に従う生き方としてのスピリチュアリティの育成が求められる。

そこで、神の霊に導かれる生き方を追求したヒルティの宗教教育に関する指摘を考察した結果、生徒の日常生活を超越的次元へとつなぐ方途として、次の六つの具体的な指針を見出した。それは、1）美的環境の整備も含めて学校内に清らかな雰囲気を保つこと、2）教師自身が神の愛の体験を培い、神の愛に基づいた教育を目指すこと、3）生徒が精神的な価値に目覚めるよう導くこと、4）自らの生の質を高めようとする意欲を生徒の内に喚起すること、5）生徒が自らの良心を認識できるように助けること、6）生徒を神との魂の交流としての祈りに導くこと、である。

他方、カトリック学校でスピリチュアリティの育成が結実するためには、生徒と直接関わる個々の教師の養成のみならず、生徒が学ぶ環境全体の雰囲気としての学校文化をキリストの福音によって醸成することが求められよう。

註

1　Karl Hilty, *GlückI・III*, General Books, 2012, Karl Hilty, *GlückII*, Nabu Press, [1891-1899] 2010.（以下、GI、GII、GIII）。邦訳は、ヒルティ『幸福論（第一部）（第二部）（第三部）』草間平作・大和邦太郎訳、岩波書店、1961年、1962年、1965年。

2　Karl Hilty, *Für schlaflose Nächte*, General Books, [1901] 2012.（以下、SN）。邦訳は、ヒルティ『眠られぬ夜のために（第一部）』草間平作・大和邦太郎訳、岩波書店、1973年。

3　高橋三郎「キリスト教的著作家としてのカール・ヒルティ」ヒルティ『人間教育』ヒルティ著作集第10巻、高橋三郎訳、白水社、1959年、267頁。

4　同上。

5　例えば、麦倉達生「ヒルティの教育観」滋賀大学教育学部編『滋賀大学教育学部紀要』第24号、1975年、27-37頁、水地宗明「カール・ヒルティにおけるGottesnaheの思想と体験」滋賀大学経済学会編『彦根論叢』第231号、1985年、107-126頁、近藤眞弓「新渡戸稲造とカール・ヒルティ――『社会教育者』の視点から――」盛岡大学編『比較文化研究年報3』1991年、107-131頁など。

6　以下、ヒルティの生涯に関する記述については、『幸福論』『眠られぬ夜のために』の訳者解説と、アルフレート・シュトゥッキ『ヒルティ伝』国松孝二・伊藤利男訳、2008年、白水社（Alfred Stucki, *Carl Hilty*, 1946）を参照した。

7　例えば、SN, S. 19, S. 28-29, S. 32, S. 40. 邦訳、97頁、155頁、172頁、217頁。

8　SN, S. 18. 邦訳、93-94頁。

9　SN, S. 23-24. 邦訳、125頁。

10　SN, S. 66. 邦訳、351頁。

11　SN, S. 5-6. 邦訳、27頁。

12　SN, S. 39. 邦訳、208頁。

13　SN, S. 11. 邦訳、55頁。

14　SN, S. 25. 邦訳、132頁。

15 SN, S. 40-41. 邦訳、218 頁。
16 SN, S. 35. 邦訳、191 頁。
17 例えば、SN, S. 12, S. 14, S. 17. 邦訳、60 頁、74 頁、92 頁。GI, S. 48, S. 53. 邦訳、222 頁、244 頁。GIII, S. 3, S. 5, S. 6. 邦訳、18 頁、24 頁、28 頁。
18 例えば、SN, S. 17, S. 18, S. 28, S. 34, S. 39. 邦訳、89 頁、96 頁、153 頁、187 頁、211 頁。GIII, S. 10, S. 20, S. 28. 邦訳、43 頁、83 頁、119 頁。
19 例えば、GII, S. 164, S. 284-287. 邦訳、178 頁、304-307 頁。GIII, S. 10. 邦訳、41-42 頁。
20 SN, S. 34. 邦訳、187 頁。
21 SN, S. 66. 邦訳、350 頁。
22 SN, S. 35. 邦訳、190 頁。
23 SN, S. 40. 邦訳、217-218 頁。
24 SN, S. 36. 邦訳、194 頁。
25 GII, S. 278. 邦訳、298 頁。
26 GI, S. 31. 邦訳、145 頁。
27 SN, S. 31. 邦訳、172 頁。
28 SN, S. 40. 邦訳、217 頁。
29 GII, S. 276-279. 邦訳、296-299 頁。
30 『日本語対訳 ギリシア語新約聖書〈4〉ヨハネによる福音書』12 章 25 節、川端由喜男訳、教文館、1995 年、81-82 頁。
31 大貫隆「命」大貫隆他編『キリスト教辞典』岩波書店、2002 年、95 頁。
32 以下の記述は、大貫隆『イエスの時』岩波書店、2006 年、286-290 頁、大貫隆『聖書の読み方』岩波書店、2010 年、150-152 頁を参照した。
33 『日本語対訳 ギリシア語新約聖書〈1〉マタイによる福音書』6 章 25 節、川端由喜男訳、教文館、1991 年、27 頁。
34 同上書、7 章 13 節、31 頁。
35 『日本語対訳 ギリシア語新約聖書〈2〉マルコによる福音書』8 章 35 節、川端由喜男訳、教文館、1991 年、47 頁。
36 大貫「永遠の命」134 頁。
37 『日本語対訳 ギリシア語新約聖書〈2〉マルコによる福音書』10 章 17 節、57 頁。
38 例えば、GII, S. 283-284, S. 309. 邦訳、303-304 頁、333 頁。SN, S. 18, S. 19, S. 22. 邦訳、94、98、118 頁。
39 『日本語対訳 ギリシア語新約聖書〈4〉ヨハネによる福音書』3 章 3-8 節、12 頁。
40 同上書 4 章 24 節、20 頁。
41 例えば、GII, S. 9, S. 304. 邦訳、14 頁、327 頁。SN, S. 25, S. 55, S. 58. 邦訳、135 頁、291 頁、310 頁。
42 SN, S. 14. 邦訳、72 頁。
43 SN, S. 13. 邦訳、68 頁。
44 SN, S. 37. 邦訳、198-199 頁。
45 GIII, S. 73. 邦訳、299-300 頁。

46　SN, S. 14. 邦訳、74頁。
47　SN, S. 28. 邦訳、153頁。
48　『日本語対訳 ギリシア語新約聖書〈4〉ヨハネによる福音書』6章63節、40頁。
49　SN, S. 55. 邦訳、292-293頁。
50　GII, S. 276-279. 邦訳、296-299頁。
51　例えば、GII, S. 164, S. 284-287. 邦訳、178頁、304-307頁。GIII, S. 10. 邦訳、41-42頁。
52　SN, S. 35. 邦訳、190頁。
53　SN, S. 26-27. 邦訳、145-146頁。
54　SN, S. 37. 邦訳、201頁。
55　SN, S. 22. 邦訳、119頁。
56　SN, S. 63. 邦訳、336-337頁。
57　SN, S. 18. 邦訳、94頁。
58　SN, S. 32. 邦訳、172頁。
59　SN, S. 10. 邦訳、50頁。
60　SN, S. 16. 邦訳、82頁。
61　SN, S. 10. 邦訳、50頁。
62　GII, S. 326. 邦訳、353頁。

第11章
スピリチュアリティを育むカトリック大学の巡礼旅行

神はあなたの旅路を守られる。今よりとこしえに。

旧約聖書「詩編」121編8節

本章の目的と課題

本章の目的は、カトリック大学の宗教教育にキリスト教の聖地を対象とした巡礼旅行を導入することの意義と可能性を明らかにすることである。

近年、宗教を問わず世界的な巡礼ブームを迎えており、キリスト教においても例外ではない。特に、欧州に点在する聖地への巡礼がここ30～40年の間に顕著な復興をみせている[1]。聖地巡礼は古来、世界宗教における宗教文化の伝統として実践されてきたが、その様相は現代では変容を遂げている。

巡礼に限らず旅行を取り巻く外的環境は、遠方への移動を可能にする交通網の整備と宿泊設備の拡充、観光産業の興隆、情報技術の発達による入手可能な情報量の増加など、十分に整えられつつある。加えて、文明の利器の活用に伴う余暇時間の増大、先進諸国の経済的余裕が、余暇活動や旅を楽しむ現代人のライフスタイルの変化と相まって、社会一般に旅行へのニーズを生み出している。こうして旅行のみならず巡礼も大衆化し、信仰者が実践する宗教的行動としての本来の意味合いを超えて、ポストモダン社会における一種の自分探しの行動として巡礼が活況を呈しているといわれる。

こうした背景のもと、巡礼に関する先行研究も、旅行、観光、宗教と関連づけて、社会学、人類学、宗教学、などの多様な学問領域で展開されている。その中でも観光を対象とした研究は、社会学領域で1930年頃から現れたとされる[2]。代表的なものとして、現代の観光を現実の幻影にすぎない疑似イベントと指摘するD. ブーアスティン（1962）[3]、これに異を唱えたD. マキャーネル（1976）[4]、観光という経験を現象学的に捉えたE. コーエン（1979）[5]、ポストモダニズム文化における観光産業の特徴について考察したJ. アーリ（1990）[6]などの研究が挙げられる。また、後段で述べるように、文化人類学領域でも巡礼についての示唆に富む論考がみられる。日本国内では、巡礼研究を牽引する宗教学者の星野英紀（1981）[7]をはじめ、観光と近接した現代の巡礼行動を考察する研究[8]、フィールドワーク調査を含む聖地研究[9]、キリスト教ゆかりの巡礼地に焦点を当てた研究[10]など、意義深い論考が蓄積されつつある。

しかしながら、教育学領域で校種を問わず学校教育における巡礼旅行を主題とした研究は、管見の限り見当たらない。そこで本章では、カトリック大学における宗教教育の一環として、巡礼旅行を企画・実施することによって、どのような効果を期待できるのか、その意義と可能性について、学生のスピリチュアリティを育成する観点から検討する。

以下ではまず、キリスト教における巡礼の本質と歴史的変遷について確認し、次に、スピリチュアリティを育む巡礼体験の構成要素として、「聖なる空間」「聖なる時間」「聖なる物語」「巡礼仲間」を取り上げて考察し、最後に、カトリック大学の宗教教育としてキリスト教の聖地を対象とした巡礼旅行を行うことの意義と可能性について指摘する。

第1節　キリスト教における巡礼の本質と歴史的変遷

1－1．巡礼とは何か

まず、巡礼とは何か、語義から確認しておくと、「巡礼」と邦訳される言葉は、ラテン語の ‘peregrinatio’（英語 ‘pilgrimage’）で、元来は「外国旅行、外国滞在」を意味する[11]。「巡礼者」と邦訳されているのは、その派生語の ‘peregrinus’ であるが、名詞形では「外国人、異国人」、形容詞形では「外国の、異なる」「ある事に未知（無学）の」を原意とする[12]。ここで「外」「異なる」という言葉に注目すると、巡礼の語源には、外の世界で自分とは異なる他のものや人と関わる、というニュアンスがあることが読み取れる。つまり、自分の外部に超え出て、自分とは異質の特性をもつ他の世界と接触することをまずは指していると考えられる。さらに、この言葉が含意するのは、自分の見知っている土地の境界を超えて外地に赴くこと、安全や安定が保証されない未知の世界に出ていくこと、自分の慣れ親しんだ故郷を離れて、見ず知らずの異邦の地に向かって旅することであるといえる。

そこから類推すると、巡礼には、自由な冒険の楽しみだけでなく、自分の殻を破って外に出ていく一種の放棄や不慣れな異界で予測できない変化に順応する苦痛など、苦行の要素が含まれていることが分かる。巡礼の語源となるラテン語がキリスト教圏の用語であることを考え合わせると、巡礼の本質は、なじみの世界の外に価値ある何かを探し求めて、不便を厭わず危険さえも恐れず、他に頼るもののない未知の旅路で神の導きに自らを委ねる信仰の行為であると指摘できよう。

こうした神への信仰の行為としての巡礼は、旧約聖書の時代から実践されており、イエス自身も生涯に何度かエルサレムを巡礼したことを聖書は記している[13]。イエスの死後、教会の時代に入ってからは、各教会の祭壇がキリストの象徴であり、神の民の生活そのものが天国への巡礼である、という見解が信徒の間に共有されるようになったが、だからといって、この地上の聖地を巡礼する価値が損なわれたわけではない。現代のキリスト教において巡礼は「キリストや聖人ゆかりの地や埋葬地に参拝し、祈り、助力を求め、感謝を捧げ、贖罪をする行為」[14]と定義され、正統な信仰の行為として教会で公認されている。

それでは、巡礼体験の中核には何があったのだろうか。『聖書思想事典』[15]では、①契約の箱を安置する神殿を詣でることがエルサレム巡礼に発展したこと、②エルサレム以外でも聖書の救済史上の出来事とゆかりの深い場が聖地として崇敬の対象となったこと、③聖地を訪れた人々は集会祭儀による祈りを共に捧げることを通して、神の民としての深い一致の喜びを体験していたこと、を指摘している。つまり、ある場所を聖地とする聖なるもの、聖なる物語、聖地を巡礼する他の人々との関係は、キリスト教聖地の巡礼体験を形づくる構成要素と考えられるので、これについては後段で考察する。

1－2．巡礼の様相の変遷

ここでは、キリスト教の巡礼が歴史的・社会文化的文脈において、どのように位置づけられてきたのかを確認する[16]。世界宗教において巡礼は例外なく重視されてきたが、特にキリスト教では、神がイエスに受肉し、人間の歴史の特定の空間と時間の中で顕現したと信じるため、教会成立初期の時代から聖地を巡礼することが重視された。

古代における聖地とは、旧約聖書と新約聖書に記される救済史に関わる場所や、イエスの生涯にゆかりのある地のことで、具体的にはイエスの受難と復活の地であるエルサレムを中心とするパレスチナ地方であった。既に2世紀には一部で巡礼が始まり、3世紀頃から盛んになり、4世紀にキリスト教がローマ帝国で公認されると聖地には聖堂や記念堂、および巡礼施設も建てられ、巡礼の環境は整えられていった。この時代の巡礼者が求めたのは、祈りに誘う聖なる地で信仰を深め霊的恩恵を得ること、つまり、聖性への憧れと聖書の物語の舞台を知りたいという知的好奇心だったといえる。

他方、エルサレムばかりでなく、ローマも巡礼地として発展していく。ローマでは、キリスト教迫害下に命を賭けて信仰を守り抜いた殉教者への崇敬が2世紀頃から現れ、聖人崇敬とともに4世紀には聖人ゆかりの地への巡礼が盛んになった。中世に入ると、7世紀以降にはエルサレムに次ぐ第2の巡礼地になり、9～11世紀には贖罪を求める巡礼者が大挙して押し寄せたという。特に11世紀以降は、十字軍遠征が繰り返されたことにより、イスラム諸国からの奪還を目指して聖地エルサレムからイエスの聖衣や十字架の断片など聖遺物が欧州にもたらされ、聖遺物の収集と崇敬が流行するようになる。さらに12世紀以降、民衆の間に死後の審判と煉獄・地獄の観念が流布すると、罪の償いとして聖地巡礼と聖遺物崇敬が有効であるとの教会の教えにより巡礼熱が高まる。続いて1300年に教皇が聖年を制定し、指定教会の巡礼による免償を公布すると、ローマに20万人を超える巡礼者が訪れたとされる。

エルサレム、ローマに続いて聖地巡礼は欧州各地に広がる。特に、12～13世紀には聖母に捧げられた教会の建築が盛んになり、聖母ゆかりの聖地が欧州に点在することになり、巡礼行動は拡大する。こうして巡礼は11世紀初頭から16世紀初頭までの約500年間に最盛期を迎え、推定では欧州全体の人口5分の1に及ぶ人たちが巡礼もしくは巡礼ビジネスに携わったとみられる。近世のマルティン・ルターをはじめとする宗教改革者たちは、煉獄、贖罪、免罪符、聖人崇敬、聖遺物崇敬など、巡礼を擁護するカトリック教会の教義を徹底的に非難したが、15世紀末には欧州全土で181カ所に巡礼者を集める聖地が存在したという[17]。

これら欧州の巡礼者が目指したものは、聖人崇敬を伴う聖遺物崇敬、悔悛と贖罪であった。キリスト教では成立初期から神の証人とされる聖人や殉教者への崇敬が始まり、特に、教会が認定した聖人の遺骨や生前着用した衣類の一部である聖遺物には、病気の治癒や奇跡を起こす聖なる力が宿るとされ、民衆による崇敬の対象となっていた。カトリック教会の公式見解としては、聖遺物そのものに特別な力があると認めたわけではないが、各教会には正式な教会の認定条件として聖遺物の保存を求め、信徒には真正な信仰に導く手段として聖遺物崇敬を奨励してきたのである。このため聖遺物を収める容器や祭壇の装飾も盛んになり、やがて聖遺物を所有する教会全体が造形芸術として鑑賞される付加価値を有するようになる。

じっさい、キリスト教三大聖地とされるエルサレム、ローマ、スペインのサンティアゴ・デ・コンポステーラは各々、キリスト、聖ペトロ使徒と聖パウロ使徒をはじめとする殉教者、聖ヤコブ使徒の聖遺物を擁している。例えば、ローマのサン・ピエトロ大聖堂はペトロの墓所を祀る教会として4世紀に建築が始まり、聖遺物を中心に造営された壮麗な建築が17世紀に完成すると、隣接する博物館や美術館も含めて、卓越した芸術作品としての世界的評価を確立していく。このバロック時代にカトリック教会の巡礼は再び勢いをみせる。

近代に入ると、18世紀の啓蒙主義の合理的風潮は巡礼に対する懐疑をもたらしたが、19世紀には旅の利便性が高まるとともに、ロマン主義の影響もあって巡礼は回復し、20世紀には旅行産業の急速な成長に航空路の発達が加わることで長距離巡礼が促進され、巡礼は活況を呈するようになった。こうして巡礼が大衆化すると、次第に巡礼は聖遺物崇敬よりも心身の癒しや祈りの雰囲気と巡礼者同士の連帯を求めて行われるようになる。

そして21世紀の今日、サンティアゴなどは伝統的なキリスト教信仰とは異なる興味関心から集客するようになっている。彼らは、聖遺物を収めた教会だけが目標地点ではなく、聖地を舞台として自分探しのテーマを扱う小説や映画に触発されたり、巡礼路を一緒に歩く仲間とのつながりの体験を求めたりと、信仰以外の動機で聖地に赴くのである[18]。また、フランスのモン・サン・ミッシェルやシャルトルなどは、教会が認定する聖地としてのみならず、ユネスコが認定する世界遺産としての価値を求めて世界各地から訪問者が絶えない。このような聖地では、聖遺物の前で敬虔に手を合わせる巡礼者と、せわしなくカメラのシャッターを切り、土産物屋で物色する観光客が混在する。「神なき聖地」「信仰なき巡礼者」と揶揄されるゆえんである。このように聖地では世俗化ともいえる現象がみられる。

こうして巡礼は、苦行を伴う信仰の実践から遊興を伴う観光へと変質し、荘厳な聖地は商魂で賑わう観光地へと様変わりしたようにもみえる。前近代では旅自体が宗教文化に根づいていたが、近代には次第に旅と宗教が切り離され、さらにポストモダン社会に旅は消費される商品と化した。こうして旅が一時的な行楽を追求する観光として大衆化するにつれ、これと相まって巡礼さえも聖なるものを追求する精神性が弱まり、魅力的な余暇活動を兼ねるようになって世俗化したことは、つとに指摘されるところである。

以上のような観光と巡礼の関係の捉え方について、先行研究では見解が分かれている。冒頭で触れたD. ブーアスティンをはじめとして、娯楽や気晴らしを含む観光はいわゆる本物の経験ではない疑似体験とみなす立場がある。これに異を唱えたD. マキャーネルのように、観光の中にも真正性を求める本物志向や聖なるものに憧れる巡礼の要素を見出す論者もいる。じっさい、宗教的な巡礼と世俗的な観光には、双方の経験が交じり合う場合がある。例えば、巡礼がレクリエーションの要素を兼ねていたり、観光を通して聖なるものへの潜在的希求が呼び覚まされたりと、この両者が厳密に切り分けられるものでないことは、人間の経験の質について考えてみれば明らかであろう。そこで、さきのE. コーエンは、旅の経験の質に着目し、「レクリエーション、気晴らし、経験、体験、実存」の五つのモードに分類して観光経験の多様な側面を浮かび上がらせた。

これらの議論を踏まえ、本章では、巡礼旅行における観光の要素も排除しない立場を取る。ポストモダンの状況を鑑みれば、社会の世俗化と宗教の私事化が指摘されて久しい[19]。しかしながら、社会の世俗化については、もしも現代人の生活世界に聖なるもの、超越に触れる機会があふれているのだとしたら、わざわざ日常生活を差し置いて生活圏の外に巡礼の旅を求める必要もない。現代が新たな巡礼ブームを生み出している背景には、日常の生活世界が世俗化されているがゆえに、かえって脱俗願望と聖なるものへの希求が増していることもあろう。また、宗教の私事化については、宗教が真摯な神探求の道程ではなく、個人的に都合よく消費される一種の嗜好品と化すことへの懸念は否めないが、他方で、特定宗教の教義や組織に縛られずに私的ニーズに沿って自由に宗教的なものを求める側面において、むしろ非キリスト教国の非信徒を対象とした巡礼旅行には益しているとみることもできる。

また、特定宗教の信徒の割合が少ない日本人にとっては、日頃なじみのない教会にも観光だからこそ訪れるのであり、旅行の目的を宗教的か世俗的か、旅行の内容を巡礼か観光か、という二分法で切り離してみることには限界がある。1984年に聖ヨハネ・パウロ2世教皇（在位1978-2005）が招集して以来、数年ごとにバチカンが主催している青年カトリック信徒を対象とした世界的巡礼団、ワールドユースデーでさえ巡礼と観光の融合と化しているとの指摘がある[20]。こうした背景のもと、日本のカトリック大学では巡礼旅行を信徒による信仰の発揚の機会と限定的に捉えるのではなく、非信徒による宗教的体験、すなわちスピリチュアリティを育む機会として再編成できる可能性があるのである。

1－3．巡礼とスピリチュアリティ

それでは、なぜ巡礼旅行がスピリチュアリティを育む実践として位置づけられるのか、ここで考えてみよう。

先行研究ではカトリック巡礼について、「神秘主義が内面化された巡礼であるように、巡礼とは外面化された神秘主義である」[21]という見解があるが、ここで神秘主義をスピリチュアリティと置き換えてみると、巡礼はスピリチュアリティと親和性が高いことが分かる。中世の欧州で巡礼が民衆に広まった要因として、前述の聖遺物崇敬や贖罪の他に、修道生活に勤しむ修道者の清貧の生き方の模倣が挙げられる。特にフランシスコ会など托鉢修道会の清貧運動の大衆版とも指摘される[22]。このような巡礼は清貧の精神に倣うばかりでなく、自らを神に委託する修道霊性への憧れの発露でもあろう。修道霊性の伝統では、苦行を神秘体験に不可欠な要素とみなす思想が確立していたため、その点でも、巡礼に付随する苦行の側面は、神秘体験へのステップとして重視されてきたといえよう。

先に巡礼の語義について確認したように、巡礼には肯定的側面ばかりでなく、苦痛を伴う否定的側面も含まれている。すなわち、巡礼の両義性として、聖なるものとの接触が自己成長に役立ち、精神の視野を拡大させるだけでなく、他方では、聖なるものの前での自らの卑小さ、異界では通用しない自己の欠落部分に直面させられる痛みを伴う。また、巡礼に付随する負担として、経済的な工面、体力の消耗、時間の捻出、日常生活とは異なる気候・食べ物・住環境を含む異文化接触に適応する困難など、種々の不便に加えて、日常の社会生活には空白が生じ、損失を被る点も少なくない。だが、スピリチュアリティの育成には何らかの自己否定の要素は不可欠であると考えられている[23]。それゆえ、巡礼に伴う苦行の側面はスピリチュアリティの涵養に促進的に働くものと期待できる。

併せて、現代の巡礼行動にみられる傾向として、規範性は希薄で聖性は曖昧、かつ組織的ではなく個人的とされるが、これらの特性はまさにスピリチュアリティと親和性が高いといえる。スピリチュアリティは集団や組織によって統制できるものではなく、個人的かつ内面的なものであり、把握し難

い不明瞭性を特徴とする。大学の巡礼旅行は宗教組織の主催による巡礼とは異なり、拘束力は緩く、個人の内面世界にまで介入しない。有志学生を対象とすることもあり、巡礼体験から何を汲み取るかは個人の自由に委ねられる。

これらのことから、巡礼は、特定宗教の信仰の枠内にとどまらず、何らかの気づきを得て自らの精神性を高め、人格的に陶冶する実践として有効であると考えられる。言い換えると、巡礼旅行は、魂に触れる体験をしたり、魂の癒しや変容を体験したり、宗教性を成長させるという意味合いをも含めたスピリチュアリティを育成する上で有益であるといえる。巡礼という日常とは分離した非日常的な境界において生じる体験は、自我意識を超えさせ、自己超越を促し、スピリチュアリティを育む契機となるのである。

そこで、次節では、スピリチュアリティを育む要因と考えられる巡礼体験の構成要素として、「聖なる空間」「聖なる時間」「聖なる物語」「巡礼仲間」の四つを取り上げて考察してみる。

第２節　巡礼体験の構成要素

２－１．聖なる空間

スピリチュアリティを育む要素として、巡礼の直接の目的地となる聖地、すなわち「聖なる空間」はとりわけ重要である。宗教社会学者の山中弘(2012)[24]は、聖地に関する先行研究を三つに分類した。この分類の基準となるのが、何が聖地を「聖」とするのか、聖地の聖性の源泉をどこにみるか、という点である。この基準に従って山中は、聖地の聖性の由来を①聖なる実在の顕現にみる立場、②場所自体に固有の神秘的な力にみる立場、③人間によって社会的に構築された側面を重視する立場、に整理している。以下、この分類に沿って筆者による考察を加えたい。

上記①の立場の代表格は宗教学者エリアーデ（Mircea Eliade, 1907-1986）であろう。彼は、「人間が聖なるものを知るのは、それがみずから顕われるから」であるとし、何か聖なるものが人間に対して自ら顕現することを「ヒエロファニー」と命名して、これを重視した[25]。エリアーデによれば、「聖なるものは実在そのもの」、「聖なるものこそ実在の中の実在」であり、聖なるものだけが人間に充溢した力と永遠性と造成力をもたらす[26]。こうした見解に基づいて、「聖なる空間」とは、絶対的実在である聖なるものが均質の俗なる空間に顕現して、宇宙の意味を啓示する一つの絶対的な「固定点」、すなわち「世界の中心」であると指摘する[27]。

「聖なる空間」が「世界の中心」とは、どういう意味だろうか。聖なる空間は単にそこにとどまらず、万物を造成する力をもつ聖なるものとの交流を可能にする場として世界を創造する。聖なる空間こそが、混沌とした俗世界に方向づけと構造と秩序を与えるという点で、世界を成立させている。つまり、生命の根源である聖なるものに触れることによって、世界を意味づけることのできる究極の固定点と考えられる。まさに意味のある世界が新たに生まれる世界の中心なのである。このような聖なる空間に身を置くことにより、人は俗世界を越境し、超越する。「日常生活の現実とは異なる或る現実が開示され」[28]、人生に新しい意味と方向づけが与えられる。このようにエリアーデにとって、ある空間を聖化するものはあくまでも聖なる実在である。

これに対して、②はある土地に備わる固有の雰囲気を強調する立場で、代表的なものとして「場所の精霊」あるいは「地霊」とも訳される「ゲニウス・ロキ」[29]の概念が挙げられよう。例えば、その巨大さで日本一を誇るばかりでなく、神秘的な樹海を擁して霊峰とも称される富士山は、見る者を圧倒する美と威容と霊気を感じさせることで、古来、民衆の崇敬の対象ともなってきた。世界有数の聖地には不可思議な自然の造形がもたらす異質性や神秘性を備えた場所や、日常生活では遭遇することのない奇怪な形をなした岩山、河や滝など異様な景観も含まれる。このように何らかの理由で特別な力が宿ると民間信心を集める空間が世界各地に存在する。

他方、③のように、聖地を人間がつくりあげた社会的・文化的構築物とみなす立場もある。聖地それ自体に聖性が備わるのではなく、人間がある場所を種々の要因によって特別な空間と意味づけた文化的装置と捉えるのである。この見解の典型例が先述したユネスコによる世界遺産認定制度であろう。これについて宗教学者の岡本亮輔（2015）[30]は、宗教組織カトリックの聖地が世俗組織ユネスコから認定を受けて、再び聖地として見出され再編される過程を現代の巡礼に特徴的な現象として描出している。聖地の世界遺産認定は、非信徒のアクセスを容易にするため観光との親和性を高め、ひいては宗教が社会の中に新たな位置取りをするための重要な装置として機能しているというわけである。

非信徒学生にとって、本来の巡礼の目的である①の立場での聖地体験を当初から意図できるものではないが、ある場所を、日常の生活世界で認識していたのとは異なる現実を開示し、人生に意味と方向づけを与える新しい視野を開く特別な空間として体験することは誰にでも可能であろう。また、②については現場に身を置くことによってのみ体得できる実感から、③については若者層でもみられる世界遺産への興味関心の高まりから、これらを契機としてスピリチュアリティの涵養における十分な効果を期待できるだろう。

2－2．聖なる時間

巡礼体験を形づくる「聖なる時間」もスピリチュアリティを育む要因と考えられる。民俗学の知見によれば、日本固有の時間感覚として、「ケ」と「ハレ」の区別がある。同じパターンで反復される日常の時間「ケ」と、年中行事や祭や儀礼など日常とは異なる特別な出来事によって非日常化する時間「ハレ」である。近代以前の日本社会においてケとハレの時間には、飲食する物や食器、着用する衣服、振る舞いや言葉遣いなどに厳然たる区別があったが、社会の近代化に伴い、この二つの区切りが曖昧になったとされる。

そうした傾向にありながら、現代社会においても巡礼で体験する時間は明らかに日常の生活世界で体験されるのとは異なる時間であり、巡礼者は常ならぬ時間、日常とは隔絶された特別な時間を認識することになる。ここで日常的に体験される時間を俗なる時間とすれば、巡礼で体験する時間は聖なる時間ということになろう。

こうした聖なる時間についても、エリアーデは考察している[31]。「聖なる時間」は、流れ去る日常とは異なる構造と起源をもち、非連続的で世界創造の原初に回帰し、原初から立ち上がる「永遠性」をもつ。こうした聖なる時間に居合わせる者は「永遠の現在」を体験する。聖なる時間を体験することで、人は「俗なる持続から脱出して、〈不動の〉時、〈永遠〉への接続を見出す」[32]。ここからエリアーデは、神話の概念を導入し、聖なる時間は再現された神話の原時間だとする論を展開するが、神話については次項にみる。ここでは、エリアーデの指摘に従い、聖なる時間は、流れ去る日常を超えた不動で永遠の価値を有し、世界を再創造する力をもち、各人の人生を新たに意味づける時間であると捉えておく。

こうした日常の生活世界とは質的に異なる聖なる時間を体験することで、巡礼で訪れる場所は異界として体験されることにもなる。巡礼を通してスピリチュアリティが育まれる要因の一つがここにある。すなわち、聖なる時間を体験することによって、日常を超越し、あるいは、日常的に自覚している自己を超越する機会を得て、生きる意味の認識が変えられる契機となりうるのである。

2－3．聖なる物語

聖地にはなぜそこが他とは異なる特別な場所なのかを物語る「聖なる物語」が付随する。例えば、パリの不思議のメダイ教会やルルドの泉には、カトリック教会で聖人と認定された少女への聖母マリアの出現という物語が語り継がれている。このような聖なる物語は巡礼体験にどのような作用をもたらすのだろうか。

もちろん、聖地訪問者の中には、聖地ゆかりの物語の真偽にはこだわらず宗教的な動機によらずに、そこを訪ねた著名人や巡礼者の体験記などを読んで、神秘的な体験や非日常的な刺激を求めて訪れる人も数多く存在する。世俗化と私事化を経た現代の聖地巡礼では、パワースポット巡りなどニューエイジ的実践をも包摂した広い意味合いでの宗教的行動を許容していくことも避けられなくなっている。

こうした聖地に非信徒学生が訪れる場合、日本国内のセラピー文化の風潮も影響して、不思議のメダイを通してもたらされる恵みやルルドの泉への沐浴による病気の治癒について真偽を問うことなく、心身のリフレッシュやエネルギー充電を含めた広義の癒しを求めて、あるいは、現世的ご利益を得るために積極的な巡礼行動をとることもありえる。

だが、そればかりでなく、メダイや泉をめぐる崇敬の由来には、聖母マリアの出現を受けた聖女ベルナデッタと聖女カタリナ・ラブレの生きた物語がある。それゆえ、参加学生がセラピー文化の消費にとどまらず、聖地ゆかりの物語に目を向け、他者に貢献した聖人の生き方と全人類の救いを約束する聖母のメッセージがメダイや泉という目に見える具体的事物に連結しているところに注目できるように促す必要がある。その点での適切なガイドがあれば、参加学生は、聖地の由来である聖なる物語を知ることによって、各自が生きている人生の物語と聖人の生きた人生の物語、さらにキリストや聖母の人生の物語とのつながりを自分自身でつかみ取ることはできるはずである。

これに関して、エリアーデは神話を「聖なる物語」と捉えた独自の物語論を展開している[33]。これによれば、神話とは聖なる歴史をつまびらかにする物語であり、世界創造の秘密を解き明かし、真の人間らしさを語り、聖なるものと人間存在の根拠について啓示する物語である。神話のみが生命の充溢した聖なる実在の顕現を物語り、「あらゆる人間活動の模範的典型」[34]として機能するという。聖なる物語が「模範的典型」であるとは、それが固定的で不動の絶対的規範というわけではなく、万物の意味を解釈するための準拠枠となる原典という意味合いであろう。ひいては、生き方の一つのモデルとして、人生の物語の筋立ての多様な可能性を見える形にする点で、物語生成の触媒として機能すると考えられる。

この見解に従えば、聖なる物語において啓示された究極の存在の意味を自分の生きる意味について考えるための準拠枠としながら、自己とは何者かを語る自己物語の筋立てを組み替えていくことができるのではないか。そうであれば、信徒・非信徒を問わず、誰もが聖地ゆかりの聖なる物語に触発されて、古い自己物語とは異なる筋立ての新しい自己物語を生み出すことができよう。つまり、巡礼旅行の参加学生も、聖地ゆかりの物語に自己固有の生きる意味の枠組みである自己物語との接点を見出すことにより、真に人間らしい人生の物語を生きることが可能になると考えられる。

2－4．通過儀礼におけるコムニタス

（1）通過儀礼としての巡礼

ここでは、巡礼体験を構成する要素として、巡礼仲間の人間関係について検討するが、その関連でまず、通過儀礼について述べておく。文化人類学者のファン・フェネップ（Van Gennep, 1873-1957）は、「場所・状態・社会的地位・年齢のあらゆる変化に伴う儀礼」としての通過儀礼について先駆的に論じ[35]、後続の研究に影響を与えてきた。彼は通過儀礼を「境界前（分離）・境界上（過渡）・境界後（統合）」の三段階に分けて分析している。フェネップが主題としたのは、ある状態から別の状態へ通過し、ある世界から別の世界へと移動していく際に行われるさまざまな社会の儀礼を対象としながら、成人・婚約と結婚・妊娠と出産・死と葬式、および、社会的階級の上昇、職業の専門化など、個人の一生の段階と、そうした人生の過渡期における普遍的なありようであったといえる。

こうした通過儀礼の意義をエリアーデは「加入させる人間の宗教的・社会的地位を決定的に変更すること」と捉え、「実存的条件の根本的変革」が生じる点に通過儀礼の本質をみた[36]。心理学者の河合隼雄（1928-2007）は、人間形成における通過儀礼の重要性を主張したが、それは、エリアーデのいう「実存的条件の根本的変革」にユング派心理学における「死と再生」の象徴を重ね合わせたからである。河合の指摘[37]によれば、通過儀礼は近代社会において制度的には消失したが、各人の人生の節目で決定的な自己変革をもたらすという点では現代においてもその意義を失っておらず、個人レベルで内的に体験することは可能である。そればかりでなく、古来、部族社会で通過儀礼を通して体験されてきた「死と再生」は、現代人も一人前の大人になるために、象徴的に体験する必要があるというのである。

通過儀礼を通して人が死と再生を内的に体験し、実存的な変化を遂げるのは、通過儀礼の構造がダイナミックな動きを内包しているからであろう。「分離・過渡・統合」の三段階を含む通過儀礼は、巡礼の構造にも類似しており、巡礼は通過儀礼の観点から論じられてきた[38]。こうした構造に着目して巡礼は「日常生活を一時離れ、聖地に向かい、そこで聖なるものと近接し、

ふたたびもとの日常生活にもどる、という宗教行動」[39]とも定義される。つまり、巡礼には、①世俗の日常からの離脱、②非日常での聖なるものとの接触、③世俗の日常への帰還というプロセスが認められる。

これを通過儀礼の段階と照合してみると、部族社会での分離の体験が、海を渡る・飛行機で飛ぶなど俗なる故郷からの出離と聖なる異郷への越境に重ね合わせられる。過渡の体験は、聖地での聖なる空間と聖なる時間における聖なる体験に匹敵する。統合の体験は、聖地での特別な体験により新しい自己に再生して俗世界に帰還し、その後の日常生活で巡礼体験を統合していく過程になぞらえられよう。特に海外への巡礼旅行では、飛行機で渡航するという危険を伴う行為に、一見して国際的で華やか、かつ上昇するイメージに隠蔽された死への希求や自己壊滅願望、あるいは自己超越や危機的状況からの脱出という、一種の死と再生を象徴的に体験しているとみることもできる。

このように現代の大学生は制度としての儀礼を用いずに、巡礼を通して通過儀礼を内的に体験できる可能性があると考えられる。こうした通過儀礼を内的に遂行する上で重要な役割を果たすのが巡礼仲間の人間関係であるので、次に検討しよう。

(2) 巡礼のコムニタス

人生の過渡期における人間関係に着目したのが、文化人類学者のヴィクター・ターナー（Victor Turner, 1920-1983）である。彼は、フェネップが通過儀礼の三段階でリミネール（境界上）と名付けた境界期、つまり、人生途上である状態から別の状態に移行する状況を「リミナリティ（境界性）」と呼び、リミナリティにおける人間関係の在り方を「コムニタス」という概念で説明している。コムニタスとは「身分序列・地位・財産さらには男女の性別や階級組織の次元、すなわち、構造ないし社会構造の次元を超えた、あるいは、棄てた反構造の次元における自由で平等な実存的人間の相互関係の在り方」[40]である。

ターナーによれば、境界状況にある通過者、すなわちリミナリティの存在様式は、政治的・法的・経済的に構造化された階級社会で重視されるような、身分や序列の識別を可能にする一切の社会的役割をもたず、曖昧で不確定な属性に特徴づけられる。彼らは文化的空間に自らの地位を固定するネットワークから逸脱しており、そのために序列や財産などの世俗的意識から自由であり、しかも受動的で謙虚になり、同じ境界状況にある者とは強い仲間意識で結ばれ、平等な関係を展開させる傾向がある。このようにリミナリティにある通過者は、これまで生活してきた社会から一時的に分離されて、他者から何者でもない者として扱われる途上で相互に対等で実存的な関係を取り結ぶことが可能になる。

本来、神に自己を委ねる信仰の行為としての巡礼の直接の目的は、神との垂直方向での関係であったが、現代では巡礼者同士の共同体意識や連帯感が重視されるようになり、水平方向での人間関係は副次的にもたらされる産物というよりも、当初の目標であるケースもある。確かに、聖地の印象は巡礼を共にする仲間との人間関係に影響を受けることもありえるし、巡礼体験が聖地での体験だけでなく、聖地へと赴き、聖地から帰る過程で体験する出来事によっても形づくられることを考えれば、巡礼旅行における人間関係は看過できない重要性を帯びることが分かる。

だが、そればかりでなく、巡礼のコムニタスが重要なのは、筆者の考えでは、巡礼で生じるコムニタスが過渡期に特有の不安定な変動のプロセス全体を支える作用があるからである。すなわち、自己の基盤を揺るがす実存的変革の営みを包み込む庇護空間として機能する点にコムニタスの真価があると考える。ここでコムニタスを庇護空間と呼ぶのは、巡礼者が神との垂直的な関係だけでなく、巡礼者同士の水平的な関係によって安心感や護られている実感を深い次元で体験できる可能性があるからである。コムニタスという実存的な関わりによって、巡礼者は他者によって受け容れられ、肯定されていると感じると同時に、自己の存在を確かめる拠り所を見出すことができる。外的にも内的にも根本的な変化を迫られがちな巡礼の旅路にあって、同じ巡礼路を共にする他者との間につくられる実存的関係性は、心理的に護られていると感じさせ、情動的な安定をある程度まで保証するという意味合いにおいて庇護空間なのである。

このような実存的なコムニタスに対置するものとして、ターナーは通常の社会的関係を「構造」と呼んでいるが、構造よりもコムニタスを優位に置いたというわけではない。社会生活というものはコムニタスと構造を連続的に経験する弁証法的過程であり、相互に必要不可欠なものであると述べているとおりである[41]。

じっさい、リミナリティに生じる「社会構造の裂け目」[42]で結ばれるコムニタスは一時的なものであり、これを永続的なものとするには問題も伴う。ターナーが指摘するように、宗教を垂直方向では人間と神の、水平方向では人間と人間のコムニタスとして捉えることも可能であるが、このコムニタスを人間社会で永続化しようとして、例えば修道会のように制度化すると、神学上の教義や組織の規定が重視され、やがて構造が生じて、支配型の関係に変質してしまいがちになる[43]。

それゆえ、大学の巡礼旅行では、コムニタスがあくまでも社会に戻ることを前提とした「統合」に向けての移行段階で生じる関係であることを踏まえた上で、巡礼で生じた関わりを通常の社会関係に統合できるように導くことが求められる。

以上、本節では、スピリチュアリティを育む要因と考えられる巡礼体験の構成要素について考察し、各要素が巡礼体験にどのような作用をもたらすのか、その特徴を浮き彫りにした。

第３節　巡礼旅行の意義と可能性

３－１．巡礼旅行の意義

ここまでの議論を総括すると、カトリック大学の宗教教育にキリスト教の聖地への巡礼旅行を導入することには、学生のスピリチュアリティ育成の観点からみて、以下の1）～4）の四つの意義があると考えられる。

1）巡礼旅行には参加学生に実存的変化と再生をもたらす意義がある。先述したように、巡礼を一種の通過儀礼とみなす見解があるが、通過儀礼の本質を実存の根本的変化にあると捉えるならば、巡礼の成果として期待されるのは、巡礼者が巡礼前とは異なる新しい人間に変化して所属社会に戻ることであるといえる。確かに、巡礼を通して死と再生を象徴的に体験できれば、実存的に変えられ、新しい自己に生まれ変わることも不可能ではない。こうした劇的な自己の変容と再生が必ずしも表層的に見える形で表れるわけではないとしても、何らかの成長を遂げて新しい人間になる過程を内的に体験できる可能性がある。

そうした自己の変容と再生の契機として、聖なる空間と聖なる時間がもたらす作用は、先に検討したように測り知れないものがある。聖なる空間は固定点として人生に確かな方向づけと新しい意味を与える特別な場として機能し、聖なる時間は無意味に流れ去る時間に永遠の現在という不動の軸をもたらして、世界を再創造し人生を新たに意味づける起点となりうる。また、聖なる物語は古い自己物語を組み替えるための一つのモデルとなり、新しい自己物語に改訂する触媒として機能する。

こうした実存的変化と再生は、とりわけアイデンティティの確立を達成課題とする青年期に巡礼旅行を体験することの根本的な意義であろう。

2）巡礼旅行には参加学生に自己固有の使命に気づかせる意義がある。冒頭で述べたように、現代の巡礼ブームをポストモダン社会における一種の自分探し行動とみなす見解がある。カトリック大学の巡礼旅行では、日本文化および日本の一般的な社会通念では共有されないながら、世界的には普遍的な価値として通用するキリスト教世界の文化がラディカルに際立つ聖地で、自文化とは全く別の異文化に接触することにより、日本を再発見し、自己を新たに見出す可能性がある。

先に確認したとおり、巡礼のラテン語の原意は自世界とは異なる他世界を指していたが、日常を異化する作用をもたらす巡礼は、自と他が異なることを意識させ、自己とは異質の他者との出会いにより、自己固有の使命に気づく契機ともなりえる。巡礼旅行では、聖なる空間で聖なる時間を過ごすことで、非日常を体験し、異界への没入感に浸り、日常を異化する全く別の視界が開ける。また、聖なる物語に触発されて、社会における自己同一性を保証し社会に自己を位置づける自己物語が再編される。さらに、日常的な関わりでは実感しにくい、ありのままの実存的な関係を体験できる。

巡礼旅行が備えるこれらの装置により、参加学生は、余人をもって代え難い独自の使命、および社会的役割を見出せる可能性がある。

3）巡礼旅行には参加学生に人生の意味を発見させる意義がある。文学や思想においても旅を人生の暗喩として語り、旅を自己探求の道程になぞらえ、旅に人生の意味を探し求めるモチーフを重ねることがある。エリアーデの論考を参照して検討したとおり、究極の意味が充溢する世界の中心ともいえる聖なる空間で、存在の意味の根源ともいえる世界の起点としての聖なる時間を体験し、世界や人間の究極の意味を語る聖なる物語を体得することで、視野が拡大し精神性が覚醒される。さらに、巡礼を共にする仲間とコムニタスという新しい関わりを体験して、日常の生活世界を超越的視点から眺め、過去に遭遇した出来事に対してもこれまでとは異なる解釈ができるようになり、体験の意味づけが変えられるかもしれない。

とりわけ生きる意味への問いに直面する青年期の学生にとって、巡礼旅行は世界の意味、人間存在の普遍的意味、自己固有の人生の意味を発見する好機となろう。

4）巡礼旅行には参加学生の対人関係性を改善できる意義がある。聖地で日常とは異なるありのままの実存的関係を結びながら、それまでの他者との関わりの質や対人関係性を見直すことにより、社会との関わりが一新され、世界とのつながり方が変革されることも不可能ではない。

巡礼という一種の通過儀礼の過程で、日常の生活世界を離脱し、通常の社会的関係から切り離され、いわば何者でもなくなり、この世界での確たる位置取りを一時的に喪失した不安定な異空間において、外的にも内的にも大きな変化をもたらす非日常的体験を遂行するためには、それらの全過程を支える安定した基盤が必要になる。巡礼旅行で生じるコムニタスは、一時的に足場を失った宙づりの異界で自己意識を保てるように、予期せぬ大きな変化を包み込む庇護空間として機能するのである。

巡礼旅行の参加学生には、巡礼における実存的関わりを原体験として、それ以外の他の関わりにおいても相互に自由で対等な関係性を展開していくことが期待できるだろう。

この他、研修の性格を兼ねた大学の巡礼旅行は、学びと自己成長の機会になる。特にキリスト教の聖地は歴史的に重要な地点にあり、かつ芸術的価値の高い教会建築、博物館や美術館が併設されている所が多いため、世界を知り、異文化を体験し、歴史を学び、広い知識を身に付け、芸術鑑賞などで教養を高め、精神を陶冶して自己研鑽を図るという教育的効果が高い点も見逃せない。

3－2．巡礼旅行への提案

カトリック大学の巡礼旅行には前項で指摘した意義があると考えられるが、その可能性を最大限に引き出すための提案として、引率教員が参加学生に対して実践できることを中心に、次のｉ）～ｖ）の５点を挙げておく。

ｉ）聖地で聖なる空間・聖なる時間を体験できるようなガイダンスが必要である。巡礼旅行を実施する前には主催部署担当者、引率教員、主催旅行会社等による数回の説明会が行われるのが通例である。聖地でガイドによる説明を受けながらリアルタイムに知識をインプットすることは可能だが、聖地にふさわしい敬虔な心構えで巡礼するためには、聖地についてあらかじめ知っておくことが不可欠である。聖地で巡礼といえる体験をするためには、事前学習と準備が必要となることを引率教員は強調すべきであろう。

また、特定宗教の信徒でなくても宗教性を養う祈りへと誘う環境を整えることはできる。そのためには、そもそも祈りとはどのようなものか、事前に知識として伝え、超越との関わりを意識する心構えを含めて、聖地で聖なるものとの接触を可能にし、聖なる感覚を覚醒させ、それを各自で内面化できるためのガイダンスが重要となる。

ⅱ）聖地ゆかりの物語を学生各自の自己物語と連結できるよう、聖なる物語のポイントを明確化して伝える必要がある。非信徒学生にとって、カトリックの巡礼史で重視された聖遺物崇敬に価値を見出すのは困難であろうが、聖人が生きた物語には共鳴できるかもしれない。物語には単なる知識とは異なり、人の心を揺り動かし、人間存在に訴えかける魅力がある。聖なる物語を自己物語形成の一つのモデルとみなせるように、汎用可能な筋立てを浮き彫りにして提示することは引率教員の務めでもある。

これについて、河合は、通過儀礼で新参者が体験していることは、成人になるための知識の授受ではなく、人間の根源的な神話の啓示であると指摘している[44]。つまり、宇宙の生成の秘密を明かし、世界成立の理を開示し、人間の存在の由来を明らかにするような物語の原型を自分のこととして体験するのである。そうした神話を共有しているわけではない現代の非信徒にとっても、聖地での営みに敬意を払う世界各国からの大勢の巡礼者の中で、実在する聖なる空間で実話として語り継がれる聖なる物語を体験することによって、聖なる物語と自己物語との間に横たわる乖離が一瞬のうちに埋められる可能性はあろう。

ⅲ）巡礼を通して学生が通過儀礼を疑似体験できるために、日常の生活世界から非日常の異界への移行を意識化させる必要がある。もちろん巡礼には通過儀礼と同一視できない点もあるが、制度としての通過儀礼が消失した現代にあって、大学が巡礼旅行の形式で通過儀礼を類似的に遂行する機会を提供できる利点は看過できない。

ただし、留意したいのは、本来の通過儀礼には神という超越的存在が前提にあり、通過儀礼を経なければ所属社会の一員になれないという絶対的規範が存在したという点である。実際の通過儀礼で体験される分離の痛みや恐怖は、部族社会からの遺棄や放てきを実感させる凄まじさであったと推測される。共通の価値基盤に支えられた強固な伝統社会での通過儀礼は、ある種の共同幻想によって成立し、帰還する日常も単一の宗教文化が浸透した同質性の高い社会である。これが現代の非信徒の巡礼旅行となると、分離は本人の自由意志によるもの、過渡は痛みどころか快適な感覚をもたらすもの、統合は世俗化し非聖化された社会で遂行されることになる。超越的存在や儀礼や同質集団の力を借りず、個人として死と再生を内的に体験するというのは至難の業であろう。

さらに、部族社会とは異なり、世俗化された現代社会では、この世とあの世、聖と俗の境界が曖昧であり、聖性も明確なイメージで固定されているわけではない。巡礼における日常との差異化についても、鮮明には体験しにくい面があろう。今日の聖地には日常そこで暮らしている人々が存在しており、聖地はかつてのような純然たる聖なる空間ではなく、「空間的に聖と俗とが常に接触しつつ並存している」[45]のである。

だが、例えば渡航の際、スーツケースを引きながら旅の装いで空港へ赴き、搭乗手続きを経て、セキュリティチェックを受け、搭乗券とパスポートを提示して出国審査を通過し、飛行機の離陸・着陸を経て、異国の空港のゲートをくぐる、などの一種の儀礼的行為を意識的に体験すると、異郷への過渡の境界が明確になる。

先に確認したとおり、通過儀礼の本質は、象徴的な死と再生を内的に体験することであった。死と再生というからには、通過儀礼には強い情動体験が避けられない。河合は、エリアーデが通過儀礼で味わうとした「宗教的な畏敬と恐怖」こそ「ヌミノーゼ」[46]であると指摘し、こうした原初的な宗教的感情、圧倒的な聖なるものの経験を重視している[47]。

例えば、中世において、モン・サン・ミッシェルへの巡礼者は、周囲の干潟で瞬く間に押し寄せる満ち潮により命を失う危険があったことから、旅立つ前に遺書を書き命賭けで巡礼に赴いたという。これほどではないにしても、現代の大学生にとっては、不安定な国際情勢の中で保険料金を支払い墜落の危険も伴う飛行機で越境するという行為に、象徴的な死をなぞらえることはできるかもしれない。引率教員は学生への指導の中で、日常と非日常との境界、俗なる世界から聖なる世界への越境を意識させる仕掛けを取り入れることもできるだろう。

その一つとして、巡礼旅行の記録を書かせるという方法がある。17世紀の欧州の上流階級の間では、旅に教育的価値を認める思想が確立し、教育の一環として子弟を海外旅行に出すグランドツアーが流行していた[48]。このプログラムに組まれたアポデミックという日記の技法は興味深い。グランドツアーでの体験や見聞した事物を旅行記に書くことによって記録者の観察力や思考力、自己省察力を高める教育的効果を期したのであろう。日常から非日常への異化作用を高めるためにも、こうした旅日記を毎日書くことは通過儀礼の意識化に役立つものと考えられる。

このような点にも留意しながら、引率教員は巡礼の各段階の特徴についての知識をもち、今がどのような段階なのかを意識しておくことも重要であろう。例えば、通過儀礼の三段階を現代の巡礼旅行のプロセスではもう少し細分化して、①事前学習、②非日常の時空への移行、③非日常的体験、④帰還、⑤日常への常態化、などと便宜的に分けて捉え、学生が各段階で必要な課題を適切に遂行できるよう導くこともできるだろう。

ⅳ）巡礼旅行団の人間関係づくりに配慮する必要がある。先述したとおり、巡礼は日常の社会的関係からの分離であり、社会的身分を消失した状態に近く、従って組織への所属意識や社会階層はいったん留保され脇に置かれる。そのため、他者とありのままで対等に関われる一方、その関係は無防備で傷つきやすくもある。

このため、特に社会的規範性が薄いリミナリティにおいて、何らかの外的な枠組みを設けることによって、かえってコムニタスを適切に生じさせることができると考えられる。これについて、河合はリミナリティとコムニタスの概念を援用して境界例の心理療法について論じる中で、カウンセリングでは、定められた場所以外ではクライアントと会わないことを含めて、時間や料金の設定などの構造を崩さないことが治療上重要であると指摘している[49]。

これに従えば、引率教員には巡礼旅行のプログラムを緻密に設定した上で、時間厳守をはじめ集団行動のルールの徹底を指導するなど、巡礼の環境を統制すると同時に、参加学生と実存的関わりは結びながらも教師の役割は失わない覚悟が求められるだろう。これは当然のようではあるが、コムニタスが、社会的身分を喪失した状況を前提としていることを考えると、必ずしも容易なことではない。しかも、通過儀礼においては、長老と新参者、つまり指導者と指導される者との役割が逆転することも知られる。巡礼旅行でいえば、引率教員と参加学生の役割が逆転しうるということである。大学の巡礼旅行の引率者にとって、教える‐学ぶ関係が逆転する可能性も含めて、過渡期に結ばれるコムニタスという関わりの特徴についてあらかじめ知っておくことは有益であろう。

ⅴ）巡礼旅行から帰還する際、日常生活への統合に向けたガイダンスも重要である。これに関して、宗教施設などで集団的に通過儀礼を体験した場合、帰還する社会が非聖化された性質を帯びているため、宗教的な通過儀礼の体験は役に立たなくなるばかりか、むしろ有害に作用する場合もあるとされる。このような危険性も承知した上で、巡礼旅行では境界を超える体験をして、それを日常生活に統合できるように導く必要がある。そのための一つの方法として、巡礼旅行の実施後に学生にレポート課題を課して書くことによる振り返りを促し、巡礼体験の内面化を図ることは有効であろう。

また、対人関係の側面では、繰り返しになるが、過渡期に生じるコムニタスは一時的だからこそ成立する関係であり、日常生活に戻れば同様の形で維持されるものではない。それを踏まえた上で、巡礼で生じたコムニタスを原体験として、他者や世界との関わりの質を深める方向へと生かしていけるようにアドヴァイスすることもできよう。

以上、五つの点で適切な指導ができるためにも、伝統的なキリスト教信仰になじみのない非信徒はカトリックの聖地で何を体験しているのか、その体験の質を考えることは重要であろう。信徒にとって、聖地で求められる敬虔な態度の規範はある程度存在するが、信徒間で共有される暗黙の了解から逸脱したからといって、非信徒の聖地での体験が真正ではないと断定することはできない。聖地での聖なる体験は言語化することが困難な側面もあるので、多様な体験を承認しながら、巡礼体験を各自のその後の人生に生かしていけるように励ますことが求められよう。

３－３．巡礼旅行の検討課題

最後に、大学での巡礼旅行における検討課題について、次の４点を指摘しておく。

第一に、非信徒にどこまで宗教的儀礼を求めるか、という点である。例えば、教会最大の典礼であるミサに参加するのを義務とするのか、ロザリオ等カトリックの伝統的な信心業に参加させるのか、朝夕の祈り、食前・食後の祈りを全員で唱えるのか、については、現場で参加学生の様子を見ながら時と場合に応じて引率教員が適宜判断したほうがよい場合もあるが、事前にある程度の方針を定めておく必要もあるだろう。

第二に、個別への対応の必要と限界についてである。スピリチュアリティとは全く内面的なものであり、外部から強制できない自由な霊に基づくものであるから、教育的配慮とはいえ教員が介入できるものではない。しかも、参加学生の意識も動機もさまざまであり、性格面、健康面でも気質や体質の個人差があり、家庭や高校までの教育環境によってもキリスト教文化圏に対する関心に差があるのは当然である。中には集団旅行への参加が危ぶまれるケースもあり、一人ひとりへのきめ細かなケアにも限りがある。旅行の途中で起こりうる体調の変化とケアを受ける体験は、旅行での印象的な出来事として記憶されるものだが、特に女子学生にとっては、個人的に特別に大切にされたという実感をもたらしやすい。こうした個別的なケアと集団への配慮とのバランスをとることも課題となる。

第三に、巡礼旅行に観光やレクリエーションの要素をどこまで含めるか、という点である。これについては企画段階で、行程全体に占めるバランスを工夫しておく必要がある。お土産の購入を含めショッピングや飲食の時間、余暇活動や遊興を含む自由時間を柔軟に取り込みつつも、旅行全体の巡礼の雰囲気が損なわれないような仕掛けが必要となるだろう。

第四に、誰もが参加可能な態勢づくりの課題である。かつての欧州のグランドツアーのように上流階級の特権であり社会的地位の指標でさえあった旅行は、既に大衆化して久しいが、大学の巡礼旅行についても、主に経済的事情、家庭の事情から参加意思があるにもかかわらず参加できない学生も数多く潜在するであろうことに配慮が必要である。国際情勢等からやむを得ない場合はあろうが、宿泊、食事等を学生という身分にふさわしい条件に調整して旅行代金の価格を下げる工夫を加え、誰にでも参加しやすくするなど、敷居の高いイメージを避けるべきであろう。特に、非信徒が宗教的体験を深める貴重な機会として対象範囲を広げるためにも、募集時点では、聖地巡礼と同時に世界遺産巡りなど、文化的体験の魅力を打ち出す工夫も役立つ。

巡礼旅行の企画・実施に当たっては以上の点にも留意しながら、実施後にはアンケート調査を行い、その結果を精査するなど教育的効果の検証を加えて、毎回改善を重ねていくことが求められよう。

本章のまとめ

本章では、カトリック大学における宗教教育の一環として、キリスト教の聖地を対象とした巡礼旅行を導入することによって、どのような効果を期待できるのか、その意義と可能性について、スピリチュアリティ育成の観点から検討してきた。

第1節では、巡礼とは何か、本来の巡礼の目的と歴史的変遷について確認した。キリスト教の伝統において、巡礼は神に自己を委ねる信仰の行為であり、聖性への憧れ、苦行と贖罪、祈りの共同体への希求を動機づけとして、キリストや聖人ゆかりの地に赴くことであった。ところが、現代社会においては巡礼の様相が変質し、巡礼と観光との融合ともいえる現象が起きていることが分かった。それゆえ、非キリスト教国における非信徒を宗教教育の対象としたカトリック大学では、巡礼と観光を厳密に区別せず、スピリチュアリティを育む観点から参加学生にとって意味ある体験となるよう巡礼旅行を再編成できる可能性があると指摘した。

第2節では、スピリチュアリティ育成の観点から巡礼体験を構成する「聖なる空間」「聖なる時間」「聖なる物語」「巡礼仲間」の四つの要素を取り上げて、エリアーデ、ターナー、河合の論考を参照しながら考察した。その結果、「聖なる空間」とは存在の意味が充溢した世界の意味の中心であり、「聖なる時間」とは人生を方向づけ世界を新しく意味づける起点であり、「聖なる物語」とは存在根拠について解き明かし世界の意味を語る人間活動の基盤である、という解釈を得た。また、巡礼を一つの通過儀礼とみなす見解から、巡礼という過渡期に生じる「コムニタス」に着目し、そうした実存的関わりが、自己の基盤を揺るがす実存的変革の過程を包み込み、心理的安定を保証する庇護空間として機能することを指摘した。

第3節では、カトリック大学で巡礼旅行を実施することの意義を1）実存的変化と再生、2）自己固有の使命の発見、3）人生の意味の発見、4）対人関係性の発展、の四つの側面から指摘した。また、これらの可能性を最大限に引き出すために、引率教員は参加学生に対して、ⅰ）聖地で聖なる空間と聖なる時間を体験できるよう導く、ⅱ）聖地ゆかりの物語を学生の自己物語に連結できるよう導く、ⅲ）巡礼旅行が通過儀礼の疑似体験となるよう非日常を意識させる、ⅳ）コムニタスの特徴を意識した人間関係づくりに配慮する、ⅴ）巡礼体験を日常生活に統合できるよう導く、という点で五つの提案をした。さらに、実施に当たっての検討課題として、①非信徒学生にどこまで宗教的儀礼を求めるか、②個別のケアと集団への配慮の必要と限界、③巡礼旅行に観光の要素をどこまで取り入れるか、④誰もが参加可能な態勢づくり、の四つの点を挙げた。

以上、本章での考察により、非キリスト教国のカトリック大学で企画・実施する巡礼旅行は、信徒・非信徒を問わず学生のスピリチュアリティを育む実践として、重要な意義と可能性をもつことを明らかにした。特定宗教の信仰の有無にかかわらず聖地での体験を有益なものとするために、巡礼体験の構成要素がもたらす作用に留意しながら、参加学生の巡礼体験の意味に焦点を当てた教育的働きかけを行うことが重要であると結論づけられる。この点で、カトリック大学の宗教教育に開拓すべき新たな側面があるといえよう。

註

1　イアン・ブラッドリー『ヨーロッパ聖地巡礼──その歴史と代表的な 13 の巡礼地──』中畑佐知子・中森拓也訳、創元社、2012 年、9 頁、13 頁。

2　須藤廣『ツーリズムとポストモダン社会──後期近代における観光の両義性──』明石書店、2012 年、85 頁。

3　ダニエル・ブーアスティン『幻影（イメジ）の時代──マスコミが製造する事実──』星野郁美・後藤和彦訳、東京創元社、1974 年。（Daniel Boorstin, *The Image: or, What Happened to the American Dream*, 1962.）

4　ディーン・マキャーネル『ザ・ツーリズム──高度近代社会の構造分析──』安村克己他訳、学文社、2012 年。（Dean MacCannell, *The Tourist: A New Theory of the*

Leisure Class, 1976.）

5　エリク・コーエン「観光経験の現象学」遠藤英樹訳、奈良県立商科大学編『研究季報』第9巻第1号、1998年、39-58頁。（Erik Cohen, “A Phenomenology of Tourist Experiences”, Sociology13(2), 1979, pp. 179-201.）

6　ジョン・アーリ『観光のまなざし――現代社会におけるレジャーと旅行――』加太宏訳、法政大学出版局、1995年。（John Urry, *The Tourist Gaze: Leisure and Travel in Contemporary Societies*, 1990.）

7　星野英紀『巡礼――聖と俗の現象学――』講談社、1981年。

8　星野英紀・山中弘・岡本亮輔編『聖地巡礼ツーリズム』弘文堂、2012年、山中弘編『宗教とツーリズム――聖なるものの変容と持続――』世界思想社、2012年、岡本亮輔『聖地と祈りの宗教社会学――巡礼ツーリズムが生み出す共同性――』春風社、2012年など。

9　植島啓司『聖地の想像力――なぜ人は聖地をめざすのか――』集英社、2000年、鎌田東二『聖地感覚』角川学術出版、2013年など。

10　青山吉信『聖遺物の世界――中世ヨーロッパの心象風景――』山川出版社、1999年、寺戸淳子『ルルド傷病者巡礼の世界』知泉書館、2006年、木村勝彦「長崎におけるカトリック教会巡礼とツーリズム」長崎国際大学編『長崎国際大学論叢』第7号、2007年、秋山聰『聖遺物崇敬の心性史――西洋中世の聖性と造形――』講談社、2009年、松井圭介『観光戦略としての宗教――長崎の教会群と場所の商品化――』筑波大学出版会、2013年など。

11　田中秀央編『羅和辞典』研究社、2000年、467頁。

12　水谷智洋編『羅和辞典』改訂版、研究社、2009年、442頁。

13　『新約聖書』「ルカによる福音書」2章41-42節、「ヨハネによる福音書」2章13節、5章1節、7章14節、10章22-23節、12章12節。

14　杉崎泰一郎「巡礼」大貫隆他編『キリスト教辞典』岩波書店、2002年、555-556頁。

15　George, A.「巡礼」デュフール, X. L. 編『聖書思想事典』イェール, Z. 訳、三省堂、1999年、431-432頁。

16　以下の記述はブラッドリー前掲書30-36頁、44-49頁、59-66頁を中心に、杉崎「巡礼」、浅野ひとみ「巡礼」『キリスト教辞典』556-557頁を参照した。

17　渡邊昌美『巡礼の道――西南ヨーロッパの歴史景観――』中央公論社、1980年、168頁。

18　岡本亮輔『聖地巡礼――世界遺産からアニメの舞台まで――』中央公論新社、2015年、78-80頁。

19　宗教の私事化については、トーマス・ルックマンが『見えない宗教――現代宗教社会学入門――』赤池憲昭、ヤン・スィンゲドー訳、ヨルダン社、1976年（Luckmann, Thomas, *The Invisible Religion: The Problem of Religion in Modern Society*, 1967）の中で、世俗化した世界では宗教が組織的にではなく私的に消費される傾向にあることを指摘して以来、さまざまな議論がある。

20　岡本はイタリアの社会学者L. トマシ（2002）の指摘を紹介している（岡本『聖

地巡礼』9 頁）。

21 Victor Turner and Edith Turner, *Image and Pilgrimage in Christian Culture*, With a New Introduction, Columbia Classics in Religion, [1978] 2011, p. 33.

22 渡邊前掲書、212 頁。

23 西平直「アイデンディティとスピリチュアリティ――近現代における探究と現代社会における意味――」親鸞仏教センター編『現代と親鸞』第 9 号、2005 年、53-111 頁。

24 山中弘「概説 作られる聖地・蘇る聖地――現代聖地の理解を目指して――」『聖地巡礼ツーリズム』3-7 頁。

25 ミルチャ・エリアーデ『聖と俗――宗教的なるものの本質について――』風間敏夫訳、法政大学出版局、1969 年、3 頁。（Mircea Eliade, *Das Heilige und das Profane: Vom Wesen des Religiösen,* 1957.）

26 同上書、5 頁、20 頁、87 頁。

27 同上書、12-13 頁、29 頁。

28 同上書、16 頁。

29 河合隼雄・中村雄二郎『トポスの知――〔箱庭療法〕の世界――』CCC メディアハウス、2017 年、182-183 頁。

30 岡本『聖地巡礼』91-122 頁。

31 エリアーデ前掲書、59-85 頁。

32 同上書、98 頁。

33 同上書、86-106 頁。

34 同上書、89 頁。

35 ファン・ヘネップ『通過儀礼』綾部恒雄・綾部裕子訳、岩波書店、2012 年。（Arnold van Gennep, *Les Rites de Passage*, 1909.）

36 ミルチャ・エリアーデ『生と再生――イニシエーションの宗教的意義――』堀一郎訳、東京大学出版会、1971 年、4 頁。（Mircea Eliade, *Birth and Rebirth*, 1958.）

37 河合隼雄「心理療法におけるイニシエーションの意義」河合俊雄編『心理療法論考』創元社、2013 年、70-81 頁。

38 Victor Turner and Edith Turner, *op. cit.*

39 星野前掲書、3 頁。

40 ヴィクター・W・ターナー『儀礼の過程』冨倉光雄訳、思索社、1976 年、302 頁。（Victor W.Turner, *The Ritual Process: Structure and Anti-Structure*, 1969.）なお、このコムニタスの説明は訳者による。

41 同上書、129-130 頁。

42 同上書、191 頁。

43 同上書、181-234 頁。

44 河合「心理療法におけるイニシエーションの意義」71 頁。

45 星野前掲書、69 頁。

46 宗教学者オットー（Rudolf Otto, 1869-1937）の造語で、宗教の核心にある圧倒的な「聖なるもの」の経験を指す。（オットー『聖なるもの』久松英二訳、岩波出版、

2010年。Otto, *Das Heilige*, 1936.）
47　河合「心理療法におけるイニシエーションの意義」76-79頁。
48　田村正紀『旅の根源史――映し出される人間欲望の変遷――』千倉書房、2013年、99頁。
49　河合隼雄「境界例とリミナリティ」『生きることと死ぬこと』河合隼雄著作集第13巻、岩波書店、1994年、181-198頁。

第12章
コーリング意識を育むカトリック大学のキャリア教育

主であるわたしは、恵みをもってあなたを呼び、あなたの手を取った。

旧約聖書「イザヤ書」42章6節

本章の目的と課題

本章の目的は、カトリック大学のキャリア教育において、いかにして学生のコーリング意識を育むことができるか、についてスピリチュアリティ育成の観点から検討することである。これにより、カトリック大学固有の使命の一端について浮き彫りにする。

キャリア教育については、2010年の大学設置基準の改正に続いて翌年に大学の教育課程への導入が義務化されるに伴い、大学教育の現場でもその重要性がクローズアップされている。文部科学省が定義するキャリア教育とは、「一人一人の社会的・職業的自立に向け、必要な基盤となる能力や態度を育てることを通して、キャリア発達を促す教育」[1]である。これを受けて現今の大学のキャリア教育では、学生を自立した社会人に育てるために、一方では自己理解を、もう一方では企業等の研究を学生に勧め、学生と就職先の諸条件の適合度、いわゆるマッチングを主眼にした指導が行われている。

しかしながら、厚生労働省が2018年に発表した統計[2]によれば、新規大卒就職者が入社3年以内に離職する早期離職率は、1998年から過去20年間にわたり約30%前後、実に約3人に1人という高い割合で推移しており、キャリア教育には課題も残されている。

他方、キリスト教の伝統では、職業を神から呼び出された「calling コーリング」、すなわち天職と捉える職業観がある。近年、国外のキャリア研究において、従来は神学研究の対象であったコーリングに関心が払われるようになっており、経営学、心理学、社会学などの分野にも研究の裾野を広げつつある[3]。国内ではいまだコーリングが注目されているとは言い難いが、コーリングを主題とした研究論文が経済学の学会誌に掲載されるなど、研究の俎上に載せられるようになってきた[4]。

これらの先行研究では、コーリング意識が高いほど職業満足度や社会的貢献度が高まるなど、コーリング意識のポジティブな効果が報告されている。この点に注目すれば、大学のキャリア教育で学生のコーリング意識を啓蒙することが、個人の人生をより良いものにし、社会を活性化するために有効であると考えられる。だが、それればかりでなく、カトリック大学のキャリア教育においては、学生のコーリング意識を適切に育むことにより、人生初めての職業選択が、自己と職業との適合度の模索にとどまらず、自己を超越する存在からの呼びかけを認識し、超越への志向性としてのスピリチュアリティが呼び覚まされる契機ともなりえる。

それにもかかわらず、教育学分野のキャリア教育研究においては、管見の限り、コーリングに対して十分な関心が払われていない。また、昨今のキャリア研究では、本来のコーリングの中核にある超越との応答関係という宗教的要素が切り離される傾向にある。そこで、本章では、職業選択に際して学生のスピリチュアリティを育むことを念頭に置きながら、いかにしてカトリック大学のキャリア教育にコーリングの視点を取り入れることができるかを検討する。

なお、コーリング概念は、多義的で曖昧であるため、後段で詳しく検討するが、本章では、信仰者においては神からの呼びかけを認識してそれに応えようとする意思、非信徒においては社会での役割や使命感など、他者からの要請に対する責任意識や社会に貢献する意欲を広く指すものとする。また、自分以外の誰かや何かに向かう自己超越性、さらには自己を超える大いなる存在との関わりにおいて生きる意味を見出すスピリチュアリティを包含する概念と捉えることができよう。本章では、こうした意味でのコーリングに着目し、学生が卒業後に社会人として職業生活での自己実現を図り、収入の増大や職業上の昇進を目標とするばかりでなく、自らの人生の中に職業を意味あるものとして位置づけ、職業を通して社会に対する責任と自らの使命を果たし、他者と共により良い世界を創造しようとする志向性を育むためのキャリア教育の在り方について検討する。

以下では、まず、職業とコーリングの関係を明らかにするために、職業召命観とキリスト教の労働観を概観する。続いて、コーリングに関する先行研究を検討し、カトリック大学が育成の対象とするコーリング意識の特徴を浮き彫りにする。最後に、キャリア教育の現状を踏まえた上で、カトリック大学のキャリア教育を通して、いかにして学生のコーリング意識を育むことができるのか、その可能性の一端を提示したい。

第1節　職業とコーリング

1－1．職業召命観の系譜

本章で職業を神からのコーリングとして捉える立場について考えるに当たり、まず、「召命」と邦訳される教会ラテン語名詞 ‘vocatio’ に由来する英語・仏語名詞 ‘vocation’、独語名詞 ‘Berufung’ の意味を確認しておく。『新カトリック大事典』[5] によれば「召命」とは、狭義では司祭職・修道生活への招きを指すが、広義では職業・身分、任務・使命を意味し、これを通して各人は神から聖性へと呼ばれており、神の意志と一致して永遠の救いを実現しようとする人間の認識を表す。同事典では、「職業への召命・聖性への召命・司祭職および修道生活への召命・福音的勧告への召命」の四つの側面から召命を説明しており、この中で職業を一つの召命とみなす考え方を紹介しているが、これは本来プロテスタントの職業観であるとの見方が通説である。

これに関連して、和製造語とされる「召命」について日本の辞書では、元来「呼び出し」の意味をもつラテン語の ‘vocatio’ は、神からの召し出しとして、西欧中世のキリスト教会では聖職者になることに限定して用いられていたと説明しているものもある[6]。これが 16 世紀の宗教改革を経て、聖職者に限らず全ての信徒が神からの召命を受けており、世俗の職業生活を通して召命に応えていくことができるという「職業召命観」が一般にも普及したのだと考えられている。

このような職業と召命との関係について考える上で不可欠な文献は周知の通り、社会学者マックス・ヴェーバー（Max Weber, 1864-1920）が著した『プロテスタンティズムの倫理と資本主義の精神』（1920）[7] である。同書は、近世初期の西欧が資本主義経済を発展させた精神的要因として、プロテスタンティズムの中でもとりわけピューリタニズムが中核的な役割を担ったことを描出した比較宗教社会学の研究書である。

ヴェーバーは、職業を意味する独語の「Beruf ベルーフ」、英語の「calling コーリング」にはいずれも、神から与えられた使命という宗教的な観念が込められていると説明する。これらの単語の語義を検討すると、世俗の職業は単に生活の糧を得るための手段というばかりでなく、神からの召命だとする考え方が見出せるという指摘である。こうした「天職」[8] の概念により、信徒は神に嘉されるために修道院に入る必要はなく、かえって世俗にいて職業を神からの召命、つまり天職として遂行すればよい、という労働観が生まれる。いわゆる「職業召命観」である。

興味深いことに、こうした職業召命観は、天職の語義においても思想においてもカトリックにはみられず、プロテスタンティズム特有のものであるとヴェーバーは指摘している（95 頁）。天職の概念は宗教改革の産物だというわけである（109 頁）。ヴェーバーによれば、宗教改革を通してルターが展開した思想においては、神に喜ばれる唯一の手段は、世俗の生活上の地位から生じる義務の遂行であり、神から与えられた召命とは、他ならぬ各人が従事する職業である。

こうした天職の概念は、言うまでもなく、カトリックの修道制度に対するアンチテーゼとして提出されたものである。16 世紀当時は、世俗にとどまるよりも世俗から出離して修道院の囲いの中で禁欲生活を送るほうが、神の御心にかなう生き方とみなされていたという背景がある。これに対して、実はそうではなく、世俗のただ中にあって職業を遂行してこそ神意に沿う生活が送れるのだという考え方が公に提示されたのである。この天職の概念の後代への影響力の大きさについては、ルターの業績の中でも最大の功績の一つとヴェーバーは位置づけているほどである（114頁）。

ただし、ヴェーバーの見解によれば、ルターは神の御心に基づく摂理を強調するあまり、「神への無条件的服従と所与の環境への無条件的適応とを同一視するにいたった」（122頁）ので、個人の主体的な使命感は、職業を神の導きとして受動的に受け取る姿勢の影に隠れてしまった。そもそもルター派の宗教性は、神との神秘的合一を目指しており、自ずと外面的活動への積極性に欠ける傾向があるというのである。

これに対して、カルヴァン派は、意識的で持続的な修練を伴う秩序ある生活規律により、無軌道な本能に翻弄されない人格へと人間を教育する方向性があり（202頁）、こうした特徴と相まって、何よりもカルヴァンの「恩恵の選びによる教説」、すなわち「予定説」がルター派以上に近代の資本主義を推進した、というのがヴェーバーの解釈である。少なくともヴェーバーの理解によれば、予定説では、神のために人間は存在するのであり、この地上のあらゆる出来事は至高の神の栄光の手段にすぎず、唯一自由なる神によって各人の運命はあらかじめ決定しており、救いの至福に召された一部の者は、現世において各人の持ち場で神の栄光を増すためだけに労働することにより、救いの確証を得ることができる（166-167頁）。つまり、カルヴァン派においては、自分が神から選ばれた者であるという救いの確信を得るためには、何よりもまず神の栄光への奉仕のために職業を遂行することが重要となり、その結果として労働は社会全体に役立つ奉仕としての意味合いを帯びてくる。

このようなカルヴァン派の影響を受けたピューリタニズムは、ルター派以上に、職業に対して宗教的救いに不可欠の手段としての積極的な価値を付与するようになり、その結果として近代資本主義の発展に貢献した、というのがヴェーバーの主張である。実はヴェーバーは、シトー会とイエズス会の名前を挙げて、西欧カトリックの修道制度の霊性の伝統の中に能動的な自己統御を重視する思想があることに注目し、倫理的生活の組織化においてピューリタニズムの職業観に近しいものとみなしている（201頁、213頁）。

以上のことから、プロテスタンティズムの職業召命観は、所与の職業を無条件に天職とみなす受動的な捉え方から、職業を救いに不可欠の手段として能動的に統制していく主体的な捉え方へと変化していく様相が看取できる。この職業観はやがて近代に向けて、神からの所与の職業から自ら選択する職業へと変遷する。しかも、意外にも先鋭化したプロテスタンティズムの職業召命観とカトリックの西欧修道霊性には共通の要素がみられるという。これについては、後段で再び取り上げる。

1－2．キリスト教における労働観

（1）聖書にみる労働観

それでは、聖書は召命と職業について何を語っているのだろうか。召命に天職の意味を明確に与えたのはルターだが、ヴェーバーの指摘によれば、ルターが天職概念を提示したのは、旧約聖書（外典「シラ書」）の翻訳に由来している。しかし、これは聖書思想の忠実な翻訳というよりもルター自身の解釈を現しているという。ここでヴェーバーは、ラテン語名詞 ‘vocatio’ および、これに由来するロマンス語系諸言語のいずれも、神から聖職を委託される意味での召命を指し、世俗の職業の意味合いは全くもたないと指摘している（99頁）。つまり、カトリックに職業を神からの召命とみなす考え方は元来ないことをヴェーバーは強調しているわけである。

それでは、聖書思想における召命概念には職業を神からの召命と捉える意味合いはないのだろうか。『聖書思想事典』[9]では、「召命」を「神と人間との人格関係」として捉えており、「ある使命を果たすために神に召されること」と定義している。その上で、「神の選び」「使命の授与」「派遣」について説明しているが、召命が神に呼びかけられた当人を「まったく別人にする」という側面にも注目している。ここでは、旧約聖書の預言者、祭司職など特定の人物の召命、イスラエル民族の召命、新約聖書のイエス、弟子、信仰者の召命についての考察が述べられているが、「全教会の唯一の召命に、それぞれの身分において参与する」「キリスト者」としての召命が主題となっており、職業と結び合わせる考え方は紹介されていない。

他方、聖書における「労働」[10]の捉え方を概観すると、旧約聖書においては、「創世記」（2章15節）でエデンの園の耕作と統治を人間の手に委ねていることから、人間は労働によって神の御旨を実現すること、神の似姿として創造主の働きに参与する意義があること、労働する者は「それぞれの職業を通して神の創造の業を続行している」（「シラ書」38章34節）という思想がみられるという。その一方で、聖書は労働に伴う苦痛についても触れているが、安息日の規定により、労働の合い間の休息や憩い、労働の実りについても約束する。

新約聖書においては、パウロが労働の価値を称揚している（「テサロニケの信徒への手紙二」3章11-13節）のに対して、福音書でイエスは労働についてそれほど多くのことを述べているわけではない。ただし、イエスは神の国への奉仕について説くとき、常に人間の労働を意識していることがうかがえるし、神の子としての召命において、「人間の品位と人間に奉仕する労働の尊厳を明示している」。また、労働には神の国の創造において、主における兄弟への愛となる側面もある。さらに、人間の労働にはイエスと「一致しておこなわれる度合いに応じて、被造物全体の神への復帰に貢献する」。このように神の子の自由にあずからせる労働の価値は、何らかの形で永続する終末的意義をもつことを聖書から読み取ることができるという。

このようにみてくると、聖書では、祭司職を除く個別具体的な職業を、特定の個人に対する神からの召命と直接結び付けているわけではないが、労働を通して神の救いの計画を実現するという意味合いにおいて、神が人間を労働へと招いていると捉える思想の現れを見出すことはできるだろう。

（2）キリスト教思想にみる労働観

この点について、キリスト教思想ではどのように捉えてきたのだろうか。まず、「召命」について『キリスト教辞典』[11]では、召命とは「神から召され特別の使命を与えられること」であり、旧約時代には預言者や王が民のために「神の創造の息吹である聖霊が注がれ」、新約時代には使徒が神の国の協働者として「復活の主キリストによって召し出され」たと説明する。注目したいのは、こうした召命は「私的啓示や幻視などによる超常体験よりは、むしろ信仰者が自分の信仰体験を内省することから生まれる使命意識の自覚であり、信仰による生路の決断である」と記していることである。この見解については後段で検討する。ここではさらに、ルターの職業召命観に触れ、「ドイツ語の『職業』Berufは『それへと呼ばれること』を原義として」おり、「これが近代のキリスト教的な職業観を形成する契機となった」と解説し、あえてプロテスタントとカトリックの職業観の相違については言及していない。

他方、キリスト教における「労働」および「職業」の捉え方についてはどうだろうか。同じく『キリスト教辞典』[12]によれば、古代・中世には肉体労働に修行と神への奉仕としての価値が置かれていたのに対して、近代以降、プロテスタンティズムにより世俗での労働を神への信仰と結び付けて価値づけるようになった。その後、カトリック教会でも世俗社会の労働に積極的に関わる修道会が誕生し、バチカン公文書でも労働の意義を説く社会教説として、『レールム・ノヴァールム』(1891年)、『ラボーレム・エクセルチェンス』(1981年) などの回勅が発布されてきた。

特に後者の回勅 (邦訳『働くことについて』)[13]は、聖ヨハネ・パウロ2世教皇 (在位1978-2005) が教義ではなく自らの立場を表明したものだが、ここにはカトリック教会の労働の神学というべきものが展開されている。同教皇は、働くことを神の似姿として創造された人間に固有の価値をもつ業と捉え、労働と人格の尊さを結び付けて考察し、人間は働くことを通してより人間らしくなる点に注目している。また、働くことのキリスト教的霊性についても述べている (第24-27項)。

これらの項目では、働くことの霊性を形成することは教会の特別な任務であるとし、人間は働くことを通して創造主に近づき、自分の能力に応じて創造主の活動、および神の救いの計画に参加する、としている。このように神の創造の働きに参加する労働者の姿は、イエスの生き方や言葉の中に模範として見出され、パウロの教えにこだましているという。他方、働くことに付随する労苦は、十字架に架けられたキリストと一致して担うことによって、人類の贖いの業にあずかり、キリストの復活の光の中で神の国の完成の告知らしきものを見出すことができると同回勅は励ましている。

以上のように、聖書にもキリスト教思想にも労働を神との関係において信仰面から捉える見解が存在することを確認したが、現代人の労働観は、社会の世俗化の影響により宗教性が薄れていることが指摘される。『現代キリスト教神学思想事典』[14]によれば、宗教改革の時代に一般的であった職業召命観は、20世紀半ばに至るまでには後退し、神を賛美し社会のために働くという労働の精神的、社会的目的は失われ、召命、責任、奉仕の精神は放棄され、その代わりに富の追求と独立精神が台頭してきた。

この間、西欧社会は18世紀の啓蒙主義、産業革命を経て、経済的な利潤追求を首肯する労働観が普及し、19世紀には労働を高く評価するマルクス主義や労働を理想化するロマン主義の高揚、功利主義を基調とする産業社会の繁栄などを経験してきた。しかしながら、こうした社会風潮に対してキリスト教神学やキリスト教思想が、応答ないし議論していた形跡を文献的に見出すことはできないという。キリスト教の専門家の間で労働と余暇に関する議論が活発になるのは、20世紀の後半からで、その論考の多くは聖書と宗教改革の遺産を根拠に思索を展開しているとされる。

同事典の考察によれば、これらの論考の中で、労働のキリスト教的意義と留意事項として次の点が浮かび上がってきた。まず、神学的根拠として、旧約聖書の創世記のエデンの園の場面を引用して、人間は神から土地を耕す務めを委ねられたが、それは人間にとって充足であると同時に堕罪の結果受けた義務および労苦でもあること。労働によって人は自分の必要を満たし、正当な自己実現と報酬を得られること、同時に他者の必要に応えて社会機能を促進すること。労働には神聖性や尊厳などの価値があり、労働を通して神と社会に奉仕できること。神との関係においては労働が従順や感謝、責任を示す手段となり、労働が神の栄光となること。他方で、労働を偶像化する危険性に対しての警告も含まれ、労働には節度と公共の福祉の視点が不可欠であること、などである。

以上にみてきたキリスト教的労働観には、日本の社会一般における職業観にはない独自の視点が散見される。具体的には、労働は神から人間に委ねられた世界を治める崇高な務めであること、労働が神の創造の業への参与であること、労働を通して神を賛美し栄光を帰すことができること、などの点である。このようなキリスト教独自の労働観を即そのまま学生に伝えたとしても、理解を得ることは困難かもしれない。しかし、福音的価値観に基づいた教育を行うことにより社会を福音化する使命を担っているカトリック大学では、学生の職業選定という人生の大きな岐路に当たり、社会通念にはない職業観を教える機会を逃してはならないだろう。

第２節　先行研究におけるコーリング

２－１．キャリアに関する先行研究

それでは、コーリングはキャリア研究のどのような議論の中で浮上してきたのだろうか。キャリア研究全体の動向を概括すると、次のようになる。キャリア心理学を専門とする下村英雄（2015）[15]によれば、キャリア理論は約50年に一度パラダイム転換があり、1900年代前半にはF. パーソンズの特性因子理論（1909）、1950年代以降はD. スーパーのキャリア発達理論（1957）、2000年代に入ると、M. サビカスのキャリア構築理論が主流になっている。

まず、現代のキャリア研究の遡源となるのは、キャリア・カウンセリングの創始者パーソンズの特性因子理論である。この理論の原理は、自己理解と職業理解を合理的にマッチングさせることにある。産業構造が激変する当時の米国の過酷な労働環境では、職業指導においても生計を得るための応急の対処法として求職者に求人情報を紹介することが一般的で、自分の性格特性や生涯の人生設計を考慮する余地はなかったという背景がある。従って、パーソンズのマッチング理論は、職業心理学の哲学的基礎づけを初めて本格的に提供したものと捉えられる。

この考え方は、現代でもJ. ホランドの職業選択理論（1997）に受け継がれ、①自己知識の強化、②職業に関する情報の収集、③自己と職業との適合とい

うモデルに集約して世界的にも評価され、日本にもこのスタイルの職業指導が導入されている[16]。つまり、人間の性格特性と職業の環境因子との適合度を主眼とするいわゆる適材適所の職業選択だが、まさにこのマッチングの手法が現在、日本の多くの大学で実施されているキャリア教育の路線である。

他方、スーパーのキャリア発達理論は、第2次大戦後の階層化された組織社会において、キャリアの階段を登るために必要な態度や能力を獲得することを主眼とした理論である。この理論は、キャリアにおける自己実現を目指す考え方と親和性が高く、このような一人ひとりの個性の発揮と可能性の拡大への志向性が、キャリア形成のもう一つの軸として社会に広く浸透しているとみることができる。

以上のような20世紀のマッチング理論ともキャリア発達理論とも異なる新たな潮流が、構成主義・構築主義・文脈主義を背景としたキャリア構築理論である。同理論に関連する論文は、さきの下村が整理しているように、サビカスを代表格として、1990年代から蓄積されつつある。キャリア構築理論が誕生した背景には、情報化やグローバル化をはじめ、雇用形態や現代人の職業に対する価値観の多様化を含めた、現代の雇用環境の激変に対応できる新たなキャリア理論への要請があった。こうした状況下、現実は客観的に実在するのではなく、社会的・言語的に構成されるという理論を背景に、量的アセスメントを用いるマッチング理論の限界を補完すべく質的にアプローチする理論である。具体的には、キャリアを個人のライフストーリーにどう位置づけるのか、主体の経験とその意味づけに着目したナラティヴ・アプローチに代表される物語論を援用する。

キャリア構築理論の特徴は、職業を生涯でただ一度の機械的なマッチングにより保持するのではなく、過去・現在・未来の出来事を一貫した筋立てのもとに自ら主体的に構成する人生の物語の中で、職業を内面的に意味あるものとして位置づけることを志向している点にあるといえる。このように固定した物語ではなく、生涯にわたり常に改訂できるライフストーリーの中にキャリアの個人的意味を新しく付与していくナラティヴ・アプローチの見方を導入すると、キャリアは単なるマッチングでも自己実現の手段でもなく、私自身の人生の意味と密接に結びついた人間的な領域として立ち現れてくる。

もちろん、個人の性格および能力の特性と職務内容および報酬を適合させることは、個人にとっても社会にとっても看過されてはならない課題である。しかしながら、責任の主体が社会環境や組織から個人へと移行しつつある現代、キャリア理論も求人と求職のマッチングから自己実現へ、さらには個人の経験と意味づけへと主眼が変遷していく様相を以上にみてきた。それでは、このようなキャリア研究の系譜の中で、コーリングはどのように位置づけられるのだろうか。

２－２．コーリングに関する先行研究

（１）コーリング概念の変遷と職業の志向性

コーリングは先に検討したように、古来、聖職への召命を中心とする宗教的意味合いを帯びていた。このため国外では、キリスト教の教会関係者の間で神学、哲学、歴史研究として、主に聖職者が神からの召し出しにいかに応えるかについての議論が蓄積されてきた[17]。この豊かな伝統を踏まえた上で、カトリックでは第2バチカン公会議による教会の方向転換を経て、聖職者に限らず、全ての信徒を含めて神からの召命にいかに応答するか、という議論が1970年代以降、神学、心理学、教育学、社会学などの学際的領域で召命学として発展してきた。

他方で、16世紀の宗教改革期に職業と結び付けて捉えられるようになった職業召命観の系譜をもとに、職業を天職とみなすコーリング意識については近年、経営学の分野のキャリア論、リーダーシップ論、組織行動論等において議論されるようになっており、2007年頃から関連論文も増加傾向にある[18]。この他、コーリング意識をもつ個人が職業、社会生活、その他の点でどのような特徴をもつのかを明らかにするために、コーリングの構成概念を量的に測定する尺度の開発も進められている。

このように議論が活発になりつつあるコーリングであるが、その定義は多様である。経営学者の柏木仁（2015）[19]、上野山達哉（2016）[20]は、コーリング概念が時代とともに変化している点に注目し、その内容から古典的概念・

新古典的概念・現代的概念の三つに区分した先行研究[21]に基づき概念整理をしている。古典的概念とは、ルター、カルヴァンに始まるプロテスタンティズムの信仰における概念であり、いわゆる職業召命説である。新古典的概念とは、神からの召し出しという宗教的意識は薄らぐものの、他者からの召喚と向社会性が重視され、公益性に向かう自己超越性が強調される。現代的概念とは、神と切り離して個人的な意義や目的、自己実現を目指す意識である。コーリング概念の変遷を概括すると、志向性が神から社会へ、さらには自己へと移行してゆき、仕事に求める意義も公的な意味から私的な意味へと移り変わっているといえる。

こうした流れの中で、個人が仕事を意味あるものにつくり上げていくジョブ・クラフト理論の提唱者として知られる経営学者のA. レズネスキーら(1997)[22]は、職業の志向性を「Job 仕事」「Career キャリア」「Calling 天職」の三つに分類している。仕事志向群は職業を生活の糧を得る手段（経済的報酬と生活上の必要)、キャリア志向群は社会的地位の上昇の手段（昇進)、天職志向群は自分を超える存在につながる意義あるもの（達成と社会的意義)として捉える。同研究での天職概念は、神から倫理的・社会的に意義のある職業に呼び出されたという宗教的意味合いではないが、自分の職業を愛し、より良い世界をつくるために貢献したい意識として定義している。

この分類を用いた質問紙調査によれば、天職志向群は、自らの人生・職業・健康に関する満足度が高く、病気欠勤が少なく、社会的地位が高く挑戦的な課題に取り組んでいる。また、天職意識が高いほど、結果的に収入や学歴、職業上の評価が高くなる傾向も認められる。同様の研究結果は他の調査によっても支持されている。例えば、心理学者のB. ディクらの研究（2012)[23]によれば、天職意識の高い人ほど、職業上の希望、向社会的動機づけ、人生の意味、および意味探求において有意に高い数値を示している。また、心理学者のA. ダックワース（2016）は、自分の職業を「天職」と思っている人の特徴を複数の調査結果から紹介している[24]。彼らは、自分の職業を「仕事」や「キャリア」と思っている人よりも、社会的貢献度を自覚しており、自分の職業にも人生にも満足度が高く、病気欠勤の取得日数が有意に少ない。また、彼らは職業に生活の糧や昇進だけでなく意義を求め、目的意識が高い。

これらの研究で重要なのは、職業の満足度は、収入や社会的地位などの外的条件よりも、自分がその労働をどのようにみているか、職業に対する意味づけや動機づけなどの内的条件に左右されるという点である。つまり、天職とは職種によって決まるのではなく、どのような職務内容であっても、それを個人が主体的に天職にしていけるという考え方である。本章では、この三つの職業志向性の相違は、生来の性格や能力というよりも、自らの意識を変えることで変革できるものであると捉え、そうだとすれば、教育可能性があるという点に注目したい。

天職については、あらかじめ特定の職業が自分のために定められていて、どこかに存在するはずの天職を見つけ出すものだという観念もありうる。だが、さきのレズネスキーは、それが何であれ自らの職業を天職にするための方法として、ジョブ・クラフティング[25]というエクササイズの普及に努めている。この方法では、自分の動機・強み・能力を明らかにして、職務内容・人間関係・仕事に対する認識を再定義していくが、その過程で、自らの仕事について、「どのように他の人々とつながっているか」「どのように社会の役に立っているか」「自分の最も大切な価値観を表しているか」などを自己省察する。このプロセスの目指すところは、仕事を受身的に捉えるのでなく、自らが人生の主人公となって主体的につくり上げていくというコントロール感覚である。

こうした主体性を強調しすぎると、天与の使命に呼び出された召喚の感覚とは逆の態度にもみえるが、その職業に召されたことを深く認識するからこそ、コーリングに応えるために仕事を意義あるものにしようとコミットメントしていくのである。この心的エネルギーの方向性をみると、外部からの働きかけを自己の内部においてある程度まで明白に認識して受容し、熟慮・吟味・判断した上で自ら主体的に選び取る決断をして、外部へと自らを開いていくのだといえる。つまり、外からの呼びかけに内からも自由に応えていく外界と内界との相互作用において、仕事は天職となりうることをこの理論は指摘しているといえよう。

（2）コーリング意識の構成要素

こうしたジョブ・クラフティングの考え方をさらに展開したのは、ディクとダッフィー（2012）[26] である。同研究は、天職と意味のある仕事、職業選択と発達などを主題とする召命心理学（the Psychology of Vocation）の分野の論考である。彼らの研究は、仕事を天職にすることで個人も組織も社会全体も恩恵を受けることができるという考えから、いかにして仕事に意味を見出し、仕事の意味を創造していくかを課題としている。先行研究において重要な位置を占めている同研究では、コーリング本来の宗教的意味合いやスピリチュアリティを重視しており、本章の主題を考える上で示唆に富むため、ここで要点を取り出してみる。

同研究では、コーリング概念の主要な構成要素として「A Transcendent Summons（超越的召喚）」「Purpose and Meaning in Work（仕事の目的と意味）」「Other-Oriented Motives（他者志向の動機）」の 3 点に注目している（pp.11-13）。その上でコーリングとは、まず、自己を超えたところに起源をもつと経験される超越的召喚に基づいて、目的や意義があるという感覚を証明したり導出したりする方向に向けられた特別な人生役割に近づき、動機の主な源として他者志向の価値や目標をもつものとして定義している（p.11）。彼らはこの定義に従い、コーリングを「聴くこと（Listening）・意味づけること（Making Meaning）・他者に奉仕すること（Serving Others）」の三つの側面から検討している。

第一の「聴くこと」は、超越的召喚を受ける体験である。同研究では、「呼び出し」という以上は、自分の外に源をもち、自分を召し出し、何らかの使命へと招いている主体があることを想定している。そうした呼び出しとして、究極的には「回心」に導く、より排他的で限定的な聖職への召命があるが、それが神からの呼びかけであれ、運命的なものと感じられるものであれ、社会的要請であれ、家族からの遺産であれ、他者からの求めであれ、自分の外側から訪れる召喚を自らの内面において熟慮し、主体的な決断をしていくプロセスを彼らは「聴くこと」の中身と考えているようだ。

コーリングを聴き取る体験においては、自己の感覚を超える目的や責任が意義のある重要なものとして自覚されてくる。そうしたコーリングの体験では、その呼び出しが確かに自らの使命であることを識別するための祈りが大切であるし、その答えを待つことができなければならない。コーリングの識別の過程では、神からの恵み、自らの義務、人生における必要などについて吟味し、自分のことをよく知っていて智恵のある信頼できる人物との対話を経ることが大事だと彼らは述べている（pp.53-58）。

第二の「意味づけること」では、自分の仕事をいかにして意義あるものにしていけるか、について考察している。ここでは、仕事を天職と捉えることと人生に意味を感じることには相関性があることを示す複数の研究結果に従い、自分の仕事に意義を見出す人は、自己効力感や自信、自己統制感、責任感やイニシアチブを取る力、障害をうまく乗り越える力、自己肯定感が高まることなどを紹介している（p.85）。それらの肯定的な影響は、さらに他者とつながる感覚、共同体への帰属意識、他者と共にあるアイデンティティの感覚などを高めるという。

彼らは、人生で最も大切なこと、人生の目的をリストアップした上で、人生という幅広い文脈の中で仕事が果たす役割は何か、仕事面で現在追求している目標は何かを明確にし、人生と仕事の各々の目標の間のギャップを埋める方法を考えていく、などのエクササイズを用意している。こうしたプロセスを通して、仕事をいかにして自らの人生の中に統合していくかを考える。特に、私たちが経験的に、人生の意味とより大きな善（the Greater Good）とは関わりがあることを知っている点に注意を払い、自分の仕事を他者の幸福や一般的な公共善を支えるものとして認識し、向社会的な動機に基づいて社会的影響を視野に入れることを勧めている（p.83）。

第三の「他者に奉仕すること」では、いかにして仕事においてより大きな善に仕えることができるか、について考察している。その方法としては、まず、向社会的な職種を選ぶことである。例えば、他者を助けるような、社会的貢献度の高い、公共善に直接役立つ仕事に従事すれば、職業役割を果たしている限り、他者への奉仕はより易しく可能になるだろう。そうした職種、例えば、教員、看護師、救急医療者、ソーシャル・ワーカーなどは、ともすれば過重労働で収入は少ない傾向にあるが、当人は、仕事をストレスに感じることも実は少なく、長期的には幸福感を味わいながら意義を感じて働いている場合が多いと彼らは報告している（p.100）。

しかし、仮に公益性の高い職種に就かなくても、仕事は何かしら他者とつながっているのだから、自らの仕事が社会に与える影響力を意識して、どのような仕事であっても、仕事を通して他者に奉仕することは可能だと励ましてもいる。また、職種にかかわらず、自ら他者を助ける機会を積極的に探したり創造したりすることはできる。具体的には、わずかでも人助けとなるような活動を習慣的に仕事の中に取り入れてみる、他者により役立てるように仕事上の技能を磨く、などの方法がある。さらには、人と接する機会がほぼ皆無の職種であってさえ、自分の分担がなければ成立しない仕事の一端を担っているのであり、それが必ず誰かの利益につながっているのだと確信することによって、他者のためになる仕事をすることができる、と彼らは指摘している（pp.102-104）。

（3）コーリング意識とスピリチュアリティ

同研究ではこの他にも、自分の仕事を天職として生きるための議論を展開しているが、興味深いことに、彼らはスピリチュアリティを念頭に置いて考察しているのである。彼らのいう仕事におけるスピリチュアリティとは、ケアや奉仕や超越など、自分自身を超えるより高い目的に貢献するものとして自らの仕事を捉え、意義があるという感覚をもたらす認識を指している（p.75）。もしスピリチュアリティを大切にするならば、仕事は断片的なものではなく人生全体と関わるものとなり、自分が誰であるかを表す中核の部分にさえなり、人が統合へと向かうにつれて仕事もより意義のあるものになる、という人間観に基づいて論を展開している。こうした宗教的な人間観を度外視して、彼らが開発したコーリング測定尺度だけを援用するならば、その根本的な主張を骨抜きにすることにもなりかねないので、注意が必要であろう。

じっさい、彼らのコーリング測定尺度は日本国内でも活用されている。経済学者の新井教平ら（2015）[27]は、先行研究における天職の定義を整理した上で、ディクとダッフィー（2009）[28]の定義を基にして、天職を「自分自身を超えた力や導きが感じられ、人生の目的に合致し、社会への貢献を実感できるような職業・職務的活動」と再定義している。その上で、ディクとダッフィーの見解を引き継いでコーリング概念の構成要素として「超越的召喚（transcendent summons）」「目的のある仕事（purposeful work）」「向社会志向性（prosocial orientation）」の三分類に従い、質問紙調査を行っている。この研究では、コーリングの宗教的側面を研究対象から除外しているが、超越的召喚を含めていることで、日本の労働観への適応を試みた研究と評価できる。

以上に概観してきた先行研究を踏まえた上で、本章では、カトリック大学が育成の対象とするコーリング意識の特徴として、①自分の力を超えた導き、②実存的欲求との合致、③他者への貢献への志向性、の3点に注目したい。①は超越的な働きかけがまず存在し、それにいかにして応答するか、という人間の側の課題が生じると考える。その際、自分を導く主体は、人格をもつ超越的存在と捉えることもできるし、非人格的な超越的働きかけと感知するにとどまる場合もあるだろう。②については、人生の意味の実現を人間の根本的な実存的欲求と捉えると、コーリングがたとえ自然性に反する側面を含んでいたとしても、意義を感じさせるものであることが重要となる。③については、コーリング意識が個人の優越感や特別意識を高める方向に閉ざされるのではなく、自分以外の他者および社会のために開かれて良い影響力を及ぼし、実際的にも役立つ必要があるだろう。そもそも召喚されたのは、自己目的で終わらせず、他者の益にもなるためだからである。

これら三つのコーリング意識の特徴を念頭に置いて学生のスピリチュアリティを育成する際に、次の留意点をおさえておく必要があろう。前段で先行研究を概観したとおり、コーリング概念は、時代の変化とともに特定の宗教に帰属した信仰とは切り離され、近年では神との関係においてではなく、あくまでも個人的な意識のレベルで捉えられる傾向にある。つまり、コーリングは、超越の視座を抜きにして、キャリアの主観的側面として研究されているのである。これについては、日本のカトリック大学が非信徒を教育の主な対象とする以上、コーリング意識を人間の主観的経験として広義に捉えておくことは実際的でもある。例えば、コーリングを「個人があたかも自分の進むべき道であるかのように、ある職業や役割に強くひかれる感覚」[29]と説明したほうが経験的に分かりやすいことも事実である。

しかしながら、カトリック教育の本質を堅持する立場からすれば、自分の外部からの呼び出しというコーリング本来の要素を見失わずに、学生が神からの呼びかけに覚醒できるよう支援することは非常に重要であろう。それでは、どのようにしてコーリング概念に外在する呼び出しの源についての視野を取り戻すことができるだろうか。

まずはコーリング概念について、宗教的な召命から世俗的な天職へと変遷してきた経緯を意識して、神との関わりにおける信仰上の召命と個人的な人生の意味づけにおける召喚意識や使命感では、次元が異なるものとして区別しておく必要があるだろう。世俗化された社会に生きる現代人にとって、このカテゴリーの差異についての認識は不可欠である。

これに関連して、信仰や宗教的なコーリング意識の程度にかかわらず、自分の仕事をどう意味づけるか、という「意味の感覚」こそが天職意識を高め、職務態度を肯定的なものとする要因だとする報告もある[30]。この場合も、神との関わりにおけるコーリング意識での意味づけが公的な要素を増すのに対して、自分の人生における意味づけでの天職意識はより私的なものにとどまる点で、質的にも強度の面でも同一次元で捉えることはできないことに留意が必要であろう。

ここまでの先行研究の主要な議論を踏まえた上で、次節では、いかにしてカトリック大学のキャリア教育にコーリングの視点を取り入れることができるか、について検討する。

第３節　カトリック大学のキャリア教育に求められる視点

３－１．大学のキャリア教育の現状と課題

まず、現行の大学のキャリア教育の状況を俯瞰してみる。キャリア教育という文言がわが国の政策において初めて提唱されたのは、平成 11 年 12 月の

中央教育審議会答申「初等中等教育と高等教育との接続の改善について」である[31]。ここでは、激変する現代の産業界・職業界において社会人として自立した人に育てる観点から、発達段階に応じて初等教育からキャリア教育を展開することの重要性が指摘された。続いてその3年後には、国立教育政策研究所生徒指導研究センターより、「職業的（進路）発達にかかわる諸能力」として人間関係形成能力、情報活用能力、将来設計能力、意思決定能力などが提示された。このように国家が社会の中で適切な役割を担う能力の育成を掲げるのは当然のことである。また、学校教育において、これらの能力を育成することは、確かに地球規模の情報化、グローバル化や国内の産業構造の変化に対応する上で不可欠のことであろう。

こうして現在、産業界の要請に対応できる人材の育成を念頭に置いて、多くの大学でキャリア支援やキャリア形成のプログラムがつくられている。授業では専門教育および教養科目の他に、人生設計を指南する「キャリアデザイン」など進路指導を目的とした特定科目が設置されている。教員による授業を通して行うキャリア教育の他、大学のキャリア支援センター等の職業指導を担う部署では、職員・カウンセラーが、次の三つの側面から就職支援を行っている。

第一に、就職情報の収集・提供である。具体的には、求人票、各種採用試験報告書、就職関連図書等の閲覧システムの整備、企業説明会、インターンシップ（就業体験）の情報を在学生に周知し、同時に卒業生の進路状況を把握する、などである。第二に、就職活動を支援する各種講座の企画・運営である。例えば、大学独自で各種の就職セミナー、企業研究、現代社会や経済動向についての勉強会、社会人マナー講座、採用試験対策講座、各種業界で活躍する卒業生による講演会、内定者報告会、などを開催する。これに職種によって必要とされる種々の資格取得のための講座が加わる。第三に、個別相談である。場合によっては、職業適性検査や性格タイプ検査の実施等により自己分析の機会を設けて学生の自己理解を助け、履歴書、エントリー・シートの書き方を具体的に指導し、模擬面接により自己PRの仕方を指南し、自己プロデュース法を一緒に練りながら、具体的な職業選択ができるように支援する体制が整えられている。

以上のような就職支援は、学生が社会人になるために大学が提供する万全ともいえるサポートであり、懇切丁寧な指導体制が大学の学生募集のアピール・ポイントにもなる。こうした就職指導が現在の主流であるのは、即戦力や実社会で通用する現場対応的な諸能力の向上を学生に求める産業界の要請に応じた結果といえる。

しかしながら、初めての職業選択という学生の人生の一大転機に当たり、カトリック大学はそうした自然的な次元における教育にとどまらず、人格全体を含めて霊性の次元での教育を視野に入れる必要があるのではないか。本来のコーリングとは、社会から必要とされる感覚ではなく、自分を超えた大いなる存在から個別に呼び出される体験である。カトリック大学では、就職活動に際して、学生をそうした超越との関わりにまで導く方法を考慮する余地があろう。

他方、カトリック大学のキャリア教育では、社会人として働くための職業倫理の養成の面でもスピリチュアリティを育むことができる。「職業倫理」とは、『哲学・思想事典』[32]によれば、「働くこと・仕事・職業の意味の追及と、職業や労働という行為に対する心構え・態度・行動基準などを含む社会倫理」であり、「この職業倫理の形成には宗教とエートス（道徳的慣習）が大きくかかわっている」。ここで例示されるのがルターとカルヴァンの職業召命観である。すなわち、世俗の職業を天職として遂行することにより、隣人愛、正直、勤勉、禁欲的で合理的な生活態度など、最高の道徳的実践を重ねることになり、こうした労働を通して神の栄光を増すことができる。

同事典によれば、日本の職業倫理には、農耕社会と家制度の倫理に神道・儒教・仏教の道徳的慣習が混合して影響を与えており、ルターらのコーリングとは異なる文脈で「天職」の概念が生じていた。日本語での「天職」とは辞書的には「天から与えられた職務」の意味で、「その人の性質・能力にふさわしい職業」や「神聖な職業」を指す[33]。従って、一神教の神への信仰を背景としたコーリング概念は、日本語における、特定の宗教の信仰を背景としない天職概念とは必ずしも合致しない。しかしながら、日本人の労働観や職業倫理の中に、仕事とは、自らの意思で主体的に選び取ったとはいいきれない側面があることを感知した表現がある。

じっさい、大学生の就職活動に際して「運と縁」という言葉は、就職指南書でもキャリア支援の現場でも学生当人たちの間でも日常的に用いられている。つまり、就職活動を通して学生は、他者の要請がなければ採用されないこと、その点では、自分の将来は他者の意向によって左右される面があることを知る機会でもあり、就職が自分の意思や決断を超えたところで決まることを体験してもいるのである。それは一種の自己超越の契機であり、自分を超え出る体験であり、その点で、スピリチュアリティの発露を伴う経験の場であるといえるだろう。さらに、カトリック大学のキャリア教育では、どのような職業であっても自らの労働を通して、自分を超える価値に奉職する側面があると教示することもできるだろう。

なお、さきの柏木は、コーリング意識をもつことによるメリットばかりでなく、職業上や生活上のデメリットがありうることにも言及しており、例えば、就職経験のない大学生が早期にコーリング意識をもつことで職業上の自らの可能性を狭くする危険性を指摘している[34]。

だが、それ以上に注意を要するのは、職業生活に要求される専門的な知識・技能、および職務遂行能力が不十分でありながら、コーリング意識によって不足を補うことができるという錯覚に陥る場合ではなかろうか。この点、コーリングを実現するためには、自然的土台の訓練を十分に積む必要があることを大学のキャリア教育でも伝えていかねばならないだろう。

3－2．学生のコーリング意識を育む可能性

最後に、これまでの議論を踏まえて、カトリック大学のキャリア教育で学生のコーリング意識を育む実践について、次の三つの提案をする。

（1）ナラティヴ・アプローチの援用

第一に、ナラティヴ・アプローチを取り入れることである。先述したとおり、キャリア研究ではナラティヴ・アプローチが重視されつつある。過去・

現在・未来を一貫した筋立てのもとに語り、点と点を結び合わせて一本の線でつながる自己物語を再構成することにより、人生の意味を紡ぎ出す物語論の考え方は、大学のキャリア教育でも有効性が高いと考えられる。

昨今は国内でも、ナラティヴ・アプローチをキャリア・カウンセリングに援用した代表格、L. コクランと M. サビカスの学術書が相次いで邦訳出版されている[35]。この中でコクランは、各人が誕生から現在に至るまでのライフライン（曲線で描写した人生の流れ）を把握し、一貫している人生のテーマを見出し、人生の物語の章立てを考えて未来に向けたナラティヴを引き出すこと、過去の成功体験を可能にした要因、想像や空想の内容に注目して将来展望を明確にし、新たな人生脚本を描く方法などを具体的に紹介している。

これらの方法は、前項で指摘したコーリング意識の三つの特徴、①自分の力を超えた導き、②実存的欲求との合致、③他者への貢献への志向性、に有効に働きかける可能性があると考えられる。例えば、自分の人生に意味をもたらす物語の筋立てを見出しながら、自分の存在を超える超越的な導きを実感するかもしれない。また、人間の深い次元にある実存的欲求を満たすには、どのような職業を求めるべきかの示唆が得られるであろう。さらに、人生の物語の登場人物を想起する中で他者に貢献したいという意欲が湧いてくる可能性もある。コーリングはある意味、個人の歴史である人生の物語に書き込まれているものなのである。

ただし、こうしたナラティヴ・アプローチは、就職歴のある社会人向けのキャリア・カウンセリングで一定の実績を上げているが、適用対象は、社会人に限られている状況である[36]。この点で、既に国内で市販されているサビカスのワークブック[37]は、大学のキャリア教育にも一つのヒントとして活用できる内容を含んでいると思われる。このワークブックの目標は、各人が自己の内面に存在し、自分を導く自己物語を探求し、未来に向けて実現可能で望ましい現実のキャリア・ストーリーを構築することにある。このために具体的には、子どもの頃に憧れた人物、してみたいと思ったことのある職業、尊敬する役割モデル、望んでいる活動や場、好きな雑誌やテレビ番組、好きなストーリーの筋書き、好きな格言や人生のモットーなどを掘り起こして記入し、それについてメンターと語り合うというプロセスをたどる。

ここで信頼できる他者と語り合うのがナラティヴ・アプローチの重要な点である。なぜなら、他者との相互関係を基盤とする物語論においては、人生の物語は他者との関わりが切れた個人が単独でつくることはできず、必ず共同制作者としての他者を必要とするからである。この点で、学生と実存的に関わる機会のある教師は、学生の人生の物語の共同制作者として学生の物語形成を支援することができる。教師は学生の人生の物語を共に創造する役割を担えるのである。

これに関連して、ナラティヴ・カウンセリングでは、ストーリーの一貫性を破綻させるエピソードに注目するが、それは既存の物語に回収できない異例の要素（出来事・出会いなど）こそが、筋立ての逸脱を含み込む新たな物語を創造する鍵となるからである。こうした一貫する筋立てに間隙をもたらす不測の事態が発生したときこそ、物語の再構築を支える他者がとりわけ必要となる。

このことを考慮すれば、大学卒業後の人生の選択を迫られる岐路に当たり、学生時代を支えてきた既存の自己物語の再編成を余儀なくされる不安定な時期にある学生に対して、教師は物語の共同制作者として創造的に関わることができる可能性がある。

（2）フランクルのロゴセラピーの援用

第二に、フランクルのロゴセラピー（Logotherapy）の視点と方法論を取り入れることである。フランクルが創始したこの精神療法は、患者が人生の意味を見出せるように援助することを目的としている。戦後、ロゴセラピーは独語圏・英語圏を中心に、心理学・精神医学分野でその重要性が認められてきたが、異領域への適用は十分に展開されていないのが現状である。しかしながら、独自の人間学に基づくロゴセラピーを再評価することにより、現行のキャリア教育が見失いがちなコーリングの超越的次元を再び取り戻せる可能性がある。

先述したように、昨今のキャリア研究では仕事に対する個人の意味づけが重視される傾向にあるが、フランクル思想では意味への意志を人間の根源的欲求と捉えながらも、超越との関わりにおける意味の実現を論じている点が大きく異なっている。現在のコーリング研究では、あくまでも生きがいや仕事のやりがいなどの主観的な意味づけに焦点を当てがちだが、フランクルは、人生の意味とは人間に本質的に備わる自己超越性において超越からの呼びかけに応答する過程で初めて実現できるものであると主張する。現代人が喪失しがちな超越の視座のもとでなければ、人間の意味の探求は原理的に困難であることをフランクル思想は示唆しているわけである。

これをコーリング意識の三つの特徴に関連づけてみてみる。まず、超越的な導きについて、ロゴセラピーの哲学的基盤をなすフランクル思想では、超意味という人間をはるかに超越する意味そのもの、絶対的な意味それ自体が存在することを前提としている。個人の生きる意味は、そうした無限の意味が充溢する超越からの呼びかけと人間の良心からの応答という人格的関係に基づいて実現されると考える。また、人間の最も深い実存的欲求は生きる意味への問いに応える意志にあるという人間観に立つので、まさに生きる意味と密接に関わる自己固有のコーリングを発見して、それに応えていくことは実存的欲求を高度に充足させるものである。さらに、ロゴセラピーでは人間が世界内存在であることを意識し、人間の意味実現は必ず自分以外の事物や他者を志向する結果として可能になることを強調している。

ロゴセラピーでは逆説志向と反省除去という二大技法によって自己超越を促進させるが、その際、意味への問いの観点のコペルニクス的転回が鍵となる。すなわち、人間は人生に対して生きる意味を問う以前に、人生のほうから問われている存在だというのである。この転回を可能にした具体的なエピソードが、フランクルのユダヤ人強制収容所での体験として『夜と霧』の中で紹介されている[38]。彼は自殺の衝動に駆られて相談に来た囚人に、自分を待っている仕事や誰かに対する責任意識を呼び覚まし、生きる意味を見出せるように援助した。唯一無二の自分が意味を実現できる一回限りの可能性に目覚めさせ、余人をもって代え難い独自の使命を自覚させることで、仕事を通して代替不可能な価値を生み出すことができるとフランクルは囚人に悟らせ、自殺を思いとどまらせたのである。

フランクル思想において仕事は、生きる意味の三つのカテゴリーの中の創造価値に分類されるが、活動範囲の大小は問題ではなく、最善を尽くすことによりいかなる仕事においても意味を十全に実現できると考える。こうした考え方は、職業選定の時期だけでなく、就職してからも自分の仕事を天職とするために有効であろう。超越からの呼びかけに応答する過程で、遭遇する障壁にもかかわらず精神の抵抗力によって自由に意味の実現を選び取る決断をし、果たすべき仕事や遂行すべき目の前の課題に没頭して自己を超越していくことを奨励するロゴセラピーは、まさに自分の仕事を天職にするために重要な示唆を与えている。

とりわけ自己超越の結果としての自己実現という考え方は、自己実現を称揚する現行のキャリア教育において看過されている点であろう。私が人生に問うのではなく、人生が私に問いかけていると捉える問いの観点のコペルニクス的転回は、まさにコーリング意識を育む契機となりえる。ロゴセラピー自体は方法論的に確立しているため、これをキャリア教育に積極的に導入することで、カトリック大学のキャリア教育に新しい次元を切り開くことが期待できる。

(3) イグナチオ・デ・ロヨラの霊操の援用

第三に、イグナチオ・デ・ロヨラ（Ignacio de Loyola, 1491-1556）の霊操（Exercitia spiritualia）[39]の原理と方法を取り入れることである。カトリック教会には、2～3世紀のエジプト隠修生活に始まり、西欧修道制度を中心として豊かな霊的修行の伝統が蓄積されてきた。これらの基本的考え方や方法の一部をキャリア教育に援用することは可能であろう。とりわけイグナチオの霊操は、高度な教育で世界的評価を得ているイエズス会創設の学校の精神的基盤および教育方針となっており、伝統に裏打ちされた信頼性の高い方法であるといえる。

霊操とは、神の恵みに向けて魂を訓練するための具体的方法を記した手引書である。周知の通り、霊操はイグナチオの神秘体験から生み出されたものではあるが、そうした個人的体験を彼は生涯を賭けて省察しながら、一般的にも妥当する法則を編み出しているため、特別な霊的体験に恵まれなくても、誰もが用いることのできる普遍性を備えていることが特徴である。霊操は伝統的な祈りの諸要素を組織化したカトリックの種々の修行方法の集大成であり、カトリックの霊性の一つの頂点をなす霊的遺産である。第1節で、ピューリタニズムの職業召命観とカトリックの西欧修道霊性には、倫理的生活の組織化に関して共通の要素がみられるというヴェーバーの指摘に触れたが、これは霊操に最もよく当てはまる点であろう。しかも、霊操はイグナチオが学問的鍛錬を強化する過程で執筆されたこともあり、現代の科学的知見とも矛盾しない近代的な修行体系といえる。

霊操の直接の目的は、自分に対する神の特別な御旨を見出すことにあるので、まさにコーリング探しの具体的な道筋を教示してくれる指導教本といってよい。神からの呼びかけに目覚め、神との関わりにおいて自己固有の使命を聴き取り、神からのコーリングに沿う生路選定を行う職業選択の場面は、とりわけ霊操の実践に適している状況といえる。

ただし、霊操の具体的実践は、神の霊の導きと神の霊に反する誘惑の二つの兆しの識別を軸に進めるため、基本的にはカトリックの洗礼を受けた信徒を対象としている。これに関して、第1節で、コーリングは超常体験というよりも自らの信仰体験の内省から自覚されるという指摘をみたが、霊操は神秘体験を直接に目指すのではなく、霊的指導者のもとに自らの内面に目を向け、記憶・感情・知性・意志などの動きを意識化しながら、神の御旨を見出し、生路を選定する。このため、霊操のプログラムは、真理を探求する良心がふさわしい状態にあれば、非信徒に対しても一定の汎用性があると考えられる。

この霊操をコーリング意識の特徴に関連づけてみると、次の点が見出される。まず、霊操はその全行程において自分の力を超える聖霊に導かれながら、神の御旨を探し求めて過度の自己愛から解放され神の愛の自由へと至り、究極には神との出会いに向かう自己超越のプロセスである[40]。また、神の愛における真の自己認識に至り、現実の出来事についても識別が可能になるが、その際、神の望みと自己の深い次元での望みは合致することを体験する[41]。さらに、霊操では、神との神秘的合一や神への賛美にとどまらず、神と人類への具体的な行動を伴う奉仕に重点を置く[42]。

このように霊操は、カトリック大学が育成の特徴とするコーリング意識を育む効果を備えていると考えられる。前節では、コーリング意識の形成の過程で、何らかの超越的な外部からの働きかけがまずあり、それを自己の内部で吟味した上で熟慮の末に決断するという、外界と内界の呼応関係について述べたが、霊操ではまさにそうしたプロセスを丁寧に咀嚼し体験することができるため、これらの視点は大学のキャリア教育にも生かすことができるだろう。

以上、カトリック大学のキャリア教育にナラティヴ・アプローチ、ロゴセラピー、霊操の視点と方法論を援用することを提案した。

本章のまとめ

本章では、カトリック大学における学生のスピリチュアリティ育成の観点から、いかにしてキャリア教育にコーリングの視点を導入することができるか、について検討してきた。

第1節では、ヴェーバーの研究を参照しながら、ルター派とカルヴァン派の宗教改革の思想により、職業召命観において従来のコーリング概念が刷新され、天職の観念が形成される様相を確認した。続いて、プロテスタンティズムが根拠とする聖書の労働観を検討すると、個別具体的な職業を特定の個人への神からの召命と捉えているわけではないが、労働によって神の御旨を実現し、神の創造の業に参与するという思想が見出された。また、聖書に基づくキリスト教思想においては、労働は神の国を完成させる神の救いの計画への参与であり、人間固有の尊厳に関わる価値があると認められてきたことを確認した。カトリック大学では、こうした日本の社会通念にはないキリスト教独自の労働観を社会の福音化のために学生に教えることが重要であると指摘した。

第2節では、コーリングに関する先行研究を概観した。キャリア研究では、仕事で重視されるものが時代の変化とともに、人間と職業のマッチングから自己実現へ、さらには個人の意味づけへと移行していることが分かった。それに伴いコーリング概念も世俗化を免れず、神から呼び出されるという根本的な意味合いが薄れ、主観的な意味感情に回収される傾向にあることが判明した。その中で、職業の志向性の観点からみると、仕事を単なる生計や昇進の手段とみなすよりも天職と捉える群が、個人・組織・社会にポジティブな影響をもたらすという研究結果が増加していた。続いて、職業のスピリチュアリティを重視するディクとダッフィーがコーリング意識の主要な構成要素として挙げた「超越的召喚」「仕事の目的と意味」「他者志向の動機」について検討した。これらの議論を踏まえた上で、カトリック大学が育成の対象とするコーリング意識について、①自分の力を超えた導き、②実存的欲求との合致、③他者への貢献への志向性、の三つの特徴に注目することが重要であると指摘した。

第3節では、カトリック大学のキャリア教育に求められる視点について考察した。現行の大学のキャリア教育は学生支援に余念なく取り組んでいるが、産業界からの要請への対応にとどまりがちで、その内実は学生と職業のマッチングを基底としたものである。だが、カトリック大学では、学生の就職選定を職業倫理も含めてスピリチュアリティを育成する契機として捉え直すことによって、独自の使命を果たすことができると指摘した。そのための三つの具体的方法として、ナラティヴ・アプローチ、フランクルのロゴセラピー、イグナチオの霊操の視点と方法論に学ぶことを提案した。これらの方法論を検討すると、上述のカトリック大学が育成の対象とするコーリング意識の三つの特徴を強化し育むために有効であることが示唆された。

本章で検討したように、天職があらかじめ存在するのではなく、いかなる仕事も自ら天職につくり上げていくことができるのであれば、なおさらキャリア教育の果たす役割は非常に重要であろう。コーリングは運命論的、決定論的、強制的なものではなく、あくまでも人間の自由意志によって受け取られてこそ発展していくものである。福音的価値観に基づくキャリア教育においては、学生本人の気質・体質を含む性格特性、知能および技能に関する能力、仕事への適性、意欲や努力、意志や決断、心理的成熟度などにも注意を払う必要がある。こうした自然的次元を土台として、コーリングという超自然的次元が結実し、自分の仕事を天職にすることができるという認識に立ち、人間の置かれた具体的状況と神の恩寵のどちらかだけを強調しすぎるのではなく、その両方の重要性をバランスよく見極めることも大切であろう。

加えて、近年は日本企業の終身雇用制度が崩れつつあり、転職を肯定的に捉える社会風潮の中で、生涯ただ一つの仕事に奉職しその道を究めることを美徳とする従来の天職概念は薄れる傾向にある。社会構造の激変が進む現代では、特定の職業に一筋に打ち込んで専門家となることが必ずしも望ましいとは限らないであろう。生涯にわたり途絶えることなく呼びかけられる神からのコーリングに応えるために、幾つか異なる職業を段階的に遍歴するケースもあると考えられる。職業選定は一回限りではなく、本章で提案したコーリング意識を育む方法についても、人生の節目ごとに適用可能である。それゆえ、カトリック教育の場では、各人の生涯を通して絶え間なく招き、こだまする神からのコーリングに対して、その呼びかけを受けとめ、応答していく態度を成熟させられるような展望を学生に開き示すことが不可欠である。

以上、本章の考察を通して、カトリック大学では、学生が将来社会人として自立できるように知性面や心理面のケアだけでなく、精神面への配慮を含めた総合的な人間教育の場として、スピリチュアリティ育成を視野に入れることにより、固有の役割を果たすことができるのであり、キャリア教育もその例外ではないことを主張した。カトリック大学では、学生が職業選択を通して、自分を超える存在からの呼びかけを感じ取り、自らの人生全体へのコーリングを聴き取ることができるように導くための一層の工夫が求められよう。こうしてカトリック大学には、神からの呼びかけに応えることを支える宗教教育の視点からキャリア教育を再構築していく可能性があると結論づけられる。

註

1 文部科学省「今後の学校におけるキャリア教育・職業教育の在り方について（答申）」平成 23 年 1 月 31 日中央教育審議会、www.mext.go.jp/component/b_menu/shingi/toushin/_.../1301878_1_1.pdf（2019 年 1 月 25 日閲覧）

2 厚生労働省「新規学卒者の離職状況」平成 30 年 10 月 23 日発表、https://www.mhlw.go.jp/stf/seisakunitsuite/bunya/0000137940.html（2019 年 1 月 25 日閲覧）

3 例えば、Wrzesniewski, A., McCauley, C., Rozin, P. and Schwartz. B., “Jobs, Careers, and Callings: People’s Relations to Their Work”, *Journal of Research in Personality*, Vol. 31, No. 1, 1997, pp. 21-33, Dik, B. J., “Calling and Vocation at Work”, *The Counseling Psychologist*, Vol. 37, No. 3, 2007, pp. 424-450 など。

4 例えば、柏木仁「キャリア研究におけるコーリングの概念的特徴の明確化に向けて――コーリングとキャリア関連変数との関係性およびタイプ分け――」経営行動科学学会編『経営行動科学』第 27 巻第 3 号、2015 年、209-224 頁、古田克利「コーリングから見た大学生活の意味深さの特徴――性別と学年に着目した定量分析――」関西外国語大学編『関西外国語大学研究論集』第 107 号、2018 年、57-74 頁など。なお、本章は、教育心理学者（東北大学名誉教授）の鈴木敏明の論考（鈴木敏明「天職の探求」仙台白百合女子大学カトリック研究所編『講話集』第 8 号、2018 年、69-78 頁）に着想を得て執筆したものである。

5 キッペス, W.「召命」上智学院新カトリック大事典編纂委員会編『新カトリック大事典』第 3 巻、研究社、2002 年、289-291 頁。

6 徳善義和「召命」相賀徹夫編『日本大百科全書（ニッポニカ）』第 12 巻、小学館、1998 年、143 頁。

7 マックス・ヴェーバー『プロテスタンティズムの倫理と資本主義の精神』大塚久雄訳、岩波書店、1989 年。（Max Weber, *Die protestantische Ethik und der Geist des Kapitalismus*, 1920.）

8 ヴェーバーは独語原文で「Beruf」を使用しているが、ここでは邦訳書に従い「天職」という訳語を用いた。

9 Guillet, J.「召命」デュフール, X. L. 編『聖書思想事典』イェール, Z. 訳、三省堂、1999 年、438-441 頁。

10 Surgy, P. and Guillet, J.「労働」同上書、878-881 頁。

11 百瀬文晃「召命」大貫隆他編『キリスト教辞典』岩波書店、2002 年、314-315 頁。

12 山脇直司・中村友太郎「労働」同上書、1229 頁。

13 教皇ヨハネ・パウロ 2 世回勅『働くことについて』沢田和夫訳、カトリック中央協議会、1982 年。（John Paul II, *Laborem Exercens*, 1981.）

14 Ryken, L.「労働と余暇」マクグラス, A. E. 編『現代キリスト教神学思想事典』熊沢義宣・高柳俊一訳、信教出版社、2001 年、690-695 頁。

15 下村秀雄「コンストラクション系のキャリア理論の根底に流れる問題意識と思想」渡部昌平『社会構成主義 キャリア・カウンセリングの理論と実践――ナラティブ、質的アセスメントの活用――』福村出版、2015 年、10-43 頁。

16　宗方比佐子「構成主義キャリア・カウンセリングを教える」同上書、232頁。

17　Dik, B. J. and Duffy, R. D., *Make Your Job a Calling: How the Psychology of Vocation Can Change Your Life at Work*, Templeton Press, 2012, p. 15.

18　Dik, B. J., Eldridge, B. M., Steger, M. F. and Duffy, R. D., "Development and Validation of the Calling and Vocation Questionnaire (CVQ) and Brief Calling Scale (BCS)", *Journal of Career Assessment*, Vol. 20, No. 3, 2012, pp. 242-263.

19　柏木前掲論文。

20　上野山達哉「プロテスタントの仕事倫理と天職概念の展開――マネジメントおよびプロフェッショナリズムとの関連を中心として――」福島大学経済学会編『商学論集』第84巻第3号、2016年、189-204頁。

21　Bunderson, J. S. and Thompson, J. A., "The Call of the Wild: Zookeepers, Callings, and the Double-edged Sword of Deeply Meaningful Work", *Administrative Science Quarterly*, Vol. 54, No. 1, 2009, pp. 32-57.

22　Wrzesniewski et al, *op. cit*.

23　Dik et al, *op. cit*.

24　アンジェラ・ダックワース『やり抜く力 GRIT』神崎朗子訳、ダイヤモンド社、2016年、208-214頁。（Angela Duckworth, *GRIT: The Power of Passion and Perseverance*, Ebury Digital, 2016.）

25　エイミー・レズネスキー、ジャスティンM.バーグ、ジェーンE.ダットン「ジョブ・クラフティング法」鈴木英介訳『プロフェッショナル「仕事と人生」論』ダイアモンド社、2011年、58-66頁。

26　Dik & Duffy, *op. cit*.（以降、同書からの引用部分は筆者の試訳による）

27　新井教平・金田直人・齋藤龍・鈴木歩・鈴木麻里子・鈴木優作・千徳春菜・上野山達哉「天職にかんする一考察――富澤先生の講義と著書を出発点として――」福島大学経済学会編『商学論集』第83巻第4号、2015年、19-33頁。

28　Dik, B. J. and Duffy, R. D., "Calling and Vocation at Work: Definitions and Prospects for Research and Practice", *The Counseling Psychologist*, Vol. 37, Issue3, 2009, pp. 424-450.

29　柏木仁『キャリア論研究』文眞堂、2016年、53頁。

30　Steger, M. F., Pickering, N. K., Shin, J. Y. and Dik, B. J., "Calling in Work: Secular or Sacred?", *Journal of Career Assesment*, Vol. 18, No. 1, 2010, pp. 82-96.

31　文部科学省「キャリア教育とは何か」、www.mext.go.jp/component/a_menu/education/detail/_.../1306818_04.pdf（2019年1月25日閲覧）

32　島田燁子「職業倫理」廣松渉他編『哲学・思想事典』岩波書店、1998年、788頁。

33　「天職」松村明編『大辞林第二版』三省堂、1995年、1767頁。

34　柏木前掲書、55頁。

35　例えば、ラリー・コクラン『ナラティブ・キャリアカウンセリング――「語り」が未来を創る――』宮城まり子・松野義夫訳、生産性出版、2016年、マーク・L・サビカス『キャリア・カウンセリング理論――〈自己構成〉によるライフデザインアプローチ――』乙須敏紀訳、日本キャリア開発研究センター監修、福村出版、2015年、マーク・L・サビカス『ライフデザイン・カウンセリング・マニュアル

——キャリア・カウンセリング理論と実践——』水野修次郎訳、日本キャリア開発研究センター監修、遠見書房、2016 年など。
36　渡部昌平『はじめてのナラティブ／社会構成主義キャリア・カウンセリング——未来志向の新しいカウンセリング論——』川島書店、2016 年、渡部昌平『実践家のためのナラティブ／社会構成主義キャリア・カウンセリング クライエントとともに〈望ましい状況〉を構築する技法』福村出版、2017 年など。
37　マーク・L・サビカス他『私のキャリア・ストーリー——ライフ・キャリアを成功に導く自伝ワークブック——』水野修次郎訳、日本キャリア開発研究センター監修、遠見書房、2016 年。
38　フランクル, V. E.『夜と霧』池田香代子訳、みすず書房、2002 年、133-134 頁。
39　イグナチオ・デ・ロヨラ『霊操』門脇佳吉訳、岩波書店、1995 年。（IGNACE DE LOYOLA, *Texte autographe des Exercices spirituels et documents contemporains*, 1525-1615.）
40　ペレス・バレラ『聖イグナチオの 10 日間の霊操』中央出版社、1983 年、167-199 頁。
41　カルロス・ラファエル・カバルス『深い望みとの踊り——霊的成熟のために——』霊性センターせせらぎ編著、夢窓庵、2008 年、167-180 頁。
42　イグナチオ『霊操』25 頁。

第13章
イエスの復活とカトリック教育

キリストと結ばれる人は誰でも、新しく創造された者なのです。
新約聖書「コリントの信徒への手紙二」5章17節

本章の目的と課題

本章の目的は、カトリック学校での宗教教育であるカトリック教育を実践する上で、キリスト教信仰の根幹に位置づくイエス・キリストの復活からどのような示唆を得ることができるのか、を明らかにすることである。

イエス・キリストの復活は、キリスト教信仰の中核をなす教義である。教会の典礼においても頂点に位置づけられ、イエスの復活を祝う復活祭は年間典礼の中心であるとともに、日々捧げられるミサはイエスの復活への信仰を公的に宣言する儀式でもある。そもそもキリスト教の教会の成立はイエスの十字架の死と復活による神の救いへの信仰に基づいており、イエスの生涯と教えの本質である福音を宣教するよう教会が信徒を派遣するのも、イエスが復活したと信じるがゆえである。世界宗教としてのキリスト教の礎を築いた聖パウロ使徒の信念のとおり、イエスが復活したのでなければ宣教は空しく、教会活動は全く無意味であるといってよい。十字架の死を経て復活したイエスへの信仰を定礎として誕生した教会は、復活信仰を拠り所としてイエスの弟子の使命を継承しているのである。

このようにキリスト教にとってまさに中心的意義をもつ復活については、2000余年前に初代教会がエルサレムで誕生して以来、古代末期から中世を経て近現代、そして21世紀の今日に至るまで、洋の東西を問わず世界各地の教会典礼の場で数え切れないほど説教がなされ、語り継がれてきた。同時に、教会においてもイエスの復活は、人間の知性による理解を凌駕する神の救いの神秘、すなわち秘儀であり、極め尽すことができない真理と位置づけられており、学問的にも論究が重ねられ、教会史上カトリック派、プロテスタント派を問わずキリスト教諸派の神学領域においても議論が繰り返され、数多くの論文が執筆され、幾つもの立場が現れてきた。

このようにキリスト教と教会のまさに根本に位置するイエスの復活であるが、キリスト教信仰に基づく学校教育を行う使命をもつカトリック学校では、イエスの復活をどのように捉え、復活に照らしてどのような教育を展開することが求められているのだろうか。教育学領域の先行研究では、キリスト教の教えに基づく教育については一定量の蓄積があるものの、特にイエスの復活と宗教教育との関係については、一層研究する余地があると考えられる[1]。また、研究のみならず少なくとも日本のカトリック学校の場合は現場においても、イエスの生涯と教えについては、史実として具体的に語ることができるという保証があるためか、頻繁に取り上げられるのに対して、イエスの復活に焦点を当てて、復活の観点から宗教教育の在り方を顧みることはほとんど行われていないのではないだろうか。

しかしながら、世界的な影響力をもつ他宗教においても復活信仰を根幹に据えることは珍しく、キリスト教を特徴づける最大の要素であるこの復活信仰は、カトリック学校の宗教教育に固有の使命を与える源泉に他ならない。カトリック学校が復活信仰に基づく教育を行う学校であるという原点を認識するとき、復活信仰をもたない他宗教の信仰に基づく宗教教育とは異なる全く独自の役割を果たすことができるかもしれない。このように考えると、カトリック学校の宗教教育を特にイエスの復活と結びつけて考察することは、非常に意義があるといえるだろう。

そこで本章では、カトリック学校の宗教教育であるカトリック教育は、イエスの復活からどのような示唆を得ることができるのか、について考察する。以下ではまず、教会が復活をいかに理解してきたのかを確認するために、旧約聖書と新約聖書を含めて聖書思想における復活理解の変遷を俯瞰し、併せて神学領域の代表的な見解についても概観する。次に、新約聖書の福音書ではイエスの復活について何が描かれているのか、復活したイエスの出現の特徴と、復活したイエスと出会った弟子たちに生じた変化の共通点を検討する。最後に、そうしたイエスの復活がどのようなメッセージを含意しているのかを指摘して、カトリック教育がイエスの復活から汲み取れる内容を浮かび上がらせる。

なお、新約聖書の原典のギリシア語には、復活を表現する二種類の言葉がある。一つは「起こす・目覚めさせる」を意味する言葉の動詞形「ἐγείρω エゲイロー」、もう一つは「立ち上がる・起き上がる」の名詞形「ἀνάστασις アナスタシス」であるが、どちらの言葉も文脈依存的に復活を含意するのであり、元々復活だけを指しているわけではない[2]。これらの単語は文脈上復活を指していることが明らかな場合に「よみがえった」または「よみがえり」と邦訳されている。他方で、復活それ自体を指しているわけではなく、復活したイエスの目撃に関わる表現として、「出現」または「現れた」と邦訳される「ὤφθη オーフセー」という言葉がある。これが聖書におけるイエスの復活顕現についての最古の証言とされる[3]。本章では、「よみがえり」という表現には信仰者による信仰告白が含まれると考え、一方の「出現」および「現れ」は客観的な事象を指す表現と捉え、復活したイエスの出現という表現を主に用いる。復活したイエスとの「出会い」と書く場合は、イエスの出現を受けた人物がその体験を内的に深めたと考えられる場面に限って用いる。また、「キリストの復活」という場合は、イエスが救い主であるという信仰表現であるので、本章では「イエスの復活」という言葉を使用する。

第1節　復活理解の変遷

本節では、教会が復活をどのように理解してきたのかを確認しておく。まず旧約聖書、次に新約聖書のイエスと弟子たち、続いてパウロの復活の観念をたどり、聖書思想における復活理解の変遷を俯瞰する。以下、主に聖書学者の佐藤研（1997）[4]と神学者の大貫隆（2011）[5]の解説に従って概括する。

1－1．旧約聖書における復活の観念

イスラエルでは、紀元前 3 世紀頃から審判を伴う死後の生命の可能性について論じられてきたとされるが[6]、復活の観念が聖書の中に「死者の復活」という形で初めて明確に現れるのは、旧約聖書の文書で最後に成立した「ダニエル書」の結び（12 章 1-4 節）とみるのが定説である。この箇所の内容は、歴史の終末のときに「多くの者が地の塵の中の眠りから目覚め」、永遠の生命に入る者と永久の憎悪の的になる者とに区別されるというものである。ここにみられる復活は、最後の審判による裁きを受けるためのものであり、死者は必ず復活するものの、その復活が即救いにつながるとは限らないというイメージである。この他、ダニエル書の成立以前にも旧約聖書の後期の文書の中に例外的に死からの復活の観念が示される典型的な例として、バビロン捕囚期（紀元前 6 世紀半～ 3 世紀）に成立した「イザヤ書」にある「あなたの死者がいのちを得、私のしかばねが立ち上がりますように」（26 章 19 節）という箇所が指摘されている。

これらにみられる復活の観念は、黙示思想と呼ばれる思潮の中で生じてきたものとされる。黙示思想とは、古代ユダヤ教の中で生じ、預言者に託された歴史の終末のありさまの幻視として聖書の黙示文学に描かれたもので、ユダヤ・キリスト教の文化圏で流布した。この黙示思想は、宗教的な迫害の時代においては、神の決定的な救済の到来である終末への希望を抱かせることによって、現世での苦難に耐えさせるための一定の力を有してきた。他方、ユダヤ教には黙示思想以外にも死後の生命についての観念があり、アブラハムらの族長たちや、エリヤのような偉大な預言者は、神のもとでなお生きていると信じられていた。

1－2．イエスと弟子たちの復活理解

それでは、イエス自身は復活をどのように捉えていたのだろうか。さきの「ダニエル書」の成立年代は紀元前 165 年頃とされることから、紀元前 7 ～ 4 年の間には誕生していたとみられるイエスと、その同時代を生きた弟子たちの間でもこのような「死者の復活」の観念は流布していたと考えられてい

る。例えば当時、ローマ帝国の支配に武力で抵抗しようとする過激な思想が民衆の一部に生じたのも、神のために戦うならば終末のときに復活できるという期待があったからである。このようにイエスが生きた時代に復活の観念は、民衆の間で相当程度影響力をもつまでに浸透していたとみられる。

しかし、復活とはどのようなものなのかについての理解の仕方はさまざまで、エルサレムで逮捕されたパウロが最高法院で述べた弁明[7]とアグリッパ王の面前での演説[8]によれば、サドカイ派は死者の復活を信じていなかったのに対して、ファリサイ派は「神が死者を復活させてくださる」と信じていた。この点だけをみれば、イエスはファリサイ派と同じ立場であった。ただし、イエスが弟子たちに自身の受難と復活を予告した場面[9]が福音書に登場するが、これらはいずれも事後予告であるとみるのが概ね定説となっている。

これに対して、復活を信じないサドカイ派の人々との復活問答[10]は、イエスの復活についての理解を示すものとみなされている。ここでイエスは、死者が復活すると天使のようになり、永遠の生命が与えられると答えている。だが、ここに示される内容は、少なくとも表現の上では黙示思想とほとんど変わらない。それでは、イエスの復活理解の独自性はどこにあるのだろうか。

この点に関して、復活がやがて訪れるこの世の終末のときを待つことなく、今この時にイエス自身において既に始まっている、と捉えた点がイエスの復活理解の新しさであると佐藤は指摘する[11]。イエスの復活理解の独自性について、大貫はさらに強調して次のように説明している[12]。イエスの宣教活動は「神の国のイメージ・ネットワーク」を原動力としてなされていたが、神の国とは、神の支配が隈なくいきわたる状態を指し、イエスによって「天上の祝宴」にもなぞらえられている。この神の国は、イエスが生きている今この時に既に始まっており、実現しつつあるとイエスは捉えていた。そうして神の国は既に変貌を遂げているこの世界においても、歴史の終末のときに完成される世界においても連続している。このような神の国のイメージのもと、イエスは死者の復活が遠い未来に起こることではなく、既に今起こりつつあると考えていた。しかも、死者の復活は、ユダヤ教徒が尊敬する偉大な信仰の祖のみならず、名も知れず神だけに依り頼んで生きてきた小さい者たちが、既に死からよみがえって天上の祝宴に連なることによって、今始まっているというのである。そうであるとすれば、他ならぬイエス自身が神の国の成就としての復活を確信していたのだといえる。

それでは、イエスの死後、エルサレムに初代教会を形成した弟子たちは、イエスの復活をどのように捉えたのだろうか。福音書によれば、死者の復活という観念に触れていた彼らにとっても、イエスが復活するということは思い及びもしなかったようで、復活したイエスの出現に遭遇した弟子たちは例外なく驚愕しており、中には疑う者もいたことが記されている。少なくともイエスが十字架上で刑死した時点で、イエスの復活を期待する者がいたことは記録されていない[13]。ところが、イエスの復活を弟子たちは待望していなかったであろうにもかかわらず、新約聖書の中で紀元 54 ～ 56 年頃にパウロが書いたと推定される書簡に次のような記述がある[14]。

> 最も大切なこととしてわたしがあなたがたに伝えたのは、わたしも受けたものです。すなわち、キリストが、聖書[15]に書いてあるとおりわたしたちの罪のために死んだこと、葬られたこと、また、聖書に書いてあるとおり 3 日目に復活したこと、ケファ[16]に現れ、その後 12 人[17]に現れたことです。次いで、500 人以上もの兄弟たち[18]に同時に現れました。そのうちの何人かは既に眠りについたにしろ、大部分は今なお生き残っています。次いで、ヤコブ[19]に現れ、その後全ての使徒[20]に現れ、そして最後に、月足らずで生まれたようなわたし[21]にも現れました。

この部分は、最古の復活信仰の表現とされ、新約聖書学では「告げ知らせる」という意味の動詞の名詞形「κήρυγμα ケリュグマ（宣教使信）」と呼ばれる部分で、すなわち、初代教会が宣教するキリスト教のメッセージの中でも最も重要な中心的内容を定式化したものである。ここでパウロがいう「最も大切なこと」とは、キリストの死には人類の罪を贖う贖罪の意義があったこと、キリストは確かに死んで葬られたのだが、3 日目に復活して、①ペトロ、② 11 人の弟子（ペトロを含む）、③ 500 人以上の宣教団、④ヤコブ、⑤全ての使徒、⑥パウロに現れたというのである。

これらの人たちに共通するのは、彼らがみな「使徒」と呼ばれる弟子であった点である。「使徒」とは、狭義には生前のイエスが将来ご自分の復活の証人とすることを目的の一つとして選んだペトロを含む12弟子（①と②）を指すが[22]、広義には初代教会で最も重要な福音宣教の職務を担った弟子を含める[23]。ここで留意したいのは、周囲に使徒と認知されるには、復活のイエスと出会っていることと、イエスから宣教の使命を託され、その派遣を受諾していることが前提となる点である。すなわち、上記の①〜⑥は、本来イエスの復活を人々に告げ知らせる使命を受けた人たちだったのである。

1－3．パウロの復活理解

前項でみたケリュグマの内容が、エルサレムで誕生した初代教会の復活理解の核心部分である。パウロはこのようなキリストの復活がなかったのであれば、自分の宣教もキリストを信じることも無駄であると、ケリュグマに続く部分で述べ[24]、イエスの復活こそがキリスト教信仰の最大の要であり、原点であると断言する[25]。じっさい、生前のイエスには一度も会ったことがなく、キリスト教徒を迫害する途上のダマスコでただ一度、復活したイエスと出会った体験によってのみ、キリスト教の迫害者から宣教者へと劇的な方向転換を遂げたパウロにとって、復活こそが信仰の根源であるのは単なる観念上のことではなく実体験に基づいての確信であった。熱心なファリサイ派のユダヤ教徒として死者の復活の観念については学んでいたパウロであったが、イエスの復活については学問としてではなく、直接体験として知ったのだという迫真性が、彼の書簡の随所にあふれている。

それでは、こうしたイエスの使徒たちの信仰は、当時のユダヤ教世界に受け入れられたのだろうか。地中海世界一帯を横断する大規模な宣教の旅によって、キリスト教を世界宗教に発展させる礎を築いたパウロであったが、この大事業を成し遂げるためにはまず、既に宣教地に浸透していたユダヤ教思想およびギリシア思想と対決しなければならなかった。ユダヤ教には先述したような死者の復活の観念を含む黙示思想が存在したが、古代ギリシア思想においては、肉体と魂は二元論的に捉えられており、魂のみの輪廻転生はあるとしても、肉体を備えた復活はありえないという立場であった。このような二元論的思想はギリシア思想に限らず、キリスト教の異端にもみられるもので、例えばグノーシス主義では、復活とは本来の自己が肉体から解放されて至高の神性に帰ることであり、肉体の死より先にあるべきものと捉えられていた。

これに対してパウロは、あくまでも体を備えた復活を強調している。特に、ギリシアの港町コリントで、死者はどのように復活するのかを説明した場面で、パウロ独自の復活の体についての理解がみられる[26]。ここでパウロは霊肉二元論に基づく霊魂不滅説になじんでいるギリシア人に向かって、復活とは「自然の命の体」から「霊の体」へと変えられることだと論じている[27]。パウロの説明によると、人間の命のプロセスは、まず「自然の命の体」があり、次いで「霊の体」に移行していく。前者は地に属しており、後者は天に属している。

ここで「自然の命の（体)」と訳される言葉は、新約聖書の原典のギリシア語では「プシューキコス」であり、これは名詞「ψυχή プシュケー」の形容詞である。プシュケーは、通常「魂」と邦訳されるが、日本語における「魂」の意味領域とは異なり、神との関わりになしには生きることのできない実存的欲求をもった人間存在の全体を表し、肉体をも含んだ概念である[28]。つまり、聖書思想におけるプシュケーは肉体との対比語ではない。他方、「霊の(体)」と訳されるギリシア語の「プネウマティコス」は、名詞「πνευμα プネウマ」の形容詞である。新約聖書のプネウマは、神から切り離されると滅びゆくものとしての「σαρξ サルクス（肉)」との対比語であり、霊的な生命の根源である神との密接な関わりによって人間存在が本質的に生かされる状態を表す[29]。

この箇所での「自然の命の体」と「霊の体」との両者の区別は、体の構成要素の相違ではなく、それぞれの体に生命を与える二種類の支配原理の違いであるという。つまり、「霊の体」といわれているのは、例えば「霊によってつくられた体」のように体を構成する要素を指しているのではなく、霊の内にあり霊の力に支配された体を指すとされる。これらの点から明らかなのは、パウロの復活理解においては、人間は神との関わりに飢え渇く実存的欲求をもちながらも、この地上世界での支配原理のもとにあるが、やがては死すべきプシューキコスな体から、神の領域に属し永遠の価値をもつプネウマティコスな体に変えられていく。これがイエスの復活にあずかることであり、こうして人間は霊的な生命に招かれているのだとパウロは考えた。

ここで注意が必要なのが「体」と訳されている言葉である。原典のギリシア語では「σώμα ソーマ」となっており、先述した霊との対比語のサルクス（肉）とは異なるこの単語をパウロは意識して用いたと考えられる。大貫によれば、ギリシア語のソーマ（体）のもつ意味領域は、必ずしも肉体性ではなく、近代の用語で「人格」に近いという[30]。パウロはソーマというギリシア語を用いて、死を超えて存続する人格のようなものを指していたのかもしれない。そうだとすれば、自然の命に支配されているか霊に支配されているか支配原理の相違はあっても、復活した人間は、生前と同じ人格の主体であり、同一の存在であるという点を強調して、生前と死後では人格の連続性が保持されていることをパウロは指し示していると考えられる。

パウロはここでの議論全体を通して、人間はイエスの復活にあずかることによって、自然の命の力に支配された状態から霊の力で動かされる状態へと変えられると説明した。そうして、体を備えた復活も人間の身体性も否定する立場に対して、復活する主体にソーマという用語をあえて使用することで、救いが完成する復活の体においては、サルクスとは異なる新しい身体性が備わると主張したのではないか。このようにパウロの復活理解においては、自然の命の支配から霊の支配へと移行して、この地上とは異なる新たな身体性を伴っていることが強調される。

以上、旧約聖書、新約聖書のイエスと弟子たち、パウロの復活理解について概括してみたが、『聖書思想事典』[31]では聖書の復活理解について次の点に注目している。イエスは復活が自分から始まることを知っており、その予告もしていたが、弟子たちは理解していなかったため、彼らに復活を信じさせるためには、彼らの前に自ら出現することがどうしても必要であった。そこでイエスは自ら選んだ証人にだけ出現する。そうして出現したイエスは幽霊ではなく、実際の身体をもって実在するナザレのイエスであった。イエスの復活は、使徒たちの宣教内容の中心となるが、彼らは宣教の過程でイエスの復活と旧約聖書との関連を明らかにし、神学的解釈を練り上げていく。そこで明確にされた復活の意義とは、主に次の点にある。

第一に、十字架につけられて死んだイエスを神が復活させ、天の栄光に上げたことにより、贖いの業が成就した。第二に、復活はイエスの地上での生涯とその教えを天の御父が承認した徴である。第三に、神の愛と恵みを現すイエスの地上生活の意義が、復活によって余すところなく啓示された。第四に、イエスの復活は私たちの復活の希望の根拠である。すなわち、イエスの復活は、全人類の救いの初穂であり源であった。とりわけ、新しい体を伴って人間全体が復活するというメッセージは、身体が霊的で不朽・不死のものへと完全に変容するという意味で人類の希望となる。第五に、イエスの業は聖霊の賜物を通して教会の中で継続し、イエスの復活の命にあずかることによって、今この世での生活を霊的な生命に参与させることができる。

このように、『聖書思想事典』での指摘を筆者は以上の五つの点に集約してみたが、神学領域では復活についてどのような議論が行われてきたのだろうか。

1－4．神学における復活理解

キリスト教の霊性史においては、国や時代によってイエスの十字架あるいは復活のどちらかに焦点が当てられがちであった。例えば、暗黒の中世ともいわれる13～15世紀の欧州では、戦争やペストによる大打撃を受けるに伴い十字架の霊性が強調されたが、物質文明が発展した現代、経済的繁栄を享受できる先進諸国では復活の霊性が優勢にみえるという[32]。つまり、現実の厳しさが増す状況下ではイエスの十字架に対する共感が高まり、平穏な社会状況が続くと次第にイエスの復活に目が向けられるという歴史的な揺り戻しがあることが知られている。

西欧の神学上の議論は、正統信仰を擁護するために啓蒙時代は復活の事実性の主張に力点が置かれたが、第1次世界大戦後は、「啓示、信仰、希望、贖いにとっての復活の意義」をめぐるものであったという[33]。そのようにして、20世紀のローマ・カトリックの思想は復活中心的なものになったとみられるが、それでは復活に関する議論が十分尽くされてきたのかといえば、必ずしもそうではない。イエスの復活が現代神学のキリスト論の中心的位置を占めるようになったのは、実は1960年代に入ってからであるという[34]。ここで、日本にも紹介されているイエスの復活に関する代表的な見解の一部を概観すると、次のように説明できる[35]。

復活の議論に関して欧米の神学に多大な影響を与えたブルトマン（Rudolf Bultmann, 1884-1976）は、復活を非神話化して、あくまでも弟子がイエスは復活したと信じた体験であると捉えた。復活信仰は十字架に従属しており、十字架の有意味性を保証する以外の意味はなく、つまり復活信仰とは十字架に対する信仰以外のものではない。もっぱら十字架に磔にされたキリストを宣教するためにのみ復活信仰がある、という解釈を示した。

これに対して、人間を超える神の超越的主権を強調するカール・バルト（Karl Barth, 1886-1968）は、復活とは神の絶対的主権を表す神の行為であり、十字架とは独立して理解されるべき新たな救済の出来事であると反論している。また、ブルトマンと対照的な立場で歴史の普遍史的把握を目指したパネンベルク（Wolfhart Pannenberg, 1928-2014）は、イエスの存在が何であるかは復活からしか理解できないとして、生前のイエスの真相を理解するためには復活から遡及することを提案する。その結果、イエスの復活が終末の先取りとして、全人類の救済を根本的に規定することを強調した。

パネンベルクと同時期に、ブルトマンとは逆の結論に至ったのがモルトマン（Jürgen Moltmann, 1926-）である。ブルトマンが復活に十字架の有意味性をみたのに対して、モルトマンは十字架こそが復活の意味を明らかにするのだという立場を取る。それでは復活にはどのような意味があるのかといえば、モルトマンにとっては、現代の十字架ともいえる傷ついた世界で虐げられた者が、悪から解放される約束の保証であり、未来への希望であった。

このように多様な復活理解がある中で、現代のカトリック教会は、復活について公式にはどのように伝えているのだろうか。聖ヨハネ・パウロ２世教皇（在位 1978-2005）の命で編まれたカテキズム（公教要理）[36]では、キリストの復活と死者の復活に関して複数の項目で取り上げ、次のように説明している。

イエスの復活の位置づけについては、「信仰の頂点に位置する真理」であるが、それは「十字架とともに過越の神秘の本質的要素を表して」いると説く（126）。つまり、復活だけでなく、イエスの受難、死、復活、栄光に上げられることの全体を含めた過越の神秘が神の救いの計画を成し遂げるものであったと説明されている（112）。こうした解説の仕方は、これまでの神学の議論にみられたような、十字架と復活の二つを切り離して、どちらかにのみ比重を置いて捉える見解を注意深く制御しているといえる。

復活という現象については、歴史的出来事であると同時に、歴史を超越していることを指摘し（128）、イエスの復活した体についても、それはまぎれもなく受難の傷跡をとどめる十字架につけられた体でありながら、栄光の体の特徴を帯びて神のいのちにあずかるという見解を示し、生前のイエスと復活のイエスの体について、連続性と非連続性の両方について明言している（129）。

復活の意義については、「受肉の頂点」として生前のイエスの生涯と教えの全てを実現するものであると説く（131）。同時に、復活したイエスは私たち人類の義化と復活の根源でもある。すなわち、この世における今の時点で既にイエスのいのちにあずからせるとともに、終末のときには私たちの体を復活させてくださると述べ、イエスの復活が人類の救いと復活の根拠としての救済的意義を有していると指摘する（131）。

以上、旧約聖書と新約聖書における復活理解の変遷を概観し、神学領域における復活についての代表的な議論と現代のカトリック教会の公式見解をみてきた。そのいずれにもキリスト教信仰の核心となる秘儀を追究した真摯な試みの跡が刻まれているが、カトリック教育を復活の観点から捉え直すとき、復活のどのような要素に特に注目すればよいのか、次節では四つの福音書の記述を取り上げて考察する。

第2節　復活信仰に基づくカトリック教育

2－1．福音書にみる復活したイエスの出現

ここでは、新約聖書の中でイエスの復活について何が描かれているのか、福音書の復活物語[37]を取り上げて、復活したイエスの出現の特徴と、復活したイエスと出会った弟子たちに生じた変化の共通点について検討する。

まず、新約聖書において「復活」を意味する単語は、コンコルダンス[38]によれば、イエスだけでなく死者の復活も含めて、4冊の福音書と13冊[39]の文書中139箇所に登場する。これらの箇所で、復活したイエスの出現に遭遇した人物として挙げられているのは、ペトロと10人の弟子（名前が明記されるのはヨハネ、ヤコブ、トマ）、エマオを旅した2人の弟子（クレオパともう一人の弟子）、マグダラのマリア、十字架磔刑の翌週の初めの日にイエスの墓参りをした婦人たち（福音書により名前が異なる）[40]、500人以上の人たち、パウロである。

ここでは、特に復活したイエスの出現の場面が福音書に詳しく描かれ、イエスの出現に遭遇した人物が単なる目撃者としてではなく信仰者として変化していることが明らかで、それらの人物にとっては復活したイエスとの人格的な出会いにまで体験が深化していると考えられるものとして、ペトロと弟子たち、エマオを旅する2人の弟子（以下、エマオの弟子）、マグダラのマリアへの出現を中心に取り上げて考察する[41]。

福音書に記されたイエスの復活物語を読むとき、これらの場面に共通している復活のイエスの出現の特徴、および弟子に生じた変化として、以下の8点を挙げることができる。

1）**否定的状況での出現**：復活したイエスは、絶望の淵にいる人間の闇の現実のただ中に出現する。ペトロは自他共に認めるイエスの筆頭弟子としての自信と誇りに満ちて約3年の間イエスの宣教活動に付き従ってきた。だが、ユダヤ教の指導者層による捕縛と十字架上の磔刑を前にしたイエスが、人の子としての苦痛と孤独の極みにあって、まさに助けを最も必要とするそのときに彼を置き去りにし、逃走する。それは自らの信念を貫けない脆さを露呈

したペトロ自身の挫折体験でもあった。ペトロへのイエスの出現場面は3カ所あるが、ヨハネが福音書に記す不思議な大漁の場面では、夜通し漁をしても何も捕れない不毛の暗闇の中に置かれている。ディティモ（双子）と呼ばれるトマスは、10人の弟子が集っている場に居合わせないときにイエスが出現したことをおそらくは不服に感じ、「この指を釘跡に入れ、この手を脇腹に入れてみなければ、私は決して信じない」と公言して心を閉ざしている。エマオの弟子は、「暗い顔をして立ち止まった」。一説には、彼らは失望のあまり、エルサレムを拠点とするイエスの弟子の共同体から物理的にも心理的にも離れていったのだという。マグダラのマリアは、イエスを喪った悲しみの果てにくずおれて泣いている。彼女にとってイエスはまさに人生そのものであり、「私の主」が彼女自身から「取り去られた」喪失感は、他のものでは埋め合わせることができないからである。

これらのいずれの場面でも、イエスの出現は挫折、不毛、不服、不信仰、失望、絶望など、人間のネガティブな感情を惹起させる現実の渦中で体験されている。しかも、興味深いのは、イエスは彼らに自らが置かれているそうした負の現状を認識させる問いかけをしている点である。不思議な大漁が起こる前に、夜明けの岸に立つ復活したイエスは「何か食べる物はあるか」とペトロたちに声をかけ、あえて彼らの欠乏状態を意識させる。見知らぬ旅人の姿をとる復活したイエスは、十字架刑について論じ合っていたエマオの弟子に、「何を話しているのか」と困惑の原因について尋ねる。空の墓の前で泣いているマグダラのマリアには「なぜ泣いているのか」「誰を捜しているのか」と彼女自身の悲嘆の深さを自覚させる。つまり、復活したイエスの出現は、人間の否定的な現実に直接働きかけると同時に、自らの欠落したありようを認識させる状況で起こる。

2）各人固有の性質に即した応答：復活したイエスは、各人固有の性質や心の奥底にある望みに応じた仕方で出現し、相手に分かる方法で語りかける。イエスの出現を受けた人たちは、最初はそれが誰であるか分からない。ティベリアス湖畔で漁をしていたペトロたちは、岸から声をかける男性をイエスとは考えなかった。エマオの弟子は2人とも「目は遮られていて、イエスだとは分からなかった」。マグダラのマリアは、復活したイエスを園丁だと思っていた。なぜなら、復活したイエスは生前とは異なる相貌をしていたからである。それでは、どうしてそれがイエスだと後に気づいたのかといえば、生前のイエスとの連続性があったからである。

ペトロは、自分たちの労力を超えた不思議な大漁を経験しながら、初めてイエスと出会ったとき同様の体験をしたことを思い出して、先に「主だ」と気づいたヨハネの言葉を信じる。トマスは、復活したイエスに十字架の傷跡を見ると、自らの手で傷跡に触れる前に「わが主、わが神」とイエス・キリストへの信仰を告白する。エマオの弟子は、旅人がパンを取り、賛美の祈りを唱え、パンを裂いて渡した瞬間に目が開けて、その旅人がイエスだと悟る。それが見慣れたいつものイエスの動作であったからである。マグダラのマリアは、園丁だと思った男がいつも聞き慣れた名前の呼び方をしたときに、それがイエスであると気づく。

彼らは共通して生前のイエスとの連続性を体験したときに、復活したイエスとの人格の同一性を認識する。復活したイエスとの出会いは生前の関わりとつながりがあるという点は、注目に値する。相貌が異なるのだから、復活のイエスが生前のイエスの延長線上にあるとはいえないだろうが、復活のイエスとの関わりは、生前のイエスとの関わりを基として異なる相のもとに同じ人格的関係を展開しているといえる。つまり、復活したイエスは、人間イエスのエピソードを土台として、生前の絆をより深める形でそれを生かしながら、本人にだけそれと分かる徴を伴って現れている。超自然的な大漁、十字架の傷跡、パン裂き、呼び名など、生前のイエスとの関わりを想起させる意味深長な徴を用いて、復活したイエスは一人ひとりに異なる非常に個別的な関わり方をしてくる。

3）人知を超えた一方的出現：復活したイエスの出現は、弟子たちにとって全く予期せぬことであり、人知を超えた一方的なものであった。ペトロやエマオの弟子やマグダラのマリアは、復活したイエスに出会うために漁に出たり、エマオに向かったり、墓に行ったりしたわけではない。イエスを師と仰ぎ、その教えを受け入れていた弟子にとっても、生前のイエスによる復活の予告については全く理解しておらず、磔刑後にイエスの復活を待望するどころか、復活の可能性など思い浮かびもしなかった様子である。それにもかかわらず、イエスは全くの予想外の出来事として弟子たちの前に現れる。しかも、戸に鍵をかけた家の真ん中に立つ。人間が扉を閉ざした防御を突破してまで、期せずして立ち現れるのである。

他方、人間の側の努力や望みもなかったわけではない。ペトロと10人の弟子たちはエルサレムで人目を忍びながらも集会を開き、あるいは祈っていた。復活したイエスに出会ってから彼らはガリラヤで日常の生活に戻り、仲間と共に生業である漁に出ていた。イエスがユダヤ教の指導者に捕らえられ十字架に架けられたことにはどのような意味があったのか、エマオの弟子は議論している。マグダラのマリアはイエスの埋葬の仕上げをするために墓に訪れた。彼らはそれぞれの仕方で生前のイエスの面影を求め、イエスを追悼し、イエスの生涯を思い起こし、イエスについて思い巡らした。そこにはイエスとの関わりをつなげたいという人間の側からの意志が見て取れる。復活したイエスのエピソードには、主体はイエスにありながらも、弟子の求めてやまざる探求心の兆しを逃さず捉えようとする、イエスの真摯な応答姿勢がうかがえる。

4）罪の赦しと再生：復活したイエスとの出会いによって、弟子たちは罪の赦しを体験し、心の傷が癒される。ペトロは鶏が鳴く前に「3度わたしのことを知らないと言うだろう」という受難前夜のイエスの予告どおりに師を公然と否んだ直後、磔刑に向かうイエスに見つめられて悔悟の涙を流す。恩師を裏切ってしまったという慙愧の念と罪の意識はイエスの死後もペトロを苛んでいたが、復活したイエスがペトロに現れ、しかも咎める言葉を一つも発せず、それを話題にしないということは、ペトロを赦している証でもあった。しかも不思議な大漁に続いて、イエスは弟子たちに自ら調えた朝食をふるまう。さらにイエスは、ペトロから3度の信仰告白を引き出すが、それはあたかもイエスを3度否んだペトロに過去の裏切りを全く帳消しにする機会を与えたかにみえる。ペトロはイエスの途方もない赦しの大きさに圧倒されたであろう。

エマオの弟子は、人生の望みを託した偉大な師が、期待に反して刑死による惨敗で終末を迎えた悲劇を受け入れることができずにいる。同時に、自分の仕えた師を危機から救い出せなかった仲間たちに不信感を抱いていたかもしれない。しかし、彼らがまだ不信のうちにいたときに復活したイエスが現れ、長旅に同伴し、旧約聖書全体にわたって解説さえしている。しかも、同じ宿で夕食を共にしようとされる。彼らは咎めの言葉を一つも聞くことなく、かえって自分のために手間隙をかけるイエスの振る舞いに、裏切りが既に赦されていることを実感したであろう。これはとりもなおさず、罪意識の中で崩壊した古い自己が新たな自己へとよみがえり、内的に再生するという、彼ら自身の復活体験でもあったはずである。

5) **実存的な変化**：復活したイエスとの出会いによって、弟子たちは挫折、不信、失望から立ち直り、実存的な変化を遂げる。マグダラのマリアはイエスの墓の外に立って泣いているが、復活したイエスに出会うと急いで走って行き、人々に復活の喜びを告げ知らせる者に変えられる。弟子の変貌の頂点は聖霊降臨である。イエスの復活から 50 日目とされる日に弟子たちが集まり祈っていると、彼らの上に復活したイエスの息である聖霊が降り、彼らは新しい被造物へと変容する。素朴な漁師であり十分な教育を受けていないペトロが何千人もの前でイエスの復活について説教し、ユダヤ教の指導者層に捕らえられると為政者の前で堂々と信仰を宣言する。イエスの磔刑のときには恐ろしさのあまり逃げ出したその同じペトロが、人生の終わりには十字架に磔にされても信仰を貫く者へと変えられている。これらは彼らが実存的変化を遂げていることの証拠となる。

ここで留意したいのは、彼らの動機も純化されているという点である。マグダラのマリアは、おそらく生前のイエスに人間的な執着を寄せていたかもしれないが、彼女は「わたしにすがりつくのはよしなさい」という復活したイエスの言葉によって、過去の情愛とは異なる仕方でイエスを愛するよう霊的に清められる。ペトロにとって、仲間内で一番上になりたいという野望は、教皇になることによってある意味かなえられるが、それはかつて彼が望んだような権力欲を満足させる形ではなく、処刑さえ伴う茨の道であった。

6）祝福の徴：復活したイエスの出現には祝福の徴が伴う。復活したイエスが現れると、夜通しの不毛な漁はたちまち網がやぶれるほどの大漁に激変する。このとき捕れた魚は153匹と記されているが、これは当時数えられていた魚の全種類を表すとされる。これにより、全くの無から完全に全てという際立った豊饒が印象づけられる。網を舟の右側に打てと命じた見知らぬ男がイエスその人だと気づいたのは、大漁の瞬間であった。エマオでも同様のことが起こる。目的を喪い失望の果てに沈んだ表情をたたえて、信仰の中心地であるエルサレムの仲間から周辺部の村へと落ちていくエマオの弟子は、「道々聖書を語られたとき我々の心は燃えていたではないか」と後に追想することになる。彼らは道中ではまだ、聖書を解き明かす旅人がイエスであることに気づいてはいなかったが、既に心の奥には信仰の炎が燃え始め、大きな良い変化が生じていたのである。

復活したイエスが発する言葉にも祝福が現れている。復活したイエスが弟子たちに語りかけた言葉として、ルカが1回、ヨハネが2回、各々の福音書に共通して記している言葉は、「平和」と邦訳されるギリシア語「εἰρήνη エイレーネー」である[42]。復活したイエスは、ユダヤ人を恐れて鍵をかけた部屋に閉じこもっている弟子たちの真ん中に立ち、「あなたがたに平和があるように」と言って祝福する。ヘブライ語で「שָׁלוֹם シャローム」と表現される聖書の「平和」とは、単に戦争のない状態だけを指すのではなく、神と人間と自然とが和合して生きている状態、神からの賜物としての物質的・精神的恵みを全て含む完全無欠な幸福を表す[43]。

こうした「平和」について、イエスは受難に向かう前に最後の晩餐の席で弟子たちに向かって、世が与えるのとは異なる「わたしの平和を与える」と予告していた。従って、復活したイエスの祝福の言葉には受難前の約束との対応関係があるとみることができるだろう。すなわち、十字架の贖いの業を成就した今、初めて天の御父と人類との関係が完全に回復され、真に平和な状態を弟子たちに授けることができたのである。十字架によって人類の罪を滅ぼし、死に打ち勝って復活したからこそもたらすことのできたイエスの平和とは、創造主と被造物の間に新たに樹立された何一つ欠けるところのない十全な調和と祝福であった。

7）新しい使命の授与：復活したイエスは新しい使命を弟子たちに授与する。新しい使命とは、復活したイエスを目撃した「証人」として弟子を宣教に派遣することであった。生前のイエスにも弟子を宣教に遣わす場面はあったが、復活したイエスの派遣には「聖霊」の力が伴う。聖霊の働きが露わになることこそ、イエスが復活した証であるといえる。なぜなら、生前のイエスは聖霊を人々に吹きかけることはできなかったが、聖霊をこの世に送るのは、磔刑による贖いの業で完成されたイエスの生涯全体が御父に完全に嘉され、受け入れられた確証だからである。

さらに、生前のイエスによる弟子の派遣には明確な個別性が記されていなかったが、復活したイエスの派遣には、弟子の個性に応じた固有の使命の性質が加えられている。例えば、ペトロには教会の牧者（教皇）となる使命が明示される。福音書の記述では、それが後世の教会による挿入であるかどうかここでは問わないが、既に生前のイエスはペトロに対して、天国の鍵を授けるという比喩などにより、後に誕生することになる教会で首位に立つ者であることを伝えている。とはいえ、ペトロ自身が自らの使命を明確に自覚していたとは捉え難い言動も記されている。この点、復活したイエスはいわば公式にペトロに教会の長となる使命を授与し、ペトロ本人も自らに託された使命の重大性を自覚した上で受諾していると考えられる。

また、ヨハネにはイエスの神秘に分け入るという深遠な使命が、トマスには「見ないのに信じる人は幸いである」という、後世の信徒のために重要なイエスの言葉を引き出すという形で、マグダラのマリアは弟子の頭であるペトロにイエスの復活を告げるという使命が、それぞれの個性に応じて与えられる。こうした使命の相違は、弟子の性格に無関連に付与されたのではなく、各人の自然的性質に即している点は興味深い。例えば、福音書の記述に従えば、ペトロはリーダー願望が強く、ヨハネは思慮深い沈思黙考タイプであり、トマスは現実的な物事の把握に優れ、マグダラのマリアは大胆に行動する、といった特徴が垣間見えるのである。イエスはそうした弟子たち個々の元来の性格を積極的に伸ばすような使命を与えたといえる。

8）共同体的次元への普遍化：復活したイエスとの出会いによって、弟子たちの信仰は個人的な次元から共同体的な次元へと成長していく。教会が誕生したのがイエスの復活後であることは注目に値する。教会とはイエスが生前に設立した組織ではなく、イエスの死後に復活したイエスの証人の集まりとして聖霊によって生まれたのである。エマオの弟子はパンを裂いて渡す旅人の動作にイエスだと気づくと、時を移さずエルサレムの信仰共同体のもとに戻る。復活したイエスに出会った弟子たちは、聖霊の降臨を待ちながら共同で祈っている。その後もパンを裂いて食事を共にする集いを重ねていた。彼らは財産すらも共有し、相互に助け合いながら生活していた。一人悲しみに暮れていたマグダラのマリアは弟子たちにイエスの復活を告げ知らせる。イエスの生涯と教えを記した福音書は、名前を冠した福音記者が単独で著述したのではなく、同じ信仰を共有する仲間による共同編集の産物であった。

さらに、彼らの信仰の共有は、自らの属する共同体の内部にとどまらない。聖書の記述に従えば、弟子たちは外国人にとっても理解できるような言葉で宣教をしたのである[44]。これは弟子たちが自らと類似する思考の枠内で物を考えたり、仲間内だけで通じる信仰表現に固着したりする内向きの信仰から脱却して、思考の枠組みが異なる外部の世界に対しても自らを開き、信仰表現を異質の他者に向けて普遍化させて、対面する相手に通じる仕方で信仰を伝えることができたことを意味している。このように、復活したイエスと出会うと、信仰も生き方も個人的次元から共同体的次元へと普遍化されるといえよう。

以上、福音書のイエスの復活物語を考察すると、復活したイエスには、1）否定的状況での出現、2）各人固有の性質に即した応答、3）人知を超えた一方的出現という特徴があり、復活したイエスと出会った弟子には、4）罪の赦しと再生、5）実存的な変化、6）祝福の徴、7）新しい使命の授与、8）信仰に共同体的次元への普遍化をもたらすことを指摘した。それでは、復活したイエスをめぐるこれらの共通項からカトリック教育はどのような示唆を得ることができるのだろうか。これを次項で考察する。

2－2．イエスの復活にみるカトリック教育の独自性

イエスの復活を教育の場で取り上げるとき、障壁になると考えられるのが、イエスは弟子たちの心の内によみがえったという復活理解である。これは先にみたブルトマン以降、神学領域でも影響力をもつ考え方であるが、特に日本人の場合、故人は生者の心の中に思い出として生きている、というイメージになじんでいる。しかし、聖書が伝えるイエスの復活は、あくまでも具体的な歴史上の出来事であり、複数の人間が客観的に把握できる事実である。聖書に基づけば、復活は決してイエスを慕う人々の心の内で生起した内的体験や心理的現象ではない。それでは、イエスの復活が歴史的事実であることをどのように論証できるのだろうか。

聖書の記述を手がかりにするのであれば、十字架の前に逃げ出した弟子たちの変貌ぶり、すなわち、イエスの死後にユダヤ教の指導者による迫害を恐れず大胆に宣教した雄姿、生前のイエスを知らない迫害者パウロの劇的な回心を理解しようとするとき、そうした目覚しい実存的転換の契機として、復活したイエスとの出会いを仮定せざるを得ないという説明は成り立つ。彼らの明らかな変化をみれば、イエスに対する信仰を喪失した弟子が、イエスに敵対するパウロが、自らの生き方を正反対のものに転換させるに足る十分な根拠があったと考えることができるからである。

しかし、復活が科学的論証を凌駕する信仰の領域であることもまた否定できない。イエスの復活は、人類史の中に生起した出来事という意味では歴史的事実ということはできるが、永遠無限の神の命の中に入ったという意味では、この地上の時空を超えた次元での出来事である[45]。教育の場で求められていることは、生徒を復活信仰に導くことではなく、超越への扉を開き示しながらも、あくまでも事象や世界を理解する物の見方、思考の枠組みの新たな可能性として復活を取り上げることであろう。

こうした観点から本章での議論を踏まえると、イエスの復活に基づいたカトリック教育独自の役割として、以下の五つの可能性が浮かび上がってくる。

（1）生徒を生きる意味へと導く教育

第一に、イエスの復活に基礎づけられた教育は、生徒を生きる意味へと導くことができる。これは前述の1）と関連する。弟子が否定的な現実を痛切に認識する最中に復活したイエスが出現したのは、個人的なニーズの欠乏状態、自己の欠落したありよう、人間存在の有限性、さらには存在の根拠を見出せない虚無感を、復活したイエスが意味で充満させた出来事として解釈できるであろう。復活したイエスとの出会いは、弟子にとって自らの人生の意味喪失から意味発見への転換でもあった。

イエスを師と慕い、人生の導き手と仰いだばかりでなく、自らの人生の中心に据えて、他の全てを投げ打ってイエスに付き従い、イエスと一体的な関わりの中で生きていた弟子にとって、イエスの死は、とりもなおさず自分自身の生きる意味の喪失でもあった。その弟子たちに復活したイエスが出現したときまず命じたのは、ガリラヤに行くことであった。ガリラヤとはイエスが育った故郷であり、弟子として見出された地である。従って、イエスが宣教を始めた原点の場でイエスと共にした生活の意味を最初から思い起こせ、という導きである。このエピソードは、人生の転機に立つとき、過去に体験した出来事を掘り起こしてその意味を解釈し直す過程を通して、人生の意味を見出すことができることを示すものであろう。

もっとも、ガリラヤがどのような場の象徴であるかについては一考の余地がある。例えば、ガリラヤとは特定の固有の場を指すわけではなく、それは、イエスの復活を経験し、イエスによって救われる普遍的な世界を指しており、世俗の世界と永遠の神の国をつなぐ通路のような場所であるという見解もある[46]。このように理解する場合、日常の世界とはイエスの救いから距離のある闇の世界であり、現実の暗闇の中でイエスの光につながり超越に通じていくというイメージで解されるであろう。確かに聖書では、メシアが到来する地ガリラヤは、救いからほど遠い暗闇の世界として描かれる[47]。さらに、「異邦人のガリラヤ」という聖書の記載に重点を置いて読む場合には、イエスの生き方とその教えをユダヤ教およびユダヤ民族の思考の枠組みを超え出て理解し、万民に通じる普遍的な救いを伝播する使命がガリラヤから始まることを暗示しているとみることも可能だろう。このように解釈する場合でも、復活したイエスと出会うことによって、人は日常生きている意味世界を新たな視点で再解釈できるようになることが分かる。

いずれにせよ、弟子がガリラヤで復活したイエスに出会いながら、過去を解釈し未来への展望を得て、人生の意味を発見したことは確かである。イエスがメシアであるならば、なぜ十字架に架けて殺されねばならなかったのか、という問いは人間の側からすれば最大の不条理であり、弟子の理解を超える理不尽極まりない謎であった。だが、復活したイエスは聖書を解釈しながら、メシアは十字架の苦しみを経て復活の栄光に至るはずであったという崇高な理解へとエマオの弟子の目を開く。

そうであるならば、人間の罪や悪を用いてさえ、神は救いを成就されるということである。この驚くべきパラドックスは、各人の在り方に印された何らかの歪みや傷、障碍や欠陥など、ともすれば人格の十全な成熟を阻むようにみえる制約的要素が、むしろ神の救いをもたらす鍵となり、神の恵みを授かる器となり、神の愛を体験させる基となることをも示しているであろう。罪を含めて善の欠如なしには復活のイエスと出会えないという、この驚嘆に値する真理は、その人にとって致命傷にもなりうる存在の傷こそが、神の痕跡に変えられる可能性を秘めている、という最大の福音を人類に向けて雄弁に語っているのである。

このようにして復活したイエスは、人間の生きる意味への問いという存在の根源に刻まれた実存的な欲求に完全に応える者として立ち現れる。それゆえ、カトリック教育においてイエスの復活を強調することは、生徒が特に人生の不可解な出来事、受け入れ難い負の体験を受容し解釈できるように導く可能性があるであろう。さらには、生きるとは何か、人間の普遍的な意味への問いに対する答えを開示する者として、復活したイエスは私たちの傍らに居るとカトリック教育は伝えることができる。

（2）生徒を永続する希望へと導く教育

第二に、カトリック教育ではイエスの復活を永続する希望の礎として示すことができる。これは前述の2)、3) に関連する。復活したイエスは一人ひとりの望みに応えながらも、期せずして、それをはるかに超えて永続する価値につないで望みを満たし、各人固有の性質に応じて、それぞれの探求の営みに報いて希望を成就してくださる。

たとえこの地上がどれほど意味に満ちていたとしても、人の命が死で終わってしまうならば結局人生の営みも全ては無意味に帰す。しかし、復活したイエスがその中に入った永遠の命とは、「愛と愛の作ったものはいつまでも存続する」[48] ことを確証する世界である。イエスの復活は、悪の力に対する天の御父の救いの御業の勝利であり、悪の究極の事態である死に対する命の勝利である。ここで決して見逃してはならないのは、イエスが愛を極みまで生き抜いたからこそ死を超えることができた、という復活の本質である。復活は、イエスの人類に対する愛が真実であったことを証しているが、それはとりもなおさず御父とイエスの愛の絆が死よりも強いことを示している。つまり、この地上で築いた真実の愛は、死に打ち勝つ絶対的な価値を有し永遠に存続するということが、この世界を生きる人間の希望の根拠となるのである。

聖書の中でメシアは、インマヌエル（いつも私たちと共にいる）という存在様式で到来し、一人ひとりの人生に同伴することが啓示されている[49]。受肉によってインマヌエルを始めた神は、復活によってインマヌエルというありようを完全に成就したといえる。絶対的な愛によって死に打ち勝った愛そのものの神が共におられるからこそ、人類は希望をもつことができるのである。永遠の命の中で天の御父と共にいるイエスは、福音書の最後で「世の終わりまでいつもあなた方と共にいる」[50] と約束しているとおりである。

愛が死を超える命への希望につながるという理解は、命の教育や死生観教育に新たな次元を切り開くものである。カトリック教育は復活から命を捉え直すことにより、国公立学校の道徳教育では原理的に実施不可能な命の教育、死の準備教育を実践することができるのである。ここで特に注目したいのは、イエスの復活体についてである。

復活したイエスが自己証明として弟子に示した十字架の傷跡は、弟子を極みまで愛した徴そのものであるが、まぎれもなく復活体に刻まれている。復活したイエスは物理的な制約を超えて自在に出現するし、生前の体そのものではないものの、生前のイエスと無関連に切り離されて霊的な存在として現れるのではなく、釘跡を残すことによって、五感で確かめることのできる体を備えていることを示し、地上での体と連続性があることを示唆している。

人間はこの地上にあるとき体を媒介して他者と出会い世界と関わる。体なくして具体的な活動を行えないのだから、体に依存して生きている面があるのは事実である。他方で、復活体が新しい身体性の獲得であるとすると、人間の実存には体を超える何かが刻まれているということでもある。ここから、体を備えつつも体を超える実存の本質を尊重する教育への示唆を読み取ることができるであろう。復活体とは結局どのような様相をしているのか、決して誰にも分からないことではあるが、終末のとき完成する神の国にふさわしい栄光化された体である。

このため、カトリック教育の場でこの地上の命について取り上げるときに、やがて滅びゆく体そのものに絶対的価値はないものの、他者および事物との出会いを媒介するものとして非常に大切なものであり、しかも聖霊の神殿であり、完成に向かって変容していく可能性を秘めている点に希望の礎があると示すことができる。ここに命の教育におけるカトリック教育ならではの独自性があろう。

（3）生徒を超越的次元の価値へと導く教育

第三に、復活という新しい次元を教育にもたらすことは、この地上を超える価値に生徒の目を開き、生徒の精神的視野を拡大するものである。これは前述の 4)、5)、6) と関連する。

復活とは、イエスの宣教活動の目的であり生涯の使命でもあった神の国の定礎として理解されてきた[51]。しかも、黙示文学の精神地平に立って理解されていた終末における死者の復活が、イエスの復活において先取りされているということは、すなわち、イエスの復活は天地創造の完成であり、全人類の歴史に新たな価値をもたらす全く画期的な現実なのである。つまり、人間の救いには、復活の光に照らして初めて理解できる次元があるということでもある。こうした終末における神の国の完成、人類の救済の歴史を含み込むスケールの大きな世界観を学ぶことは、生徒の視野を拡大し、未来に対する新たな展望を得させ、生き方を変えるエネルギーを与える。

復活がこの地上で築きつつある神の国の完全な状態であるとすれば、この世の生は終末の完成へと向かうダイナミックな漸進的変化であり、日々古い命からイエスの復活につながる新しい命へと絶えず過ぎ越す創造的な過程だと捉えることもできる。そうであれば、人間の日常生活は同じことの繰り返しのように見えて、実は永遠の価値の創造に参与するという深遠な意義を帯びることになる。復活したイエスが開き示す新たな世界は、人間は無限に成長し世界は前進していくという希望に満ちている。私たちがこうした神の国の完成へのダイナミズムを生きているということは、先にみた福音書の復活の記述から読み取れるものである。

ペトロの不思議な大漁、エマオの弟子に見せたパン裂きの仕草、マリアへの呼び慣れた名指し方などはいずれも生前のイエスとの関わりを彷彿させる方法であった。これらは全て、生前のイエスそのものが復活したことを示しており、それはとりもなおさず、体を伴ったこの地上での営みは重要であり、この世界での営みが全て復活へと連綿と続いていくことを表している。復活はこの地上とは質を異にする全く新しい次元を切り拓く一方、この地上での出来事と一切無関係というわけではなく、むしろ、地上での生活の具体的な歴史を全て生かす形で新たにすることを示唆しているであろう。もし死後の復活がこの世の活動と無縁なものならば現世は無価値ということになるが、聖書が描く復活のイエスの振る舞いは、人間が精神主義に陥ることなく地上の具体的な生活を大切にするように導くものである。

こうして復活のイエスによって開かれた新たな世界観を学ぶことによって、生徒は精神的次元に対する無理解から理解へ、精神的に不可視の状態から可視の状態へと導かれる可能性がある。いわば超越への扉が開かれて超自然的な世界への関心が芽生え、永続する価値の次元が見える状態へと覚醒し、これまでの生き方とは異なる価値観をもって新しい生き方へと移行することができる。超越の視座に目が開けると、超越への志向性も高まり、より高い次元への憧憬が呼び覚まされる。復活に対する認識が深まるにつれて新しい自己認識、新しい世界認識が得られ、人間や世界に対する洞察を深めるようになる。これこそスピリチュアリティの覚醒であり、新しい霊に導かれる生き方である。こうした復活のイエスに基礎づけられる教育は、いわゆる従来の知育、徳育、体育に限らず、全人教育をより十全に志向するものであろう。

（4）生徒各自の使命の発見へと導く教育

第四に、カトリック教育はイエスの復活を強調することによって、生徒各自の使命の発見を促すことができる。これは前述の7）と関連する。イエスの死後、人生の目的を喪失し、自らのアイデンティティさえも見失った弟子たちは、復活したイエスとの関わりにおいて自分とは何者かを新たに見出し、自己固有の使命に目覚めて新しいアイデンティティを獲得するに至る。信仰の中心地から遠ざかるエマオの弟子が目的意識をもって燃える心でエルサレムに帰還し、悲嘆に泣き暮れるマグダラのマリアがイエスの復活を告げ知らせるために急いで走り出し、人目を避けて自分たちだけで部屋に隠れていたペトロたちが、祈りながら聖霊が降るときを待つ。そうして彼らは、復活したイエスの息吹に満たされて各々の宣教の場へと派遣され、各自の目的に向かって旅立っていく。

もちろん弟子たちは、自らの使命について瞬時に理解できたわけではなく、昇天までの40日間にわたり、復活したイエスによる薫陶を通して徐々に理解を深めていったと考えられる。さらに、聖霊による派遣の後も宣教活動の中で自分とは異なる信仰をもつ人々と関わり、ときには衝突しながら議論と対話を重ねるうちに、彼らの復活理解は深められ、同時に教会の自己規定も変化していく。このように、使命とは一度発見すれば後は保持するだけの固定的なものではなく、常に新たな状況の中で他者との関わりを通して更なる進展に向けて随時刷新していくものである。こうして自己固有の使命を少しずつ見出していく過程で、自己と他者、および世界に対する認識は時間をかけて深められていく。教会のアイデンティティが確立していくこの緩やかなプロセスは、確かに聖霊の導きのもとで行われていた。

このことから、カトリック教育をイエスの復活に基礎づけて実践することによって、生徒に次のような肯定的な変化をもたらす可能性があると考えられる。すなわち、生徒が所属する集団や社会の中で果たすことが求められる役割、この世における使命を発見し、他者と共により良い世界をつくろうとする責任意識、誰かのためや何かのために貢献したいという志、自分の人生が他者の幸福と密接に関わっているという連帯感、自分が他者のために良い影響力を及ぼすことができるという積極的な感覚を呼び覚ますことができる。こうして生徒の自尊感情と自己肯定感を高めることによって、ともすれば集団に埋没しかねない自己不全感や自分はこの世にいてもいなくても同じ、と錯覚させる無力感を脱する手助けをすることができるであろう。

この世界における自分の使命を発見する過程では、弟子たちがそうであったように、生前のイエスとの関わりを思い起こし、イエスから受けた愛を掘り起こすという愛の確認作業が不可欠となる。信徒ではない生徒にとって、この場合、これまで自分を支えてくれた家族や友人など多くの人々の愛情の記憶を掘り起こすという愛の確認作業であるが、中にはそうした人との関わり、出会いを通して示される神の愛に気づく生徒もいるだろう。同時に、聖霊は確かに一人ひとりを固有の方法で導いているという信頼に基づいて、長い目で生徒を見守る必要があることもイエスの復活物語は示唆している。

（5）生徒を共同体的生き方へと導く教育

第五に、カトリック教育では復活したイエスに出会った弟子たちの生き方をモデルとして指し示すことによって、個人的生き方から共同体的生き方へと導くことができる。これは前述の8）と関連する。イエスの死後とイエスの復活後では、弟子たちの動きが、孤立から協働へ、分散から連帯へ、離反から一致へ、無所属から所属へと向かっていることが明らかである。

イエスの死後の弟子たちの心理状態をみれば、自己嫌悪や罪悪感に苛まれ、他者との関わりを拒絶する閉鎖的な気持ちが支配している。ところが、傷心のあまり心を内に閉ざした弟子たちは、それぞれが個別に、かつ集団でも、復活したイエスを特徴づける具体的なケアを伴う細やかな優しさ、人の苦労をねぎらい弱さを包み込む親身な温かさに触れていく。この過程で彼らは、イエスの無限の愛と赦しを体験し、自らの存在が限りなく肯定されていることを実感し、回心して心を外へと向け直し、人生を再出発させる。そのような人生の再生のプロセスは、復活したイエスに特有の平安に包まれて可能となる。こうして彼らは、人との関わりの切れた孤立状態から周囲の人々とのつながり、地域社会との関わり、世界への貢献に向けて活動範囲を拡大し、共同体の一員として他者と共に他者のために生きることができるように成長していく。

エマオの弟子は旅人と共に過ごし、旅人をもてなしたことで、復活のイエスに気づくことができた。復活に基礎づけられたカトリック教育では、復活したイエスが人生の同伴者として出現したように、私たちも誰かと共に生きるように招かれている存在として示すことができる。既述のとおり、復活したイエスには優しさが際立っている。泣いている人をいたわる者として、難儀している人をねぎらう者として、お腹をすかせている人に食事をふるまう者として、理解の及ばない人に相手の理解度に合わせて教える者として、自分だけが疎外されていると寂しい思いでいる人を慰める者として傍らに居て、相手の個別のニーズに応じた具体的な世話をしている点が特徴的である。復活したイエスのこうした目に見える優しさに満ちた個別の丁寧な関わりが、弟子を共同体的生き方へと転換させた点は重要である。復活物語を特徴づけるイエスの慈しみ深い姿は、カトリック教育における教育者の模範でもあろう。

結局、イエスの十字架と復活の意味は、天の御父と人類に対する完全な愛による命の奉献が神によって永遠のものにされた点にあるが、ここに人間の生き方も示されている。イエスの愛の生き方に一致することによって、私たちも永遠の命に至ることができるようになったが、それは同時に自己否定を伴う。じっさい、復活したイエスがパンを裂き、十字架の傷跡を残していることは、復活が他者のために自分を捧げるという自己放棄と自己奉献を伴うことを示唆しているだろう。古い自我に死に新しい自己に再生する過ぎ越しの過程で、自閉的な小世界に逃避し安逸をむさぼろうとする利己的な自我と闘い、他者のために自我の殻から抜け出て外へと向かう決断を促すのが、復活に基礎づけられたカトリック教育である。個人主義的な生き方から共同体的な生き方への転換は、自我を否定する痛みを伴うが、不毛から豊饒へ、恐れと疑いから喜びと確信へと人を豊かに成長させる。この共同体的生き方への普遍化について、まさにカトリック教育は、物理的に限定された自分の身の周りの小集団のみならず、地域や国家、人種や文化を超えて世界的次元で展開できるという点で独自性を発揮できるであろう。

以上、本章での議論の結論として、カトリック教育独自の役割と可能性を述べた。カトリック学校では、イエスの復活に焦点を当てることによって、これらカトリック教育ならではの固有の特色を生かし、独自性を発揮することができる点に一層注目する必要があるのではないだろうか。

本章のまとめ

本章では、カトリック学校の宗教教育に固有の使命を与える源泉と考えられるイエスの復活が、カトリック教育にどのような視点を提供するのか、について考察してきた。

第1節では、まず、旧約聖書と新約聖書の復活理解の変遷を概観した。復活の観念は旧約聖書の成立最後期に黙示思想として現れ、イエスの時代には死者の復活の観念は周知のものとなっていたが、当時のユダヤ教指導者の間でも意見は分かれ、復活を否定する立場もあった。その中でイエスがみせた復活理解は、自身の到来と共に開始した神の国の実現を通して、既に起こりつつある新しい現実としての天上の祝宴であった。イエスの死後、イエスを神の子とみなす弟子の確信の中核部分を構成したのは、まぎれもなくイエスの復活に対する信仰であった。さらに、パウロはユダヤ教ともギリシア思想とも異なる復活について宣教する過程で、霊の体を備えた復活を強調したことが分かった。続いて、神学領域における復活理解の代表的見解と現代カトリック教会の公式見解を概括した。教会の歴史においてイエスの復活は、聖書を手がかりとして、生前のイエスの生涯と教え、十字架による贖罪、人類の救済における位置づけ、この地上での人間の生き方、死者の復活、復活の体、神の国、終末、啓示、などの観点から論じられてきたことを確認した。

第2節では、福音書のイエスの復活物語に基づいてカトリック教育の独自性について検討した。その結果、復活したイエスには、1）否定的状況での出現、2）各人固有の性質に即した応答、3）人知を超えた一方的出現という特徴があり、復活したイエスと出会った弟子には、4）罪の赦しと再生、5）実存的な変化、6）祝福の徴、7）新しい使命の授与、8）共同体的次元への普遍化をもたらすという共通項があることを指摘した。これらの特徴からカトリック教育独自の役割として五つの可能性を導出した。すなわち、イエスの復活に基礎づけられたカトリック教育は、第一に、生徒を生きる意味へと導くことができる。第二に、生徒に永続する希望の地平を開示できる。第三に、生徒の価値観をこの地上を超える次元へと拡大できる。第四に、生徒各自の使命の発見を支援できる。第五に、生徒に個人主義的生き方から共同体的生き方への転換を促す。

以上、本章では、キリスト教信仰の中核に位置するイエスの復活に照らしてカトリック教育の在り方を検討することを通して、カトリック教育独自の役割を浮き彫りにし、固有の使命があることを明らかにした。本論で触れたように、教会では時代状況によって、十字架と復活のいずれかに強調点の揺り戻しがみられるが、21世紀の日本のカトリック学校を取り巻く社会的状況はどうであろうか。日常の生活にも事欠くような国難に見舞われているわけではないが、さりとて未来の安泰を保証するような揺るがぬ社会基盤が確立されているわけでもなく、不確実で先行きの見えない時代を現代人は手探りで生きているといってよいだろう。意味喪失時代ともいわれ確かな希望を見出し難い社会環境にあって、イエスの復活は今日の日本の教育に新しい光を投げかけているのではないだろうか。本章での考察から、カトリック教育は、イエスの復活から力を汲み取ることによって、固有の使命を果たすことができる可能性があると結論づけられる。

註

1　例えば、岡本富郎「生と死の教育の必要性 III ――キリスト教の死生観、特に『復活』についての考え方との関連で――」明星大学教育学研究室編『明星大学教育学研究紀要』第 22 号、2007 年、11-24 頁では、いのちの教育の観点から、キリストの復活と死後生を取り上げているが、地上の生と死後生の連続性を主に「裁き」に限定して捉えているため、復活秘儀の他の側面にも目を向ける余地があろう。その点で、奥田和弘「『死と復活』としての教育――キリスト教教育のためのパラダイムへの一試論――」聖和大学論集編集委員会編『聖和大学論集』第 17 号、1989 年、1-17 頁では、一般教育が目指す成長のメタファーとは異なる死と復活をメタファーとして、経済至上主義に対抗するキリスト教教育の新たなパラダイムを提案して多様な視点を示しており、大変示唆に富むが、これを継承する議論が当該領域で十分には展開されてこなかったといえよう。

2　土岐健治「初期ユダヤ教における復活思想」山岡三治・井上英治共編『復活信仰の理解を求めて――いのちの福音――』サンパウロ、1997 年、361-362 頁。

3　当該箇所は、『新約聖書』「コリントの信徒への手紙一」15 章 5 節の「(彼は) 現れた」という表現である (佐藤研「歴史のイエスと復活」同上書、274 頁)。「オーフセー」は「見る」の受動態の過去形で、直訳では「見られた」となる。この表現は、復活したイエスの主体性の前で人々は目撃者とされ受動的状態に置かれるという、イエスの復活の主体性と人々の受動性との対比を強調したものと解される (森一弘『愛とゆるしと祈りと――新しいキリスト教入門――』サンパウロ、1980 年、316-317 頁)。つまり、復活は弟子がつくりあげた幻想ではなく、客観的事実であることを強調する表現である。

4　佐藤「歴史のイエスと復活」249-279 頁。

5　大貫隆編著『イエス・キリストの復活――現代のアンソロジー――』日本キリスト教団出版局、2011 年、3-13 頁。

6　森前掲書、312 頁。

7　『新約聖書』「使徒言行録」23 章 6-10 節。

8　同上書、26 章。

9　『新約聖書』「マルコによる福音書」8 章 31 節、9 章 31 節、10 章 32 節。

10　同上書、12 章 18-27 節。

11　佐藤前掲書、257-267 頁。

12　大貫隆『イエスという経験』岩波書店、2003 年、19 頁、43 頁、55 頁、72 頁、78 頁、80 頁、86 頁。

13　これについて、イエスの母マリアは十字架刑後にイエスの復活を信じて待ち望んでいたであろうという、多くのキリスト教神秘思想家の洞察に基づいた指摘もある (犬養道子『新約聖書物語』下巻、新潮社、1980 年、342 頁)。筆者はこの見解に賛同するが、聖書の中にこれを明示する記述は見当たらない。

14　『新約聖書』「コリントの信徒への手紙一」15 章 3-8 節。聖書の訳語は、共同訳聖書実行委員会『聖書 新共同訳』日本聖書協会、1988 年を用いた。

15 フランシスコ会聖書研究所『原文校訂による口語訳聖書』サンパウロ、2013年、（新）469頁注解（1）によれば、ここでいう「聖書」とはある特定の箇所というよりも、メシア待望を表明する旧約聖書全体を指す。

16 イエスの12弟子の筆頭格で初代教皇のペトロのこと。本名はヨハネの子シモンだが、イエスが教会の岩（土台）としての使命を託してアラマイ語でケファと名づけた。

17 イエスの12弟子を指しているが、実際にはイスカリオテのユダはこの時点で自害しているので、ペトロを含めて11人というべきであろうが、12という数字にイスラエル12部族を重ねて、民族全体の救いの象徴の数とみるイスラエルの伝統を反映したものかもしれない。

18 この箇所以外に同様の記述はないが、ガリラヤ山上でのイエスの昇天の場面を指しているという説がある（フランシスコ会聖書研究所『原文校訂による口語訳聖書』（新）469頁注解5）。

19 「12人」よりも広い範囲の宣教者グループを指す（同上書、（新）471頁注解6）。

20 12使徒であった2人のヤコブとは異なる人物で、イエスの死後、エルサレムの初代教会の指導者となったイエスの従兄弟。

21 この書簡の著者であるパウロを指す。パウロは自分も使徒の一人であると自覚していた。

22 教皇庁『カトリック教会のカテキズム要約』日本カトリック司教協議会監訳、カトリック中央協議会、2010年、109項。（*CATECHISMO DELLA CHIESA CATTOLICA Compendio*, Libreria Editrice Vaticana, 2005.）

23 佐藤研「使徒」大貫隆他編『キリスト教辞典』岩波書店、2002年、79頁。

24 『新約聖書』「コリントの信徒への手紙一」15章14-17節。

25 パウロ以前の伝承、つまりユダヤ教ではイエスの復活と死者の復活との間につながりはなかったが、キリスト教ではイエスの復活に死者の復活の希望をみる点において、ユダヤ教とキリスト教の復活の観念は異なる（マリー＝ルイーゼ・グーブラー「イエスの復活――神の国の告知としての復活信仰――」上智大学神学会神学ダイジェスト編集委員会『神学ダイジェスト』第109号、2010年、62-73頁。

26 『新約聖書』「コリントの信徒への手紙一」15章35-49節。

27 当該箇所を理解するうえで、朴憲郁「パウロによる『復活』の人間論的意義」『復活信仰の理解を求めて』319-328頁、雨宮慧『主日の聖書解説〈C年〉』教友社、2009年、78頁、196-197頁を参照した。

28 雨宮慧「わが魂はあなたを慕う――ネフェシュの意味――」『旧約聖書のこころ』女子パウロ会、1989年、104-112頁。

29 ギエ, J.「霊」デュフール, X. L. 編『聖書思想事典』イェール, Z. 訳、三省堂、1999年、874-875頁、小高毅「スピリトゥス」廣松渉他編『哲学・思想事典』岩波書店、1998年、881-882頁など。

30 大貫『イエス・キリストの復活』8頁。

31 Radermakers, J.、Grelot, P.「復活」『聖書思想事典』732-737頁。

32 アドルフォ・ニコラス「復活信仰の終末論的意義」『イエス・キリストの復活』

58 頁。

33 アリスター・E. マクグラス「復活」『現代キリスト教神学思想事典』熊沢義宣・高柳俊一訳、新教出版社、2001 年、495-499 頁。

34 百瀬文晃「神の国の定礎としてのイエスの復活：現代神学の復活理解とその吟味」上智大学神学会編『カトリック研究』第 44 号、1983 年、215-235 頁。

35 この箇所の記述については、大貫『イエス・キリストの復活』と同上論文を参照した。

36 教皇庁『カトリック教会のカテキズム要約』。

37 「出現物語」または「顕現物語」とも呼ばれる福音書のイエスの復活物語は、最古の復活証言とは別に、これより後年に異なる伝承として成立したとされる（小河陽「復活信仰についての最近の研究を巡って」立教大学キリスト教学会編『キリスト教学』第 50 号、2008 年、99-109 頁）。また、成立最古の福音書であるマルコの復活物語はエルサレムとガリラヤで各々独立して存在した伝承を統合して編集したとみられる（百瀬文晃『イエス・キリストを学ぶ』サンパウロ、1986 年、166-167 頁）。なお、復活物語については既に多くの検討が重ねられている。例えば、日本国内では佐伯晴郎「新約聖書における復活のイエスの〈出現〉について」宮城学院女子大学編『宮城学院女子大学研究論文集』第 33 号、1969 年、53-71 頁など。

38 「復活」木田献一・和田幹男監修『新共同訳聖書コンコルダンス』キリスト新聞社、1997 年、915-916 頁。

39 『新約聖書』の中の「使徒言行録」「ローマの信徒への手紙」「コリントの信徒への手紙一・二」「ガラテヤの信徒への手紙」「エフェソの信徒への手紙」「フィリピの信徒への手紙」「コロサイの信徒への手紙」「テサロニケの信徒への手紙一」「テモテへの手紙二」「ヘブライ人への手紙」「ペテロの手紙一」「ヨハネの黙示録」、以上の文書である。

40 「マタイによる福音書」では「マグダラのマリアともう一人のマリア」とあり、「マルコによる福音書」では「マグダラのマリア、ヤコブの母マリア、サロメ」の名前を記している。「ルカによる福音書」では「マグダラのマリア、ヨハナ、ヤコブの母マリア、そして一緒にいた婦人たち」を挙げている。これらに対して「ヨハネによる福音書」ではマグダラのマリアのみである。四つの福音書全てが記す名前はこのマグダラのマリアである。

41 福音書が描くイエスの出現の場面に関して、ペトロと弟子たちについては、「ルカによる福音書」24 章 11-12 節、24 章 36-53 節、「ヨハネによる福音書」20 章 3-10 節、20 章 19-29 節、21 章 1-23 節。エマオの弟子については、「マルコによる福音書」16 章 12-13 節、「ルカによる福音書」24 章 13-35 節。マグダラのマリアについては、「マタイによる福音書」28 章 1-10 節、「マルコによる福音書」16 章 1-11 節、「ルカによる福音書」24 章 1-10 節、「ヨハネによる福音書」20 章 1-2 節、20 章 11-18 節にそれぞれ記されている。本章では読み易くするために個々の章節を挙げないが、いずれもここに挙げた聖書の箇所の中に記されている。

42 『ギリシア語新約聖書――ルカによる福音書――』24 章 36 節、川端由喜男訳、教文館、1993 年、169 頁、『ギリシア語新約聖書――ヨハネによる福音書――』19 節 b、

20章21節a、川端由喜男訳、教文館、1995年、127頁。

43　デュフール, X. L.「平和」『聖書思想事典』746-750頁。

44　『新約聖書』「使徒言行録」2章4-11節。

45　ペトロ・ネメシェギ『キリスト教入門――神の恵みの福音――』南窓社、1980年、138-139頁。

46　松田央「復活の使信（その1）――キリスト教の復活の本質――」神戸女学院大学編『神戸女学院大学論集』第57巻第1号、2010年、73-87頁、松田央「復活の使信（その2）――復活のイエスの顕現――」神戸女学院大学編『神戸女学院大学論集』第57巻第2号、2010年、69-84頁。

47　『旧約聖書』「イザヤ書」8章23節-9章1節、『新約聖書』「マタイによる福音書」4章15-16節。

48　ネメシェギ前掲書、149頁。ネメシェギは、これこそイエスの復活の根本的真理であると解説する。復活の証人は何を伝えるよう派遣されているのかといえば、とりもなおさず、この「愛の絶対性と永遠性」を伝える使命を委ねられているのだという。

49　『旧約聖書』「イザヤ書」7章14節、8章8節、8章10節、『新約聖書』「マタイによる福音書」1章23節。

50　『新約聖書』「マタイによる福音書」28章20節b。

51　百瀬前掲書、184-202頁。

結　章
カトリック学校の本質的使命としての宗教教育

神は自ら人と共にいて、その神となり、彼らの目の涙をことごとくぬぐい取ってくださる。
新約聖書「ヨハネの黙示録」21章4節

第1節　各章の要約

本書では、カトリック学校およびカトリック大学におけるスピリチュアリティ育成に焦点を当て、青年期の生徒・学生の生きる意味の探求過程を支える宗教教育の在り方と実践方法について検討してきた。

このテーマを設定した背景には、意味喪失の時代ともいえる今日のわが国の精神状況に関する課題意識、カトリック学校およびカトリック大学の宗教科教員として高校生・大学生と関わることを通して生じた疑問、カトリック学校の宗教教育に対する危機意識があった。これらの問題意識は「カトリック学校で教師は、どのような宗教教育を実践することによって、青年期の生徒の生きる意味の探求過程を支えることができるのだろうか」という研究の問いに集約された。

生きる意味に関する研究については、近年、学際的に関心が払われている。しかしながら、生徒の意味探求を支援する教育観と教育実践、および、意味探求における宗教教育の役割については看過されてきた。また、教育現場では、青年期の実存的問いに対して臨床的対応がなされながらも、教育臨床を基礎づける哲学についての検討が不十分であったといえる。

そこで、本書は、先行研究で未解明の課題に着目し、カトリック学校および大学の生徒・学生を対象として、「超越との関わり、ないしは、自己を超越することを通して、生きる意味を見出す働き」であるスピリチュアリティを育む宗教教育の在り方について教育哲学の立場から明らかにし、その実践方法まで提示した博士論文を基に、その後さらに研究を発展させて新たな知見を加えたものである。以下、本書の各章で取り組んだ作業を振り返り、その総括をする。

まず、第I部では、生きる意味の探求を支える宗教教育の可能性を理論的に導出することを目的として、フランクル思想、物語論、スピリチュアリティ概念を手がかりに、カトリック学校のスピリチュアリティ育成の在り方について検討した。併せて、道徳教育と比較することによって、カトリック教育固有の可能性に注目した。

第1章では、スピリチュアリティ育成に求められる視点を明らかにするために、哲学・思想領域での意味研究の源流とされるフランクル思想の主要概念を検討した。その結果、教師は次の視点をもつことが重要であると考えられた。生徒各人に本来的に備わる良心の「自己超越性」と「無意識の神」への信頼に基づいて、意味を見出し難い現代の精神状況に生徒が埋没せず、自らの「精神の抵抗力」をもって固有の意味を実現できるように導く視点である。また、生徒の内面に自己超越性の契機としての意味への問いの観点の「コペルニクス的転回」が生じるよう、教師対生徒、生徒相互の人生に関わる対話を重視しながら、「超意味」からの呼びかけに対する生徒各人の「応答責任」を喚起する視点である。このような視点から宗教教育を実践することによって、全ての生徒が生きる意味を探求する過程で、超越との関わりを深めてスピリチュアリティを育む可能性があることを指摘した。

他方、高校生の日常的次元と超越的次元とをどのようにつなぐのか、その接合の仕方に関する考察も不可欠であろう。そこで第2章では、高校生の日常的経験の意味づけと、生きる意味という実存的問いとをつなぐための方法論として、近年、学際的に興隆している物語論に着目し、先行研究を概観しながら物語概念を教育学的に捉え直した。その結果、物語論の視点および方法論を学校教育に援用した場合の有効性として、次の五つを指摘した。第一に、生徒の自己形成・物語形成・意味形成の営みを教師が一体的に捉えられること、第二に、教師による生徒理解が全体的かつ多層的になること、第三に、生徒が絶えず新たな意味生成を伴う自己物語の創造に開かれることによって自己形成も促進すること、第四に、他者の人生物語に接触することによって生徒の自己物語の筋立ての選択肢が多様化すること、第五に、生徒の個別世界を他者と共に生きる普遍的世界につなぐ道筋が開かれること、である。

こうした物語論による意味形成支援は、カトリック学校の宗教教育では、スピリチュアリティの育成として統合される可能性がある。そこで第3章では、カトリック学校が育成の対象とするスピリチュアリティの特性を明らかにするために、教会公文書に基づいて、今日スピリチュアリティを標榜する一大勢力と目されるニューエイジとの異同を検討した。その結果、ニューエイジと福音に基づいたスピリチュアリティは、双方とも生きる意味の探求に関わる霊性であるが、その根本的相違は、超越的人格との出会いの有無にあると考えられた。カトリック学校が育成の対象とするスピリチュアリティは、単に人間を超越しているばかりでなく、超越しながらも不条理な世界を無限に包摂し、有限な人間を絶対的に受容しながら、被造物および被造界と密接に関わっている超越的人格、すなわち、イエス・キリストとの出会いを志向している。このような超越との関わりこそが、高校生の生きる意味の探求の営みを根底から支える根拠となる。

ところが、日本では国公立学校の道徳教育が宗教教育の代替的役割を果たしているとも指摘され、カトリック学校での宗教教育との相違が必ずしも自明ではない。そこで、第4章では、カトリック学校のスピリチュアリティ育成に固有の可能性を明らかにするために、国公立学校の心の教育の教材、『心のノート』の内容を検討した。ここではまず、人間形成においてスピリチュアリティが育まれると、人間の限界を包摂し全面的に受容する超越との関わりを通して、人生の不条理、人類の苦難、世界の悪などの問題にもかかわらず、意味を探求する根拠が据えられることを論じた。その点で『心のノート』は、超越との関わりが不明瞭であり、それゆえに人間的次元の限界を超えて生きる意味を求めるための契機が不十分であると捉えられた。これに対して、カトリック学校のスピリチュアリティ育成は、有限な世界を無限に受容する超越との関わりにおいて、心理的癒しの次元を超える精神的次元での生きる意味を見出す根拠を有する点に、心の教育とは異なる固有の可能性があると指摘した。

次に、第II部では、女子青年の生きる意味の探求過程に関する事例研究から得られた知見を、いかにしてカトリック学校の宗教教育の現場に生かせるかを念頭に置いて、スピリチュアリティ育成の実践に向けて、意味形成の主要な要素の役割とその生かし方、宗教科の授業実践、教師の在り方、の各側面から具体的に検討した。

第5章では、女子青年はいかにしてスピリチュアリティを経験しているのか、を探る目的で実施した半構造化面接調査の結果を考察し、スピリチュアリティの経験には次の特徴があることを見出した。①生きる意味の探求と関わること、②自己超越と関わること、③日常が異化された状況で生じやすいこと、④意識化することは可能だが言語化には困難が伴うこと、⑤自己内にとどまらず、他者や外界に向かう志向性を生むこと、である。次いで、女子高校生の生きる意味の探求過程に関する質問紙調査の結果を考察し、自己肯定感の育成、精神性の育成、知性面の教育の充実、の3点をスピリチュアリティ育成の課題として指摘した。併せて、次の教育実践の重要性が示唆された。1. 生きる意味に関する探求心そのものを育て、意味への問いを引き出すこと、2. 不安定な自己意識を抱える女子高校生が安定した自尊心を育めるよう導くこと、3. 若者文化を摂取し、同世代の親友およびピアグループの影響力を鑑みる工夫をすること、の三つである。

第6章では、カトリック学校の女子高校生を対象として、日常的経験の意味づけと生きる意味の形成過程の一端を明らかにするために実施した事例研究を基に、「重要な他者」「時間的展望」「内的ファンタジー」の三つを意味形成の主要な要素と特定した。これらの要素が高校生の自己物語の形成過程でどのような役割を果たしているのかを考察した結果、次のような知見が得られた。（i）重要な他者との関係性を基盤として経験の意味づけが変容し、意味形成が促進されること、（ii）安定した対人関係性を基盤として時間的展望が形成されること、（iii）各人固有の内的ファンタジーが自己物語生成の重要な触媒として機能すること、（iv）日常的経験の意味づけと生きる意味への問いが往還する中で、多層的な自己物語が生成すること、である。

これらの知見を宗教教育の実践に生かすためには、高校生の日常的次元と超越的次元とを接合する道筋を探ることが有効だと考えられる。そこで第7章では、主にフランクル思想およびキリスト教思想を手がかりとして、事例研究で抽出した意味形成の三つの主要な要素の生かし方について検討した。その結果、主に次の3点を指摘した。まず、重要な他者との二者関係は、意味の世界に向けて相互の自己超越性を促進する対話と祈りを通して、超越的他者との出会いを含む三者関係に開かれる可能性があること。次に、高校生の時間的展望は、地上の生と永遠の命という質の異なる生命の連続性を含意する神の国の概念を学ぶことによって、永遠性の観念に導かれる可能性があること。最後に、自我の発達が不十分な高校生は、知的学習面の訓練と祈りの実践を並行して進めることによって、魂の働きから生じる内的ファンタジーをスピリチュアリティに生かせると考えられること、である。

このような可能性をもつスピリチュアリティの育成を具体的に構想するためには、カトリック学校の宗教教育の中核を担う宗教科の授業について検討することが不可欠である。そこで第8章では、高校生の日常的次元での営みを超越的次元へとつなぐ授業の可能性を提示するために、まず、スピリチュアリティを育む授業実践に求められる次の六つの要素を指摘した。a）教師の人生経験に基づいた授業内容、b）生徒の現実を土台とした授業設計、c）教師対生徒、生徒相互の対話の促進、d）生徒の人格性に訴える適切な教材の活用、e）振り返りの時間の設定、f）祈りの実践、である。併せて、高校生の自己物語を、カトリック学校の教育理念の基盤にある聖書の救いの物語へとつなぐ方途について検討した。その結果、高校生の現実を十分踏まえた上で、生徒自身が聖書に救いの物語を見出せるよう導くという道筋が重要であると指摘した。そのためには、教師自身が聖書を救いの物語として読み、それに連なる自己物語を生きていることが望ましいと考えられた。

こうした授業実践では、生徒と直接関わる教師の在り方そのものが問われることになる。そこで第9章では、生徒のスピリチュアリティを育成する教師に求められる態度を明らかにするために、フランクル思想を手がかりとして、次の6点を挙げて検討した。1）生徒の自己実現を自己超越へと方向づけること、2）生徒の魂に配慮すること、3）生徒の存在を全体として捉え、生き方で実践できるよう指導すること、4）スピリチュアリティの育成を宗教教育の中核に位置づけること、5）生徒が人間の有限性を正視した上で、より良い世界を創造できるよう励ますこと、6）生徒の生活と生き方が、共同体との関わりに開かれるよう留意すること、である。これらの態度については、「生徒の成長を方向づける」(1)、「生徒の精神性に配慮する」(2・3・4)、「生徒を世界との関わりに導く」(5・6) の三種類に分けて考察した。さらに、こうした態度を養うためには、非信徒が教員の大半を占める日本のカトリック学校では、教師教育の充実が喫緊に求められる。そこで、現職研修の課題として、各教員の継続的な自己養成、同僚教員と研修内容を共有化する態勢づくり、学校文化の醸成の3点を挙げた。

さらに、第III部では、スピリチュアリティ育成の応用編として、カトリック大学の巡礼旅行、キャリア教育を取り上げるとともに、聖書思想の命の概念、イエスの復活というキリスト教信仰の根幹から宗教教育を捉え直し、カトリック教育固有の使命を浮き彫りにするよう試みた。

第10章では、神との人格的な結びつきを中心に据え、神の霊に導かれる生き方を追求したヒルティの宗教教育批判を手がかりとして、宗教教育が陥りがちな陥穽や隘路がどこにあるのかを吟味した。その結果、教師自身がキリストの福音と神の愛を根本的には体験していないことに加えて、日常的価値と超越的価値との関係を対立的に捉えている点にあると考えられた。そこで、これを克服する鍵として、新約聖書の「命」の概念に着目し、地上の生命を指すプシュケー（日常的次元）と永遠の命を指すゾーエー（超越的次元）との関係を検討した。その結果、二つの次元での命の質は異なりながらも分断されてはおらず、日常的次元の営みを土台としながら超越的次元での永続する価値へと命を統合する道筋として、スピリチュアリティの育成が重要な意義をもつことを指摘した。さらに、学校文化の醸成、生徒を精神的な価値や生の質の向上に導くこと、良心の覚醒と祈りへの導きなど、ヒルティ思想から宗教教育への具体的指針を導出した。

第 11 章では、カトリック大学における宗教教育の一環として、キリスト教の聖地を対象とした巡礼旅行を導入することによって、どのような効果を期待できるのか、その意義と可能性について明らかにした。まず、キリスト教における巡礼の本質と歴史的変遷について確認し、次に、スピリチュアリティを育む巡礼体験の構成要素として、「聖なる空間」「聖なる時間」「聖なる物語」「巡礼仲間」の四つを取り上げて考察した。その結果、カトリック大学の巡礼旅行には、ア）実存的変化と再生、イ）自己固有の使命の発見、ウ）人生の意味の発見、エ）対人関係性の発展、の四つの側面で意義があることが分かった。これらの可能性を引き出すために、引率教員は参加学生に対して、ｉ）聖地で聖なる空間と聖なる時間を体験できるよう導く、ⅱ）聖地ゆかりの物語を学生の自己物語に連結できるよう導く、ⅲ）巡礼旅行が通過儀礼の疑似体験となるよう非日常を意識させる、ⅳ）コムニタスの特徴を意識した人間関係づくりに配慮する、ｖ）巡礼体験を日常生活に統合できるよう導く、の 5 点で配慮が必要であると指摘した。

第 12 章では、カトリック大学のキャリア教育を取り上げ、職業適性を主眼とした学生の自己実現支援ばかりでなく、職業をコーリングと捉える視点を導入することにより、学生は職種を問わず自らの仕事を天職と受けとめ、人生を意味あるものにできる可能性があることを明らかにした。ここではまず、プロテスタンティズムの職業観とキリスト教の労働観を検討し、次に、先行研究の中でも「超越的召喚」「仕事の目的と意味」「他者志向の動機」に関する議論を吟味した。その上で、カトリック大学では、a. 自分の力を超えた導き、b. 実存的欲求との合致、c. 他者への貢献への志向性、の三つの特徴を含んだコーリング意識を育むことが重要であると結論づけた。さらに、現行のキャリア教育の課題を検討した上で、カトリック大学では、就職選定を職業倫理も含めて学生のスピリチュアリティを育成する契機として捉え直すことで、独自の使命を果たすことができると指摘した。そのための具体的方法として、ナラティヴ・アプローチ、フランクルのロゴセラピー、イグナチオの霊操の視点と方法論に学ぶことを提案した。

第13章では、カトリック教育を実践する上で、キリスト教信仰の根幹に位置づくイエスの復活からどのような示唆を得ることができるのか、を検討した。まず、聖書思想における復活理解の変遷を俯瞰し、併せて神学領域の代表的な見解について概観した。次に、福音書が描く復活したイエスの出現の特徴と、復活したイエスと出会った弟子たちに生じた変化の共通点を検討した。その結果、復活したイエスには、(1) 否定的状況での出現、(2) 各人固有の性質に即した応答、(3) 人知を超えた一方的出現という特徴があり、復活したイエスと出会った弟子には、(4) 罪の赦しと再生、(5) 実存的な変化、(6) 祝福の徴、(7) 新しい使命の授与、(8) 共同体的次元への普遍化をもたらすという共通項があることを見出した。また、イエスの復活に基礎づけられたカトリック教育の可能性として次の点を挙げた。第一に、生徒を生きる意味へと導くことができる。第二に、生徒に永続する希望の地平を開示できる。第三に、生徒の価値観をこの地上を超える次元へと拡大できる。第四に、生徒各自の使命の発見を支援できる。第五に、生徒に個人主義的生き方から共同体的生き方への転換を促す。ここにカトリック教育固有の使命があると結論づけた。

以上、本書では、三つの部で各課題を遂行することによって、次の三つの成果が得られた。(I) 生きる意味に関する理論を宗教教育に援用する可能性を提示し、教育実践を支える哲学的基礎づけを行った（理論研究)。(II) 女子青年の意味探求の実態の一端について明らかにし、教育実践に役立つ知見を導出した（実証研究)。これら理論研究と実証研究から得た知見を教育臨床に応用することを目指して、(III) カトリック学校の宗教教育の在り方と実践方法について具体的に提言した（応用研究)。

第2節　総合的考察

続いて、本書全体の結論として、カトリック学校およびカトリック大学の宗教教育に関する五つの提案を示し、各々の提案に対応する本論の議論を総合的に考察してみる。

カトリック学校への提案とは、第一に、スピリチュアリティ育成を中心的課題とし、生徒の魂への配慮を第一義とすることである。第二に、生徒が日常生活で超越的次元との接点を深められるように工夫することである。第三に、生徒が自己物語を形成できるように支援し、それを聖書の物語につなぐ視点を取り入れることである。第四に、生徒の意味探求の支援者としての教師観を育み、生徒の生きる意味が世界の意味につながるよう導くことである。第五に、学校文化をカトリックの価値観で福音化し、社会の文化を再創造する視野をもつことである。以下、各提案について述べる。

第一に、カトリック学校の宗教教育は、スピリチュアリティの育成を中心的課題とし、生徒の魂への配慮を第一義とすることである。

本書が理論的に依拠したフランクルは、近現代の人間中心主義を根底としたニヒリズム、マテリアリズム、テクノロジーが、現代人に生きる意味を見失わせ、実存的空虚に陥らせる要因であると指摘し、これらの立場と闘い続けた。今日の日本の青年期の生徒・学生を対象とした宗教教育においても、彼らの生活圏を取り巻く、超越との関わりを見失った人間中心主義的な時代精神に支配されない精神性を育むことを主眼に置くべきである。そのためには、超越からの呼びかけに応答する人間のスピリチュアリティが問題とされねばならない。その意味で、スピリチュアリティ育成が、カトリック学校の宗教教育の中心的課題となることを本論で提起した。

本来、伝統宗教の生命は、スピリチュアリティの経験そのものにある。カトリック学校でも、生徒がキリスト教の典礼に参加したり、教義や聖書を学習したりする以上に、人間全体を統合するスピリチュアリティを育むことこそが宗教教育の本質なのである。たとえそれが非信徒を対象としていても、例えば、カトリック大学の巡礼旅行およびキャリア教育は、スピリチュアリティ育成の観点から再構築できる可能性があることを本論で詳述した。

そもそも、スピリチュアリティという言葉の起源を遡ると、カトリック教会の伝統では元来、生命の根源である神とのつながりを含意する、極めて重要な概念であることが分かった。次いで、カトリック学校の存立基盤である聖書の福音に基づくスピリチュアリティが、人間の限界や人生の不条理を包摂し、この世界を絶対的に受容する超越的他者であるイエス・キリストとの出会いに方向づけられていることを、教会公文書から導出した。まさにそれゆえに、カトリック学校の宗教教育は、人間の限界や世界の不条理の問題にもかかわらず、生徒が生きる意味を探求する地平に開かれているのであった。しかも、究極的にはカトリック学校発祥の起源には、イエス・キリストの復活があるからこそ、揺るがぬ絶対的根拠に立って、死をも超える永続的な命の意味を示すことができるのである。

人間存在における魂の重要性についても検討した。聖書での魂とは、神の霊によって生かされている人間全体を指す言葉であり、神の似姿としてつくられた人格の尊厳の根本的由来であった。この意味で魂を捉えたフランクルは、「魂への配慮」をその思想の中心に据えている。人間は魂を生きる存在であり、生物としては身体に根ざしていながら、身体の生命を超える次元を存在に刻んでいるのが他ならぬ魂であると考えれば、意味への意志を人間存在の根源的欲求と捉えたフランクルが、魂への配慮を最大の関心事としたことはよく了解できるのである。それゆえ、カトリック学校の教師は、生徒の知性や社会性の発達、心身の健康などに配慮するのはもちろんのこと、魂こそが生徒の存在全体の中で最優先されるべき位置を占めることを認識する必要があろう。

このようにカトリック学校の教師が生徒の魂に配慮して、スピリチュアリティを育成することの意義は、精神的希求を抱える青年期の生徒・学生が生きる意味を探求する地平そのものが、イエスとの出会いによって根底から支えられる点にあるといえよう。

第二の提案は、カトリック学校の宗教教育は、生徒が日常生活で超越的次元との接点を深められるように工夫することである。

本書では、超越との関わりを日常的次元と超越的次元との接合という観点から考えてきた。その際、スピリチュアリティの定義に、自己を超え出ることと、超越との関わりの二つの側面を含めた。すなわち、人間との関わりという日常的次元での水平軸の超越、かつ、神との関わりという超越的次元での垂直軸の超越、の二つの次元での超越を研究の射程に入れていたのである。

宗教教育は、生徒各人に本来的に備わる自己超越性を出発点として、自分以外の何かに向かうよう励ますことから始まる。カトリック学校の場合は、そうした経験が単に現在の自分を超え出ることによって、自己成長を遂げるという水準にとどまらず、それらの地上の営みを包摂する超越的実在との関わりを意識的に志向するという方向性にも開かれているのである。このことを深く認識するならば、教師には個々の生徒がつながっている無意識の神への信頼が求められよう。無意識の神とは、人間存在は常に既に神との関わりの内にいるという人間の本質的ありようを示す概念であった。つまり、人間は認識の如何にかかわらず、超越との関わりの内に生きており、超越からの呼びかけを良心の声として聴き、その呼び声に応えようとする決断を通して、自己を超え出て、生きる意味を実現するとともに、超越との関わりをも深めていくのである。

カトリック学校は、この水平軸の超越と垂直軸の超越との交差点で教育をする可能性をもち、生徒が超越を十全に経験する地平を開いているといえる。教会公文書は、カトリック学校の宗教教育には、人々と共に生きる水平軸の関係性と、神に心を開く垂直軸の関係性の二つの次元での関係性を育む使命があると明示している。それは究極的には、隣人愛と神への愛の一体性として表されるものである。このように均衡のとれた超越の経験を目標に据えているのが、カトリック学校のスピリチュアリティの本質的特徴なのであった。

これに対して、ニューエイジと国公立学校の心の教育は、水平の次元のみを対象とし、垂直の超越を不問とすることから、水平の超越が自己探求の水準に限られていると捉えられた。だが、水平の次元での有限な営みを包摂しつつ価値づける垂直の超越の視座のもとでしか、生きる意味への問いは究極的には問えない。生徒が人間および世界の有限性を正視しながらも、人間性を回復させ、世界を再建しようとする志をもつためには、垂直軸の超越の視座を必要とする。この点に関してフランクルは、人間存在の考察には垂直の超越の視点が不可欠であると主張し、垂直の超越の視点を欠く立場を批判した。人間の視界を単一の次元に限定することにより、超越との応答関係が度外視され、人間の自己超越性という本質を発揮できず自己閉塞に陥るからである。

他方、日常的次元と超越的次元とを結び合わせる道筋について、宗教科の授業実践では注意を要する面もある。最初に聖書ありき、教義ありきの教条主義的な方法ではなく、生徒・学生が今を生きている現実から出発して超越に向かう方法こそが有効であろう。そのためには、超越的次元での永遠の命は、質が異なりながらも連続性をもつ日常的次元での地上の生命を土台として完成するという認識が求められる。イエスとの人格的な結びつきと神の愛の実感に基づいて、神の霊に導かれる生き方を追求したヒルティによる宗教教育批判は、その点での陥穽を突いていたのである。

このようにカトリック学校の宗教教育の要諦は、生徒の生きる意味の探求を支える基盤として、水平軸の超越と垂直軸の超越が交差する地平を開き示すことができる点にあるといえよう。

第三の提案は、カトリック学校の宗教教育は、生徒が自己物語を形成できるように支援し、それを聖書の救いの物語につなぐ視点を取り入れることである。

本書では、近年盛んな質的研究の代表格である物語論を教育の視点から捉え直し、生徒・学生の意味形成支援に対する有効性を見出した。物語としての自己概念を用いると、人生を自分なりに解釈した意味のつながりに従って一つの筋立てのもとに語る自己物語が、各人固有の生きる意味の枠組みとなる。しかも自己物語は、他者に了解されることによって初めて成立するため、自己物語を形づくることによって、社会の中で他者と共に生きる意味を形成してもいるのである。従って、物語としての自己概念は、個人が単独で保持する固定的で硬直化した、いわば閉じた意味世界から、他者との関係性において絶えず共同生成される、開かれた意味世界へと転換させる役割を果たすといえる。

それゆえ、物語としての自己概念を学校教育に援用することによって、生徒の意味形成を支援できるとともに、各人の個別的な意味世界を、他者と共に生きる普遍的な意味世界へとつなぐ道筋を開く可能性があることを理論的に明らかにした。また、事例研究で得られた知見から、生きる意味の形成過程の多層性と生成性を実証的に示し、他者と人生の意味を共同生成する様相を浮き彫りにした。

このような物語論の視点や方法論は、学校教育の現場において、多面的かつ総合的に生かす可能性がある。具体的には、自分史学習、生徒のナラティヴが呼応し合うような実践、ライフストーリーを用いた授業展開、生徒指導および生徒理解、さらには進路指導、職業選定など、多様な構想がありえる。カトリック学校では、そのようにして育んだ生徒の自己物語を、さらに聖書の救いの物語に接続できるよう導く可能性がある。聖書を単にキリスト教の教義を伝える教典としてではなく、自己を世界の中に位置づけるための文脈を提供する人類共同体の物語として読むのである。

生きる意味の枠組みとなる自己物語の形成を支える視点から生徒と関わることによって、教師自身が固定的な成長モデルや因果的説明モデルから解放され、生徒の個性と独自の経験世界を尊重した多層的な生徒理解に導かれる可能性が高まる。特に青年期にある生徒の物語形成を支援するためには、社会の標準型の物語から生徒を解き放つ、物語の生成性への視点が欠かせない。しかも、解体と再構築に開かれた絶えざる生成の営みの中で、日常的次元での単層的な物語ばかりでなく、多層的な物語が並存している可能性を常に考える必要がある。

こうして生徒を固有の人生を物語る主体としてみたときに、大量データの一変数に還元され得ない、今目の前にいる一人の人間に向き合う教育が可能になるであろう。それゆえ、伝統的価値規範が崩壊し、意味喪失感と格闘する現代の教育現場において、生徒は、世界の物語の中で唯一無二の自己物語を創造する存在であることを見据え、物語の共同制作者として、その意味生成に協働的に関わることが、カトリック学校の教師の根本的な責務であるといえよう。

第四の提案は、カトリック学校の教師は、生徒の意味探求の支援者としての教師観を育み、生徒の生きる意味が世界の意味につながるよう導くことである。

本書では、宗教教育を生徒・学生の「私にとっての生きる意味」の探求を支える教育として位置づけ、教師とは生徒の意味形成の支援者であるという立場から論じてきた。同様の見解は、カトリック学校に関する教会公文書の中にも見出された。ここには生徒の「意味の探求を助ける人」としての教師像が明示されていたのである。同文書でいう「意味の探求」は、人間存在の意味、現実社会の意味、歴史の意味、次世代が生きる意味までも含めた人類共同体の意味と一体的なものであり、そうした大きな世界の意味の中に自らの意味を位置づけるとともに、世界の意味の構築のために自ら貢献していく方向性をもっている。

特に、教会史的にみれば、第２バチカン公会議で諸宗教の信徒および非信徒との対話を重視し、世界と共に歩む姿勢を教会は初めて明確に打ち出した。こうした歴史の画期的な転換点に立つ現代のカトリック学校では、人類共同体としての連帯と責任を一層強く意識することが求められている。その中でスピリチュアリティ育成も、今日わが国の公教育で注目されている国際教育、共生教育、環境教育をカトリックの価値観で再構築する現代的意義と新たな可能性をはらみ、世代・性別・人種・国籍・地域・文化・宗教などの境界を超えて人類全体の連帯性を高める方向性をもっているといえる。

カトリック学校のスピリチュアリティ育成がこのような普遍性をもつといえる根拠は、神の霊が分け隔てなくあらゆる人に自由に働いている点にある。同一の神の霊が種々の隔てを超えて人類共同体を導いているという信頼に基づいたカトリック学校の宗教教育は、生徒各人の人生の意味を普遍的な意味の世界の創造に方向づけることによって、その本質的使命を果たすことができよう。

第五の提案は、学校文化をカトリックの価値観で福音化することにより、スピリチュアリティ育成の土壌を形成するとともに、社会の文化を再創造する視野をもつことである。

生徒・学生が意味を探求する場である現代世界は、ポストモダンの時代精神に特徴づけられている。それは、絶対的確実性への信奉が失われ意味探求の基盤が成立し得ないがゆえに、生きる意味を見出し難い精神状況であるといえる。こうした文化的文脈を背景として生じてきた精神的潮流の一つが、ニューエイジであった。また、心身の癒しへの嗜好性を特徴としたセラピー文化、諸事象を心理的次元の原因とその解決に還元させるいわゆる「心理主義」的傾向は、日本国内で看過できない影響力をもっている。こうした文化的文脈ではなおさら、絶対的存在への確信を礎として超越との関わりを堅持するカトリック学校固有の役割は、非常に大きな意義をもつのである。

それゆえ、カトリック学校の教師は、社会規範に適合する物語の再生産にとらわれず、真にその生徒固有の物語が生み出されるよう支援すべきである。カトリック学校には既存文化の維持継承ばかりでなく、文化に潜む歪みを是正し刷新して、より良い価値を有する文化を再創造する使命があるからである。その際、生徒が生育した家庭、および所属社会が引き継いできた負の遺産、罪の連鎖を単純に断絶するというよりはむしろ、イエスの十字架と復活を頂点とする過ぎ越しの福音に参与しつつ、自己物語がより高い次元の物語へと変容することによって、現状を超える道筋もありえよう。自己物語の聖書の物語への接続は、その点で家族の文化と社会の文化を再創造する意義をもつと考えられる。

その他、具体的な教育活動としては、生徒の生きる意味に関する探求心を引き出す実践、生徒の安定した自尊心を育む実践、若者文化および同世代の仲間の影響力を鑑みる工夫、を取り入れることが有効であろう。併せて、物質主義的風潮に支配されない精神性の育成、自己省察を可能にする知性面の教育の充実、他者との比較で相対化されない自己肯定感の育成が重要な課題となる。ただし、カトリック学校で育む生徒の自己肯定感は、心理的癒しの感覚を伴う自己受容にとどまらない。神の絶対的な愛により自己の存在が無条件に受容されているという点において、他者との比較による自己価値の相対化を無効にする根拠が据えられているからである。この神の愛の視点に、生徒が根ざしている文化的文脈を超える契機をもたらす鍵があろう。

神の愛は、教員を通して学校文化に体現されて初めて生徒の人間形成に影響力をもつ。調査した現職研修は、カトリックの価値観に基づく教員のネットワーク構築に役立つ一方で、研修後の教員の実践を支える態勢づくりは、学校の雰囲気に現れる学校文化に関わる難題と捉えられた。カトリック学校の教師には、同僚教員・生徒・保護者と同じ目の高さに立ちながら、同時代を共に生きる者同士として共通の課題を担い合う姿勢が強く求められよう。カトリック精神を理念として掲げるだけでなく、目に見える生き方として体現していくこと、つまり、一人ひとりを大切にする学校文化を醸成することが、最高のスピリチュアリティ育成の土壌形成になるのである。

こうした文化の再創造を通して、多元化、相対主義的化、世俗化が進むポストモダンの精神状況を超克して、生徒が生きる意味を探求するための地平を開き示すのがカトリック学校の宗教教育であり、ここに現代のカトリック学校の本質的な使命があると結論づけられよう。

なお、本書独自の特色として、次の五つの点を挙げておきたい。

第一に、フランクル思想の宗教教育への援用可能性に着目した点である。ユダヤ教徒でありながらも宗教的寛容の立場を貫くフランクルの思想は、特定の宗教宗派を超えて異文化・異宗教間の対話を促進する上で有益性が高く、哲学・思想の国際的潮流において寛容の精神と諸宗教対話が重視される中、非常に重要な意義をもつと考えられる。しかしながら、国内では再評価の兆しがあるものの、フランクル思想の中核にある「魂への配慮」は等閑視される傾向にある。また、国外の研究では、フランクルの精神療法については一定の評価がなされながらも、その理論をカトリック学校の宗教教育に援用する研究は未だ十分に展開されていない。このような研究動向の中で本書は、宗教宗派を超えるフランクル思想の普遍性と異領域への適用可能性を提示した。

第二に、学際的に注目されているスピリチュアリティ概念をフランクル思想から再定義した点である。先行研究では、人間のスピリチュアリティの働きに着目しながらも、存在論的な基礎づけが不十分であるため表層的に捉えられがちであった同概念を、フランクルの自己超越性概念から捉え直した。これにより、スピリチュアリティを人間存在の根底に位置づけ、特定の宗教を超えて多様な立場の人々と共有できる普遍的な宗教性を育むための存在論的根拠として再解釈した。

第三に、宗教教育の本質的役割を哲学的・実証的に解明した点である。従来、伝統宗教の教義の宣教に重点を置いていた宗教教育について、本書では、あくまでも生徒自身の実存的問いに応える教育を提示した点で、非信徒を対象とする宗教教育の新たな可能性に注目した。さらに、生きる意味の探求を支える教育の在り方と実践方法を具体的に提案した。こうして本書は、哲学的基礎と教育現場への応用の融合に向けて、わずかでも宗教教育研究に貢献すべく力を尽くした。

第四に、教育現場への提言としての実践的意義をもつよう心がけた。カトリック学校を対象としながらも、国公立学校を含め青年期の生徒と関わる教師に向けて、意味形成支援に役立つ知見の一端を提供できるよう目指した。本書の実証研究は、量的調査で補完した質的調査により個別事例から一般化可能な解釈を導出しており、一定の普遍的妥当性を有すると考えられる。

第五に、日本国内観測史上最大規模の東日本大震災が発生して以降、日本人のライフスタイルおよび価値観を見直す機運が生じているが、物質的・経済的な再建は進む一方で、精神面でのケアについては依然として課題を残している。こうした精神状況に光を当てるフランクル思想の現代的意義を浮き彫りにし、生きる意味を中心テーマに据える本書は、喫緊の社会的要請に応える意義とアクチュアリティを有する面があるといえる。

以上、本書では、宗教教育の本質的役割は、生徒の生きる意味の探求過程を根底から支えるスピリチュアリティを育成する点にあると主張した。従来のカトリック学校は、聖書学習・宗教行事・奉仕活動を教育の主眼としてきたといえる。これに対して、本書は、諸活動の根幹となる人格教育に焦点を当て、理論・実証・応用の各側面を融合させて宗教教育の新たな可能性を多角的に提示しようと試みた。しかしながら、筆者の力量には及ばなかったため、読者諸賢のご教示を仰ぐ次第である。

第３節　課題と展望

最後に、本書で論じることのできなかった三つの問題について指摘しておく。それは、スピリチュアリティ育成における教育評価の問題、死生観教育への接続の問題、生徒の発達段階に応じた宗教教育に関する問題、である。

第一に、スピリチュアリティ育成における教育評価の問題について述べる。スピリチュアリティ育成が意図的・計画的な教育活動である学校教育の一環として実施される以上、形成的評価・総括的評価を併せた教育評価も不可欠となる。教育評価を実現するためには、スピリチュアリティ育成の指導目標を具体的に設定し、それに沿った学習内容を段階的に系統立てて設計し、体系的なカリキュラムを構築することがまず求められよう。続いて、そうして実施した一連の教育活動をどの観点から、何を基準として、どのような尺度で評価するのか、その妥当性と信頼性が問われる。

他方、生徒の内面にあるスピリチュアリティの育ちは、その性質上、数値による測定には適さないため、質的に捉える評価方法を開発する必要がある。その際、教師の側からの一方的な評価に偏らず、生徒による自己評価を併せて実施することが有効であろう。また、生徒のリフレクションを助けるため、振り返りシートの記述による評価だけでなく、教師との対話を通して言語化と内省の過程を加えることにより、生徒自らが自己のスピリチュアリティの成長に気づくことにもなろう。こうして教師と生徒が評価を共有することにより、生徒は自己の内面と行動を意識化しやすくなり、成長が促進されると考えられる。さらに、スピリチュアリティに関する教育評価は、観点を細分化して個別に切り離さずに、生徒の人間性全体の変容に関わるものと捉え、成長のプロセスを長い目で見守ることが重要になろう。

第二に、スピリチュアリティの育成を死生観教育に接続する問題について述べる。生きる意味への問いは、死の意味への問いと表裏一体である。生への問いが命の有限性を意識することによって深められるのだとすれば、それは死をどう捉えるか、という問いを含んでいるからである。そこで青年期は、生の意味とともに死の意味を本格的に問う時期となる。このため、生きる意味の探求を支える宗教教育が、死をどう捉えるかという青年期の問いを適切に導くことは避けられない課題であろう。この点で、スピリチュアリティの育成が、人間存在に不可避な死の意味づけも含めて生徒の死生観を形成するような方向性をもたないならば、十全な宗教教育とはいえないだろう。

わが国では昨今、命の教育と一連のくくりで死生観教育の必要性が認識されつつある。青年期の生と死の意味への問いは、究極的にはこの世の命に限らず、死後にも何らかの次元で命が存続することを想定できるのだろうか、という問いにまで至ることができる。それゆえ、カトリック学校の宗教教育の場合は、この世の生命を超える永遠の命というキリスト教特有の生命観と死の観念を打ち出すことにより、独自の死生観教育を展開することが期待できよう。

第三に、生徒の発達段階に応じた宗教教育に関する問題について述べる。一般に宗教教育が青年期の生徒にとって敬遠されがちであるのは、伝統宗教といえば日本では拘束的な掟、形式的な儀式、難解な聖典、堅苦しい教義、権威主義的な組織、などの閉塞的な印象を払拭できないからである。

このような隘路を通り抜けるための鍵は、やはり真正なスピリチュアリティの育成にあるというべきだろう。宗教の本質は、教義ではなく生き方であり、自らの良心に基づいて神の霊の働きそのものに自由に導かれるところにある。そうして生徒がイエス・キリストとの人格的出会いに至るならば、生き生きとした命の喜びを経験できる可能性があろう。それこそが本書が主題としてきたスピリチュアリティの現れである。新しい息吹や生気を自らの内に感じ、生命力の躍動や精神の高揚を味わい、魂がうち震えるような瞬間が、生徒の実存に刻まれることが肝要なのである。

そこで、カトリック学校では、あくまでも人間の自然な生命感情を損なうことなく、青年期の自然な発達過程に即した宗教教育を心がけるべきであろう。特に注意が必要なのは、キリスト教の中に明らかに自己保存本能を抑制し、自我の否定を促す要素が含まれている点である。こうした否定性を宗教教育の中でどのように表現していくかは、生徒の発達段階に応じる必要があるため、幅広い年齢を含む青年期を前期・中期・後期と区分して、自我の発達とスピリチュアリティの成長との関連性を発達段階ごとに捉えて対応していくことが望まれよう。

最後に、本書を締めくくるに当たり、本書の研究成果を今後どのように生かすことができるのか、スピリチュアリティの育成を中心に据えたカトリック学校の宗教教育の将来を展望する。

現代の青年が将来を担うことになるこの世界を見渡せば、そこには、全人類を破滅の脅威にさらす地球的問題群が立ちはだかっている。核兵器の拡散、地域紛争と難民、飢餓と貧困、人権侵害と差別、気候変動と環境破壊、資源の枯渇など、世界的規模で破局に至りかねない危機的状況の中で、未来を担う世代は、国境を越えたグローバル化時代の光の部分を享受するだけでなく、影の部分をも引き受けていかねばならない。

翻って日本国内では、若年層の自殺率の高さが憂慮されているばかりでなく、本格的な少子高齢化社会に突入し、未来を憂うる問題が山積している。これに大規模自然災害の脅威も加わってくる。例えば、2011 年に発生した巨大地震の瞬間、被災者を襲った感覚はまさに「この世の終わり」を思わせる恐怖感であったに違いない。これに端を発した原発問題は、未だに解決の糸口も見えないまま人々を不安に陥れながら、人間の手に負えない難題として重くのしかかっている。現代人が虚無感に苛まれるだけの負の要因はそろっており、この世に生きる希望の光を見出せず、絶望の闇を見たとしても何ら不思議はないといえるほどの状況である。

そのような希望を見出し難い時代に、第 2 次世界大戦後の絶望的な廃虚から立ち上がろうとしたフランクルの思想は、魂に響く重みをもって迫ってくる。フランクル思想の全ては結局、「人間はあらゆる状況にもかかわらず、人生に YES と言うことができる」という主張に尽きる。不条理ともいえる意味喪失の時代にあって、生きる意味とは何か、それは分からないが、それでもなおこの世界は生きるに値する世界であり、人生が無意味であるはずはない、という人生に対する根本的な肯定感を生むスピリチュアリティの育成こそが、これからの時代に最も求められる教育ではないだろうか。

国際社会は今、人類史上初めての共通目標である「持続可能な開発目標（Sustainable Development Goals: SDGs）」（2015 年に国連全加盟国により正式採択）の実現を目指して、人類および地球にとって持続可能な未来のために必要な行動に果敢に取り組もうとしている。その基本理念である「地球上の誰一人として取り残さない（No one will be left behind）」という誓いは、カトリック教育と非常に親和性の高いメッセージである。聖書はイエスが社会的弱者である「小さい者」を常に優先し、一人として滅びることがないように祈り、考え、語り、行動していたことを伝えているからである。今、目の前にいる一人を自分の全てとしたイエスの生き方に倣うならば、カトリック学校およびカトリック大学では、とりわけ人類と地球の持続可能性に対する歴史的責任の意識を喚起する責務があろう。

現在、フランシスコ教皇（在位 2013-）は、弱い立場にある人、苦しむ人、貧しい人と共に歩む教会を目指して、社会的弱者の包摂、人類の共生と連帯、価値観とライフスタイルの見直しを伴う総合的なエコロジーへの配慮を呼びかけている。こうした現教皇の改革の根底には、人間の命とあらゆる生命および自然環境を含む被造界に対する神の愛と責任があることを見逃してはならない。私たちが同じ人類家族として全被造物と共に暮らす家である地球の生命を平和に守るために、人間の実存のありようが問われているのである。この分野において、カトリック学校で育まれたスピリチュアリティを生きる一人の人間が果たす役割は、かつてないほど大きなものとなるだろう。

こうした展望を見据えながら、今日のカトリック学校およびカトリック大学は、精神的希求を覚える青年期の生徒・学生の魂の叫びに応え、人間の根源的欲求である生きる意味への渇きを深く満たす場となるよう一層強く求められている。そのためには、教師が自らも生きる意味を求める魂に突き動かされる存在として、生徒と同じ意味探求の地平に立つことが出発点となる。そうして神の霊の導きを信じて教育を実践するときに初めて、カトリック学校の本質的な使命を十全に果たすことができるのではなかろうか。なぜなら、神の霊は、人間のあまたの弱さや罪さえ用いて御旨を成就することを聖書は証明している。そのようにして人類の歴史と一人ひとりの人生を導く精妙な摂理は、愛と慈しみに貫かれているからである。

補遺

本稿は、学会誌に掲載された筆者の書評である。その背景について補足すると、東北大学名誉教授・仙台白百合女子大学名誉教授の故・岩田靖夫先生は、勤務先で大変お世話になった恩師である。2011年の東日本大震災直後に仙台に派遣された筆者は、みちのくの地で大災害の体験から生きる意味を真摯に問う哲学者の探求の足跡に多くを学び、その到達点に深く共鳴して書評を記した。ここでは、本書がテーマとする「生きる意味」への問いに対する一つの有力な答えを提示する書籍として紹介する。

折しも拙稿の三校校正に取り組んでいる2020年4月現在、世界はパンデミックによる未曾有の危機に見舞われている。にわかには解し難いあらゆる苦難に遭おうとも、生きることに意味があるのだとしたら、それは「愛すること、愛されること」にあるのだと著者は結論している。

【書評】岩田靖夫著『極限の事態と人間の生の意味：大災害の体験から』筑摩書房、2015年刊行

「善なる神が創造した世界で何故このような災禍が起こるのか」。18世紀半ばのリスボン大震災を機にヨーロッパで生じた哲学論争は、巨大地震という未曾有の禍に遭遇した21世紀の日本人の問いでもある。「よく生きる」ために「人はいかに生きるべきか」を生涯考え抜いた哲学者が著しただけに、本書は、運命論とニヒリズムを克服し、禍の経験を人間の未来への希望につなげ、他者の苦しみに走り寄り、人類の連帯の絆を深める生き方へと読者を誘う内容となっている。

存命する哲学者では唯一の文化功労者であった著者は、間違いなく日本を代表する思想家の一人であった。本書は、その著者が到達した最後期の境地

をうかがい知ることのできる遺稿集である。ギリシア哲学に始まり、カント、ハイデガーを経てレヴィナスにたどり着いた著者の思想遍歴は、カトリックの信仰者として自らの思索をキリスト教思想に収斂させていく過程でもあったといえる。しかし、著者の信仰は宗教的寛容、多元主義に特徴づけられており、特定宗教の枠を超えた究極の救いを志向している。それゆえの普遍性を含意した本書のタイトルである。

「極限の事態」とは何であろうか。それは大災害などの非常事態に限らず、まさに「裸一貫」の「無一物」である人間のありのままの実存を問われるような、各人固有の生に不可避の課題、不条理な苦しみが襲来した状況のことであろう。著者にとって、東日本大震災は、そうした人間の極限の事態をまざまざと曝け出す逃れようのない衝撃であり、だからこそ最晩年の4年間は「人間の生の意味」にいわば「取り憑かれ」ながら、岩田哲学の集大成を成したのだといえる。

初校が出た段階で既に病床にあった著者に代わり、本書を校正した著者の息女である岩田美喜氏（2014年当時、東北大学准教授）によって紹介される著者の姿は、日々の生活には疎いところのある大学者のそれである。だが、本書は地に足のついた語りという新たな境地を拓いた一冊だという。たとえば、本書では、厳密な哲学的議論の合間に、あたかもこらえきれずに自身の真情を吐露したかのように「愛の心がなければ、なにをしても全部だめなのである」（213-214頁）とか「神が愛だとすれば、神ほど嬉しいものはないではないか」（72頁）と私個人に語りかけてくるような口語調が現れる。著者がいちばん言いたいことなのに違いない。

じっさい、本書を貫いているのは愛についての語りだといっていい。愛といってもキリスト教の愛に限らない。著者の議論の中ではヨハネやパウロの言葉を引いたかと思えば、仏教やヒンドゥー教の思想も縦横無尽に往来する。なぜか。岩田哲学では慈悲を説く宗教はみな神が生み出したものであり、根はすべて同じで人間の救いにつながっているのである（213頁）。著者自身の言葉でいえば「われわれは何かものすごく大きな愛によって存在を贈られて、今こうして喜んで生きていて、われわれ自身もまた、他者を愛するときにいちばん存在の充実を実感するのである」(198頁)。

これは著者が東北大学退官後に教鞭を執られた仙台白百合女子大学で、学生たちへの講話のたびに伝えておられたことで、おそらく著者の人生哲学のエッセンスといってもよい。相手の理解力に合わせて語ることのできる優れた教育者でもあった著者は、哲学の精髄を素人にも分かるように平明に解説することでも定評を得ていた。こうした目の前にいる学生への語りかけによる生き方論が挿入される点も本書の魅力の一つである。

本書は、「Ⅰ大災害・Ⅱ絆・Ⅲ救い・Ⅳ超越」の4部で構成されている。Ⅰ部ではライプニッツの弁神論の批判的検討に始まり、ヨブ記から災禍の意味は神の領域に封印されることへの畏れを読み取る。「人間の生の意味」という根源的な問いにおいては、存在根拠（存在、神、仏、タオ、無、空）が問題となるが、これをハイデガー哲学の骨格を描出しながら追究する一方で、カントを引いて、人間は可視的な世界にはいかなる根拠も見出せないのに、不可知の彼方から与えられて存在者として存在する不思議さが語られる。

続いて、自然の中に秩序と調和を認めるアリストテレスの目的論的自然観に注目して、宇宙の運動プロセスの一つの法則として起こるべくして起こる自然災害と、原発事故という人間が惹起する惨禍とを区別して論じながら、今回の震災で露わになった二つのことを主題とする。それは、自然への畏れを喪って欲望を暴発させる不自然な経済社会が露呈した科学技術文明の脆さと、災禍にもかかわらず逆説的に体験した人々が助け合うという人間の喜び、である。

Ⅱ部では、人間の最高の喜びであり、神の栄光の現れでもある「他者との交わり」について論じる。ベルギーのルーヴァン大学留学時代にレヴィナス本人による集中講義を受けたこともある著者が、レヴィナス独自の難解な諸概念を咀嚼していくこの部分は、おそらく本書の白眉であろう。繰り返し現れるのが次の考え方である。「他者は自由な存在者として無限の高みに立っている。その他者から愛されるということは…（中略）…自分自身の力では獲得できない畏るべき肯定を贈られること」(15頁)、それこそが人間の「畏ろしい喜び」だというのである。

大震災が突き付けた「人間のありのままの姿」、すなわち「人間は本来なにも持たない裸の存在」「極限の無一物」「裸一貫」であるという真相に、著者は「ただ生きているということの絶対的な善さ」を見て取る。しかも、この災禍によって人間の存在の根源にある「この世とあの世を包括した『他者とのつながり』」(67頁、95頁) が現れたという。苦しむ他者に偶然出遭うとき、心の底から吹き上がる共苦の息吹は「時間を超えた存在の彼方での関わりを暗示している」(100頁) からである。この主張は、Ⅳ部で再び展開していることからも、著者の思想の到達点だと思われる。

「救い」について真正面から考えるⅢ部では、道元の説く仏性、親鸞の悪人正機説と万人救済を説く阿弥陀如来信仰などの日本的霊性とマイスター・エックハルトを取り上げている。万人万物は既に救われてある (231-232頁) という著者の救済観が躍如している部分である。ここでの議論はⅣ部の「超越」に切れ目なく続いていく。

興味深いのは「神秘主義」についての考察である。イエズス会士ウィリアム・ジョンストンの論考に触発を受けたという。人間の側の態度にかかわらず「全くのただでやってくる」超越からの呼びかけは、認識すらできないものだが、確かに超越は私を選んでおり、肝要なのはそうした選びの愛、すなわち、存在の奥底に燃えている愛の炎、愛のエネルギーをただ受けるにまかせることだという。こうして、「神と私という二元的な分裂を超越している」(199頁) 状態となり、結局「すべてがひとつ」(203頁) になるのが神秘主義の核心だと著者は洞察している。

しかし現世にあって、私たちは絶対に分からない神という「無限」に向かう旅人であるという。何かいいイメージである。だが著者はここで詩的に語っているわけではない。著者が神について語るとき、不可知の雲に包まれて絶対に認識不可能な「究極根拠」を問題としているが、その根拠は、実体としての存在者ではありえず、生きて働く力であり、愛による導きである。一方、人間性とは「愛する」ことに他ならず、従って人間性の根源である「自己」の奥深くには愛をその本質的働きとする神が宿っている。すなわち、神は私のいちばん中核におられる、ということだ。自己とは欲求に翻弄される自我のもっと深いところにある本当の自分であるから、自己とは愛であり、神であるとさえ述べる（207頁）。

本書で「人間の生の意味」は解き明かされたのか。著者は決して読者をはぐらかさない。「現世的には生が無意味にみえる瞬間」（210頁）があるにもかかわらず、結局、悲劇の意味は人間の理解を超えた絶対的秘密として分からないと覚悟して、自分の奥底にある「神の恩恵」「神の働き」ゆえに生き抜くこと、これが著者の考える生の意味である。それでは、神の恩恵、神の働きとは何なのか。それは著者が一貫して主題としている愛である。

こうして本書は被災地に立ち現れた絆から始まってレヴィナス思想の共に苦しむ愛に終わるのである。具体的には、我を忘れて苦しむ他者に駆け寄る姿に神から生まれた者であること、すなわち愛とは何かが仄見える、そういう愛である。結局、他者と共にいるということが人生の究極の意味であり、「人間の生の意味」とは「他者との交わり」つまり、「他者を愛すること、他者から愛されること」これである。

本書では、かけがえのない独立した個体としての人間の自由、教会をも含む共同体と個人との関係、赦し、そして最後には死についても論じられる。ここで著者はソクラテスを引いて「死の帳の彼方は誰も知らない」としながら、持ち前のユーモアセンスをのぞかせて「形至上的空想」と前置きした上で「人は死なない」（237頁）と独自の考えを展開しているのも、著者の絶筆として読むと一層印象深い。

初出一覧

序　章　書き下ろし

第１章
「意味の探求を支えるスピリチュアリティの育成――フランクル思想を手がかりとして――」日本カトリック教育学会編『カトリック教育研究』第 27 号、2010 年、1-15 頁。

第２章
「生きる意味への物語論的接近」上智大学教育学研究会編『上智教育学研究』第 23 号、2010 年、43-63 頁。

第３章
「カトリック学校で育成するスピリチュアリティの特性――教会文書にみるニューエイジ評価に基づいて――」上智大学総合人間科学部教育学科編『上智大学教育学論集』第 45 号、2011 年、99-116 頁。

第４章
「道徳教育を超えるスピリチュアリティ育成の可能性――『心の教育』との関連で――」上智大学教育学研究会編『上智教育学研究』第 25 号、2012 年、20-46 頁。

第５章
「女子青年の語りにみるスピリチュアリティ――生きる意味の探求を支える宗教教育の視点から――」東北教育哲学教育史学会編『教育思想』第 39 号、2012 年、75-96 頁。
「カトリック学校の女子高校生の生きる意味に関する実態調査」仙台白百合女子大学人間発達研究センター編『人間の発達』第 11 号、2016 年、49-58 頁。

第６章
「物語論による生きる意味の教育――青年期の自己物語における重要な他者――」日本カトリック教育学会編『カトリック教育研究』第 25 号、2008 年、1-16 頁。
「学校教育における物語論的実践――生きる意味と時間的展望――」東北教育哲学教育史学会編『教育思想』第 37 号、2010 年、55-72 頁。
「女子高校生の自己物語にみる内的ファンタジー――学校教育における意味形成支援の観点から――」上智大学教育学研究会編『上智教育学研究』第 24 号、2011 年、58-78 頁。

第７章
「意味形成の要素を活かす宗教教育――重要な他者と時間的展望に着目して――」上智

大学総合人間科学部教育学科編『上智大学教育学論集』第 47 号、2013 年、53-68 頁。
「カトリック学校における魂の教育――内的ファンタジーとスピリチュアリティとの接点――」東北教育哲学教育史学会編『教育思想』第 43 号、2016 年、57-77 頁。

第8章
「女子高校生のスピリチュアリティを育む教育実践――カトリック学校の宗教科授業を事例として――」仙台白百合女子大学編『仙台白百合女子大学紀要』第 18 号、2014 年、23-37 頁。
「高校生の自己物語を聖書の物語につなぐ宗教教育」仙台白百合女子大学編『仙台白百合女子大学紀要』第 20 号、2016 年、31-47 頁。

第9章
「高校生のスピリチュアリティを育む教師の在り方――フランクル思想を手がかりとして――」仙台白百合女子大学編『仙台白百合女子大学紀要』第 17 号、2013 年、61-75 頁。
「カトリック学校の教師教育の現状と課題」仙台白百合女子大学編『仙台白百合女子大学紀要』第 19 号、2015 年、115-133 頁。

第10章
「日常と超越とをつなぐスピリチュアリティの育成――ヒルティの思想を手がかりとして――」東北教育哲学教育史学会編『教育思想』第 41 号、2014 年、33-54 頁。
（日本カトリック大学連盟 2018 年度カトリック学術奨励金「研究奨励賞」受賞論文）

第11章
「スピリチュアリティを育むカトリック大学の巡礼旅行」仙台白百合女子大学編『仙台白百合女子大学紀要』第 22 号、2018 年、29-48 頁。

第12章
「コーリング意識を育むカトリック大学のキャリア教育」上智大学神学会編『カトリック研究』第 88 号、2019 年、33-72 頁。

第13章
「イエスの復活とカトリック教育」仙台白百合女子大学編『仙台白百合女子大学紀要』第 21 号、2017 年、1-23 頁。

結　章　書き下ろし

補　遺　「書評」日本カトリック教育学会編『カトリック教育研究』第33号、2016 年、66-68 頁。

あとがき

神のなさることは、すべて時にかなって美しい。

旧約聖書「コヘレトの言葉」3章11節

本書は、2013年3月に上智大学から博士（教育学）の学位を授与された論文「生きる意味の探求を支える宗教教育の在り方についての研究――カトリック学校における女子高校生のスピリチュアリティ育成を事例として――」をもとに、大幅な加筆修正を施して出版するものです。

本書の研究は、私の人生の物語と分かち難く結びついています。

フランクルは、私の人生の辛い時期に著書『それでも人生にイエスと言う』を読んで、芯から勇気づけられた思想でした。幸運にも、フランクルを日本で初めて紹介した上智大学名誉教授の霜山徳爾先生の講義を学部時代に受けることができ、人生の岐路で決定的に導いていただいた御恩は忘れられません。その後、社会人を経て修道生活を志し、所属した修道会から大学院を受験して学べる機会をいただいたとき、迷わずフランクルを研究テーマに選びました。フランクルへの私淑から出発して、物語論、スピリチュアリティへと研究が広がっていきましたが、自己固有の物語も超越への志向性も、実は生きる意味の哲学であるフランクル思想と深く関わっていたのです。

研究をスタートしたのは30代の後半に入ってからで、もっと若いうちに研究していればどれほど馬力が出せたことか、と当初は惜しく思われました。ですが、東北大学の修士課程に入学した年に物語論の研究書がにわかに出始め、上智大学の博士課程に入学した頃からフランクルの著作が相次いで邦訳されるなど、研究環境が整えられた時期に論文執筆に取り組むことができました。さらにそのタイミングで入学したからこそ、最高の指導教官に師事することができたのでした。「神のなさることは、すべて時にかなって美しい」という聖書の言葉をいま感慨をもってかみしめています。

「生きる意味」とは、仮に、地位や財産、能力や健康など人が望むあらゆるものを得たとしても、それがなければ無に等しいともいえる存在の根源であり、生きる意味を研究テーマにすることは、とりもなおさず、世界創造の初めに在ったと聖書が語る「ロゴス」を探求する営みでもあります。そう考えると、己の小我をはるかに超えているという畏れの念と同時に、心血を注ぐに値する課題に巡り逢えた喜びと、鉱脈を掘り当てたという確かな手応えがありました。研究の道のりには幾つかの難所がありましたが、その都度乗り越えられたのは、研究動機の核にあるもののなせる業だったような気がします。それは、私自身が屈折した心理をもてあました思春期に、ともすれば虚無感に苛まれることもありながら、ついには「この世は生きるに値する」という確信をつかんだ体験があるために、同じように虚しさに屈する若者が生きる喜びと希望を見出すための助けになりたい、という願いに駆り立てられていたからに他なりません。

高校教員時代、住んでいた修道院が学校に隣接していたこともあって、部活の後、帰宅のスクールバス待ちの生徒たちが修道院に遊びに来ることもしばしばでした。あるとき、「私たちみんな顔が違うように、生きる意味も一人ひとり違うんですよね。それすごく思うんです」とまっすぐなまなざしで語った高校生がいました。「私の生きる意味」を実現しなければ、それを他の誰かが補うことはできない。彼女の言葉にはそういうニュアンスが込められているようでした。教育現場に身を置いて今年で20年になりますが、生徒・学生と関わる中で、このようにフランクル思想に通じる想いを聴くことは稀ではなく、それらは私にとって教師冥利に尽きる体験でもありました。一人ひとり世界にたった一つの生きる意味を実現することにつながる内容が本書の中に含まれているとしたら幸甚の至りです。

本書は、私自身がそれを思い浮かべるだけで精神の高揚を覚えるテーマだけを選び、精魂込めて創り上げた研究の結晶ですが、浅学菲才は覆うべくもなく、見解の偏りや思わぬ誤りがあるのではないかと恐れます。読者諸賢のご教示を仰ぐばかりです。

この研究を遂行し、本書を執筆するに当たり、多くの方々に大変お世話になりました。

教育者・研究者・聖職者としてのあるべき姿を身をもって示してくださった指導教官の髙祖敏明先生には、多大な学恩を賜りました。髙祖先生は当時、上智学院理事長として激務をこなされながら、学生の研究指導にも決して手抜きをせず、確実に高みへとお導きくださいました。上智大学名誉教授の増渕幸男先生には、研究の在り方から論文作成に至るまで細部にわたり親身なご助言とひとかたならぬご指導を賜りました。上智大学教授の奈須正裕先生には温かい励ましのお言葉とともに必ず有益なアドヴァイスを、上智大学教授の加藤守通先生には研究の本質に関わる貴重なご指摘をいただきました。博士論文の審査に際しては、ご著書を通して非常に多くの示唆をいただいた京都大学教授の西平直先生からこの上なく有意義なご教示を賜りました。私の拙い着想を博士論文の形にまとめることができたのは、先生方の格別なご指導のおかげに他なりません。衷心より拝謝申し上げます。

また、東北大学名誉教授の鈴木敏明先生は、研究のビジョン構想に刺激を与え、出版に際して事例研究の執筆方法に関する大変貴重なご助言をくださいました。東北大学名誉教授の高橋満先生は、本研究の特色を見出し、出版に向けて強力にバックアップしてくださいました。ここにお名前を挙げさせていただいた先生方をはじめ、幼稚園から大学院まで全ての教育課程でお導きくださいました恩師、そして、本書で参照した先行研究を成し遂げられた諸先生方に深甚なる謝意と敬意を表します。

同時に、本研究の趣旨に理解を示し、調査に快く協力してくださった方々をはじめ、高校生、大学生との心躍る関わりがなければ、この本は生まれませんでした。これまでに出逢うことのできた全ての生徒と学生の皆さんに心からのありがとうを伝えたいです。

併せて、切磋琢磨しながら活気づけてくださった東北大学と上智大学の大学院の研究仲間、より大きな希望に向けて励ましながら温かくサポートしてくださった仙台白百合女子大学学長の矢口洋生先生と職場の同僚の先生方に深く感謝申し上げます。

そして、何よりも研究の基盤である修道生活を常に応援し、後押ししてくれる全ての友人たちに言い尽くせない感謝の気持ちでいっぱいです。出版の知らせを「美紀の生きた証」と喜び合ってくれた友人たちの支えなしには、前を向いて人生を歩むことができませんでした。

さらに、研究への道を開き、その道のりを温かく見守ってくださったシャルトル聖パウロ修道女会の姉妹の皆様に感謝いたします。

なお、一面識もない筆者の原稿にお目通しくださり、「スピリチュアリティを土台とした論文は教育現場のみならず教会の福音宣教にも役立つのではないか」と出版を請け負ってくださった教友社の阿部川直樹社長のご厚意がなければ、上梓の日を迎えることはできませんでした。その上、榎本デザイン事務所の榎本幸弘氏は、素晴らしいデザインの表紙・カバーを創作してくださいました。この場を借りて厚く御礼申し上げます。

最後に、ここに記した方々を含めて、私の人生を意味あるものにしてくださった全ての人との出逢いに感謝いたします。神の救いはその方たちを通して目に見えるものとなりました。とりわけ、修道生活をしている私のことを理解し、限りない愛情を込めて支え、心を一つにして祈ってくれる家族と、帰天した祖母・阪井二三恵に心からの感謝を捧げます。

2020年5月28日　フランス発祥のシャルトル聖パウロ修道女会が
函館に上陸して日本宣教の第一歩を刻んだ記念日

Sr. マリア・ボスコ 加藤 美紀

[著者紹介]

加藤　美紀（かとう みき）

シャルトル聖パウロ修道女会会員。
現在、仙台白百合女子大学准教授・カトリック研究所所長。
日本カトリック教育学会全国理事。

東京都出身。九段の白百合学園幼小中高卒業。
上智大学外国語学部ポルトガル語学科卒業後、
JETRO 日本貿易振興機構（ジェトロ）にて総合職勤務。
修道会入会後、小中高一貫・女子教育のカトリック学校教諭を経て、現職。
東北大学大学院教育学研究科総合教育科学専攻博士前期課程修了。
上智大学大学院総合人間科学研究科教育学専攻博士後期課程修了。
博士（教育学）。

〈生きる意味〉の教育　スピリチュアリティを育むカトリック学校

発行日………2020 年 5 月 24 日 初版

著　者………加藤 美紀
発行者………阿部川直樹
発行所………有限会社 教友社
275-0017 千葉県習志野市藤崎 6－15－14
TEL047（403）4818　FAX047（403）4819
URL http://www.kyoyusha.com
印刷所………モリモト印刷株式会社

ISBN978-4-907991-62-3 C3016